中 华 国 学 文 库

山 海 经 笺 疏

〔清〕郝懿行 撰

栾保群 点校

中 华 书 局

图书在版编目（CIP）数据

山海经笺疏/（清）郝懿行撰;栾保群点校. —北京:中华书局,
2021.5
（中华国学文库）
ISBN 978-7-101-15156-5

Ⅰ.山… Ⅱ.①郝…②栾… Ⅲ.①历史地理-中国-古代②
《山海经》-注释 Ⅳ.K928.631

中国版本图书馆 CIP 数据核字（2021）第 062625 号

书　　名	山海经笺疏	
撰　　者	〔清〕郝懿行	
点 校 者	栾保群	
丛 书 名	中华国学文库	
责任编辑	石　玉	
出版发行	中华书局	
	（北京市丰台区太平桥西里 38 号　100073）	
	http://www.zhbc.com.cn	
	E-mail:zhbc@zhbc.com.cn	
印　　刷	北京瑞古冠中印刷厂	
版　　次	2021 年 5 月北京第 1 版	
	2021 年 5 月北京第 1 次印刷	
规　　格	开本/880×1230 毫米　1/32	
	印张 12½　插页 2　字数 340 千字	
印　　数	1-6000 册	
国际书号	ISBN 978-7-101-15156-5	
定　　价	42.00 元	

中华国学文库出版缘起

《中华国学文库》的出版缘起,要从九十年前说起。

1920年,中华书局在创办人陆费伯鸿先生的主持下,开始编纂《四部备要》。这套汇集三百三十六种典籍的大型丛书,精选经史子集的"最要之书",校订成"通行善本",以精雅的仿宋体铅字排印。一经推出,即以其选目实用、文字准确、品相精美、价格低廉的鲜明特点,最大限度地满足了国人研治学问、阅读典籍的需要,广受欢迎。丛书中的许多品种,至今仍为常用之书。

新中国成立之后,党和国家倡导系统整理中国传统文献典籍。六十馀年来,在新的学术理念和新的整理方法的指导下,数千种古籍得到了系统整理,并涌现出许多精校精注整理本,已成为超越前代的新善本,为学界所必备。

同时,随着中华民族以前所未有的自信快速发展,全社会对中国固有的学术文化——国学,也表现出前所未有的关注和重视。让中华文化的优秀成果得到继承和创新,并在世界范围内进行传播和弘扬,普惠全人类,已经成为中华民族的历史使命。当此之时,符合当代国民阅读需要的权威的国学经典读本的出现,实为当务之急。于是,《中华国学文库》应运而生。

《中华国学文库》是我们追慕前贤、服务当代的产物,因此,它自当具备以下三个基本特点：

一、《文库》所选均为中国学术文化的"最要之书"。举凡哲学、历史、文学、宗教、科学、艺术等各类基本典籍，只要是公认的国学经典，皆在此列。

二、《文库》所选均为代表当代最新学术水平的"最善之本"，即经过精校精注的最有品质的整理本。其中既有传统旧注本的点校整理本，如朱熹《四书章句集注》，也有获得学界定评的新校新注本，如余嘉锡《世说新语笺疏》。总之，不以新旧为别，惟以善本是求。

三、《文库》所选均以新式标点、简体横排刊印。中国古籍向以繁体竖排为标准样式。时至当代，繁体竖排的标准古籍整理方式仍通行于学术界，但绝大多数国人早已习惯于现代通行的简体横排的图书样式。《文库》作为服务当代公众的国学读本，标准简体字横排本自当是恰当的选择。

《中华国学文库》将逐年分辑出版，每辑十种，一次推出；期以十年，以毕其功。在此，我们诚挚希望得到学术界、出版界同仁的襄助和广大读者的支持。

中华书局自 1912 年成立，至今已近百岁。我们将《中华国学文库》当作向中华书局百年诞辰敬献的一份贺礼，更是向致力于中华民族和平崛起、实现复兴大业的全国人民敬献的一份厚礼。我们自当努力，让《中华国学文库》当得起这份重任，这份荣誉。

中华书局编辑部

2010 年 12 月

目　录

前　言

　　自东晋郭璞首为山海经作注以后，相隔千有余年，直到清初，才有吴任臣山海经广注这部真正的续注面世。而此后百余年间，又有汪绂山海经存、毕沅山海经新校正和郝懿行山海经笺疏，都是山海经学术史中的重镇，其中笺疏成书最晚，成就最高。

　　郝懿行，字恂九，山东栖霞人。生于乾隆二十二年（一七五七）。清史稿入儒林传，称：嘉庆四年（一七九九）进士，授户部主事。二十五年（一八二〇），补江南司主事。道光五年（一八二五。清史稿儒林传作"道光三年"，疑误）卒，年六十九。懿行为人谦退，讷若不出口，然自守廉介，不轻与人晋接。遇非素知者，相对竟日无一语，迨谈论经义，则喋喋忘倦。所居四壁萧然，庭院蓬蒿常满，僮仆不备，懿行处之晏如。浮沉郎署，视官之荣悴若无与于己者，而一肆力于著述，漏下四鼓者四十年。一生著作六十余种，大多收入郝氏遗书，而以晚年所著尔雅义疏最为知名，其次则当数山海经笺疏。他平生留心草木虫鱼的生态观察，于旧时学者中极为难得。除著有蜂衙小记、燕子春秋、海错等小书之外，又能以观察所得用于训诂，这在尔雅义疏和山海经笺疏中已经多有体现。而最主要的是，他喜爱和考察自然生物的这种"闲趣"，开拓了书斋以外的视野和心胸。我认为，他所以在毕沅山海经新校正成书之后不久即做笺疏，原因之一就是不满于毕沅轻视海荒异物的偏见，而他探求动植物知识的欲望自然不无作用。

如果说山海经广注是吴任臣沿袭明人尚博好奇的风气而作，多引类书，不辨源流，那么毕沅的新校正更多的是出于乾嘉学者对古典旧籍的学术关注，特别着力于文本校勘及地理考证，而对广注的旁征博引非常反感，以致到了不屑一顾的地步。毕沅的极端倾向反映到新校正的撰写中，就是只认五臧山经五篇"真为禹书无疑"，所谓"山海经非语怪之书"，也就是仅指山经而言；言外之意是，多记"神灵奇怪"的海荒十三篇，就不是真正的山海经，只是刘歆(秀)据源于禹鼎的灵兽之图而述记。他一面极力提高山经的真实性，一面贬低海荒诸篇的可靠性，结果新校正明显出现了前后详略的极不平衡，与五臧山经相比，海荒诸篇殊有草草了事之感。郝懿行正是有感于此，所以虽谦称"并采二家所长"，其实也是并克二家之短。后人常说笺疏是"集大成"之作，可是郝氏对二书虽有所借鉴和承袭，但独立的学术成果还是占主要地位，从而使山海经学术价值提高到一个新的层次。就乾嘉时代来说，如果郝氏的另一部名著尔雅义疏尚有邵晋涵的尔雅正义差可与之并肩，那么这部山海经笺疏的眼界及学术高度则非毕沅新校正所能比拟。

此处所以特意说到"眼界",是因为郝氏与大多经营经史的乾嘉学者不同,就是他少了些学究气,多了些才士气,而且很看重"博学多识",在这方面,与明嘉靖时作山海经补注的杨慎,更与注山海经的郭璞有些声气相投。郭璞除了山海经之外又注尔雅、穆天子传,而郝懿行除了山海经笺疏"笺以补注,疏以证经",于郭注多有勘正发明之外,还著有尔雅义疏、竹书纪年校证、汲冢周书辑要。所以郝氏虽然与毕沅同时,并读了毕氏的新校正,也与毕沅一样,认为五臧山经五篇"真为禹书无疑",但在笺疏中并不受此牵制。比如南山经"见则郡县大水",北齐颜之推即以"郡县"二字疑非禹书,吴任臣解以"'郡县'之称非三代前语,此为后人所增",这些都不错,但毕沅坚信五臧山经为"禹书"无疑,竟以淮南子云"夏桀、殷纣之盛也,人迹所至,舟车所通,莫不为郡县"一语认定:"郡县之名,夏、殷有之,不独周矣,世俗以此疑经,非也。"以子证史并不是完全不可以,但这样随意举证,把顾亭林以来郡县始于春秋、战国之定论全然不顾而曲为之说,这就大失学术水准了。对此郝懿行在笺疏序中引周书作雒篇及春秋左氏传哀公二年文驳之,认为"郡县"字句为后人所羼入。

另外,郝氏对全书十八篇一视同仁,不以五臧山经以外的十三篇多涉神怪而潦草从事。这正与他能以文学眼光说诗一样,也以博物的眼光对待怪异。所以笺疏既不像毕沅一样固守"禹书"陈说,在考证神异精怪上又比吴氏精审。即如海外东经之"奢比之尸",郭注:"亦神名也。"吴任臣之前无人解释,吴氏引冠编、路史以证奢比为黄帝七辅之一,算是创说,但"黄帝七辅"与郭注之"神名"不接,而冠编是明人杂拼的类书,宋罗泌的路史"奢比辩乎东,以为土师",实出自管子"奢龙辩乎东方,故使为土师",这都是吴氏功夫不到处(吴氏时年方三十多岁,而且当时考据之学尚未形成风气)。至于毕沅,他自言"校注此书凡阅五年,自经传子史百家传注类书所引,无不征也",对此却不置一辞,不知是他自高位置,对海荒各篇不屑垂顾,还是虚言自夸,识见未及。郝氏则不然,他引管子五行篇,疑奢比即"奢龙",同时点明路史对管子改窜之迹;又疑奢比即淮南墬形训之"诸比",而高诱注"诸比,天神也",于是而为郭注张本。此类情况在笺疏中还有很多,由此可以看出它在山海经学术史中的突出位置。

我的鄙见,对待山海经中怪异的态度往往可以反映出研究者的学术气质。凿空附会、漫无边际地联想凑合固然不可取,但一切以不经之谈斥之,就难免涉于固陋。江标在重刻山海经笺疏后序(见本书附录)中曾指出笺疏之"六善",诸如为笺注而不改经文及郭注、雠比众本举陈异同、详考山川地理、广搜他书引文以证本经古本、博采诸家异说等等,自然没错,但我认为,郝氏在乾嘉学者中对怪异事物能待以平常之心而认真考察的通达态度更值得表出。

郝氏笺疏在经注的校勘和训诂、考据上的成就大大超过前人。他在自叙中说"是正讹文三百余事",书后所附订讹一卷所载甚明。虽然间有疑设之辞,只能说他论断谨慎,并不能说他保守。如海外南经之"岐舌国",郝氏疑古本应是"反舌国","反"、"支"字形相近,误为"支",而"支"、"枝"字通,"枝"又误为"岐",并引吕氏春秋功名"南方有反舌国,舌本在前,末倒向喉,故曰反舌"为证,这就比吴任臣仅举淮南子"东南方有反舌民"却未进而疑"岐"为误字更具胆识。而郝氏"创通大义百余事",在疏解经文和郭注上也多有卓见,而且征引繁富。如海外南经之"视肉",吴任臣疑指"肉芝",但同时又引刘会孟曰:"视肉,犹南方无损兽。"而郝氏以刘说为准,除了引出"无损兽"出于神异经之外,又列举神异经之"复脯"、博物志之越巂牛、三国志魏书公孙渊传之襄平北市所生肉、玄中记之大月氏牛名曰"日及"者,以证与"视肉"相类者世上正多。

当然,无论是校勘经文还是考证名物,笺疏都有眼光未及之处,当时人即有所补正,近百年来的学者更是不断推陈出新,但笺疏自有其不可取代的价值,所以一直为山海经的研究者所重视。笺疏间有引用吴氏、毕氏之说而未注明者,我认为只是郝氏的偶尔疏漏,不足以联想到他的治学品质。但郝氏的另一些疏漏似乎更重要一些,仅举尚未被人道及的两例。

一是经文的校勘。卷十五大荒南经"有宋山者"条,宋本、广注本、毕沅本俱作"是谓枫木"(今道藏本缺此卷),

而笺疏作"是为枫木";卷十六大荒西经"有互人之国"条，宋本、道藏本、广注本、毕沅本俱作"是谓鱼妇"，而笺疏本作"是为鱼妇";卷十七大荒北经"禹湮洪水，杀相繇"，笺疏"湮"作"堙"，与诸本都不同，而下文"禹湮之，三仞三沮"之"湮"又与诸本相同了。郝氏笺疏所用的底本是清初人所编秘书廿一种中的山海经，此本我没有找到，但据郝氏不改经文之例，这些异文当本于底本，但既然用吴氏、郝氏、道藏诸本参校了，就应该指出诸本异同，但郝氏无疑是忽略了。

二是引文的出处。东次三经注引洪(笺疏作鸿)范五行传云："东方之极，自碣石东至日出榑木之野。"而海外东经引"东方之极，碣石东至日出榑木之野，帝太皞、神句芒司之"，则作出于尚书大传。洪范五行传为尚书大传中的一篇，同一出处的文字，书名标得不一致，在吴任臣是常事，对郝氏却是不应出现的瑕疵。

据许维遹郝兰皋夫妇年谱，山海经笺疏于嘉庆八年(一八〇三)开始撰写，自叙虽然作于九年，但全书结稿则在十三年。次年即嘉庆十四年(一八〇九)，山海经笺疏由阮元初刊于娜嬛仙馆。道光五年(一八二五)郝懿行去世，自四十年后的同治四年(一八六五)开始，顺天府东路厅署郝联薇(懿行之孙)刊郝氏遗书，且于光绪七年(一八八一)缮刻上进山海经笺疏，即用阮氏娜嬛仙馆原刻，所以郝氏遗书本即娜嬛仙馆本。至光绪十二年(一八八六)，上海李瀣平以娜嬛仙馆本为底本重刻笺疏，是为还读楼本。此本自称精校，但与郝氏遗书相比，反增误字，但多因形近而误，如卷一"韭"误少下横，卷二黄山"赤白"误作"赤自"之类。至民国六年(一九一七)，郑尧臣编龙溪精舍丛书，又据娜嬛仙馆本重刊笺疏，是为龙溪精舍本。在四种刻本中，此本谬误最多，从卷首的四库全书提要到正文中的经、注、笺文，均有讹漏，像卷二"嘤如"误作"璎如"，卷十海内南经"狌狌知人名"误为"狌狌知人面"，这都是绝对不该出现的错误，可见它比还读楼本还要差一些。

在把这两种重刻本与郝氏遗书本对勘之后，我认为只是还读楼本还略有可取，所以这次校点就以郝氏遗书本为底本，而用还读楼本参校。郝氏遗书本卷首依次有光绪七年"上谕"、顺天府尹游百川奏折、嘉庆十四年阮元刻山海经笺疏序和山海经笺疏审定校勘爵里姓氏四件，今把上谕及奏折移至书末附录中，而把原书中置于书末的郝懿行山海经笺疏叙及山海经叙录移至卷首。另外在附录中又收入清史稿中的郝懿行传、四库全书中山海经的提要，以及还读楼刻本中的三篇序。

整理者　二〇一九年三月

刻山海经笺疏序

左传称禹铸鼎象物,使民知神奸。禹鼎不可见,今山海经或其遗象钦?汉书艺文志列山海经于形法家。后汉书王景传明帝赐景山海经、河渠书以治河。然则是经为山川舆地、有功世道之古书,非语怪也。且与此经相出入者,则有如逸周书王会、楚辞天问、庄、列、尔雅、神农本草诸书。司马子长于山经怪物不敢言之,史家立法之严固宜耳,然上古地天尚通,人神相杂,山泽未烈,非此书末由知已。郭景纯注于训诂地理未甚精彻,然晋人之言,已为近古。吴氏广注征引虽博而失之芜杂,毕氏校本于山川考校甚精,而订正文字尚多疏略。今郝氏究心是经,加以笺疏,精而不凿,博而不滥,粲然毕著,斐然成章。余览而嘉之,为之刊版以传。

郝氏名懿行,字兰皋,山东栖霞人,户部主事。余己未总裁会试,从经义中识拔,实学士也。家贫行修,为学益力,所著尚有尔雅疏诸书。兰皋妻王安人,字瑞玉,亦治经史,与兰皋共著书于车鹿春庑之间,所著有诗经小记、列女传注诸书,于此经疏并多校正之力,亦可尚异之也。

嘉庆十四年夏四月扬州阮元序

1

山海经笺疏审定校勘爵里姓氏

仪征阮云台侍郎元
阳湖孙伯渊观察星衍
武进臧西成文学庸
归安姚秋农中允文田
高邮王曼卿学士引之
全椒吴山尊学士鼒
歙县鲍觉生学士桂星
嘉应宋芷湾编修湘
闽县陈梅修编修寿祺
江西新城涂瀹庄侍御以辀
商城程鹤樵侍御国仁
南海张棠村员外业南
龙南徐香珏主事名绂
桐城马元伯主事瑞辰
曲阜孔阜村主事继㙠
乌程严铁桥孝廉可均
仪征阮小云荫生常生
栖霞牟默人明经廷相

山海经叙录

西汉刘秀上山海经表曰：侍中、奉车都尉、光禄大夫臣秀领校秘书言：校秘书太常属臣望所校山海经，凡三十二篇，今定为一十八篇，已定。山海经者，出于唐虞之际，昔洪水洋溢，漫衍中国，民人失据，敿隘于丘陵，巢于树木。鲧既无功，而帝尧使禹继之。禹乘四载，随山刊木，定高山大川。益与伯翳主驱禽兽，命山川，类草木，别水土，四岳佐之，以周四方，逮人迹之所希至，及舟舆之所罕到。内别五方之山，外分八方之海，纪其珍宝奇物，异方之所生，水土草木禽兽昆虫麟凤之所止，祯祥之所隐，及四海之外，绝域之国，殊类之人。禹别九州，任土作贡，而益等类物善恶，著山海经。皆圣贤之遗事，古文之著明者也。其事质明有信。孝武皇帝时，尝有献异鸟者，食之百物，所不肯食。东方朔见之，言其鸟名，又言其所当食，如朔言。问朔何以知之，即山海经所出也。孝宣帝时，击磻石于上郡，陷得石室，其中有反缚盗械人。时臣秀父向为谏议大夫，言此贰负之臣也。诏问何以知之，亦以山海经对，其文曰："贰负杀窫窳，帝乃梏之疏属之山，桎其右足，反缚两手。"

上大惊，朝士由是多奇山海经者，文学大儒皆读学，以为奇可以考祯祥变怪之物，见远国异人之谣俗。故易曰："言天下之至赜而不可乱也。"博物之君子，其可不惑焉。臣秀昧死谨上。

东晋记室参军郭璞注山海经，叙曰：世之览山海经者，皆以其闳诞迂夸，多奇怪俶傥之言，莫不疑焉。尝试论之曰：庄生有云："人之所知，莫若其所不知。"吾于山海经见之矣。夫以宇宙之寥廓，群生之纷纭，阴阳之煦蒸，万殊之区分，精气浑淆，自相濆薄，游魂灵怪，触象而构，流形于山川，丽状于木石者，恶可胜言乎？然则总其所以乖，鼓之于一响；成其所以变，混之于一象。世之所谓异，未知其所以异；世之所谓不异，未知其所以不异。何者？物不自异，待我而后异，异果在我，非物异也。故胡人见布而疑黂，越人见罽而骇毳，夫玩所习见而奇所希闻，此人情之常蔽也。今略举可以明之者。阳火出于冰水，阴鼠生于炎山，而俗之论者莫之或怪，及谈山海经所载而咸怪之，是不怪所可怪，而怪所不可怪也。不怪所可怪，则几于无怪矣；怪所不可怪，则未始有可怪也。夫能然所不可，不可所不可然，则理无不然矣。案汲郡竹书及穆天子传，穆王西征，见西王母，执璧帛之好，献锦组之属。穆王享王母于瑶池之上，赋诗往来，辞义可观。遂袭昆仑之丘，游轩辕之宫，眺钟山之岭，玩帝者之宝，勒石王母之山，纪迹玄圃之上。乃取其嘉木艳草，奇鸟怪兽，玉石珍瑰之器，金膏烛银之宝，归而殖养之于中国。穆王驾八骏之乘，右服盗骊，左骖骓耳，造父为御，犇戎为右，万里长骛，以周历四荒，名山大川，靡不登济。东升大人之堂，西燕王母之庐，南轹鼋鼍之梁，北蹑积羽之衢，穷欢极娱，然后旋归。案史记说穆王得盗骊、騄耳、骅骝之骥，使造父御之以西巡狩，见西王母，乐而忘归，亦与竹书同。左传曰："穆王欲肆其心，使天下皆有车辙马迹焉。"竹书所载，则是其事也。而谯周之徒，足为通识瑰儒，而雅不平此，验之史考，以著其妄。司马迁叙大宛传亦云："自张骞使大夏之后，穷河源，恶睹所谓昆仑者乎？至禹本纪、山海经所有怪物，余不敢言也。"不亦悲乎！若竹书不潜出于千载，以作征于今日者，则山海之言其几乎废矣。若乃东方生晓毕方之名，刘子政辨盗械之尸，王顾访两面之客，海民获长臂之衣，精验潜效，绝代县符。於戏！群惑者其可以少寤乎？是故圣皇原化以极变，象物以应怪，鉴无滞赜，曲尽幽情，神焉廋哉！神焉廋哉！盖此书跨世七代，历载三千，虽暂显于汉，而寻亦寝废。其山川名号，所在多有舛谬，与今不同。师训莫传，遂将湮泯。道之所存，俗之所丧，悲夫！余有惧焉，故为之创传，疏其壅阆，辟其茀芜，领其玄致，标其洞涉，庶几令逸文不坠于世，奇言不绝于今，夏后之迹靡刊于将来，八荒之事有闻于后裔，不亦可乎？夫翳荟之翔，讵以论垂天之凌；蹄涔之游，无以知绛虬之腾。钧天之庭，岂伶人之所蹑；无航之津，岂苍兕之所涉。非天下之至通，难与言山海之义矣。呜呼！达观博物之客，其鉴之哉！

山海经目录总十八卷本三万九百十九字，注二万三百五十字，总五万一千二百六十九字。　懿行案:此玉海所校也。今校经三万八百二十五字,注二万三百八十三字,总五万一千二百八字。

南山经第一本三千五百四十七字,注二千一百七字。　懿行案:此已下明藏经本所校也。今校经一千八百六十一字,注一千二百四十六字。

西山经第二本五千六百七十二字,注三千二百二字。今校经四千六百四十四字,注三千七百二十六字。

北山经第三本五千七百四十六字,注二千三百八十二字。今校经四千二百四十一字,注一千六百三十九字。

东山经第四本二千四十字,注三百七十五字。今校经二千一百三字,注四百五十五字。

中山经第五本四千七百一十八字,注三千四百八十五字。今校经八千四百一十六字,注三千五百八十二字。

右五臧山经五篇,经二万一千二百六十五字,注一万六百六十一字,总三万一千九百二十六字。

海外南经第六本五百一十一字,注六百二十二字。今校经五百七十五字,注六百八十五字。

海外西经第七本五百三十七字,注四百五十二字。今校经五百五十九字,注四百五十八字。

海外北经第八本五百八十四字,注四百九十三字。今校经六百一字,注五百二十四字。

海外东经第九本四百四十二字,注五百九十五字。今校经四百五十七字,注五百九十六字。

海内南经第十本三百六十四字,注七百九字。今校经三百七十七字,注六百五十六字。

海内西经第十一本四百三十九字,注六百九十五字。今校经五百一十四字,注七百四字。

海内北经第十二本五百九十四字,注四百九十五字。今校经五百十字,注五百九十二字。

海内东经第十三本六百二十四字,注一千四百九十五字。今校经六百三十五字,注一千七十二字。

右海外、海内经八篇,经四千二百二十八字,注五千二百八十四字,总九千五百一十二字。

大荒东经第十四本八百六十四字,注八百一十三字。今校经八百五十八字,注九百二十四字。

大荒南经第十五本九百七十二字,注五百九十八字。今校经九百七十七字,注六百一十七字。

大荒西经第十六本一千二百八十二字,注一千二百三字。今校经一千一百一十八字,注一千二百八十五字。

大荒北经第十七本一千五百六字,注七百六十七字。今校经一千七十一字,注八百四字。

海内经第十八本一千一百一十一字,注九百六十七字。此海内经及大荒经本皆进在外。今校经一千一百四十一字,注九百七十五字。

右大荒经、海内经五篇,经五千三百三十二字,注四千四百三十八字,总九千七百七十字。

福山王照圆婉佺覆校

山海经笺疏叙

　　山海经古本三十二篇,刘子骏校定为一十八篇,即郭景
纯所传是也。今考南山经三篇,西山经四篇,北山经三篇,
东山经四篇,中山经十二篇,并海外经四篇、海内经四篇,除
大荒经已下不数,已得三十四篇,则与古经三十二篇之目不
符也。隋书经籍志山海经二十三卷,旧唐书十八卷,又图赞
二卷,音二卷,并郭璞撰。此则十八卷又加四卷才二十二
卷,复与经籍志二十三卷之目不符也。汉书艺文志山海经
十三篇,在形法家,不言有十八篇。所谓"十八篇"者,南山
经至中山经本二十六篇,合为五藏山经五篇,加海外经已下
八篇及大荒经已下五篇,为十八篇也。所谓"十三篇"者,去
荒经已下五篇,正得十三篇也。古本此五篇皆在外,与经别
行,为释经之外篇。及郭作传,据刘氏定本复为十八篇,即
又与艺文志十三篇之目不符也。郦善长注水经云:"山海经
蕰缊岁久,编韦稀绝,书策落次,难以缉缀,后人假合,多差
远意。"然则古经残简,非复完篇,殆自昔而然矣。

　　艺文志不言此经谁作,刘子骏表云出于唐虞之际,以为
禹别九州,任土作贡,而益等类物善恶,著山海经。王仲任

论衡、赵长君吴越春秋亦称禹、益所作。颜氏家训书证篇云:"山海经禹、益所记,而有长沙、零陵、桂阳、诸暨,由后人所羼,非本文也。"今考海外南经之篇而有说文王葬所,海外西经之篇而有说夏后启事,夫经称"夏后",明非禹书,篇有"文王",又疑周简,是亦后人所羼也。至于郡县之名起自周代,周书作雒篇云"为方千里,分以百县,县有四郡",春秋哀公二年左传云"克敌者,上大夫受县,下大夫受郡",杜元凯注云:"县百里,郡五十里。"今考南次二经云"县多土功"、"县多放士",又云"郡县大水"、"县有大繇",是又后人所羼也。大戴礼五帝德篇云"使禹敷土,主名山川",尔雅亦云"从释地已下至'九河',皆禹所名也"。观禹贡一书,足觇梗概。因知五藏山经五篇主于纪道里,说山川,真为禹书无疑矣。而中次三经说青要之山云"南望墠渚,禹父之所化",中次十二经说天下名山,首引"禹曰",一则称"禹父",再则述禹言,亦知此语必皆后人所羼矣。然以此类致疑本经则非也。何以明之?周官大司徒"以天下土地之图,周知九州之地域广轮之数",土训"掌地道图"、"地道慝",夏官职方亦掌天下地图,山师、川师掌山林川泽,致其珍异,邍师辨其丘陵、坟衍、邍隰之名物,秋官复有冥氏、庶氏、穴氏、翨氏、柞氏、薙氏之属,掌攻夭鸟、猛兽、虫豸、草木之怪蠥。左传称禹铸鼎象物而为之备,使民知神奸,民入山林川泽禁御不若,螭魅蝄蜽莫能逢旃。周官、左氏所述,即与此经义合。禹作司空,洒沉澹灾,烧不暇撌,濡不给扢,身执虆垂,以为民先。爰有禹贡,复著此经,寻山脉川,周览无垠,中述怪变,俾民不眩。美哉禹功,明德远矣,自非神圣,孰能修之?而后之读者类以夷坚所志,方诸齐谐,不亦悲乎!

古之为书,有图有说,周官地图,各有掌故,是其证已。后汉书王景传云"赐景山海经、河渠书、禹贡图",是汉世禹贡尚有图也。郭注此经而云"图亦作牛形",又云"在畏兽画中",陶征士读是经诗,亦云"流观山海图",是晋代此经尚有图也。中兴书目云:"山海经图十卷,本梁张僧繇画。咸平二年,校理舒雅重绘为十卷,每卷中先类所画名凡二百四十七种。"是其图画已异郭、陶所见。今所见图复与繇、雅有异,良不足据。然郭所见图即已非古,古图当有山川道里。今考郭所标出,但有畏兽仙人,而于山川脉络即不能案图会意,是知郭亦未见古图也。今禹贡及山海图遂绝迹,不复可得。

禹贡虽无图,其书说要为有师法,而此经师训莫传,遂将湮泯。郭作传后,读家稀绝,途径榛芜,迄于今日,脱乱淆讹,益复难读。又郭注南山经两引"璨曰",其注南荒经"昆吾之师"又引音义云云,是必郭已前音训注解人,惜其姓字爵里与时代俱湮,良可于邑。今世名家则有吴氏、毕氏。吴征引极博,泛滥于群书;毕山水方滋,取证于耳目,二书于此经厥功伟矣。至于辨析异同,刊正讹谬,盖犹未暇以详。今之所述,并采二家所长,作为笺疏。笺以补注,疏以证经。卷如其旧,别为订讹一卷,附于篇末。计创通大义百余事,是正讹文三百余事。凡所指摘,虽颇有依据,仍用旧文,因而无改,盖放郑君康成注经不敢改字之例云。

嘉庆九年甲子二月廿八日栖霞郝懿行撰。

山海经第一　　晋郭璞传　栖霞郝懿行笺疏

南山经

南山经之首曰䧿山。懿行案：任昉述异记作"雀山"。文选注王巾头陁寺碑引此经作"鹊山"。其首曰招摇之山，懿行案：大荒东经"有招摇山，融水出焉"，非此。高诱注吕氏春秋本味篇云："招摇，山名，在桂阳。"临于西海之上。在蜀伏山山南之西头，滨西海也。　懿行案："伏"疑"汶"字之讹。史记封禅书云"渎山，蜀之汶山也"，蜀志秦宓传云"蜀有汶阜之山，江出其腹"，皆是山也。多桂，桂叶似枇杷，长二尺余，广数寸，味辛，白华，丛生山峰，冬夏常青，间无杂木。吕氏春秋曰："招摇之桂。"　懿行案：尔雅云："梫，木桂。"郭注与此同。多金、玉。有草焉，其状如韭璨曰："韭音九。"尔雅云："藿山亦多之。"　懿行案："藿"当为"藿"字之讹。尔雅云："藿，山韭。"而青华，其名曰祝余，或作"桂荼"。　懿行案："桂"，疑当为"柱"字之讹。"柱荼"、"祝余"声相近。食之不饥。有木焉，其状如榖而黑理，榖，楮也，皮作纸。璨曰："榖，亦名构。名榖者，以其实如谷也。"　懿行案：陶弘景注本草经云"榖，即今构树"是也。"榖"、"构"古同声，故榖亦名构。或曰"叶有瓣曰楮，无曰构"，非也。见陆玑[一]诗疏。文选注头陁寺碑引此经无"理"字。其华四照，言有光焰也。若木华

〔一〕"玑"，原本误作"机"。后凡"陆玑"误作"陆机"者俱径改，不出校。

赤,其光照地,亦此类也。见离骚经。　懿行案:"若木"见离骚经,若木"华赤"见大荒北经,"其华照地"见淮南子。**其名曰迷榖〔一〕,佩之不迷。**懿行案:文选注头陁寺碑引此经同。**有兽焉,其状如禺而白耳,**禺似猕猴而大,赤目长尾,今江南山中多有。说者不了此物名禺,作"牛"字,图亦作牛形,或作"猴",皆失之也。"禺"字音"遇"。　懿行案:说文云:"蝯,善援,禺属。"又云:"禺,猴属,兽之愚者也。"郭注凡言"图"者,皆谓此经图象然也。**伏行人走,**懿行案:太平御览九百八卷引此经赞曰:"猩猩似狐,走立行伏。"疑"狐"当为"禺",声之讹也。**其名曰狌狌,食之善走。**生生禺兽,状如猿,伏行交足,亦此类也。见京房易。　懿行案:"生生"当为"狌狌",说见海内南经。**丽𪊨之水出焉,**"𪊨"音作"几"。**而西流注于海。其中多育沛,**未详。**佩之无瘕疾。**瘕,虫病也。　懿行案:说文云:"瘕,久病也。"郭云"虫病"者,列仙传云"河间王病瘕,下蛇十余头",史记仓公传云"蟯瘕",正义引龙鱼河图云"犬狗鱼鸟不孰,食之成瘕痛",皆与郭义近。

　　又东三百里懿行案:禹贡五服皆言里数,水经注云庐山有"大禹刻石,志其丈尺里数",则里地之数盖始于禹。大戴礼主言篇云"三百步而里",是古里短于今里也。**曰堂**一作"常"。　懿行案:文选注上林赋引此经正作"常"。**庭之山。**懿行案:初学记引此经作"堂夜之山多水玉",疑"夜"字讹。**多㭴木,**㭴,别名连其。子似柰而赤,可食。音"刺"。　懿行案:"连"当为"速"字之讹。尔雅云"㭴,樕朴",郭注同。**多白猿,**今猿似猕猴而大,臂脚长,便捷,色有黑有黄。鸣,其声哀。　懿行案:"猿",俗字也。说文云:"蝯善援。禺属。"文选西都赋注、后汉书班固传注引此注并云"臂长便捷",无"脚"字;"色黑",无"黄"字。艺文类聚九十五卷引郭氏赞云:"白猨肆巧,由基抚弓。应眄而号,神有先中。数如循环,其妙无穷。"**多水玉,**水玉,今水

〔一〕"榖",原本作"榖",吴氏广注本作"榖"。诸书引此经者,二字兼有。按此木既言"其状如榖",其名似与"榖"相关,此从吴氏本改。

精也。相如上林赋曰："水玉磊砢。"赤松子所服，见列仙传。　懿行案：广雅云："水精谓之石英。"张揖注上林赋云："水玉，水精也。"列仙传云："赤松子服水玉，以教神农。"并郭所本。**多黄金。**懿行案：说文云："金，五色金也，黄为之长。"

又东三百八十里曰**猨翼之山**。懿行案：初学记二十七卷引此经作"稷翼之山多白玉"。**其中多怪兽，水多怪鱼，**凡言怪者，皆谓貌状倔奇不常也。尸子曰："徐偃王好怪，没深水而得怪鱼，入深山而得怪兽者，多列于庭。"**多白玉，**懿行案：玉藻云："天子佩白玉。"艺文类聚八十三卷引广志曰："白玉美者，可以照面，出交州。"**多蝮虫，**蝮虫，色如绶文，鼻上有针，大者百余斤。一名反鼻。"虫"，古"虺"字。　懿行案："蝮"、"虺"见尔雅及注。"色如绶文"见北山经**大咸之山**注。说文云："虫，一名蝮。""虺，以注鸣。"是"虫"、"虺"非一字，与郭义异也。**多怪蛇，多怪木，不可以上。**

又东三百七十里曰**杻阳之山**。音"纽"。　懿行案：玉篇有"枙阳山"。枙，思计切。疑"杻"、"枙"字形相近。注"音纽"亦当为"音细"，并字形之讹也。**其阳多赤金，**铜也。**其阴多白金。**银也，见尔雅。山南为阳，山北为阴。　懿行案：说文云"铜，赤金也"，"银，白金也"，尔雅云"白金谓之银"，是皆郭注所本。然案之此经，理有未通。西山经云"瑜次之山，其阴多赤铜"，中次九经云"玉山，其阳多铜，其阴多赤金"，明赤金与铜非一物矣。又经内"银"与"白金"迭出分见，如西山经"皋涂之山多银、黄金"，"槐江之山多黄金、银"，大时之山、数历之山并云"多银"，又北山经"少阳之山多赤银"，又西山经"泾谷之山多白金"，中山经"役山多白金"，综诸经之文，"白金"与"银"为二物审矣。说文云："鋈，白金也。"尔雅云"金美者谓之镠"，郭注云："镠即紫磨金。"寇宗奭本草衍义云："颗块金，其色深赤。"然则此经"赤金"即紫磨金，"白金"即鋈矣，郭氏并误注。**有兽焉，其状如马而白首，其文如虎而赤尾，其音如谣，**如人歌声。　懿行案："谣"当为"䍃"，见说文。**其名曰鹿蜀，佩之宜子孙。**佩，谓带其皮毛。　懿行案：太平御览九百十三卷引此经图赞云："鹿蜀之兽，马质虎文。骧首吟鸣，矫矫腾群。佩其皮毛，子孙如云。"**怪水出焉而东流，注于宪翼之水。其中多玄龟，其状如龟而鸟首虺尾。**虺尾锐。**其名曰旋龟，其音如判木。**如破木声。**佩之不聋，可以为底。**底，躏也。为，犹治也，外传曰"疾不可为"。一作"疷"，犹病愈也。　懿行案："底"同"胝"，音竹施切。文选难蜀父老注引郭氏三苍解诂云："胝，躏也。""一作疷"者，尔雅释诂云："疷，病也。""为疷"则治病使愈，故云"犹病愈"矣。

又东三百里柢山。"柢"音"蒂"。　懿行案："柢"上疑脱"曰"字。明藏经本有之。**多水，无草木。有鱼焉，其状如牛，**懿行案：郭氏江赋云"潜鹄鱼牛"，李善注引此经云："鱼牛，其状如牛。"今本"鱼"下无"牛"字。又"禺禺"即"鳙鳙"，徐广注史记谓之"鱼牛"，非此。见东山经。**陵居，蛇尾，有翼，其羽在魼下，**亦作"胁"。　懿行案：说文云："胠，亦下也。"广雅云："胠，胁也。"经作"魼"者，盖同声假借字。又"胠"有"胁"音，本声同之字，故"胠""亦作胁"。**其音如留牛，**庄子曰"执犁之狗"，谓此牛也。穆天子传曰："天子之狗执虎豹。"　懿行案：经作"留牛"，郭引庄子"执犁之狗"，谓此牛也，是"留牛"当为"犁牛"。东山经首说"鳙鳙之鱼，其状如犁牛"，郭云"牛似虎文者"。然则"留牛"当为"犁牛"审矣。今本庄子天地篇作"执狸之狗"，释文云"一云'执留之狗'"，郭又引作"执犁之狗"，是庄子本并无正文。犁、狸、留俱声有通转。**其名曰鯥，**音"六"。**冬死而夏生。**此亦蛰类也。谓之"死"者，言其蛰无所知，如死耳。　懿行案：太平御览九百三十九卷引此经图赞云："鱼号曰鯥，处不在水。厥状如牛，乌〔一〕翼蛇尾。"**食之无肿疾。**懿行案：说文云："肿，痈也。"

又东四百里曰亶爰之山。"亶"音"蝉"。**多水，无草木，不可以上。**言崇陗也。**有兽焉，其状如狸而有髦，其名曰类，**"类"或作"沛"，"髦"或作"发"。　懿行案：庄子天运篇释文引此经作"其状

〔一〕"乌"，诸本并同，太平御览作"鸟"。

如狸而有发,其名曰师类",盖即郭所见本也。"师"疑"沛"字之讹。**自为
牝牡,食者不妒**。庄子亦曰"类自为雌雄而化"。今貆猪亦自为雌
雄。　懿行案:列子天瑞篇云:"亶爰之兽,自孕而生,曰类。"陈藏器本草拾遗
云:"灵猫生南海山谷,状如狸,自为牝牡。"又引异物志云:"灵狸一体自为阴
阳。"据此,则类为灵狸无疑也。类、狸声亦相转。今鱼皮夷地当三姓所属〔一〕之
罗邨,以嘉庆八年冬缘事至京师,译官色崇额言:"其地有兽,多毛,形颇类狗,
体具阴阳,自为配耦。"所说形状亦即是物,但译言不了,不得其名耳。郭注
"貆猪"即豪彘也,见西山经"竹山"。

又东三百里曰**基山**。其阳多玉,其阴多怪木。懿行案:
太平御览五十卷引此经"多怪木"上有"多金"二字。**有兽焉,其状如
羊,九尾四耳,其目在背,其名曰猼訑**。"博""施"二音。"施"一
作"陁"。　懿行案:"施一作陁"之"施",当为"訑"字之讹。"猼訑",玉篇、广
韵作"駁㲄",疑皆后人所作字也。**佩之不畏**。不知恐畏。　懿行案:此
亦羊属,唯目在背上为异耳。说文"羖"字注云:"城郭市里高县羊皮,以惊牛
马,曰羖。"本草经云:"羖羊角,主辟恶鬼虎狼,止惊悸。"并与此合也。太平御
览九百十三卷引此经图赞云:"猼訑似羊,眼乃在背。视之则奇,推之无怪。
欲不恐惧,厥皮可佩。"**有鸟焉,其状如鸡,而三首六目,六足三
翼,其名曰鶹鶊**,鶹鶊急性。"敞""孚"二音。　懿行案:"鶹"盖"鶹"字
之讹,注"敞"亦"敞"字之讹也。玉篇作"鶹鶊",广雅释地本此文作"鷟鶊"可
证。然郭云"鶹鶊急性",亦讹也。方言云:"憋,恶也",郭注云:"憋怤,急性
也。"憋怤、鶹鶊,字异音同,然则此注当云"读如憋怤,急性",今本疑有脱误。
食之无卧。使人少眠。

又东三百里曰**青丘之山**。亦有青丘国在海外,水经云:即上林
赋云"秋田于青丘"。　懿行案:史记司马相如传正义引郭注云:"青丘,山名,
上有田。亦有国,出九尾狐,在海外。"又引服虔云:"青丘国在海东三百里。"

〔一〕"三姓所属",还读楼本作"吉林、蒙古"。

并见海外东经,非此也。郭引水经今无考。**其阳多玉,其阴多青䨼。**

䨼,黝属,音"瓠"。 懿行案:"䨼"当为"雘"。说文云:"雘,善丹也。"初学记五卷引此经正作"雘"。文选注赭白马赋引此注亦作"雘"。**有兽焉,其状如狐而九尾。**即九尾狐。**其音如婴儿,**懿行案:玉篇引苍颉篇云:"男曰儿,女曰婴。"**能食人,**懿行案:郭注大荒东经"青丘国九尾狐"云:"太平则出而为瑞。"此经云"能食人",则非瑞应兽也。且此但言"状如狐",非即真狐,郭云"即九尾狐",似误。**食者不蛊。**啖其肉,令人不逢妖邪之气。或曰:蛊,蛊毒。 懿行案:说文云:"蛊,腹中虫也。"引春秋传曰:"皿虫为蛊,淫溺之所生也。枭桀死之鬼亦为蛊。"郭引"或曰:蛊,蛊毒"者,秋官庶氏掌除毒蛊,又南方造蛊毒有蛇蛊、金蚕蛊也。经云食此兽者不蛊,盖亦秦人"以狗御蛊"之义,见史记秦本纪。**有鸟焉,其状如鸠,**懿行案:鸠有数种,具见尔雅。**其音若呵,**如人相呵呼声。**名曰灌灌,**或作"濩濩"。 懿行案:灌灌,郭云"或作濩濩"。吕氏春秋本味篇云"肉之美者,玃玃之炙",高诱注云:"玃玃,鸟名,其形未闻。玃一作获。"今案"玃"与"灌"、"获"与"濩"俱字形相近,即此鸟明矣。**佩之不惑。**懿行案:陶潜读山海经诗云:"青丘有奇鸟,自言独见尔。本为迷者生,不以喻君子。"**英水出焉,**懿行案:"英",玉篇作"漢",云"水出青丘山"。**南流注于即翼之泽。其中多赤鱬,**音"懦"。 懿行案:"懦"盖"儒"字之讹,藏经本作"儒"。**其状如鱼而人面,**懿行案:太平御览九百三十九卷引此经图赞云:"赤鱬之状,鱼身人头。"**其音如鸳鸯,食之不疥。**一作"疾"。 懿行案:说文云:"疥,搔也。"

又东三百五十里曰**箕尾之山。**懿行案:玉篇作"箕山",无"尾"字。**其尾踆于东海,多沙石。**"踆",古"蹲"字,言临海上。音"存"。 懿行案:说文云:"蹲,踞也。"又云:"夋,倨也。"无"踆"字。**汸水出焉,**音"芳"。 懿行案:玉篇作"滂",音与郭同。**而南流注于淯,**音

"育"。**其中多白玉。**

　　凡誰山之首自招摇之山以至箕尾之山,凡十山,二千九百五十里。 懿行案:今才九山,二千七百里。若连誰山计算,正得十山。但誰山虽标最目,其文俄空,当有阙脱。**其神状皆鸟身** 懿行案:北堂书钞一百三十三卷引此经作"人身"。**而龙首。其祠之礼:毛** 言择牲取其毛色也。周官曰:"阳祀用骍牲之毛。" 懿行案:"之毛"当为"毛之",见地官牧人职。**用一璋玉瘗,** 半圭为璋。瘗,薶也。**糈用稌米,** 糈,祀神之米名,先吕反。今江东音"所",一音"婿"。稌,稌稻也,他睹反。"糈"或作"疏",非也。 懿行案:离骚云:"巫咸将夕降兮,怀椒糈而要之。"故知糈祀神之米名也。或音"所"音"婿",并方俗声转。其字或作"疏",亦字随音变也。"稌,稻",见尔雅,疑此注衍一"稌"字。**一璧,稻米,白菅** 懿行案:太平御览七百九卷引此文作"白蒲"。**为席。** 菅,茅属也,音"间"。 懿行案:尔雅云:"白华野菅。"广雅云:"菅,茅也。""席"者,借以依神。淮南说山训云"巫之用糈、藉",高诱注云:"糈米所以享神,藉菅茅是享神之礼用菅茅为席也。"

　　南次二经之首曰柜山。 音"矩"。**西临流黄,** 懿行案:即流黄辛氏国也,见海内经。**北望诸毗,东望长右。** 皆山名。 懿行案:"诸毗"、"长右"说见下。**英水出焉,西南流注于赤水,其中多白玉,** 尸子曰:"水方折者有玉,员折者有珠。"**多丹粟。** 细丹沙如粟也。 懿行案:周书王会篇云:"卜人以丹沙。"张衡南都赋云:"青腰丹粟。"**有兽焉,其状如豚** 懿行案:毕氏本"豚"作"反",讹。**,有距,** 懿行案:说文云:"距,鸡距也。"**其音如狗吠,其名曰狸力,** 懿行案:郭注有"一作狸刀"四字,诸本俱无,吴氏本有。**见则其县多土功。有鸟焉,其状如鸱** 懿行案:"鸱",玉篇作"鸡"。**而人手,** 其脚如人手。鸱,音处脂反。 懿行案:鸱有三种,具见尔雅。"手",广韵作"首",非。**其音如痹,**未详。 懿行案:尔雅云:"鹑之雌者名痹。"吴氏云:**其名曰鶒,**音"株"。 懿行案:陶潜读山海经诗云:"鹁鹒见城邑,其国有放士。"或云"鹁鹒"当为"鸥鶒",一云当为"鵬鶒"。**其名自号也,见则其县多放士。**放,放逐。或作"效"也。

东南四百五十里曰长右之山。懿行案:广韵引此经"长右"作"长舌"。**无草木,多水。有兽焉,其状如禺而四耳,其名长右,**以山出此兽,因以名之。 懿行案:广韵引此经作"长舌"。**其音如吟,**如人呻吟声。**见则郡县大水。**懿行案:郡县之制起于周,周书作雒篇及左氏传具有其文。毕氏引淮南氾论训云:"夏桀、殷纣之盛,人迹所至,舟车所通,莫不为郡县。"以此证郡县之名起于夏、殷也。

又东三百四十里曰尧光之山。其阳多玉,其阴多金。懿行案:太平御览八百十三卷引此经作"克光之山,其阴多铁"。**有兽焉,其状如人而彘鬣,穴居而冬蛰,其名曰猾褢,**"滑"、"怀"两音。懿行案:御览九百十三卷引此经"猾褢"作"褐裹"。**其音如斫木,**如人斫木声。**见则县有大繇。**谓作役也。或曰"其县是乱"。 懿行案:藏经本作"其县乱",无"是"字。

又东三百五十里曰羽山。今东海祝其县西南有羽山,即鲧所殛处。计此道里不相应,似非也。 懿行案:地理志云:"东海郡,祝其:禹贡羽山在南,鲧所殛。"郭以为非此经羽山,是矣。**其下多水,其上多雨,无草木,多蝮虫。**虺也。 懿行案:本草别录"蝮蛇"与"虺"为二物,郭以为虺即蝮虫,非也。吴氏以"虺"为"虮"字之误,"虮"即"虺"字,亦非。

又东三百七十里曰瞿父之山。音"甫"。 懿行案:玉篇云"峳,音父,山名",盖"父"或为"峳"也。但经内诸山以"父"名者非一,既疑未敢定,又玉篇、广韵偏旁之字多后人所加,不尽可从也。余多放此。**无草木,多金、玉。**

又东四百里曰句余之山。今在会稽余姚县南，句章县北，故此二县因此为名云。见张氏地理志。 懿行案：山在今浙江归安县东。刘昭注郡国志"会稽郡，余姚句章"引此经及郭注，与今本同，晋书地理志亦云余姚有句余山在南。"张氏地理志"者，此及西山经"鸟鼠同穴之山"注并引之。张氏，张晏也，见水经注。无草木，多金、玉。

又东五百里曰浮玉之山。懿行案：水经沔水注引此经云云，又引谢康乐云："山海经浮玉之山在句余东五百里，便是句余县之东山，乃应入海。句余今在余姚鸟道山西北，何由'北望具区'也？以为郭于地理甚昧矣。言洞庭南口有罗浮山，高三千六百丈。会稽山宜直湖南。"是郦氏以罗浮山为此经浮玉山也。艺文类聚七卷引谢灵运罗浮山赋曰"得洞庭所载罗浮山事，云茅山是洞庭口，南通罗浮"，正与水经注合。茅山即会稽山也。类聚又引罗浮山记曰："罗浮者，盖总称焉。罗，罗山也，浮，浮山也，二山合体，谓之罗浮，在增城、博罗二县之境。"北望具区，具区，今吴县西南太湖也。尚书谓之"震泽"。 懿行案：具区即震泽，扬州薮也；其太湖乃五湖之总名，扬州浸也，载在职方甚明。郭氏此注及尔雅"十薮"注，并以具区、太湖为一，非也，说见尔雅略。东望诸虮。水名。 懿行案："诸虮"，广雅释地作"渚虮"，盖古字通也。又上文"柜山，北望诸虮"，郭云"山名"；此云"东望诸虮"，郭云"水名"；又西山经"北望诸虮之山"，又"北望诸虮"，郭云"山名"。西山经又云"西流注于诸虮之水"，郭云"水出诸虮山也"；北山经亦云"西流注于诸虮之水"，郭云"水出诸虮山也"。然则"诸虮"盖非一山，其水即非一水。此经"诸虮"盖在江南，其西、北二经所说皆与此异者也。太平寰宇记云："乌程县虮山，在县东北九里。"盖此经所谓"诸虮"矣。有兽焉，其状如虎而牛尾，其音如吠犬，其名曰彘，是食人。苕水出于其阴，北流注于具区，懿行案：水经注云："山阴西四十里，有二溪：东溪广一丈九尺，冬煖夏冷；西溪广三丈五尺，冬冷夏煖。二溪北出，行三里至徐邨，合成一溪，广五丈余，而温凉又杂，盖山海经所谓苕水也。北迳罗浮山而下注于太湖，故言出其阴、入于具区也。"案太平寰宇记云："苕溪在乌程县南五十步。"雪水亦

9

苕水之异名。**其中多鮆鱼。**鮆鱼狭薄而长头,大者尺余,太湖中今饶之。一名刀鱼。音祚启反。 懿行案:尔雅云"鮤,鱴刀",郭注云:"今之鮆鱼也,亦呼为魛鱼。"今案海中亦有刀鱼,登莱闲人呼林刀鱼,盖"林"即"鮤"声之转矣。李善注江赋引此经郭注与今本同。太平御览九百三十七卷引郭注"长头"作"长须"。又九百三十九卷引魏武四时食制曰:"望鱼侧如刀,可以刈草,出豫章明都泽。"盖亦此类,但望鱼之名所未考。

又东五百里曰成山。四方而三坛,形如人筑坛相累也。成,亦重耳。 懿行案:尔雅云"丘一成为敦丘",郭注云:"成,犹重也。"引周礼曰"为坛三成",正与此义相证,故云"成亦重耳",言此之成山亦因重累如坛而得名也。**其上多金、玉,其下多青雘。䕅水出焉,**音"涿"。 懿行案:玉篇云:"䕅,式旨切。"从彖不从豕。藏经本亦作"䕅"。**而南流注于**一作"流注于西"。**虖勺,**"虖"音"呼"。"勺"或作"多",下同。**其中多黄金。**今永昌郡水出金,如穅在沙中。尸子曰:"清水出黄金、玉英。" 懿行案:刘昭注郡国志"永昌郡"引华阳国志"兰沧水有金沙,洗取融为金",即郭所说也。艺文类聚八卷引尸子作"清水有黄金"。郭注穆天子传引尸子作"龙泉有玉英"。此注"玉英"二字衍,或上有阙脱。

又东五百里曰会稽之山。今在会稽郡山阴县南,上有禹冢及井。 懿行案:地理志云:"会稽郡,山阴:会稽山在南,上有禹冢、禹井。"越绝书云:"禹到大越,上茅山,大会计,更名茅山曰会稽。"水经注云:"会稽之山,古防山也,亦谓之为茅山,又曰栋山。越绝云:栋犹镇也。"艺文类聚八卷引郭氏赞云:"禹徂会稽,爰朝群臣。不虔是讨,乃戮长人。玉匮表夏,玄石勒秦。"**四方,其上多金、玉,其下多砆石。**砆,武夫,石似玉。今长沙临湘出之,赤地白文,色茏葱不分明。 懿行案:子虚赋云"碔石、碔砆",张揖注云:"皆石之次玉者。"战国策云"碔砆[一]类玉"是也。刘昭注郡国志引此经作"瑛石",水经注作"玦石",并误。玉篇引此经作"砆石",又引郭注"赤地"作"青地”，“分明”作“分了也”。**勺水出焉，而南流注于湨。**音“鶪”。

懿行案：水经渐江水注引此经“勺”作“夕”，“湨”作“湖”。

又东五百里曰夷山。无草木，多沙石。湨一作“淟”。**水出焉，而南流注于列涂。**懿行案：疑即涂山。说文作“盦”，云：“盦，会稽山。一曰九江当盦也。”

又东五百里曰仆勾一作“夕”。　懿行案：“夕”疑“多”字之讹，且此经前有“虖勺”，后有“虖勺之山”，其字作“勺”或作“多”，可证。又越绝书云：“麻林山一名多山。越谓齐人多，故曰麻林多。”亦其例也。又上文云“会稽山，勺水所出”，水经注作“夕水”，疑“夕”亦“多”字之讹矣。**之山。其上多金、玉，其下多草木，无鸟兽，无水。**

又东五百里曰咸阴之山。无草木，无水。

又东四百里曰洵一作“旬”。　懿行案：玉篇引此经作“句山”。太平御览九百四十一卷引作“旬山”，与郭注合。**山。其阳多金，其阴多玉。有兽焉，其状如羊而无口，不可杀也，**禀气自然。　懿行案：“不可杀”，言不能死也，无口不食而自生活。**其名曰䍺。**音“还”，或音“患”。　懿行案：广韵云：“䍺，兽名，似羊黑色，无口，不可杀也。”“䍺”又作“羦”。**洵水出焉，**音“询”。　懿行案：地理志云：“汉中郡，旬阳：北山，旬水所出，南入沔。”计其道里，似非此。**而南流注于阏之泽，**音“遏”。**其中多芘蠃。**紫色螺也。　懿行案：郭云“紫色螺”，即知经文“芘”当为“茈”字之讹也。古字通以“茈”为“紫”。御览引此经“芘”作“茈”。

又东四百里曰虖勺之山。懿行案：“虖勺”已见上文，郭注云“勺”或作“多”。文选注阮籍咏怀诗引此经作“雽夕之山”。**其上多梓、枏，**梓，山楸也。枏，大木，叶似桑，今作“楠”，音“南”。尔雅以为“枏”。懿行案：梓、枏并见尔雅。又“梅，枏”，郭注云“似杏实酢”，非也。此注得之，说见尔雅略。又玉篇说枏亦本尔雅注而误。王引之曰：“尔雅以为枏，‘枏’疑当作'梅'。"**其下多荆、**懿行案:广雅云:"楚荆也,牡荆、蔓荆也。"**杞**。杞,苟杞也,子赤。　懿行案:尔雅云"杞,枸檵",郭注云:"今枸杞也。"文选注引此经郭注,亦云"杞,枸杞",是"苟"、"枸"声同也。其子赤,俗呼"狗奶子"。广雅云:"枸乳,苦杞也,根名地骨。"故广雅云"地筋,枸杞也"。**滂水出焉,**音"滂沱"之"滂"。**而东流注于海。**

又**东五百里曰区吴之山。无草木,多沙石。鹿水出焉,而南流注于滂水。**

又**东五百里曰鹿吴之山。上无草木,多金石。泽更之水出焉,而南流注于滂水。水有兽焉,名曰蛊雕,**"蛊"或作"纂"。**其状如雕而有角,**雕似鹰而大尾长翅。　懿行案:说文云:"雕,鷻也。"玉篇云:"鷖也。"**其音如婴儿之音,是食人。**

东五百里曰漆吴之山。无草木,多博石,可以为博棋石。　懿行案:方言云:"簙,谓之蔽,或谓之棋。古棋以木,故字从木。"然中次七经云:"休与之山有石,名曰帝台之棋。"是知博棋古有用石者也。**无玉。处于东海,**懿行案:"东海",一本作"海东"。**望丘山,其光载出载入,**神光之所潜耀。**是惟日次。**是日景之所次舍。　懿行案:杨慎补注云:"经载日月所出入之山凡数十所,盖峰峦隐映,壑谷层迭,所见然矣,非必日月出没定在是也。"

凡南次二经之首自柜山至于漆吴之山,凡十七山,七千二百里。懿行案:今七千二百一十里。**其神状皆龙身而鸟首。其祠:毛用一璧瘗,糈用稌。**稻稬也。　懿行案:"稬"字疑衍,或"粳"字之讹。

南次三经之首曰天虞之山。懿行案:山当在交广也。艺文类聚八卷引顾微广州记云:"南海始昌县西有夫卢山,高入云霄。世传云:上有湖水,至甲戌日,辄闻山上有鼓角箫篪鸣响。"疑即斯山也。"天虞"、"夫卢"字形相近,或传写之讹。**其下多水,不可以上。**

东五百里曰祷过之山。其上多金、玉,其下多犀、犀似水牛,猪头庳脚,脚似象,有三蹄,大腹黑色。三角,一在顶上,一在额上,一在鼻上。在鼻上者小而不堕,食角也。好啖棘,口中常洒血沫。 懿行案:"犀"见尔雅,郭注与此同,唯"堕"作"橢",是。**兕,**兕亦似水牛,青色,一角,重三千斤。 懿行案:"兕"亦见尔雅,郭注与此同。此注"三"字衍。**多象。**象,兽之最大者,长鼻,大者牙长一丈。性妒,不畜淫子。 懿行案:说文云:"象,长鼻,牙,南越大兽,三年一乳。"初学记二十九卷引郭氏图赞云:"象实魁梧,体巨貌诡。肉兼十牛,目不逾豕。望头如尾,动若丘徙。"**有鸟焉,其状如鸮,**鸮,似鸱而小,脚近尾。音"骹箭"之"骹"。 懿行案:尔雅云:"鸰,头鸮。"郭注与此略同。**而白首,三足,**或作"手"。**人面,其名曰瞿如,**音"劬"。 懿行案:"瞿",玉篇、广韵并作"鸜"。玉篇云:"鸜鸟似白鸡。""白"字衍也。广韵云:"鸜,三首三足鸟。""白首"作"三首",或字之讹,或所见本异也。**其鸣自号也。浪水出焉,**音"银"。 懿行案:水经云"浪水出武陵镡城县北界沅水谷",注引此经为释。**而南流注于海,**懿行案:水经云"浪水又东至南海番禺县西,分为二。其一南入于海,其一又东,过县东南入于海",注云:"浪水又东迳怀化县,入于海。"**其中有虎蛟,**蛟,似蛇,四足,龙属。 懿行案:郭氏江赋云"水物怪错,虎蛟钩蛇",本此。水经注引裴渊广州记云"浪水有鳄鱼",博物志云"东海蛟鳄鱼生子,子惊,还入母肠,寻复出",与水经注合。疑蛟鳄即虎蛟矣。所以谓之虎者,初学记三十卷引沈莹临海水土异物志云:"虎鳄长五尺,黄黑斑[一],耳目齿牙有似虎形,唯无毛,或变化成虎。"然则虎蛟之名盖以此。又任昉述异记云:"虎鱼,老者为蛟。"疑别是一物也。**其状鱼身而蛇尾,其音如鸳鸯,食者不肿,**懿行案:说文云:"肿,痈也。"**可以已痔。**

〔一〕"斑",原本作"班",据初学记改。

懿行案：说文云："痔，后病也。"

又东五百里曰**丹穴之山**。懿行案：尔雅云："岠齐州以南，戴日为丹穴。丹穴之人智。"庄子让王篇云"越王子搜逃乎丹穴"，释文引尔雅。**其上多金、玉。丹水出焉，而南流注于渤海。**渤海，海岸曲崎头也。　懿行案：渤，俗字也。说文云："郣，海地。一曰地之起者曰郣。"史记封禅书作"渤海"，汉书武帝纪作"敦海"，扬雄传作"勃解"，并通。**有鸟焉，其状如鸡，**懿行案：史记司马相如传正义、文选注颜延之赠王太常诗、艺文类聚九十九卷及初学记五卷引此经，"鸡"并作"鹤"。薛综注东京赋引作"鹄"。**五采而文，名曰凤皇，首文曰德，翼文曰义，背文曰礼，**懿行案：海内经作"翼文曰顺，背文曰义"。广雅与海内经同。**膺文曰仁，腹文曰信。**懿行案：周书王会篇云："西申以凤鸟。凤鸟者，戴仁抱义掖信，归有德。"**是鸟也，饮食自然，**懿行案：初学记引此经作"不饮不食"，误。**自歌自舞，见则天下安宁。**汉时凤鸟数出，高五六尺，五采。庄周说凤文字与此有异。广雅云："凤，鸡头、燕颔、蛇颈、龟背、鱼尾。雌曰皇，雄曰凤。"　懿行案："鹛凤，其雌皇"，见尔雅。郭引广雅"龟背"，今本作"鸿身"，尔雅注与此注同，唯"五六尺"作"六尺许"也。说文云："天老曰：凤之象也，鸿前麐后，蛇颈鱼尾，鹳颡鸳思，龙文龟背，燕颔鸡喙，五色备举。出于东方君子之国，翱翔四海之外。过昆仑，饮砥柱，濯羽弱水，莫宿风穴。见则天下大安宁。"类聚引郭氏赞云："凤皇灵鸟，实冠羽群。八象其体，五德其文。附翼来仪，应我圣君。"

又东五百里曰**发爽**或作"暴"。　懿行案：艺文类聚九十五卷引此经亦作"发爽"。**之山。无草木，多水，多白猿。**懿行案：类聚引"猿"作"猨"。**汎水出焉，而南流注于渤海。**

又东四百里至于**旄山之尾。其南有谷，曰育遗，**或作"隧"。　懿行案："遗"、"隧"古音相近。大雅桑柔篇云："大风有隧。"此经之隧为凯风所出，即风穴也。说文云凤皇"莫宿风穴"，盖即此。**多怪鸟，**广

14

雅曰："鹢鹒、鹣明、爱居、鸥雀,皆怪鸟之属也。" 懿行案:今本广雅作"鹢离、延居、鹣雀,怪鸟属也"。"离"、"鹒"古通用,"延"、"爱"声相近,"鹣"与"鸥","鹣"与"鹒",并字形之讹。又广雅上文已云"鹣明,凤皇属",不应又为"怪鸟",疑郭氏误记尔。**凯风自是出。** 凯风,南风。 懿行案:尔雅云:"南风曰凯风。"

又东四百里,至于**非**山之首。其上多金、玉,无水,其下多蝮虫。

又东五百里曰**阳夹**之山。无草木,多水。

又东五百里曰**灌湘**之山。一作"灌湖射之山"。上多木,无草。多怪鸟,无兽。

又东五百里曰**鸡山**。懿行案:鸡山在今云南。郡国志云"永昌郡,博南:南界出金",刘昭注引华阳国志云:"西山高三十里,越得兰沧水,有金沙,洗取,融为金。"今案博南西山,疑即鸡山,兰沧水即黑水矣。又,益州滇池"有黑水祠",刘昭注引华阳国志云:"水是温泉也。"**其上多金,其下多丹膜。** 膜,赤色者。或曰:膜,美丹也。见尚书。音"尺蠖"之"蠖"。 懿行案:膜,已见上文"青丘之山"。说文云:"丹,巴、越之赤石也。""膜,善丹也。"引周书曰:"惟其敩丹膜。"读若"雀"。**黑水出焉,而南流注于海。其中有鱄鱼,**音"团扇"之"团"。 懿行案:说文云:"鱄,鱼名。"李善注江赋引此经作"𩽆鱼",广韵亦作"𩾭鱼",非也。**其状如鲋** 懿行案:广雅云:"鲋,鳍也。"即今鲫鱼。"鲫"、"鳍"同字,见玉篇。**而彘毛,** 懿行案:广韵作"豕尾"。**其音如豚,见则天下大旱。** 懿行案:太平御览九百三十九卷引鱄鱼并鹣鸟图赞云:"鹣鸟栖林,鱄鱼处川。俱为旱征,灾延普天。测之无象,厥类惟玄。"

又东四百里曰**令丘**之山。无草木,多火。懿行案:初学记二十五卷引括地图曰:"神丘有火穴,光照千里。""神丘"、"令丘"声相近。楚词大招篇亦云:"魂虖无南,南有炎火千里。"抱朴子云"南海萧丘有自生之火"〔一〕也。**其南有谷焉，曰中谷，条风自是出。**东北风为条风。
记曰："条风至，出轻系，督捕留。" 懿行案："条风"，吕氏春秋有始览作"滔
风"。淮南墬形训云"东方曰条风"，高诱注云："震气所生。"刘昭注郡国志
"九真郡，居风"引交州记云："山有风门，常有风。"郭引"记曰"者，淮南天文
训云"条风至则出轻系，去稽留"，今郭注讹"督捕留"。藏经本"捕"作"通"，
是。**有鸟焉，其状如枭，人面四目而有耳，其名曰颙，**音
"娱"。 懿行案：玉篇、广韵并作"鸟"。**其鸣自号也。见则天下
大旱。**

又东三百七十里曰**仑者之山。**音"论说"之"论"，一音"伦"。
**其上多金、玉，其下多青雘。有木焉，其状如榖而赤理，其
汗如漆，**懿行案："漆"当为"桼"。说文云："木汁，可以髤物。"桼如水，滴而
下，故此言汁矣。经文"汗"当为"汁"字之讹，东次四经云"其汁如血"可证。
太平御览五十卷引此经正作"汁"字。**其味如饴，**懿行案：说文云："饴，米
糵煎也。"方言云"饴谓之餦，饧谓之餹"，郭注云："江东皆言糖。"**食者不
饥，可以释劳，**懿行案：高诱注淮南精神训云："劳，忧也。"**其名曰白
䔽，**或作"䔓苏"。䔓苏一名白䔽，见广雅。音"羔"。 懿行案：广雅云："䔓
苏，白䔽也。"在释草篇。此言"木"者，虽名为木，其实草也，正如竹之为属亦草
亦木矣。艺文类聚引张协都蔗赋云："皋苏妙而不逮，何况沙棠与椰实。"〔二〕皋
苏味如饴，故以比甘蔗也。云"可以释劳"者，初学记引王朗与魏太子书云：
"奉读欢笑，以借饥渴。虽复萱草忘忧，皋苏释劳，无以加也。"**可以血玉。**
血，谓可用染玉作光彩。 懿行案：染玉之说未闻。大戴礼少间篇云"玉者犹
玉，血者犹血"，卢辩注云："血，忧色也。"与此义合。

又东五百八十里曰**禺槀之山。多怪兽，多大蛇。**

又东五百八十里曰**南禺之山。其上多金、玉，其下多**

〔一〕 所引见艺文类聚卷八十，今本抱朴子无。
〔二〕 今本艺文类聚卷八十七作"择苏妙而不逮，何况沙棠与椰实"。

山海经笺疏

水。有穴焉，水出懿行案："出"，藏经本作"春"。辄入，夏乃出，冬则闭。佐水出焉，而东南流注于海。有凤皇、鹓鶵。亦凤属。 懿行案：庄子秋水篇云"南方有鸟，其名鹓鶵"，本此。释文引李颐云："鹓鶵，鸾凤之属也。"李善注南都赋引此经，与今本同，又引郭注云"凤皇也"，疑误。

凡南次三经之首，自天虞之山以至南禺之山，凡一十四山，六千五百三十里。懿行案：今才一十三山，五千七百三十里。其神皆龙身而人面。其祠：皆一白狗祈，祈，请祷也。 懿行案：毕氏云"祈当为刉"，引说文云："刉，以血有所刉涂祭也。"又引周礼郑注云："祈，或为刉。刉与刉同义。"稰用稌。

右南经之山志，懿行案：篇末此语盖校书者所题，故旧本皆亚于经。大小凡四十山，万六千三百八十里。懿行案：经当云"凡四十一山，万六千六百八十里"，盖传写之误也。今检才三十九山，万五千六百四十里。

山海经第二

晋郭璞传　栖霞郝懿行笺疏

西山经

西山经华山之首曰钱来之山。其上多松，其下多洗石。澡洗可以碟体，去垢圿。碟，初两反。　懿行案："碟"当为"瓶"。说文云："磋垢瓦石。"有兽焉，其状如羊而马尾，名曰羬羊，今大月氏国有大羊，如驴而马尾。尔雅云"羊六尺为羬"，谓此羊也。"羬"音"针"。　懿行案："羬"当从说文作"麙"，"羬"盖俗体。玉篇："午咸、渠炎二切。"广韵："巨淹切。与鍼同音。鍼又之林切，俗字作针。"是郭注之"针"，盖因传写随俗，失于校正也。初学记二十九卷引此注亦云"羬音针"，则自唐本已讹。太平御览九百二卷引郭义恭广志云："大尾羊，细毛，薄皮。尾上旁广，重且十斤。出康居[一]。"即与此注相合。初学记引郭氏图赞云："月氏之羊，其类在野。厥高六尺，尾赤如马。何以审之？事见尔雅。"其脂懿行案：说文云："戴角者脂。"可以已腊。治体皱。"腊"音"昔"。　懿行案：说文云："昔，干肉也。"籀文作"腊"。此借为"皱腊"之字。今人以羊脂疗皱有验。

西四十五里曰松果之山。懿行案：山在今陕西华阴县东南二十七里。李善注西都赋引此经云："华首之山西六十里曰太华之山。"又，注长杨赋引此经作"松梁之山西六十里曰太华山"。濩水出焉，懿行案：水经注作"灌水"。北流注于渭。懿行案：水经云"河水又南至华阴潼关"，注云：

〔一〕"尾上旁广"以下在原书为注文。

"灌水注之，水出松果之山，北流迳通谷，世亦谓之通谷水，东北注于河。"案水经注言"入河"，此经云"注渭"者，华阴、潼关之间，河、渭所会，水盖受其通称也。**其中多铜。有鸟焉，其名曰䳋渠**，"䳋"，音"彤弓"之"彤"。懿行案：尔雅云："鸊鸹，鵖渠。"广雅云："礝鸟、精列、鹡鸰，雅也。"说文云："雅，石鸟，一名鵖渠。"郭注尔雅云："雀属也。"又注上林赋云："庸渠似凫，灰色而鸡脚。一名章渠。"然则鵖渠与䳋渠形状既异，名称又殊，说者多误引，今正之。**其状如山鸡，黑身赤足，可以已㾦**。谓皮皱起也。音巨驳反。懿行案："㾦"，疑当为"暴"，借为"皱剥"之字。

又西六十里曰太华之山。即西岳华阴山也，今在弘农华阴县西南。懿行案：说文云："华山在弘农华阴。"地理志云："京兆尹，华阴：太华山在南。"晋书地理志云："弘农郡，华阴：华山在县南。"**削成而四方**，今山形上大下小，陗峻也。懿行案：郭盖读"削"为"陗"，今读如字。水经注云："远而望之，又若华状。"**其高五千仞，其广十里**，仞，八尺也。上有明星、玉女，持玉浆。得上，服之，即成仙。道险僻不通。诗含神雾云。懿行案：明星、玉女，华山峰名也。艺文类聚七卷引郭氏赞云："华岳灵峻，削成四方。爰有神女，是挹玉浆。其谁游之？龙驾云裳。"**鸟兽莫居。有蛇焉，名曰肥蠵，六足四翼，见则天下大旱**。汤时此蛇见于阳山下。复有肥遗蛇，疑是同名。懿行案："蠵"当为"遗"。刘昭注郡国志及艺文类聚九十六卷并引此经作"肥遗"。又，此篇下文有鸟复名肥遗，郭云"复有肥遗蛇"者，见北山经"浑夕之山"、"彭毗之山"。

又西八十里曰小华之山。即少华山。懿行案：水经注云太华"西南有小华山也"。**其木多荆、杞，其兽多㸲牛**。今华阴山中多山牛、山羊，肉皆千斤，牛即此牛也。音"昨"。懿行案：穆天子传云"春山爰有野牛、山羊"，郭注云："今华阴山有野牛、山羊，肉皆千斤。"与此注同，是此注"山牛"当为"野牛"。**其阴多磬石，可以为乐石。**懿行案：秦峄山刻石文云"刻兹乐石"，即磬石也。说文云："磬，乐石。"初学记十六引此经。**其阳多㻬琈之玉。**㻬琈，玉名，所未详也。"湾""浮"两音。懿行案：说文引孔子曰："美哉玙璠，远而望之奂若也，近而视之瑟若也！一则理胜，一则孚胜。"此经"瑈珬"，古字所无，或即"玙璠"之字，当由声转；若系"理孚"之文，又为形变也。古书多假借，疑此二义似为近之。**鸟多赤鷩**，赤鷩，山鸡之属。胸腹洞赤，冠金，皆黄头绿尾，中有赤，毛彩鲜明。音作"蔽"，或作"鳖"。懿行案：尔雅说雉十有四种，中有"鷩雉"，郭注与此同。此注"皆黄"当为"背黄"字之讹。说文又云："骏蚁，鷩也。"**可以御火。其草有萆荔**，萆荔，香草也。"蔽""戾"两音。　懿行案："萆荔"，说文作"萆藶"，离骚作"薜荔"，并古字通。**状如乌韭而生于石上，亦缘木而生**，乌韭在屋者曰昔邪，在墙者曰垣衣。　懿行案：说文云："萆藶，似乌韭。""藶"当为"历"，徐锴系传正作"历"。其以乌韭为麦门冬，谬也。麦门冬叶虽如韭，不名乌韭。广雅云："昔邪，乌韭也。"本草云："乌韭生山谷石上。"唐本草苏恭注谓之"石苔"。然则此物盖与今石华相类，苍翠茸茸，如华附石，其味清香。故离骚云"贯薜荔之落蕊"，王逸注云："薜荔，香草也，缘木而生。"是薜荔即萆荔，郭注本王逸为说也。"乌韭"二语本广雅。**食之已心痛**。懿行案：本草陶注云："垣衣，主治心烦欬逆。"

　　又西八十里曰符禺之山。懿行案：水经云"渭水又东过华阴县北"，注有"符禺之山"。太平御览八百七十卷引此经"禺"作"愚"，九百二十八卷又引作"遇"。**其阳多铜，其阴多铁。其上有木焉，名曰文茎，其实如枣，可以已聋。**懿行案：艺文类聚引束皙发蒙记云"甘枣令人不惑"，疑因此经下文相涉而误，当云"甘枣令人不聋"，孟诜食疗本草云"干枣主耳聋"是也。又本草经云"山茱萸，一名蜀枣"，别录云"主耳聋"。**其草多条，其状如葵，而赤华黄实，如婴儿舌，食之使人不惑。符禺之水出焉，**懿行案：水经注云："渭水又东合沙沟水，水即符禺之水也。"南出符禺之山，北流入于渭。"**而北流注于渭。其兽多葱聋，其状如羊而赤鬣。**懿行案：此即野羊之一种，今夏羊亦有赤鬣者。**其鸟多鴖，**音"旻"。　懿行案："鴖"当为"鸤"。御览引此经正作"鸤"。说文云："鹬，鸟也。"广韵云："鹬鸟似翠而赤喙。"**其状如翠而赤喙，**翠似燕而绀色也。　　懿行案："翠鹬"见尔雅，郭注与此同。**可以御火。**畜之辟火灾也。　　懿行案：御览引此经"御"并作"卫"，疑误。

又西六十里曰**石脆之山。**懿行案："脆"当为"脃"。水经云"渭水又东过郑县北"，注有"石脃之山"。艺文类聚八十九卷两引此经，并作"脃山"，无"石"字。**其木多椶、枏。**椶树高三丈许，无枝条，叶大而员，枝生梢头，实皮相裹，上行，一皮者为一节，可以为绳。一名栟榈。音"马鬃"之"鬃"。　　懿行案：李善注西京赋引此注作"并闾"。广雅云："栟榈，椶也。"说文云："椶，栟榈也，可作萆。"萆，雨衣也。玉篇云："椶榈，一名蒲葵。"类聚引广志曰："椶，一名并闾，叶似车轮，乃在巅，下有皮缠之，附地起。二旬一采，转复上生。"是其形状也。郭注"枝生梢头"，"枝"，藏经本作"岐"，二字通。**其草多条，其状如韭而白华黑实，**懿行案："条草"与上文同名异状。又，韭亦白华黑实也。**食之已疥。其阳多琈琈之玉，其阴多铜。灌水出焉，而北流注于禺水。**懿行案：水经注云："小赤水，即山海经之灌水也。水出石脃之山，北迳萧加谷，于孤柏原西东北流，与禺水合。"**其中有流赭，**赭，赤土。　　懿行案："赭"见北次二经"少阳之山"注。**以涂牛马，无病。**今人亦以朱涂牛角，云以辟恶。"马"或作"角"。　　懿行案：本草经云："代赭石，主鬼疰蛊毒，杀精物恶鬼邪气。"然则赭辟邪恶，不独施之牛马矣。

又西七十里曰**英山。**懿行案：水经云"渭水又东过郑县北"，注有"英山"。**其上多杻、橿。**杻，似棣而细叶，一名土橿。音"纽"。橿，木中车材。音"姜"。　　懿行案：尔雅云"杻，檍"，郭注与此同。说文云："橿，枋也。"枋木可作车。**其阴多铁，其阳多赤金。禺水出焉，北流注于招水。**音"韶"。　　懿行案：水经注云："禺水出英山，北流与招水相得，乱流西北，注于灌。灌水又北，注于渭。"**其中多鮆鱼，**音同"蚌蛤"之"蚌"。**其状如鳖，其音如羊。其阳多箭、𥱧。**今汉中郡出𥱧竹，

厚里而长节，根深。笋冬生地中，人掘取食之。"篃"音"媚"。　懿行案：玉篇
云："篃竹长节深根，笋冬生。"广雅云："箭，篃簬也。""篃"，广志作"筲"，见初
学记。水经注作"媚"，有"媚加谷"。又见中山经。**其兽多㸽牛、羬羊。**
有鸟焉，其状如鹑，懿行案："鹑，鹑"，见尔雅。**黄身而赤喙，其名**
曰肥遗，食之已疠，疠，疫病也，或曰恶创。韩子曰："疠人怜主。"　懿行
案：说文云："疠，恶疾也。""或曰恶创"者，韩诗外传引战国楚策云"疠虽痈肿
痂疕"，又云"疠怜王"，此注"人"字衍，"主"又"王"字之讹。所引韩子者，奸
劫弑臣篇文也，与外传、楚策同。**可以杀虫。**懿行案：虫盖蛲、蛕之属。

又西五十二里曰竹山。懿行案：山在今陕西渭南县东南四十
里，俗名大秦岭，亦曰箭谷岭，盖因多竹箭得名。**其上多乔木，**枝上竦者。
音"桥"。　懿行案：尔雅云："木上句曰乔。"**其阴多铁。有草焉，其名**
曰黄雚，其状如樗，其叶如麻，白华而赤实，其状如赭，紫赤
色。**浴之已疥，**懿行案：说文云："疥，搔也。"此草浴疥，可以去风痒。本草
别录云："对庐主疥，煮洗之似庵藘"，即此也。**又可以已胕。**治胕肿也。
音"符"。　懿行案："胕肿"，见黄帝素问。**竹水出焉，北流注于渭。**
懿行案：水经注云："渭水又东迳下邽县故城南，又东与竹水合。水南出竹山，
北迳媚加谷，历广乡原东，俗谓之大赤水，北流注于渭。"**其阳多竹箭，**箭，
筱也。　懿行案：说文云："筱，箭属，小竹也。"**多苍玉。**懿行案：玉藻云：
"大夫佩水苍玉。"**丹水出焉，**今所在有丹水。**东南流注于洛水，**懿行
案：丹水、洛水皆在今陕西界也。水经注云："上洛县，洛水东与丹水合。水出
西北竹山，东南流注于洛。"**其中多水玉，多人鱼。**如鳀鱼四脚。　懿
行案：说文见北次三经"龙侯之山"注。**有兽焉，其状如豚而白毛，**懿行
案：初学记二十九卷及文选长杨赋注引此经，俱"毛"下复有"毛"字。**大如**
笄而黑端，笄，簪属。　懿行案：李善注长杨赋引此经，下有"以毛射物"四
字，疑今本脱去之，有郭注可证。**名曰豪彘。**豪猪也，夹髀有粗豪，长数

尺，能以脊上豪射物。亦自为牝牡。狟或作貆，吴楚呼为鸾猪，亦此类也。

懿行案：初学记引此经，有云"猫猪，大者肉至千斤"，疑本郭注，今脱去之。艺文类聚九十四卷引郭氏图赞云："刚鬣之族，号曰豪豨。毛如攒锥，中有激矢。厥体兼资，自为牝牡。"案豪彘，今谓之箭猪，其毛状都如此经及注所说。

又西百二十里曰浮山。懿行案：水经渭水注有"肺浮山"，与丽山连麓而在南，盖此是也。艺文类聚七卷引游名山志云"玉溜山，一名地肺山，一名浮山"，即此。山在今陕西临潼县南。多盼木，音"美目盼兮"之"盼"。懿行案：郭既音"盼"，知经文必不作"盼"，未审何字之讹。枳叶而无伤，枳，刺针也，能伤人，故名云。懿行案：小尔雅云："枳，害也。"郭注方言云"山海经谓刺为伤也"，本此。广雅云："伤，箴也。"此注"针"当为"鍼"。木虫居之。在树之中。有草焉，名曰熏音"训"。草，懿行案：广雅云："熏草，蕙草也。"说见《嶓冢之山》注。麻叶而方茎，赤华而黑实，懿行案：史记司马相如传索隐引本草云"熏草，一名蕙"，广志云"蕙草绿叶紫茎，魏武帝以此烧香。今东下田有草，茎叶似麻，其华正紫也"。臭如蘼芜，蘼芜，香草。易曰"其臭如兰"。"眉""无"两音。懿行案：尔雅云"蕲茝，蘼芜"，郭注云："香草，叶小如萎状。"引淮南子云"似蛇床"，又引此经云"臭如蘼芜"。又文选南都赋注引本草经曰"蘼芜，一名薇芜"，陶隐居注曰："蕙，叶似蛇床而香。"佩之可以已疠。懿行案：本草别录云："熏草，去臭恶气。"尔雅疏引此经作"止疠"。

又西七十里曰瑜次之山。音"庚"。懿行案：刘昭注郡国志及初学记一卷引此经，并与今本同，其二十七卷又引作"瑜次之山"，盖误。漆水出焉，今漆水出岐山。懿行案：说文云："漆水出右扶风杜陵岐山。"案"杜陵"，水经注引作"杜阳"，是也。地理志云："右扶风，漆水在县西。"水经云："漆水出扶风杜阳县俞山，东北入于渭。"注引此经与今本同。北流注于渭。懿行案：说文云："东入渭。一曰入洛。"据此经及水经，则"入渭"是也。其上多棫、橿，棫，白桵也。音"域"。懿行案："棫，白桵"，见尔雅。

其下多竹箭。其阴多赤铜，其阳多婴垣之玉。“垣”或作“短”，或作“根”，或作“埋”，传写谬错，未可得详。　懿行案：“垣”，下文“渤山”正作“短”。毕氏云：“郭云‘或作根’者，当为‘珢’。说文云：‘珢，石之似玉者。’玉篇引张揖埤苍云：‘瓆珢，石似玉也。珢，居恨、鱼巾二切。’是。”有兽焉，其状如禺而长臂善投，其名曰嚣。亦在畏兽画中，似猕猴投掷也。

懿行案：“嚣”、“夒”声相近。说文云：“夒，母猴似人。”有鸟懿行案：初学记引此经作“凫”，误。焉，其状如枭，人面而一足，曰橐䔇，音“肥”。　懿行案：广韵引此经，“橐”作“蠹”。太平御览四百三十三卷引河图曰“鸟一足，名独立，见则主勇强”，即斯类也。冬见夏蛰，服之不畏雷。著其毛羽，令人不畏天雷也。或作“灾”。

又西百五十里曰时山。懿行案：下文“大时之山”，广韵引作“太畤”，则此“时山”疑亦当为“畤山”。地理志云：“右扶风，雍：有五畤。”说文云：“畤，天、地、五帝所基址，祭地也。”史记索隐云：“畤，止也，言神灵之所依止也。”无草木。逐或作“遂”。水出焉，北流注于渭。其中多水玉。

又西百七十里曰南山。懿行案：即终南山。诗谓之“南山”。在渭水之南。上多丹粟。懿行案：初学记八卷引此经云：“南山多黄，丹水出焉。”疑“多黄”即“多丹粟”之讹脱。丹水出焉，北流注于渭。懿行案：丹水，即赤水也。水经注云：“渭水又东迳槐里县故城南，有涌水出南山赤谷。”又云：“耿谷水北与赤水会，又北迳思乡城东，又北注渭水。”兽多猛豹，猛豹，似熊而小，毛浅有光泽，能食蛇，食铜铁，出蜀中。“豹”或作“虎”。懿行案：猛豹即貘豹也。尔雅云“貘，白豹”，郭注云：“似熊，小头庳脚，黑白驳，能舐食铜铁。”说文云：“貘似熊而黄黑色，出蜀中。”“貘”通作“獏”。白帖引广志云：“貘大如驴，色苍白，舐铁消千斤[一]，其皮温煗。”又通作“狛”，郭注

〔一〕“千斤”，太平御览卷九百八引广志作“十斤”。

中次九经"崃山"云："山出猿。猿似熊而黑白驳，亦食铜铁。"是则"猿"即
"貘"也。"貘豹"、"猛豹"声近而转。**鸟多尸鸠**。尸鸠，布谷类也，或曰鹏
鹘也。"鸠"或作"丘"。　懿行案：尔雅云"鸤鸠，鹊鹁"，郭注云："今之布谷
也。"与此注同。又引"或曰鹏鹘也"者，列子天瑞篇云："鹞之为鹯，鹯之为布
谷，布谷久复为鹞。"是郭所本也。又云"鸠或作丘"者，声近假借字。

又西百八十里曰**大时之山**。懿行案：广韵引此经作"太時"。
毕氏云："山疑即太白山也，在今陕西郿县东南四十里。"水经注云："太一山亦
曰太白山，在武功县南，去长安二百里。"**上多穀、柞**，柞，栎。　懿行案：
"柞，栎"，见尔雅。**下多杻、橿。阴多银，阳多白玉。涔水出
焉**，音"潜"。**北流注于渭。清水出焉，南流注于汉水**。今河内
修武县县北黑山，亦出清水。　懿行案：地理志云："右扶风，武功：斜水出衙
领山，北至郿入渭。褒水亦出衙领，至南郑入沔。"案"沔"即"汉"也。东汉水
受氐道水，一名沔，亦见地理志。是此经"涔水"疑即"斜水"，"清水"疑即"褒
水"矣。刘昭注郡国志"修武"引此郭注，与今本同，其引此经作"太行之山"，
盖字之讹。

又西三百二十里曰**嶓冢之山**。今在武都氐道县南。"嶓"音
"波"。　懿行案：山在今甘肃秦州西南六十里。李善注思玄赋引河图曰："嶓
冢，山名。此山之精上为星，名封狼。"**汉水出焉**，懿行案：地理志云："陇西
郡西，禹贡嶓冢山，西汉所出，南入广汉白水，东南至江州入江。"又云："氐道，
禹贡养水所出，至武都为汉。""养"字本作"漾"。说文云："漾，古字作'瀁'。"
是地理志以出氐道者为汉水，出嶓冢者为西汉水也。水经则云"漾水出陇西
氐道县嶓冢山"，盖合二水为一也。又高诱淮南注及水经注引阚骃说，并以汉
即昆仑之洋水，"重源显发而为漾水"，据此，又以"洋"即"漾"字省文矣。**而
东南流注于沔**。至江夏安陆县，江即沔水。　懿行案：地理志云："武都
郡，武都：东汉水受氐道水，一名沔，过江夏，谓之夏水，入江。"又云："沮水出
东狼谷，南至沙羡南入江。"水经则云："沔水出武都沮县东狼谷。"是沮水即沔
水，沔水即东汉水也。地理志云"东汉水受氐道水"，即此经云"东南流注于

"沔"矣。又案地理志及水经并言汉水入江,此注云"江即沔水",是知郭本经文作"注于江",今本讹为"沔"也。水经注及艺文类聚引此经并作"江"字,可证。又此注云"江即沔水","江"上脱"入"字,"江"下脱"汉"字,遂不复可读。

嚻水 懿行案:艺文类聚八十九卷引此经作"嚻水"。**出焉,北流注于汤水。** 或作"阳"。**其上多桃枝、钩端。** 钩端,桃枝属。 懿行案:"桃枝竹",见尔雅。"钩端",广雅作"箹簵",云"桃支也"。"箹簵"声近为"篙簵"。玉篇云:"篙簵,桃枝竹。"**兽多犀、兕、熊、罴,** 罴似熊而黄白色,猛憨能拔树。 懿行案:吴氏本郭注"能拔树"下有"一云长头高脚"六字,与尔雅注合,诸本并脱去之。**鸟多白翰、** 白翰,白鷩也,亦名鶾雉,又曰白雉。 懿行案:翰见尔雅,其字作"鶾"。**赤鷩。有草焉,其叶如蕙,** 蕙,香草,兰属也。或以蕙为熏叶,失之。音"惠"。 懿行案:广雅云:"菌,熏也,其叶谓之蕙。"本离骚王逸注为说也。广雅又云:"熏草,蕙草也。"故南方草木状云"蕙草一名熏草",是蕙即熏也。草木状又云"叶如麻,两两相对,气如蘼芜,可以止疠,出南海",与上文浮山"熏草"名义相合。是张揖、嵇含并以蕙、熏为一草,但不以蕙为熏叶耳。郭氏不从离骚注,故云"失之"。**其本如桔梗,** 本,根也。 懿行案:广雅云:"犁如,桔梗也。"本草作"利如"。太平御览引吴普本草云:"一名卢如。叶如茅苽,茎如笔管,紫赤。"庄子徐无鬼篇释文引司马彪云:"桔梗,治心腹血瘀痕痹。"**黑华而不实,名曰蓇蓉,** 尔雅释草曰:"荣而不实谓之蓇。"音"骨"。 懿行案:郭引尔雅脱"英"字。玉篇、广韵并有"蓇"。"蓇蓉"从草,皆后人所加也。管子地员篇说木属有"胥容","胥",古字作"胥",与"骨"形近易混,疑"骨容"即"胥容"也。但草、木区别,疑未敢定焉。**食之使人无子。**

又西三百五十里曰天帝之山。上多棕、枏,下多菅、蕙。 菅,茅类也。 懿行案:尔雅云"白华,野菅",郭注云:"菅,茅属。"**有兽焉,其状如狗,名曰溪边,** 或作"谷遗"。**席其皮者不蛊。** 懿行案:此即狗属也。史记封禅书云:"秦德公磔狗邑四门,以御蛊菑。"义盖本此。**有鸟焉,**

其状如鹑，黑文而赤翁，翁，头下毛。音"汲瓮"之"瓮"。　郝行案：说文云："翁，颈毛也。"注"头"字讹。名曰栎，音"沙砾"之"砾"。食之已痔。有草焉，其状如葵，郝行案：史记司马相如传索隐引此经作"叶如葵"。其臭如蘼芜，名曰杜衡，香草也。　郝行案：尔雅云"杜，土卤"，郭注云："杜衡也，似葵而香。"广雅云："楚蘅，杜蘅也。"文选注引范子计然云："秦蘅出于陇西天水。"史记司马相如传索隐引张揖云："衡，杜衡，生天帝之山。"可以走马，带之令人便马。或曰马得之而健走。食之已瘿。郝行案：说文云："瘿，颈瘤也。"淮南墬形训云："险阻气多瘿。"博物志云："山居之民多瘿。"

　　西南三百八十里曰皋涂之山。郝行案：史记司马相如传索隐引此经作"鼻涂"。蔷音"色"。或作"黄"，又作"蓄"。　郝行案："蔷"字形近"蔷"，"蔷"即"蓄"字异文。郭注"黄"、"蓄"亦与"蔷"、"蓄"形近，但别无依据，疑未敢定也。水出焉，西流注于诸资之水。郝行案：淮南墬形训云："西南方曰诸资，曰丹泽。"涂水出焉，南流注于集获之水。其阳多丹粟，其阴多银、黄金。郝行案：银与黄金二物也，下文槐江之山"多采黄金、银"，与此义同。其上多桂木。有白石焉，其名曰礜，郝行案：说文云："礜，毒石也。出汉中。"本草别录同。可以毒鼠。今礜石杀鼠。音"豫"。蚕食之而肥。　郝行案：本草别录云："礜石，辛，大热，有毒。不炼服，杀人及百兽。"然则不但可以毒鼠矣。博物志云："鹳伏卵，取礜石入巢助暖。"陶注本草云："取生礜石纳水，令水不冰。"是其性大热可知。玉篇云"礜石出阴山。杀鼠，蚕食则肥"，本于郭注，其云"出阴山"则非也。云"蚕食之而肥"者，淮南说林训云"人食礜石而死，蚕食之而不饥"，是郭注所本。有草焉，其状如槀茇，槀茇，香草。　郝行案：槀茇，即槀本也，"本"、"茇"声近义同，故此经言"槀茇"，中山经"青要之山"言"槀本"。郭氏注上林赋云："槀本，槀茇也。"明为一物。广雅云："山茝、蔚香，槀本也。"其叶如葵而赤背，名曰无条，可以毒鼠。郝行案：本草别录云"逐折杀鼠"，盖即此。**有兽焉，其状如鹿而白尾，**懿行案：史记司马相如传索隐引此经无"白尾"二字。**马足人手**前两脚似人手。　懿行案：史记司马相如传索隐引此经作"人首"，盖讹。**而四角，名曰䴅如。**音"猨㺪"之"㺪"。　懿行案：经文"䴅"当为"玃"，注文"猨㺪"当为"貜䍸"，并字形之讹也。郭注尔雅"玃父"云"貜䍸也"，是此注所本，广雅释地本此经正作"玃如"，可证。太平御览九百十三卷引作"玃"，无"如"字，疑脱。又案史记司马相如传有"蠼猱"，索隐引此经作"玃猱"，云"字或作蠼"。然则"玃猱"即"玃如"之异文，"猱"、"如"声之转也。说文云："蠼，禺属。"玉篇云："蠼，或玃字。"**有鸟焉，其状如鸮**懿行案：鸮有三种，具见尔雅。**而人足，名曰数斯，食之已瘿。**或作"瘑"。　懿行案：说文云："瘑，病也。"玉篇云："小儿瘨瘑。"后汉书王符传云："哺乳多则生瘑病。"

又西百八十里曰黄山。今始平槐里县有黄山，上故有宫，汉惠帝所起。疑非此。　懿行案：郭注本地理志"槐里在右扶风，有黄山宫，孝惠二年起"。晋书地理志云："始平郡，槐里：有黄山宫"。**无草木，多竹箭。盼水出焉，**音"美目盼兮"之"盼"。　懿行案：郭既音"盼"，知经文必不作"盼"，未审何字之讹。**西流注于赤水，其中多玉。有兽焉，其状如牛而苍黑大目，其名曰㸲。**音"敏"。　懿行案：周书王会篇云："数楚每牛。每牛者，牛之小者也。"广韵"㸲"音切同"美"，是也。毕氏云。**有鸟焉，其状如鸮，**懿行案：广雅云："鹫鸟，鸮也。"形状见陆玑诗疏。**青羽赤喙，人舌能言，名曰鹦䳇。**鹦䳇，舌似小儿舌，脚指前后各两，扶南徼外出五色者，亦有纯赤、白者，大如雁也。　懿行案：说文云："鹦䳇，能言鸟也。"初学记三十卷引广州记云："根杜出五色莺䳇，曾见其白者大如母鸡。"又引南方异物志云："莺䳇有三种，交州、巴南尽有之。"又引郭氏图赞云："莺䳇慧鸟，栖林啄蕊。四指中分，行则以觜。"艺文类聚九十一卷引此赞尚有"自贻伊笼，见幽坐伎"八字。又文选注鹦䳇赋引此经郭注"脚指"作"脚趾"。

又西二百里曰翠山。其上多椶、枬，其下多竹箭。其阳多黄金、懿行案:毕氏本无"金"字。玉，其阴多旄牛、懿行案:"旄牛"见北山经"潘侯之山"注。麢、麝。麢，似羊而大角细食，好在山崖间。麝似獐而小，有香。　懿行案:麢、麝并见尔雅郭注，与此同。其鸟多鸓，音"垒"。　懿行案:玉篇云:"鸓，大颣切。"所说形状正与此同，是经"鸓"当为"鼺"，注"垒"当为"迷"，并字形之讹也。其状如鹊，赤黑而两首四足，可以御火。

又西二百五十里曰騩山，音"巍"，一音"隗嚣"之"隗"。是錞于西海。錞，犹堤埻也。音章闰反。　懿行案:玉篇引此经作"埻于西海"，又引郭注作"埻犹堤也"。今本"埻"字疑衍。"堤"盖坤障之义。海内东经有"埻端"国，郭注埻"音敦"。西海谓之青海，或谓之仙海，见地理志"金城郡临羌"。又思玄赋旧注云:"黄帝葬于西海桥山。"亦即此。无草木，多玉。凄水出焉，或作"浽"。西流注于海，其中多采石，采石，石有采色者，今雌黄、空青、绿碧之属。　懿行案:穆天子传云"有采石之山"，郭注云"出文采之石也"。刘逵注蜀都赋云:"牂柯有白曹山，出丹青、曾青、空青也。"艺文类聚八十一卷引范子计然曰:"空青出巴郡，白青、曾青出弘农、豫章，白青出新淦。青色者善。"本草经曰:"空青能化铜、铁、铅、锡作金。"别录云:"生益州山谷及越巂山有铜处。铜精熏则生空青。"又云:"雌黄生武都山谷，与雄黄同山，生其阴。山有金，金精熏则生雌黄。"又云:"绿青生山之阴穴中，色青白。"陶注云:"此即用画绿色者，亦出空青中。"苏颂图经云"绿青，今谓之石绿"是也。黄金，多丹粟。

凡西经之首，自钱来之山至于騩山，凡十九山，二千九百五十七里。懿行案:今三千一百一十七里。华山，冢也，冢者，神鬼之所舍也。　懿行案:此皆山也，言"神"与"冢"者，冢大于神。尔雅释诂云:"冢，大也。"释山云:"山顶，冢。"是其义也。郭以冢为坟墓，盖失之。其祠之礼:太牢。牛、羊、豕为太牢。羭山，神也，祠之:用烛，或作

"炀"。　懿行案：说文云："烛，庭燎火烛也。炀，炙燥也。"**斋百日，以百牺，**牲纯色者为牺。**瘗用百瑜，**瑜亦美玉名。音"臾"。**汤**或作"温"。懿行案："汤"读去声。今人呼温酒为汤酒，本此。**其酒百樽，**温酒令热。**婴以百珪百璧。**婴，谓陈之以环祭也。或曰"婴"即古"罂"字，谓盂也。徐州云：穆天子传曰"黄金之婴"之属也。　懿行案：穆天子传"赐之黄金之罂三六"，郭注云："即盂也，徐州谓之罂。"太平御览八百六卷引此经，云"瀹山之神，祠以黄圭"，艺文类聚八十三卷引作"瀹山之神，祠之白珪"。两引皆异，疑类聚近之，又疑今本"百"或"白"字之讹也。**其余十七山之属，皆毛牷，用一羊祠之。**牷，谓牲体全具也，左传曰"牷牲肥腯"者也。**烛者，百草之未灰。**懿行案：此盖古人用烛之始。经云"百草未灰"，是知上世为烛，盖亦用麻蒸苇茞为之。详见诗疏及周礼疏。**白席，采等纯之。**纯，缘也。五色纯之，等差其文彩也。周礼："莞席、纷纯。"　懿行案："采等"者，聘礼云"缫三采六等"。"等"训"就"也。采一币为一就。"席"，藏经本作"席"。

　　西次二经之首曰钤山。音"髡钳"之"钳"。或作"冷"，又作"涂"。**其上多铜，其下多玉。其木多杻、橿。**

　　西二百里曰泰或作"秦"。　懿行案：初学记六卷引此经，正作"秦"。**冒之山。**懿行案：山在今陕西肤施县。**其阳多金，其阴多铁。浴水出焉，**懿行案："浴"当为"洛"字之讹。初学记六卷及太平御览六十二卷俱引此经，作"洛水"。又晋灼引水经洛水云："出上郡雕阴泰冒山，过华阴入渭，即漆沮水。"是此经"浴水"即"洛水"审矣。又详西次四经"白於之山"。**东流注于河，其中多藻玉，**藻玉，玉有符彩者。或作"柬"，音"练"。　懿行案：初学记引此经，"多"作"有"。**多白蛇。**水蛇。

　　又西一百七十里曰数历之山。懿行案：水经注沔县有数历

30

山。其上多黄金，其下多银。其木多杻、橿。其鸟多鹦䳌。楚水出焉，而南流注于渭，懿行案：水经注云："渭水迳南田县南，东与楚水合，世所谓长虵水。水出汧县之数历山，又南流注于渭。阚骃以是水为汧水焉。"其中多白珠。今蜀郡平泽出青珠。尸子曰："水员折者有珠。"懿行案：穆天子传云"北征，舍于珠泽"，郭注云："今越巂平泽出青珠是。"初学记二十七卷引华阳国志云："广阳县山出青珠，永昌郡博南县有光珠穴，出光珠。珠有黄珠、白珠、青珠、碧珠。"

又西百五十里高山。懿行案：魏志张合传云"刘备保高山，不敢战"，疑即此也。淮南坠形训云："泾出薄落之山。"是薄落山即高山之异名也。又览冥训云"峣山崩而薄落之水涸"，高诱注云："薄落，泾水。"是峣山亦即高山矣，"峣"、"高"声相近。初学记六卷引"峣"作"硝"，高注有"硝山在雍"四字，为今本所无也。玉篇引此经作"商山"。藏经本"高山"上有"曰"字。其上多银，其下多青碧、碧亦玉类也。今越巂会稽县东山出碧。懿行案：说文云："碧，石之青美者。"竹书云："周显王五年，雨碧于郢。"庄子曰："苌弘死于蜀，其血化为碧。"李善注南都赋引广志云："碧有缥碧，有绿碧。"郭注"会稽"当为"会无"字之讹。地理志云："越巂郡，会无：东山有碧。"雄黄。晋太兴三年，高平郡界有山崩，其中出数千斤雄黄。懿行案：太兴三年，晋元帝之四年也。高平郡，晋书地理志作"高平国"，故属梁国，晋初分山阳置也。博物志云："雄黄，似石流黄。"本草经云："雄黄，一名黄金石。"别录云："生武都山谷，燉煌山之阳。"其木多椶，其草多竹。懿行案：竹之为物，亦草亦木，故此经或称"木"，或称"草"。泾水出焉，音"经"。而东流注于渭，今泾水出安定朝那县西开头山，至京兆高陵县入渭也。懿行案：高诱注淮南坠形训云："薄落之山，一名笄头山，安定临泾县西。""笄头"即"开头"也。高诱及郭注俱本地理志。又，下文云"泾谷之山，泾水出焉"，复云"东南流，注于渭"，与此非一水也。"泾水"又见海内东经，郭注与此同。其中多磬石、书曰"泗滨浮磬"是也。青碧。

31

西南三百里曰女床之山。懿行案：薛综注东京赋云："女床山，在华阴西六百里。"**其阳多赤铜，其阴多石涅。**即矾石也，楚人名为涅石，秦名为羽涅也。本草经亦名曰石涅也。　懿行案：吴氏据本草云"黑石脂，一名石墨，一名石涅，南人谓之画眉石"是矣。又云："矾石一名涅石，又名羽泽。二名原自不同。且矾石并无石涅之名，以涅石为石涅，是郭注之误也。"又引本草："石涅一名玄丹，又名黑丹。"孝经援神契曰："王者德至山陵而黑丹出。"文选东京赋云："黑丹流淄。"今案吴说是也，然据本草经"矾石一名羽涅"，无"石涅"之名。而郭注引本草经"矾石亦名石涅"，盖今本草有脱文也。"涅石"见北山经"贲闻之山"。**其兽多虎、豹、犀、兕。有鸟焉，其状如翟而五采文，**翟似雉而大，长尾。或作"鷩"。鷩，雕属也。　懿行案："鸐，山雉"，见尔雅，郭注云："长尾者。"薛综注东京赋引此经，"翟"作"鹤"，"五采"作"五色"。郭云"鷩，雕属"者，见下文"三危之山"。**名曰鸾鸟，见则天下安宁。**旧说鸾似鸡，瑞鸟也。周成王时西戎献之。　懿行案：周书王会篇云"氐羌鸾鸟"[一]，孔晁注云："鸾大于凤，亦归于仁义者也。"说文云："鸾亦神灵之精也，赤色五采，鸡形，鸣中五音。颂声作则至，周成王时氐羌献鸾鸟。"广雅云："鸾鸟，凤皇属也。"艺文类聚引决疑注云："象凤，多青色者，鸾。"与说文异。今所见鸾鸟，羽赤色而有点文，说文盖近之矣。艺文类聚九十九卷引郭氏赞云："鸾翔女床，凤出丹穴。拊翼相和，以应圣哲。击石靡咏，韶音其绝。"

又西二百里曰龙首之山。懿行案：太平御览九百三十卷引三秦记曰："龙首山，长六十里，头入于渭，尾达樊川，头高二十丈，尾渐下，高五六尺。土赤不毛。云昔有黑龙从山南出饮渭，其行道因成土山，故以名也。"水经渭水注引"尺"作"丈"，"山南"作"南山"。文选西都赋云"据龙首"，李善注引此经，云"华山之西，龙首之山"，疑引此经郭注文，今本脱去之也。云"华山西"者，上文女床之山在华阴西六百里，又加二百里，则去华山八百里也。

――――――――――――――――――――

〔一〕周书王会原文作"丘羌鸾鸟"，注云："丘地之羌不同，故谓之丘羌。"

其阳多黄金,其阴多铁。苕水出焉,懿行案:初学记及太平御览引此经作"若水",毕氏云"苕"当为"芮",并字形相近。东南流注于泾水,其中多美玉。

又西二百里曰鹿台之山。今在上郡。　懿行案:当为"上党郡",注脱"党"字。水经沁水注云:"阳泉水出鹿台山,山上有水,渊而不流。"太平寰宇记云:"谒戾山,一名鹿台山。"山在今汾州府平遥县西。"谒戾山"见北次三经,然案其道里不相应,当在阙疑。其上多白玉,其下多银。其兽多㸲牛、臧羊、白豪。豪,貆猪也。　懿行案:"貆猪"即"豪彘"也,竹山之兽,已见上文,以其毛白,故称"白豪"。有鸟焉,其状如雄鸡而人面,名曰凫徯,其鸣自叫也,懿行案:北堂书钞一百十三卷引此经,"面"作"首","鸣"作"名",盖形声之讹。见则有兵。

西南二百里曰鸟危之山。其阳多磐石,懿行案:初学记十六卷引此经,与今本同。又经中说"磐石"者三,俱见西山经。其阴多檀、懿行案:檀见陆玑诗疏及尔雅"魄,榽橀"注。楮,楮即榖木。　懿行案:广雅云:"榖,楮也。"详陆玑诗疏。其中多女床。未详。　懿行案:广雅云:"颠棘,女木也。"又云:"女肠,女菀也。"此经女床未审何物,若是草属,或即"女木"、"女肠"之字因形声而讹。又太平御览九百九十一卷引吴普本草云:"女菀,一名织女菀。"今案织女星旁有四星,名"女床",是女床或即织女菀之别名矣。鸟危之水出焉,西流注于赤水,其中多丹粟。

又西四百里曰小次之山。其上多白玉,其下多赤铜。有兽焉,其状如猿而白首赤足,名曰朱厌,见则大兵。一作"见则有兵起焉",一作"见则为兵"。　懿行案:北堂书钞一百十三卷、太平御览三百二十九卷引此经,并作"见则有兵"。

又西三百里曰大次之山。其阳多垩,垩似土,色甚白。音"恶"。　懿行案:说文云:"垩,白涂也。"尔雅云:"墙谓之垩。"亦谓墙以白垩涂之也。然据北山经"贲闻之山"、"孟门之山"并"多黄垩",中山经"葱聋之山""多白垩,黑、青、黄垩",明垩非一色,不独白者名"垩"也。**其阴多碧。
其兽多㸲牛、麢羊。**

又西四百里曰熏吴之山。无草木,多金、玉。

又西四百里曰厎阳之山。音"旨"。　懿行案:"厎"当为"底"
字之讹,亦如"互人国"为"氐人",皆形近而讹也。"厎",藏经本正作"底"。
其木多椶、椶似松,有刺,细理。音"即"。　懿行案:李善注南都赋引此经
郭注,云"椶似松柏","柏"字衍。玉篇、广韵本此注,并无"柏"字。**枏、豫
章。**豫章,大木似楸,叶冬夏青,生七年而后复可知也。　懿行案:尔雅云:
"櫲,无疵。"郭注云:"櫲,梗属,似豫章。"子虚赋云"楩、枏、豫章",颜师古注
云:"豫即枕木,章即樟木,二木生至七年乃可分别。"后汉书王符传注云:"豫
章即樟木也。"淮南修务训云:"楩、枏、豫章之生也,七年而后知。"是郭注所
本,注"复"字衍。**其兽多犀、兕、虎、豹、**"豹",音之药反。　懿行案:
玉篇云:"豹,兽,豹文。"音与郭同。**㸲牛。**

**又西二百五十里曰众兽之山。其上多琈琈之玉,其下
多檀、楮,多黄金。其兽多犀、兕。**

**又西五百里曰皇人之山。其上多金、玉,其下多青雄
黄。**即雌黄也,或曰空青、曾青之属。　懿行案:经中既有雄黄,又有青雄
黄,或青与雄黄二物也。吴氏引苏颂云:"阶州山中雄黄,有青黑色而坚者,名
曰熏黄。青雄黄意即此。"今案下文"长沙山"及北山经"谯明山"、中山经"白
边山"并多青雄黄,郭云"即雌黄"者,"雌"盖"雄"字之讹。郭欲明"青雄黄"
即"雄黄",又引"或"说以"青"与"雄黄"为二物,不可的知,故两存其说也。
雌黄及空青、曾青皆见本草经。**皇水出焉,西流注于赤水,其中多
丹粟。**

又西三百里曰中皇之山。其上多黄金,其下多蕙、棠。
彤棠之属也。"蕙"或作"羌"。　懿行案:"蕙"与"棠"二物。"彤棠"盖赤棠
也。棠有二种,具见尔雅。中山经云:"阴山,其中多雕棠。""雕"疑"彤"字

之讹。

又西三百五十里曰**西皇之山**。其阳多金，其阴多铁。其兽多麢、鹿、麢大如小牛，鹿属也。　懿行案：说文云："麢，鹿属，冬至解其角。"详见尔雅。**柞牛**。

又西三百五十里曰**莱山**。其木多檀、楮。其鸟多罗罗，是食人。罗罗之鸟，所未详也。　懿行案：海外北经"有青兽，状如虎，名曰罗罗"，此鸟与之同名。

凡**西次二经之首**，自钤山至于莱山，凡十七山，四千一百四十里。懿行案：今四千六百七十里。其十神者，皆人面而马身，其七神皆人面牛身，四足而一臂，操杖以行，是为飞兽之神。其祠之：毛用少牢，羊、猪为少牢也。白菅为席。其十辈音"背"。　懿行案：辈犹类也。军发，以车百两为一辈。见说文。**神者**，其祠之：毛一雄鸡，钤而不糈；钤，所用祭器名，所未详也。或作"思"，训"祈"。"不糈"，祠不以米。　懿行案："钤"，疑"祈"之声转耳。经文"祈而不糈"，即"祠不以米"之义。"思"训未详，证以周书大匡篇云"祈而不宾"，籴匡篇作"勤而不宾"，"勤"、"祈"声转，"钤"、"勤"声又近，此经"钤而不糈"当即"祈而不宾"之义。郭疑为祭器名，未必然也。**毛采**。言用雄色鸡也。　懿行案："雄色"，"雄"字讹，藏经本作"杂"。

西次三经之首曰崇吾之山，懿行案：博物志及史记封禅书索隐引此经，并作"崇丘"。博物志又作"参隅"。在河之南，北望冢遂，山名。南望䍃之泽，音"遥"。西望帝之搏兽之丘，"搏"或作"簿"。东望蠕音于然反。渊。有木焉，员叶而白柎，今江东人呼草木子房为柎，音"府"。一曰：柎，华下鄂，音"丈夫"字。或作"柎"，音"符"。　懿行案：经文"柎"当为"柎"，故郭音"府"。其音"符"者乃从木旁，传写谬误，遂不复可别，今正之。"一曰柎华下鄂"者，本诗郑笺云"鄂不韡韡"："承华曰鄂，

'不'读为'柎',柎,鄂足也。'不'、'柎'同。"释文云:"柎,亦作'趺'。"是郭义所本也。**赤华而黑理,其实如枳,**懿行案:说文云:"枳,木似橘。"考工记云:"橘逾淮而北为枳。"**食之宜子孙。** 懿行案:周书王会篇云:"康民以桴苡,桴苡者,其实如李,食之宜子。"说文引书作"芣苢"。系传引韩诗亦云:"芣苢,木名,实如李。"陶注本草"车前子"亦引韩诗,言"芣苢是木,似李,食其实宜子孙",与周书合。是知芣苢有草有木。周书所说是木类,疑即此。

有兽焉,其状如禺而文臂,豹虎懿行案:吴氏云"豹虎"字有误"。愚谓或有脱误。又"虎豹"一兽名也。太平御览九百十三卷载"虎豹",引博物志曰"逢伯云所说,有兽绿本缘文,似豹若虎,毛可为笔",然则兹兽兼有虎、豹之体,故独被斯名矣。"绿本缘文"四字复有脱误。**而善投,名曰举父。**或作"夸父"。 懿行案:尔雅云"玃父善顾",非此。又云"貜,迅头",郭注云:"今建平山中有貜,大如狗,似猕猴,黄黑色,多髯鬣,好奋迅其头,能举石摘人,玃类也。"如郭所说,惟"能举石摘人",故经曰"善投",亦因名"举父"。"举"、"貜"声同,故古字通用。"举"、"夸"声近,故或作"夸父"。**有鸟焉,其状如凫,而一翼一目,相得乃飞,名曰蛮蛮,**比翼鸟也。色青赤,不比不能飞。尔雅作"鹣鹣",鸟也。 懿行案:"鹣鹣"见尔雅释地,郭注本此为说。博物志云:"崇丘山有鸟,一足一翼一目,相得而飞,名曰虿。"又云:"比翼鸟一青一赤,在参隅山。"今案"虿"、"蛮"声之转,"参隅"、"崇吾"亦声之转。**见则天下大水。**懿行案:此则比翼鸟非瑞禽也。封禅书云"西海致比翼之鸟",以此侈封禅之符,过矣。

　　西北三百里曰长沙之山。懿行案:穆天子传云"送天子至于长沙之山",即此。**泚水出焉,**音"紫"。**北流注于渤水。**乌交反,又音"黝"。水色黑也。 懿行案:说文云"渤泽在昆仑下",读与"敛"同,即下文云"东望渤泽"者也。**无草木,多青雄黄。**

　　又西北三百七十里曰不周之山。此山形有缺不周币处,因名云。西北不周风自此山出。 懿行案:大荒西经云:"有山而不合,名曰不周负子。"离骚云"路不周以左转,指西海以为期",王逸注云"不周,山名,在昆仑西北",高诱注吕氏春秋本味篇亦云"不周山在昆仑西北",并非也。此经乃在昆仑东南。汉书司马相如传注张揖云"不周山在昆仑东南二千三百里",亦非也。不周去昆仑一千七百四十里。水经注引此经,云:"不周之山,不周之北门,以纳不周之风。"今经无此语,疑本郭注,今脱去之。**北望诸此鸟之山,临彼岳崇之山,东望泑泽,**懿行案:"泑泽",汉书西域传作"盐泽","泑"、"盐"声之转。地理志谓之"蒲昌海",云敦煌郡"有蒲昌海"也。**河水所潜也,其原**〔一〕**浑浑泡泡。**河南出昆仑,潜行地下,至葱岭,出于圜国,复分流岐出,合而东流,注泑泽。已复潜行,南出于积石山,而为中国河也。名泑泽,即蒲泽,一名蒲昌海。广三四百里,其水停,冬夏不增减,去玉门关三百余里,即河之重源,所谓潜行也。浑浑泡泡,水溃涌之声也。"衮""咆"二音。 懿行案:此注本水经及汉书西域传为说也。河水原委详见北山经"敦薨之山",此注蒲泽"蒲"字当为"盐",史记大宛传索隐引此注云"泑泽即盐泽"是也。郭又云"去玉门关三百余里","三"上脱"千"字。水经注作"东去玉门、阳关千三百里",汉书脱"千"字,郭氏仍其失也。**爰有嘉果,其实如桃,**懿行案:初学记引汉武故事云"王母种桃,三千岁一著子",盖此之类。**其叶如枣,黄华而赤柎,**懿行案:"柎"亦当为"拊",说已见前。**食之不劳。** 懿行案:劳,忧也。太平御览九百六十四卷引此经,作"其实如桃李,其华赤,食之不饥",与今本异。

又西北四百二十里曰崒山。音"密"。 懿行案:郭注穆天子传及李善注南都赋、天台山赋引此经,俱作"密山",盖"崒"、"密"古字通也。初学记二十七卷引此经,仍作"崒山"。**其上多丹木,员叶而赤茎,黄华而赤实,其味如饴,食之不饥。丹水出焉,西流注于稷泽。**后稷神所冯,因名云。 懿行案:泽即后稷所葬都广之野也。其地山水环之,故得言"泽"。见海内经。**其中多白玉,是有玉膏,其原沸沸**

37

〔一〕"原",笺疏诸本同。山海经宋淳熙本、吴氏等本,水经注引此经,皆作"源"。后 "崒山"条"原"字同。

汤汤，玉膏涌出之貌也。河图玉版曰："少室山，其上有白玉膏，一服即仙矣。"亦此类也。"沸"音"拂"。　懿行案：初学记引十洲记云："瀛洲有玉膏如酒，名曰玉酒，饮数升辄醉，令人长生。**黄帝是食是飨。**所以得登龙于鼎湖而龙蜕也。　懿行案：注"龙蜕"二字疑讹。太平御览五十卷引此注作"灵化也"。"登龙鼎湖"见史记封禅书。**是生玄玉，**言玉膏中又出黑玉也。　懿行案：玉藻云："公侯佩山玄玉。"淮南道应训云"玄玉百工"，高诱注云："二玉为一工也。"**玉膏所出，以灌丹木。丹木五岁，五色乃清，**言光鲜也。**五味乃馨。**言滋香也。**黄帝乃取峚山之玉荣，**谓玉华也。离骚曰"怀琬琰之华英"，又曰"登昆仑兮食玉英"，汲冢书所谓"苕华之玉"。　懿行案：竹书云："斩其名于苕华之玉。"楚词哀时命篇云："采钟山之玉英。"穆天子传云"得玉策枝斯之英"，郭氏注引尸子曰："龙泉有玉英。"又引此经，"玉荣"作"玉策"。李善注思玄赋及李贤注后汉书张衡传、蔡邕传引此经，并作"玉策"，疑"策"俱"荣"字之讹。**而投之钟山之阳。**以为玉种。　懿行案：思玄赋注及张衡传注引此经，并作"钟山之阴"，蔡邕传注引此，复作"钟山之阳"。淮南俶真训云"钟山之玉，炊以炉炭，三日三夜而色泽不变"，许慎注云："钟山北陆，无日之地，出美玉。"**瑾瑜之玉为良，**言最善也。或作"食"。"觐""臾"两音。　懿行案：瑾、瑜，美玉名。玉藻云："世子佩瑜玉。"上文云"瘗用百瑜"，下文云"㱃山，其阳多瑾瑜之玉"。"或作食"者，"黄帝是食是飨"，楚词亦云"食玉英"。艺文类聚八十三卷引郭氏赞云："钟山之宝，爱有玉华。光采流映，气如虹霞。君子是佩，象德闲邪。"**坚粟精密，**说玉理也。礼记曰："缜密似粟。""粟"或作"栗"。玉有粟文，所谓"谷璧"也。　懿行案：王引之说："经文'粟'当为'栗'，注文'栗'当为'粟'。郭引礼记'似粟'当为'以栗'，又'粟'字重文亦然。俱传写之讹也。"**浊泽有而光，**浊谓润厚。　懿行案："有而"当为"而有"。"浊泽"，类聚引作"润浊"。**五色发作，**言符彩互映也。王子灵符应曰："赤如鸡冠，黄如蒸栗，白如割肪，黑如醇漆，玉之符彩也。"　懿行案："王子灵符应"，类聚八十三卷引

山海经笺疏

作"王逸正部论"，李善注魏文帝与钟大理书引亦同，"割肪"并作"猪肪"。其
"正部"盖"玉部"字之讹也。郭注"色"，藏经本作"也"。**以和柔刚。**言
玉协九德也。**天地鬼神，是食是飨。**玉所以祈祭者，言能动天地，感鬼
神。**君子服之，以御不祥。**今徼外出金刚石，石属而似金，有光彩，可
以刻玉。外国人带之，云辟恶气，亦此类也。　懿行案：太平御览八百十三卷
引晋起居注云："咸亨三年，燉煌上送金刚玉，金中不淘不消，可以切玉。出天
竺。"又引南州异物志云："金刚石也，其状如珠，坚利无匹，外国人好以饰玦
环，服之能辟恶毒。"李时珍本草云："金刚石，即金刚钻。"引抱朴子云："扶南
出金刚，生水底石上，如钟乳状。体似紫石英，可以刻玉。人没水取之，虽铁柱
击之亦不能伤，惟羚羊角扣之则濩然冰泮。"**自崤山至于钟山，四百六
十里，**懿行案：下又云"四百二十里"。**其间尽泽也。是多奇鸟、怪
兽，**懿行案：穆天子传云："春山，百兽之所聚也，飞鸟之所栖也。爰有□兽，
食虎豹。如麇，而载骨盘□始如麕，小头大鼻。爰有白鸟、青雕，执犬羊，食豕
鹿。"春山即钟山也。**奇鱼，皆异物焉。**

　　又西北四百二十里曰钟山。懿行案：海外北经云："钟山之神，
名曰烛阴。"淮南子云"烛龙在雁门北"，是知钟山即雁门以北大山也。水经河
水注云："芒干水出塞外，南迳钟山。"山即阴山，徐广注史记云"阴山在五原
北"是也。**其子曰鼓，**此亦神名，名之为"钟山之子"耳。其类皆见归藏启
筮。**其状如人面而龙身。**启筮曰"丽山之子，青羽人面马身"，亦似此
状也。　懿行案：海外北经说"钟山之神，人面蛇身"，淮南子说"人面龙身"，
是神与其子形状同。**是与钦䲹**音"邳"。　懿行案：后汉书张衡传注引此
经作"钦駓"，庄子大宗师篇作"堪坏"，云"堪坏得之，以袭昆仑"，释文云："崔
作'邳'。司马云'堪坏神名，人面兽形。'"淮南子作"钦负"。是"钦"、"堪"、
"坏"、"负"并声类之字。**杀葆江于昆仑之阳。**"葆"或作"祖"。　懿
行案：思玄赋云："过钟山而中休。瞰瑶溪之赤岸，吊祖江之见刘。"李善注引
此经，作"祖江"。张衡传注同。又，陶潜读山海经诗亦作"祖江"。**帝乃戮**

之钟山之东，曰崦音"遥"。崖。懿行案：思玄赋旧注云："瑶溪赤岸，谓钟山东瑶岸也。"李善注引此经，亦作"瑶岸"。张衡传注同。**钦鴀化为大鹗**，鹗，雕属也。音"鄂"。　懿行案："鹗"当为"鸢"。说文云："鸢，鸷鸟也。"引诗曰："匪鹑匪鸢。"鹑，雕也。**其状如雕而黑文，白首赤喙而虎爪，其音如晨鹄**，晨鹄，鹗属，犹云晨凫耳。说苑曰"绁吠犬比奉晨凫"也。　懿行案：李善注江赋引此经及郭注，并与今本同。**见则有大兵。鼓亦化为鵕鸟**，音"俊"。**其状如鸱，赤足而直喙，黄文而白首，其音如鹄**，懿行案：说文云："鹄，鸿鹄也。"**见即其邑大旱**。穆天子传云"钟山"作"舂"字，音同耳。"穆王北升此山，以望四野，曰：'钟山是惟天下之高山也，百兽之所聚，飞鸟之栖也。'爰有赤豹、白虎、白鸟、青雕，执犬羊，食豕鹿。穆王五日观于钟山，乃为铭迹于县圃之上，以诏后世。"　懿行案："钟山"，穆天子传并作"舂山"，郭注云："山海经'舂'字作'钟'，音同耳。"

又西百八十里曰**泰器之山。观水出焉**，懿行案：李善注吴都赋引此经，作"秦器之山，濩水出焉"。其注曹植七启引此经，仍作"泰器之山，濩水出焉"。吕氏春秋本味篇作"藿水"，高诱注云："藿水在西极。"**西流注于流沙**，懿行案：海内西经云："流沙出钟山。"楚词招魂云"西方之害，流沙千里"，王逸注云："流沙，沙流而行也。"**是多文鳐鱼**，音"遥"。　懿行案：吕氏春秋本味篇云："味之美者，藿水之鱼，名曰鳐。"李善注吴都赋及曹植七启引此经，并止作"鳐"，无"文"字。陈藏器本草拾遗云："此鱼生海南，大者长尺许，有翅与尾齐。群飞海上，海人候之，当有大风。"**状如鲤鱼，鱼身而鸟翼，苍文而白首赤喙，常行**懿行案：初学记引此经，作"从"。吕氏春秋本味篇亦作"从"。**西海游于东海**，懿行案："西海"已见上文。"东海"即西海之支流，非东方大海也。水经河水注引释氏西域记曰"恒水东流，入东海。盖二水所注，两海所纳，自为东西"，即此是也。或说凡水之大者皆名海，史记正义引太康地记曰"河北得水为河，塞外得水为海"也。**以夜飞，其音如鸾鸡**，鸾鸡，鸟名，未详也。或作"栾"。　懿行案："鸾"或作

"栾",古字假借。鸾鸡疑即鸾也。说文云:"鸾,五采,鸡形。"又,鸾一名"鸡趣",顾野王符瑞图云:"鸡趣,王者有德则见。"又,鸾车一名"鸡翘车",蔡邕独断云"鸾旗车,编羽毛列系橦旁,俗人名之鸡翘车"是也。初学记三十卷引此经,无"鸡"字。**其味酸甘,食之已狂,**懿行案:淮南墬形训云:"丘气多狂。"**见则天下大穰。**丰穰,收熟也。韩子曰:"穰岁之秋。" 懿行案:韩非五蠹篇:"饥岁之春,幼弟不饟;穰岁之秋,疏客必食。"是郭所引也。鱼见则大穰者,诗言众鱼占为丰年,今海人亦言岁丰则鱼大上也。

又西三百二十里曰槐江之山。懿行案:吕氏春秋本味篇云:"水之美者,沮江之丘,名曰摇水。"疑沮江即槐江。"摇水",说在下。**丘时之水出焉,而北流注于泑水。其中多蠃母,**即蜗螺也。 懿行案:"蜗螺"即"仆累",字异音同。见中次三经"青要之山"。**其上多青雄黄,多藏琅玕、黄金、玉。**琅玕,石似珠者。藏,犹隐也。"郎"、"干"二音。 懿行案:"藏",古字作"臧",臧,善也。此言琅玕、黄金、玉之最善者。尔雅云:"西北之美者,有昆仑虚之璆琳琅玕。"谓是也。郭训"藏"为"隐",失之。**其阳多丹粟,**懿行案:管子地数篇云:"上有丹沙者下有黄金。"**其阴多采黄金、银。**懿行案:"采",谓金银之有符采者,地理志云豫章郡"有黄金采",即此是矣。说者谓采取黄金,误也。**实惟帝之平圃,**即玄圃也。穆天子传曰:"乃为铭迹于玄圃之上。"谓刊石纪功德,如秦皇、汉武之为者也。 懿行案:穆天子传"玄圃"作"县圃",前"钟山"注引文同。此引作"玄圃",盖"玄"、"县"声同,古通用。**神英招司之,**司,主也。"招",音"韶"。**其状马身而人面,虎文而鸟翼,徇于四海,**徇,谓周行也。 懿行案:"徇"当为"狥",说文云:"狥,行示也。司马法'斩以狥'。"今经典通作"徇"。**其音如榴。**音"留"。或作"籀"。此所未详也。 懿行案:说文云:"籀,读书也。从竹,擂声。"疑此经"榴"当为"擂"。说文云:"擂,引也。"庄子云:"挈水若抽。""抽"即"擂"字。又,"榴榴"见下文"阴山"。**南望昆仑,其光熊熊,其气魂魂。**皆光气炎盛相焜耀之貌。 懿行案:"熊熊"犹"雄雄"也,"魂魂"犹"芸芸"也,皆声之同类。**西望大泽,后稷所潜也。**后稷生而灵知,及其终化形,遁此泽而为之神,亦犹傅说骑箕尾也。

懿行案:"后稷所潜",即谓所葬也。葬之言藏也。已见"叁山稷泽"。傅说骑箕尾,见庄子大宗师篇,释文引崔譔云:"傅说死,其精神乘东维,托龙尾,乃列宿,今尾上有傅说星。"又云:"其生无父母,死,登假三年而形遁。此言神之无能名者也。"**其中多玉,其阴多榣木之有若。**榣木,大木也,言其上复生若木。大木之奇灵者为若,见尸子。国语曰:"榣木不生花也。" 懿行案:"花"当为"危"字,形之讹也。郭引国语者,晋语文。"榣"当为"櫾",说文云:櫾,昆仑河隅之长木也,即谓此。省作"繇",穆天子传云"天子乃钓于河,以观姑繇之木",郭注云:"姑繇,大木也。"又省作"榣",故韦昭晋语注云:"榣木,大木也。"大荒西经云"有榣山",郭注云:"此山多榣木,因名云。"玉篇亦云:"榣,木名。"又通作"瑶",故楚词哀时命云:"擥瑶木之橝枝",王逸注云:"言己既登昆仑,复欲引玉树之枝。"知此经古本或作"瑶木"也。**北望诸毗,**山名。**槐鬼离仑居之,**离仑,其神名。**鹰鹯之所宅也。**鹯亦鸥属也。庄周曰"鸱鸦甘鼠",穆天子传云"钟山上有白鸟、青雕",皆此族类也。 懿行案:"鸱"见尔雅。郭引庄子者,齐物论文。**东望恒山四成,**成,亦重也。尔雅云"再成曰英"也。 懿行案:"恒山"非北岳,计其道里,非瞻望所及也。淮南时则训云:"中央之极,自昆仑东绝两恒山。"是西极别有恒山明矣。文选注长笛赋引此经,作"桓山四成",艺文类聚九十卷引家语曰"孔子在卫,闻哭声甚哀。颜回曰:回闻桓山之鸟生四子焉,羽翼既成,将分四海,悲鸣而送之,哀声似此"云云,即此桓山也。其云"鸟",盖亦鹰鹯之属与?**有穷鬼居之,各在一搏。**搏,犹胁也。言群鬼各以类聚,处山四胁,"有穷"其总号耳。"搏"一作"抟"。 懿行案:说文云:"膊,胁也。或作髆。"又云:"肋,胁骨也。""胁,两膀也。"是此经之"搏"依文当为"膊"。"膊"、"搏"声近而转,故假借通用。**爰有淉水,其清洛洛。**水留下之貌也。"淉"音"遥"也。 懿行案:陶潜读山海经诗云:"落落清瑶流。"是"洛洛"本作"落落","淉"本作"瑶",皆假借声类之字。陈寿祺曰"'淉'无'遥'音,经文'淉'

42

字必传写之讹",当是也。瑶水即瑶池,史记大宛传赞云"禹本纪言,昆仑上有醴泉、瑶池",穆天子传云"西王母觞天子于瑶池"是也。吕氏春秋本味篇又作"摇水",并古字通用。郭注"留",当为"溜"或"流"字。**有天神焉,其状如牛,而八足二首马尾,其音如勃皇,**勃皇未详。 懿行案:"勃皇"即"发皇"也。考工记"梓人为笋虡,以翼鸣者",郑注云:"翼鸣,发皇属。""发皇",尔雅作"蚁蝗",声近字通。**见则其邑有兵。**

　　西南四百里懿行案:自钟山至此九百里。水经注引此经,云"钟山西六百里有昆仑山",盖误。**曰昆仑之丘,**懿行案:昆仑之丘即海内西经云"海内昆仑之虚在西北,帝之下都"者也。尔雅云:"三成为昆仑丘。"地理志云:"金城郡,临羌:西北至塞外,有西王母石室、弱水、昆仑山祠。"又云:"敦煌郡广至有昆仑障。"史记正义引括地志云:"昆仑山,在肃州酒泉县南八十里。"说文云:"北,从北从一。一,地也。中邦之居在昆仑东南。"是则昆仑之丘去中邦盖不甚远矣。艺文类聚七卷引郭氏赞云:"昆仑月精,水之灵府。惟帝下都,西羌之宇。嵘然中峙,号曰天柱。"**是实惟帝之下都,**天帝都邑之在下者也。穆天子传曰:"吉日辛酉,天子升于昆仑之丘,以观黄帝之宫,而封丰隆之葬,以诏后世。"言增封于昆仑山之上。 懿行案:今本穆天子传作"而丰□隆之葬",阙误不复可读。或据穆天子传"昆仑丘有黄帝之宫",以此经所说即黄帝之下都,非也。五藏山经五篇内凡单言"帝",即皆天皇五帝之神,并无人帝之例,"帝之平圃"、"帝之囷时",经皆不谓黄帝审矣。**神陆吾司之。**即肩吾也。庄周曰"肩吾得之,以处大山"也。 懿行案:郭所说见庄子大宗师篇。释文引司马彪云:"山神不死,至孔子时。"**其神状虎身而九尾,人面而虎爪。**懿行案:此神人面虎身,有文有尾,皆白处之。见大荒西经。**是神也,司天之九部及帝之囷时。**主九域之部界、天帝苑圃之时节也。 懿行案:初学记引河图[一]云"天有九部","部署"之名本此。"囷时"之"时",疑读为"畤",史记封禅书云"或曰自古以雍州积高,神明之隩,故立畤

〔一〕初学记卷八所引为河图括地象。

郊上帝"是也。**有兽焉，其状如羊而四角，名曰土蝼，是食人。** 懿行案："土蝼"，广韵作"土㺊"，云："似羊，四角，其锐难当，触物则毙，食人。出山海经。"本此也。周书王会篇云："州靡费费，食人，北方谓之吐喽。"与此同名，非一物也。"费费"即"枭阳"，见海内南经。**有鸟焉，其状如蠭，大如鸳鸯，名曰钦原，**"钦"或作"爰"，或作"至"也。**蠚鸟兽则死，蠚木则枯。** 懿行案："蠚"，疑"螫"字之讹。说文云："螫，螫也。螫，虫行毒也。"**有鸟焉，其名曰鹑鸟，**懿行案：鹑鸟，凤也。海内西经云：昆仑、开明西、北皆"有凤皇"，此是也。埤雅引师旷禽经曰："赤凤谓之鹑。"然则南方朱鸟七宿曰"鹑首"、"鹑火"、"鹑尾"亦是也。**是司帝之百服。** 服，器服也，一曰服事也。或作"藏"。 懿行案："服，事也"，见尔雅。"或作藏"者，"藏"，古作"臧"，才浪切。"百藏"，言百物之所聚。**有木焉，其状如棠，**棠，梨也。 懿行案：棠有赤、白，见尔雅，皆今杜梨也。**黄华赤实，其味如李而无核，**懿行案：李有无核者，尔雅云"休，无实李"，郭注云"一名赵李"。**名曰沙棠，**懿行案：高诱注吕氏春秋本味篇云："沙棠，木名也，昆仑山有之。"玉篇作"桬棠"，非也；云"华赤实，味如李"，盖"华"上脱"黄"字。**可以御水，食之使人不溺。**言体浮轻也。沙棠为木，不可得沉。吕氏春秋曰："果之美者，沙棠之实。"铭曰："安得沙棠，刻以为舟。泛彼沧海，以邀以游。" 懿行案：文选琴赋注引此经，作"御水人食之，使不溺"。初学记二十五卷引此经，有"为木不沉"句，盖并引郭注也。铭即郭氏图赞，"刻"当为"制"字之讹。**有草焉，名曰薲草，**音"频"。 懿行案：文选注陆机拟古诗十二首引此经，又〔一〕引字书曰："薲，亦'蘋'字也。"**其状如葵，其味如葱，食之已劳。**吕氏春秋曰："菜之美者，昆仑之蘋。" 懿行案：郭引本味篇文也。高诱注云："蘋，大蘋，水藻也。"**河水出焉，**出山东北隅也。 懿

〔一〕 "又"，原本作"文"。按上句如作"引此经文"，则下句相接不畅，显是"又"字形近而误，据文义改。

行案:尔雅云:"河出昆仑虚,色白。"李贤注后汉书引河图云:"昆山出五色流水,其白水东南流入中国,名为河。"**而南流东注于无达。**山名。 懿行案:"无达",即"阿耨达"也。"阿耨",华言"无"也。水经注云:"南河又东,右会阿耨大水。释氏西域记曰:阿耨达山西北有大水,北流注牢兰海者也。"

赤水出焉,出山东南隅也。 懿行案:庄子天地篇云:"黄帝游乎赤水之北,登乎昆仑之丘。"李善注文选引河图云:"昆仑有五色水,赤水之气,上蒸为霞。"案赤水上有"三珠树",见海外南经。**而东南流注于氾天之水。**泛天亦山名,赤水所穷也。穆天子传曰:"遂宿于昆仑之侧,赤水之阳。"阳,水北也。"氾",浮剑反。 懿行案:大荒南经云"有氾天之山,赤水穷焉",是郭注所本。**洋水出焉,**出山西北隅。或作"清"。 懿行案:海内西经"洋"音"翔"。"或作清"者,声近而转也。水经注引此经作"漾水",高诱注淮南子或作"养水",并"洋"字之异文也。**而西南流注于丑涂之水。**丑涂,亦山名也。皆在南极。穆天子传曰"戊辰,济洋水",又曰"觞天子洋水"也。 懿行案:"丑涂",水经注作"配涂",大荒南经作"歹刃涂"。今本穆天子传作"庚辰,济于洋水"。**黑水出焉,**亦出西北隅也。 懿行案:楚词天问云"黑水玄趾",谓此也。"黑水"亦见海内西经。**而西流于大杅。**山名也。穆天子传曰:"乃封长肱于黑水之西河,是惟昆仑鸿鹭之上,以为周室主。""杅"音"于"。 懿行案:穆天子传今本无"昆仑"二字。此注盖衍。**是多怪鸟兽。**谓有一兽九首、有一鸟六首之属也。 懿行案:九首,开明兽也;又有鸟六首,并见海内西经。

又西三百七十里曰乐游之山。懿行案:毕氏云:"疑即乐都也。穆天子传曰:'天子西济于河,爰有温谷乐都。'元和郡县志云:'湟水县湟水亦谓之乐都水,出青海东地乱山中。'"**桃水出焉,**懿行案:毕氏云:"疑即洮水也。地理志云:'临洮:洮水出西羌中,北至枹罕,东入河。'"**西流注于稷泽,**懿行案:"稷泽"已见上文"垒山"。**是多白玉。其中多鳛鱼,**音"滑"。 懿行案:广韵及太平御览九百三十九卷引此经,并作"䱧";今作

"鳝",盖讹。郭音"滑",亦"渭"字之讹。**其状如蛇而四足,是食鱼。**

西水行四百里曰流沙,懿行案:"流沙"已见上文"泰器之山",又详海内西经。**二百里至于嬴母之山,神长乘司之,**懿行案:水经注云:"禹西至洮水之上,见长人,受黑玉。"疑即此神。**是天之九德也。**九德,九气所生。 懿行案:"九气"之"九",藏经本作"之"。**其神状如人而豹**之药反。 懿行案:"豹"已见上文"炎阳之山"。**尾。其上多玉,其下多青石而无水。**

又西三百五十里曰玉山,是西王母所居也。此山多玉石,因以名云。穆天子传之"群玉之山","见其山河无险,四彻中绳,先王之所谓策府,寡草木,无鸟兽。穆王于是攻其玉石,取玉石版三乘,玉器服物,载玉万只以归"。双玉为瑴,半瑴为只。 懿行案:地理志云:"金城郡,临羌:西北至塞外,有西王母石室。""西王母",国名,见于竹书纪年及大戴礼。尔雅释地以西王母与觚竹、北户、日下并数,谓之"四荒",是为国名无疑,此经及穆天子传始以为人名。荀子云:"禹学于西王国。"庄子大宗师篇云"西王坐乎少广",释文引司马彪云"少广,穴名",崔譔云"山名",盖亦本此经为说也。今本穆天子传作"阿平无险,四彻中绳",又云"取玉三乘",无"石版"二字。又"双玉为瑴",初学记二十七卷引此经,云"珏,二玉相合",盖引郭氏此注又误也。**西王母其状如人,豹尾、**懿行案:庄子大宗师篇释文说西王母,引此经作"狗尾"。又西王母穴处,见大荒西经也。**虎齿而善啸,蓬发戴胜,**蓬头乱发。胜,玉胜也。音"庞"。 懿行案:庄子释文引此经,作"蓬头戴胜"。郭云"玉胜"者,盖以玉为华胜也。后汉舆服志云:"簪以瑇瑁为擿,端为华胜。"**是司天之厉及五残。**主知灾厉、五刑残杀之气也。穆天子传曰:"吉日甲子,天子宾于西王母,执玄圭白璧以见西王母,献锦组百缕,金玉百斤,西王母再拜受之。乙丑,天子觞西王母于瑶池之上。西王母为天子谣曰:'白云在天,山陵自出,道里悠远,山川间之。将子无死,尚复能来。'天子答之曰:'予还东土,和理诸夏。万民均平,吾顾见汝。比及三年,将复而野。'西王母又为天子吟曰：'徂彼西土，爰居其所。虎豹为群，乌鹊与处。嘉命不迁，我惟帝女。彼何世民，又将去子。吹笙鼓簧，中心翱翔。世民之子，惟天之望。'天子遂驱升于弇山，乃纪迹于弇山之石，而树之槐，眉曰'西王母之山'。"弇山，即崦嵫山也。案竹书："穆王五十七年，西王母来见，宾于昭宫。舜时西王母遣使献玉环，见礼三朝。" 懿行案："厉"及"五残"皆星名也。李善注思玄赋引此经，作"司天之属"，盖误。月令云"季春之月，命国傩"，郑注云："此月之中，日行历昴。昴有大陵积尸之气，气佚则厉鬼随而出行。"是大陵主厉鬼，昴为西方宿，故西王母司之也。"五残"者，史记天官书云"五残星出正东东方之野，其星状类辰星，去地可六七丈"，正义云："五残一名五锋，出则见五方毁败之征，大臣诛亡之象。"西王母主刑杀，故又司此也。郭引穆天子传与今本多有异同。其西王母又为天子吟云"彼何世民，又将去子"，二语今本所无，或脱误不可读也。郭又引竹书及礼三朝者，大戴礼少间篇云"西王母来献其白管"，汉书艺文志有孔子三朝七篇，皆在大戴礼也。**有兽焉，其状如犬而豹文，其角如牛，**或作"羊"。**其名曰狡，**懿行案：周书王会篇云"匈奴狡犬。狡犬者，巨身，四足果"，广韵作"巨口黑身"为异，疑即此。而此经"狡"无犬名，周书"狡犬"又不道"有角"，疑未敢定也。**其音如吠犬，见则其国大穰。**晋太康七年，邵陵扶夷县槛得一兽，状如豹文，有二角，无前两脚，时人谓之狡。疑非此。 懿行案：郭所说见尔雅"貀无前足"注，以校此注，"豹文"上脱"狗"字。**有鸟焉，其状如翟而赤，名曰胜遇，**音"姓"。 懿行案：说文云："胜，犬膏臭也。一曰不孰也。"非郭义。玉篇有"鵿"字，音"生"，鸟也，疑"鵿"即"胜"矣。**是食鱼，其音如录。**音"录"，义未详。 懿行案：吴氏以"录"为"鹿"之假借字也。古字"录录"、"鹿鹿"并通用。又案经文作"录"，郭复音"录"，必有误。**见则其国大水。**

　　又西四百八十里曰轩辕之丘。黄帝居此丘，娶西陵氏女，因号轩辕丘。 懿行案：大戴礼帝系篇云："黄帝居轩辕之丘，娶于西陵氏之子，谓之嫘祖氏。"史记五帝纪同。淮南墬形训云"轩辕丘在西方"，高诱注云："轩辕，黄帝有天下之号。"即此也。**无草木。洵水出焉，**音"询"。**南流**

注于黑水。其中多丹粟，多青雄黄。

又西三百里懿行案：水经注引此经"自昆仑至积石千七百四十里"，今检得一千九百里，若加流沙四百里，便为二千一百里也。曰积石之山。其下有石门，河水冒以西流。冒，犹覆也。积石山，今在金城河门关西南羌中。河水行塞外，东入塞内。　懿行案：水经注引此经，作"河水冒以西南流"。艺文类聚八卷同，初学记六卷引亦同，而脱"流"字，今本又脱"南"字也。然据此经，积石去昆仑一千九百里，而河水犹西南流，其去"东入塞内"之地尚远，郭注非也。穆天子传云"乃至于昆仑之丘"，又云"饮于枝洔之中，积石之南河"，正与"河水冒以西南流"合。然则此经"积石"，盖括地志所谓"大积石山"，非禹所导之积石也。"禹贡积石"在今甘肃西宁县东南一百七十里，为中国河之始。水经云"河水流入于渤海，又出海外，南至积石山，下有石门"，即此经之积石。其下云："又南入葱岭山，又从葱岭出而东北流，其一源出于阗国南山，北流，与葱岭所出河合，又东注蒲昌海，又东入塞，过敦煌、酒泉、张掖郡南。又东过陇西河关县北。"此则禹贡之积石也。据水经所说，"积石"有二明矣。郦氏作注，疑积石不宜在蒲昌海之上，盖不知积石有二，而于河水"东入塞"下妄引此经积石以当之，其谬甚矣。然括地志以河先迳于阗盐泽而后至大积石，亦与水经不合，其云"积石有二"则质明可信。自古说积石者多不了，故详据水经以定之。括地志所说又见海外北经"积石"下。案地理志云"金城郡，河关：积石山在西南羌中。河水行塞外，东北入塞内"，是郭所本也。注"门"字衍。是山也，万物无不有焉。水经引山海经云："积石山在邓林山东，河所入也。"　懿行案：郭据水经引山海经者，海外北经文也。其云水经，今亡无考。

又西二百里曰长留之山，其神白帝少昊居之。少昊金天氏，帝挚之号也。　懿行案："昊"当为"皞"。"长留"或作"长流"，颜氏家训书证篇引帝王世纪云："帝少昊崩，其神降于长流之山，于祀主秋。"盖"留"通作"流"也。其兽皆文尾，"文"或作"长"。其鸟皆文首。"文"或作"长"。是多文玉石。实惟员神魂音"隗"。氏之宫。是神也，主司反景。日西入则景反东照，主司察之。　懿行案：是神"员神"，盖即少昊也。"红光"，盖即蓐收，见下文"泑山"。北堂书钞一百四十九卷引此经，"反"作"厌"，恐误。

又西二百八十里曰章莪之山。无草木，多瑶、碧，碧，亦玉属。所为甚怪。多有非常之物。有兽焉，其状如赤豹，懿行案：大雅韩奕篇云："赤豹黄罴。"穆天子传云："钟山，爰有赤豹。"广韵引此经，无"赤"字。五尾一角，其音如击石，其名如狰。京氏易义曰："音如石相击。"音"静"也。　懿行案：经文"如狰"之"如"当为"曰"字之讹。注文"音静"之上当脱"狰"字也。广韵云："狰，兽名，音争，又音净。"所说形状与此经同。又"猙"字注云："兽如赤豹，五尾。"然则猙亦狰类，或一物二名也。有鸟焉，其状如鹤，一足，赤文青质而白喙，懿行案：广韵作"白面"，疑讹。名曰毕方，懿行案：广雅云："木神谓之毕方。"淮南氾论训云"木生毕方"，高诱注云："毕方，木之精也。状如鸟，青色，赤脚一足，不食五谷。"盖本此经而说又小异。匡谬正俗引郭氏图赞云："毕方赤文，离精是炳。旱则高翔，鼓翼阳景。集乃灾流，火不炎上。""上"与"炳"、"景"韵。又，"毕方"，玉篇、广韵并作"鸭鸠"，非也。其鸣自叫也，见则其邑有讹火。"讹"亦"妖訛"字。　懿行案：薛综注东京赋云："毕方，老父神。如鸟，一足两翼，常衔火在人家作怪灾。"即此经云"讹火"是也。"讹"，盖以言语相恐喝。

又西三百里曰阴山。懿行案：张揖注汉书司马相如传云"阴山在昆仑西二千七百里"，谓此也。今校经文，二千七百八十里矣。地理志云西河郡有阴山，非此。浊浴之水出焉，懿行案：太平御览八百七卷、九百十三卷并引此经，"浴"作"谷"。而南流注于蕃泽，懿行案：水经沮水注有浊谷水，东南"至白渠与泽泉合"，疑非此。其中多文贝。余泉、蚔之类也，见尔雅。　懿行案：尔雅说贝云："余貾，黄，白文。余泉，白，黄文。"有兽焉，其状如狸或作"豹"。　懿行案：初学记二十九卷引此经，亦作"狸"，余并同。而白首，名曰天狗，其音如榴榴，或作"猫猫"。　懿行案：

"猫猫",盖声如猫也。"猫猫"与"榴榴"声又相近。北山经谯明山"孟槐"之兽音亦与此同。又,经内亦有单言"其音如榴"者,此经、注迻字盖衍。**可以御凶。**

又西二百里曰符惕之山。音"阳"。　懿行案:艺文类聚二卷、太平御览九卷及十卷并引此经,作"符阳之山",与今本异。**其上多椶、枏,下多金、玉。神江疑居之。是山也,多怪雨,风云之所出也。**懿行案:祭法云:"山林、川谷、丘陵能出云为风雨,见怪物,皆曰神。"即斯类也。

又西二百二十里曰三危之山。今在燉煌郡。尚书云"窜三苗于三危"是也。　懿行案:汉书司马相如传张揖注云:"三危山在鸟鼠山之西,与岷山相近。"水经江水注引此经,云:"三危在敦煌南,与岷山相接。"今经无此语,盖引郭注之文也。史记正义引括地志云:"三危山有三峰,故曰三危,俗亦名卑羽山,在沙州燉煌县东南三十里。"刘昭注郡国志"陇西郡,首阳"引地道记云:"有三危,三苗所处。"**三青鸟居之。**三青鸟主为西王母取食者,别自栖息于此山也。竹书曰"穆王西征,至于青鸟所解"也。　懿行案:"三青鸟"之名见大荒西经。"为西王母取食"见海内北经。"青鸟所解"即三危山,见竹书。艺文类聚九十一卷引郭氏赞云:"山名三危,青鸟所憩。往来昆仑,王母是隶。穆王西征,旋轸斯地。"**是山也,广员百里。其上有兽焉,其状如牛,白身**懿行案:广韵引此经,作"白首"。**四角,其豪如披蓑,**蓑,辟雨之衣也。音"梭"。　懿行案:"蓑"当为"衰"。说文云:"衰,草雨衣。秦谓之萆。"**其名曰㺑狑,**"㺑""噎"二音。　懿行案:据郭音"㺑",知经文盖本作"獓"。"狑"字亦错,当从玉篇作"狋狋"。广韵"狑"字注引此经同。**是食人。有鸟焉,一首而三身,其状如鵲,其名曰鸩。**鸩似雕,黑文赤颈,音"洛"。下句或云"扶兽则死,扶木则枯",应在上"钦原"下,脱错在此耳。　懿行案:玉篇云"鸩鸟如雕,黑文赤首",本郭注为说也。今东齐人谓鸩为"老雕",盖本为"鸩雕",声近,转为"老雕"耳。

又西一百九十里懿行案:文选琴赋注云"騩山在三危西九十里",疑脱"百"字。曰騩山。　懿行案:琴赋云"慕老童于騩隅",五臣注作"隗"。其上多玉而无石。神耆童居之,耆童,老童,颛顼之子。　懿行案:颛顼生老童,见大荒西经。李善注琴赋引此经及郭注,并与今本同。其音常如钟磬。懿行案:此亦天授然也。其孙长琴所以能作乐风,本此。亦见大荒西经。其下多积蛇。懿行案:今蛇媒所在有之。其蛇委积,不知所来,不知所去,谓之"蛇媒"也。

又西三百五十里曰天山。懿行案:汉书武帝纪云"天汉二年,与右贤王战于天山",颜师古注云:"即祁连山也。匈奴谓天为祁连〔一〕,今鲜卑语尚然。"史记正义引括地志云:"祁连山在甘州张掖县西南二百里。"又云:"天山一名白山,今名折罗漫山,在伊吾县北百二十里。"晋灼注汉书云:"在西域,近蒲类国,去长安八千余里。"李贤注后汉书明帝纪引西河旧事曰:"白山冬夏有雪,故曰白山。匈奴谓之天山,过之皆下马拜焉。去蒲类海百里之内。"多金、玉,有青雄黄。英水出焉,而西南流注于汤谷。有神焉,懿行案:初学记、文选注引此经,并作"神鸟";今本作"焉"字,盖讹。其状如黄囊,赤如丹火,体色黄而精光赤也。　懿行案:文选注王融曲水诗序引此经,作"其文丹"。六足四翼,浑敦懿行案:初学记八卷引此经,无"敦"字。无面目,懿行案:史记正义引神异经云:"昆仑西有兽焉,有目而不见,有两耳而不闻,有腹无五藏,有肠直短,食径过,名浑沌。"是识歌舞,实惟〔二〕帝江也。夫形无全者则神自然灵照,精无见者则暗与理会,其帝江之谓乎? 庄生所云"中央之帝混沌,为倏忽所凿七窍而死"者,盖假此以寓言也。　懿行案:庄子应帝王篇释文引崔譔云"浑沌,无孔窍也",简文云"倏忽,取神速为名;浑沌,以合和为貌"。

又西二百九十里曰泑山。"泑",音"黝黑"之"黝"。　懿行案:

51

────────────

〔一〕 上二"祁"字,原作"祈",据颜师古汉书注改。
〔二〕 "惟",原本作"为",诸本及他书引此经者俱作"惟",据改。

北堂书钞一百四十九卷引“泑”作“岰”。李善注思玄赋引此经,作“蒙山”,盖即淮南子云“日至于蒙谷”是也。尚书大传云“宅西曰柳谷”,郑注云:“西,在陇西之西。”案陇西郡有西县,见地理志。此为寅饯入日之地。“柳”、“泑”之声又相近,疑“柳谷”即“泑山”矣。**神蓐收居之。**亦金神也,人面、虎爪、白尾,执钺。见外传云。 懿行案:晋语云:“虢公梦,有神人面、白毛、虎爪,执钺。史嚚曰:‘蓐收也,天之刑神也。’”是郭注所本。“尾”当为“毛”字之讹。海外西经注亦引外传,正作“白毛”,可证。月令云“其神蓐收”,郑注云“蓐收,少皞氏之子,曰该,为金官”也。李善注思玄赋引此经郭注,作“人面虎身,右手执钺”,与今本异。**其上多婴短之玉。**未详。 懿行案:上文“羭次之山”作“婴垣之玉”,郭云“垣或作短”,谓此也。依字当为“婴琅”。**其阳多瑾瑜之玉,其阴多青雄黄。是山也,西望日之所入,其气员,**日形员,故其气象亦然也。**神红光之所司也。**未闻其状。 懿行案:“红光”盖即蓐收也。思玄赋注引此经,无“红”字,北堂书钞引有“红”字。

西水行百里,至于翼望之山。或作“土翠山”。 懿行案:中次十一经“首曰翼望之山”,与此同名。大荒南经有“翠山”,非此。**无草木,多金、玉。有兽焉,其状如狸,一目而三尾,名曰讙,**“讙”音“欢”。或作“原”。 懿行案:太平御览九百十三卷引此经,“讙”作“讙讙”,疑郭注“讙”字本在经文,传写者误入郭注耳。御览又引此经,“讙”作“原”,与郭注合。**其音如棄百声,**言其能作百种物声也。或曰“棄百,物名”,亦所未详。 懿行案:“夺”,说文作“奪”,盖形近误作“棄”也。御览引此经,又误作“奞”。**是可以御凶,服之已瘅。**黄瘅病也。音“旦”。 懿行案:说文云:“瘅,劳病也。”“疸,黄病也。”与郭异。**有鸟焉,其状如乌,三首六尾而善笑,名曰鵸䳜,**“猗”“余”两音。 懿行案:北山经“带山”有“鵸䳜”鸟,“自为牝牡”,与此同名。或曰周书王会篇有“奇干善芳”,“奇干”即“鵸䳜”,“善芳”即“善笑”之讹,非也。**服之使人**

不厌，不厌梦也。周书曰"服者不昧"，音莫礼反。或曰"眯"，眯目也。　懿行案："厌"，俗作"魇"，非。仓颉篇云："厌，眠内不祥也。"高诱注淮南子云："楚人谓厌为昧。"是则"厌"即"昧"也。故经作"不厌"，郭引周书作"不昧"，明其义同。今周书王会篇作"佩之令人不昧"。案"昧"，郭音"莫礼反"，则其字当作"眯"，从目从米。藏经本作"厌者不眯"，而今本作"昧"，非矣。然"昧"、"眯"古亦通用，春秋繁露郊语篇云"鸱羽去昧"，"昧"亦作"眯"是也。又，说文云："寐，寐而未厌，从寢省，米声"，正音"莫礼反"。是此注"眯"与"寐"音义相近。又可以御凶。

凡西次三经之首崇吾之山至于翼望之山，凡二十三山，懿行案：今才二十二山。六千七百四十四里。懿行案：今才六千二百四十里。又加流沙四百里，才六千六百四十里。其神状皆羊身人面，其祠之礼：用一吉玉瘗，玉加采色者也。尸子曰："吉玉大龟。"糈用稷米。

西次四经之首曰阴山。懿行案：上文已有"阴山"，与此同名。毕氏以此为"雕阴山"。然上郡雕阴，应劭云"雕山在西南"，不名阴山也。上多榖〔一〕，无石，其草多茆、蕃。茆，凫葵也。蕃，青蕃，似莎而大。"卯""烦"两音。　懿行案："茆"见陆玑诗疏，云"江南人谓之莼菜"。说文云"茆，凫葵也。蘩，青蘩似莎者"，子虚赋云"薛莎青蘩"，是"蕃"依字当为"蘩"。李善注南都赋引此郭注正作"蘩"，云"蘩，青蘩，似莎而大"。高诱注淮南览冥训云"蘩状如葴"。葴，如葭也。莎，草名也。阴水出焉，西流注于洛。懿行案：此渭洛之洛，即漆沮水也，出白於山，见下文。

北五十里曰劳山，多茈草。一名茈萸，中染紫也。　懿行案：

53

〔一〕"榖"，原本作"谷（穀）"，吴氏本作"榖"。按山上非人垦种，无由生百谷（穀），应以榖木为是。据吴氏本改。

"茈草"即"紫草"。尔雅云:"藐,茈草。"广雅云:"此蒛,茈草也。"是郭所本。

弱水出焉,懿行案:地理志云:"张掖郡,删丹:桑钦以为道弱水自此,西至酒泉合黎。"此禹贡"弱水"也。西域传云:"条支有弱水、西王母。"大荒西经云:"昆仑丘下,弱水环之。"皆非此经之弱水也。晋书苻坚载记云:"坚遣安北将军、幽州刺史苻洛讨代王涉翼犍,翼犍战败,遁于弱水,苻洛追之,退还阴山。"此经上有"阴山",下有"弱水",当即是也。**而西流注于洛。**懿行案:太平寰宇记云:"保安军,吃莫河在军北一十里,源出蕃部吃莫川,南流,在军北四十里入洛河,不胜船筏。"案此则吃莫川即弱水也。今水出陕西靖边县,东南流,至保安县西入洛。

西五十里曰罢父之山。洱水出焉,音"耳"。 懿行案:玉篇、广韵并云"洱出罢谷山"。"父"、"谷"字形相近,疑此经"父"当为"谷"字之讹也。隋书地理志云"洛源有洱水",即此水也。在今甘肃庆阳府。**而西流注于洛,其中多茈、碧。**懿行案:"茈"、"碧"二物也。茈即茈石。

北百七十里曰申山。懿行案:水经河水注引此经,云:"西次四经之首曰阴山,西北百七十里曰申山。"案自阴山至此凡二百七十里。水经注脱"二"字。**其上多榖、柞,其下多杻、橿,其阳多金、玉。区水出焉,而东流注于河。**懿行案:水经云"河水南过上郡高奴县东",注云"河水又右会区水",引此经云云,"区水,世谓之清水"。

北二百里曰鸟山。懿行案:穆天子传云"有鸐鸟之山",疑即此。"鸐",玉篇同"鹯"。**其上多桑,其下多楮。其阴多铁,其阳多玉。辱水出焉,而东流注于河。**懿行案:穆天子传云"天子饮于溽水之上",疑即是水也。水经注云"河水又南,右纳辱水",引此经云云,"其水东流,俗谓之秀延水。又东会根水,又东南,露跳水乱流注于河"。

又北百二十里曰上申之山。上无草木而多硌石,硌,磊硌,大石貌也。音"洛"。 懿行案:老子下篇云:"不欲琭琭如玉,珞珞如石。""珞",本或作"落",依字当为"硌"也。玉篇引老子正作"硌",云:"硌,山上大石。"李善注鲁灵光殿赋引此郭注，作"礛碻，大石也"。**下多榛、楛。**榛子似栗而小，味美。楛木可以为箭。诗云："榛楛济济。""臻""怙"两音。　懿行案："榛"、"楛"见陆玑诗疏。广雅云："亲，栗也。"说文云："楛，木也。"陆玑疏云："形似荆而赤茎似蓍。"**兽多白鹿。**懿行案：周书王会篇云："黑齿白鹿。"周语云："穆王征犬戎，得四白鹿。"穆天子传云："白鹿一牿，雍逸出走。"**其鸟多当扈，**或作"户"。　懿行案：玉篇云"北鳸，鸟名"，疑即此。"鳸"、"扈"古字通。**其状如雉，以其髯飞，**髯，咽下须毛也。**食之不眴目。**音"眩"。　懿行案：说文云："旬，或作眴，目摇也。"**汤水出焉，东流注于河。**懿行案：水经注云："河水又南，诸次之水入焉。又南，汤水注之。"引此经云云。

又北百八十里曰诸次之山。诸次之水出焉，而东流注于河。懿行案：水经注云"诸次水出上郡诸次山"，引此经云云，"其水东迳榆林塞，世又谓之榆林山，即汉书所谓榆溪旧塞也。其水东入长城，小榆林水合焉。又东合首积水，又东入于河"，引此经云云。**是山也，多木无草，鸟兽莫居，是多众蛇。**懿行案：水经注引此经，作"象蛇"，则与北次三经阳山之鸟同名。今各本并作"众蛇"，疑水经注讹。

又北百八十里曰号山。其木多漆、棪，漆树似樗也。　懿行案：俗语云："櫄、樗、栲、漆，相似如一。"见尔雅注及诗释文。**其草多药、蘪、芎藭。**药，白芷别名。蘪，香草也。芎藭，一名江蓠。"药"音乌较反。　懿行案：王逸注楚词九歌云："药，白芷也。"广雅云："白芷，其叶谓之药。"是郭所本也。说文云："茝，蘪也。楚谓之蓠，晋谓之蘪，齐谓之茝。"是茝、蘪即江蓠也。尔雅释文引本草云："蘪芜，一名江蓠，芎藭苗也。"是芎藭、江蓠又为一物。说文云："芎藭，香草也。"案芎藭即鞠藭，左传谓之"山鞠穷"。**多泠石。**"泠"或音"金"。未详。　懿行案：说文"泠"本字作"淦"，云："泥也，从水，金声。"与郭音合。"泠石"，盖石质柔耎如泥者，今水中土中俱有此石也。**端水出焉，而东流注于河。**懿行案：水经注云："圁水又东迳圁阳县南,东流注于河。河水又东,端水入焉。水西出号山。"引此经云云。

又北二百二十里曰盂山。音"于"。　懿行案:水经注引此经郭注,云"盂或作明,今本脱之。"盂",疑当作"孟"。太平御览九百九卷引此经,正作"孟"。大戴礼诰志篇云:"明,孟也。""明"、"孟"同声,故"盂"或作"明"。**其阴多铁,其阳多铜。其兽多白狼、白虎,**外传曰:"周穆王伐犬戎,得四白狼、白虎,虎名魋麒。"　懿行案:郭引外传者,周语文也。艺文类聚九十九卷引郭氏赞云:"矫矫白狼,有道则游。应符变质,乃衔灵钩。惟德是适,出殷见周。"案"白狼衔钩"见纬书。穆天子传云:"爰有赤豹、白虎。"此注"白虎"下"虎"字衍,"麒"字衍。据尔雅云:"魋,白虎。""麒,黑虎。"此注或云"白虎名魋,黑虎名麒",今本又脱"黑虎名"三字也。**其鸟多白雉、白翟。**或作"白翠"。　懿行案:雉、翟一物二种,经"白翟"当为"白翠"。**生水出焉,**懿行案:"生水",水经注谓之"奢延水",云"出奢延县西南赤沙阜,东北流",引此经"所谓生水出盂山"者也。又云:"洛川在南,俗因县土,谓之奢延水,又谓之朔水矣。"案地理志上郡有奢延县,即郦注所指也。"奢延"合声为"生","生"、"朔"声之转,皆方俗语异、字随音变也。**而东流注于河。**懿行案:水经云"河水又南过离石县西",注云"奢延水注之",即此经云"东流注于河"矣。离石属西河郡。

西二百五十里曰白於之山。懿行案:山在今甘肃安化县。元和郡县志云:"洛源县白於山,一名女郎山,在县北三十里。"**上多松、柏,下多栎、檀。**栎即柞。　懿行案:"栎"见尔雅。**其兽多㸌牛、羬羊,其鸟多鸮。**鸮似鸠而青色。　懿行案:"鸮"见陆玑诗疏。**洛水出于其阳,**懿行案:洛水,雍州浸。水经注引阚骃以为漆沮水也。说文云:"洛出左冯翊归德北夷界中,东南入渭。"地理志云:"北地郡,归德:洛水出北蛮夷中,入河。"淮南墬形训云"洛出猎山",高诱注云:"猎山在北地西北夷中。"是则"猎山"即"白於山"之异名矣。又案西次二经"泰冒之山,洛水出焉",即斯水也。太平寰宇记云:"洛水源出白於山,经上郡雕阴县秦望山。""秦望山"当即"泰冒山",盖洛水本出白於山,而东经泰冒山,二山一是发源,一是所经,此经则通谓之"出"也。**而东流注于渭。**懿行案:禹贡云:"渭又东过漆沮。"漆沮水即洛水也。水经云"渭水又东过华阴县北",注云"洛水入焉"。说文云:"洛,东南入渭。"地理志云"入河"者,合渭而入河也。今则直入于河矣。**夹水出于其阴,东流注于生水。**懿行案:毕氏云:"夹水,疑即甘肃靖边县东莜麦河也。其水合红柳河,迳塞外,又东至县,入于奢延水。水即生水也。"

西北三百里曰申首懿行案:艺文类聚二卷、太平御览十二卷并引此经,作"由首"。**之山。无草木,冬夏有雪。**懿行案:山当在今陕西榆林府北塞外,地极高寒,故不生草木,冬夏有雪。**申水出于其上,潜于其下,是多白玉。**

又西五十五里曰泾谷之山。或无"之山"二字。 懿行案:初学记六卷引此经,亦有"之山"二字。**泾水出焉,**或以此为今泾水,未详。 懿行案:"泾水"已见西次二经"高山",又见海内东经,俱非此。此则泾谷水也,水经注云:"渭水迳绵诸道东,又东南,合泾谷水。水出西南泾谷之山。"**东南流注于渭,**懿行案:水经注云:"泾谷水又东北历董亭下,东北流,注于渭。"引此经云云。然经云"东南",郦云"东北",与经不合。初学记引此经,无"南"字。**是多白金、白玉。**

又西百二十里曰刚山。多柒木,懿行案:柒,木名也。广韵以"柒"为"漆"俗字,俗又以代纪数之"七"字,并非。**多瑪琈之玉。刚水出焉,北流注于渭。是多神𩳂,**𩳂,亦魑魅之类也。音耻回反。或作"𩴄"。 懿行案:"𩳂",疑当为"𩴢"字之或体。说文云:"𩴢,神兽也。从鬼,隹声。"与郭音义俱合。又云"或作𩴄"者,"𩴄"当为"魑"。说文云:"魑,厉鬼也。"玉篇云:"魑,丑利切。"**其状人面兽身,一足一手,**懿行案:说文云:"夔,神魖也。如龙,一足。从夂。象有角、手、人面之形。"许君所说形状正与此经合,再证以"𩴢"字之解,则知"神𩳂"当为"神𩴢"字之讹也。**其音**

如钦。"钦"亦"吟"字假音。　懿行案：说文云："钦，欠皃。"盖人呵欠则有音声也。

又西二百里至刚山之尾。洛水出焉，而北流注于河。懿行案：此又一洛水也，所未能详。其中多蛮蛮，其状鼠身而鳖首，其音如吠犬。懿行案：蛮蛮之兽与比翼鸟同名，疑即獌也。"獌"、"蛮"声相近。说文云："猵，或作獌，獭属。"文选羽猎赋注引郭氏三苍解诂曰："獌似狐，青色。居水中，食鱼。"

又西三百五十里曰英鞮之山。懿行案：玉篇作"莫靴山"。上多漆木，下多金、玉，鸟兽尽白。懿行案：史记封禅书云"蓬莱、方丈、瀛洲[一]，此三神山，其物禽兽尽白"，亦此类。涴水出焉，"涴"或作"湲"。音"冤枉"之"冤"。　懿行案：玉篇正作"湲"，云"水出莫靴山"，盖"英鞮山"之异文也。而北注于陵羊之泽。是多冉遗之鱼，懿行案：玉篇有"鱼畾"字，音"唯"，无训。太平御览九百三十九卷引此经，作"无遗之鱼"，疑即"蒲夷之鱼"也，见北次三经"碣石之山"下。"蒲"、"无"声相近，"夷"、"遗"声同。鱼身蛇首六足，其目如马耳，食之使人不眯，懿行案：说文云："眯，草入目中也。"可以御凶。

又西三百里曰中曲之山。其阳多玉，其阴多雄黄、白玉及金。有兽焉，其状如马而白身黑尾，懿行案：尔雅疏引此经，作"身黑二尾"，误。一角，虎牙爪，音如鼓音，懿行案：尔雅注引此经，"鼓"下无"音"字。其名曰驳，是食虎豹，尔雅说"驳"，不道有角及虎爪。驳亦在畏兽画中。　懿行案：尔雅云"驳如马，倨牙，食虎豹"，郭注引此经，云："有兽名驳，如白马，黑尾，倨牙，音如鼓，食虎豹。"今此经无"倨牙"，海外北经有之，郭盖并引二经之文也。刘逵注吴都赋引此经，云"驳如马，白身黑尾，一角，锯牙虎爪，音如鼓，能食虎"，亦并引二文也。管子小问篇云："桓

山海经笺疏

58

─────────

〔一〕"洲"，原本作"州"，据史记改。

公乘马，虎望见之而伏。桓公问管仲，对曰：'意者君乘驳[二]马而洮桓，迎日而驰乎？'公曰：'然。'管仲对曰：'此驳象也。驳食虎豹，故虎疑焉。'"说苑又云："豹食驳，驳食虎。驳之状有似驳马。"二书所说，并与此经合。**可以御兵。**养之辟兵刃也。**有木焉，其状如棠，而员叶赤实，实大如木瓜，**木瓜如小瓜。　懿行案："楙，木瓜。"见尔雅。**名曰櫰木，**音"怀"。

懿行案：尔雅云"櫰，槐。大叶而黑"，非此也。"櫰"通作"槐"，又通作"褢"。广雅云："褢，续断也。"本草别录云："续断，一名接骨，一名槐。"陶注云："有接骨树。"颜师古注急就篇云："续断，即今所呼续骨木。"据诸书所说，接骨木即此经櫰木与？**食之多力。**尸子曰："木食之人，多为仁者，名为若木。"此之类。　懿行案：大戴礼易本命篇云："食木者多力而拂。"

又西二百六十里曰邽山。音"圭"。　懿行案：地理志云"陇西郡，上邽"，应劭曰："史记故邽戎邑也。"水经云"渭水东过上邽县"，注云："渭水东历县北邽山之阴。"**其上有兽焉，其状如牛，猬毛，名曰穷奇，音如獆狗，是食人。**或云似虎，猬毛，有翼。铭曰："穷奇之兽，厥形甚丑。驰逐妖邪，莫不犇走。是以一名，号曰神狗。"　懿行案："穷奇"，与海内北经所说有异。郭又引"或云似虎，有翼"，则与彼实一物矣。铭盖郭氏图赞之文。穷奇恶兽，而云"驰逐妖邪"者，后汉礼仪志说大傩逐疫，使十二神，有云"穷奇、腾根共食蛊"，是穷奇又能驱逐凶邪，为人除害，故复"号曰神狗"也。**濛水出焉，**音"蒙"。　懿行案：水经渭水注云："濛水出县西北邽山，翼带众流，积以成溪，东流南屈，迳上邽县故城西，侧城南出。"**南流注于洋水。**懿行案：水经注云："藉水即洋水也，北有濛水注焉。"又云："濛水又南注藉水。"引此经云云。**其中多黄贝、**贝，甲虫，肉如科斗，但有头尾耳。　懿行案：郭注尔雅释鱼与此注同。**蠃鱼，**音"螺"。　懿行案："蠃"，玉篇、广韵并作"蠃"。玉篇云："鱼有翼，见则大水。"**鱼身而鸟翼，音如鸳鸯，见**

59

〔二〕"驳"，原本误作"骏"，据管子改。

则其邑大水。

又西二百二十里曰鸟鼠同穴之山。今在陇西首阳县西南，山有鸟鼠同穴，鸟名曰鵌，鼠名曰鼵。鼵如人家鼠而短尾。鵌似燕而黄色。穿地入数尺，鼠在内、鸟在外而共处。孔氏尚书传曰"共为雌雄"，张氏地理记云"不为牝牡"也。　懿行案：地理志云："陇西郡，首阳：禹贡鸟鼠同穴山在西南。"史记夏本纪正义引括地志云："鸟鼠山，今名青雀山，在渭州渭源县西七十六里。"又引此经郭注云："鸟名鵌，鼠名鼵，如人家鼠而短尾，鵌似鵽而小，黄黑色。穴入地三四尺。鵌音余。鼵，扶废反。鵽，丁刮反，似雉也。"所引郭注与尔雅注略同，以校此注则异。然"鼵"，尔雅仍作"鼵"，与此同也。且尔雅说鼠有十三种，中有"鼵鼠"，郭云"形则未详"，若据史记正义所引，是"鼵鼠"形状郭亦颇能诠说，不应注雅复云"未详"，是此注之"鼵"不作"鼵"字审矣。

其上多白虎、白玉。懿行案：李善注子虚赋、刘昭注郡国志引此经，并与今本同。**渭水出焉，而东流注于河。**出山东，至弘农华阴县入河。　懿行案：说文云："渭水出陇西首阳渭首亭南谷，东入河。杜林说夏书，以为出鸟鼠山。"水经与说文同，"渭首亭"作"渭谷亭"。地理志云："鸟鼠同穴山，渭水所出，东至船司空入河。"**其中多鳋鱼，**音"骚"。　懿行案："鳋"字见玉篇，音义与此同。**其状如鳣鱼，**鳣鱼，大鱼也，口在颔下，体有连甲也。或作"鲇鲤"。　懿行案："鳣"见尔雅，郭注详之。"鲇"、"鲤"亦见尔雅，然非一鱼。注盖本作"鲇鱼"。**动则其邑有大兵。**或脱"无从动则"以下语者。　懿行案：太平御览九百三十九卷引此经图赞云："物以感应，亦不数动。壮士挺剑，气激江涌。鳋鱼潜渊，出则民悚。"**滥水出于其西，**音"槛"。　懿行案：水经河水注云："洮水又北，迳狄道故城西，东北流，又北，陇水注之，即山海经所谓滥水也。水出鸟鼠山西北高城岭。"**西流注于汉水。**懿行案：博物志"滥"作"温"，云"水出鸟鼠山，下注汉水"。水经注云"滥水注于洮水"，与此经异。**多絮鲏之鱼，**"如""批"两音。　懿行案：郭氏江赋云"文鲏磬鸣以孕璆"，李善注引此经亦作"文鲏"，又引郭注作"音鲏"，无"絮"字之音，是"絮鲏"古本作"文鲏"可证。**其状如覆铫，**懿行案:说文云:"铫,温器也。"**鸟首而鱼翼鱼尾,**懿行案:玉篇引此经,无"鱼翼"二字。江赋注引此经,"鱼翼"无"鱼"字。**音如磬石之声,是生珠、玉。**亦珠母蚌类,而能生出之。 懿行案:初学记八卷引南越志云:"海中有文鮇鱼。鸟头尾,鸣似磬而生玉。"说文云:"宋弘云:玭,珠之有声。夏书'玭'作'蠙'。"盖"玭"即"鮇"也,古字通。"有声"即"音如磬"是矣。御览九百三十九卷引此经图赞云:"形如覆铫,苞玉含珠。有而不积,泄以尾间。暗与道会,可谓奇鱼。"

西南三百六十里曰崦嵫之山。日没所入山也,见离骚。"奄""兹"两音。 懿行案:离骚云"望崦嵫而未迫",王逸注云:"崦嵫,日所入山也。下有蒙水,水中有虞渊。"穆天子传云"天子升于弇山",郭注云:"弇兹山,日所入也。"玉篇引此经,作"崭嵫山"。**其上多丹木,**懿行案:峚山亦有丹木,与此异。**其叶如榖**[一]**,其实大如瓜,赤符**懿行案:"符",疑借为"柎"字。音"府",或读如本字。**而黑理,食之已瘅,可以御火。其阳多龟,其阴多玉。苕**或作"若"。**水出焉,**懿行案:若水疑即蒙水也。"若"、"苕"字形相近。上文"龙首之山,苕水出焉",初学记亦引作"若水"。**而西流注于海,**禹大传曰:"洱盘之水,出崦嵫山。" 懿行案:离骚云"朝濯发乎洱盘",王逸注云:"洱盘,水名也。"引禹大传与此注同,是郭以"洱盘"即苕水矣。**其中多砥、砺。**磨石也。精为砥,麤为砺也。 懿行案:说文云:"厎,柔石也。或作砥。""厉,旱石也。或作厲。""砺",俗字也。玉篇云:"崦嵫砺石可磨刃。"**有兽焉,其状马身而鸟翼,人面蛇尾,是好举人,**喜抱举人。**名曰孰湖。有鸟焉,其状如鸮而人面,蜼身犬尾,**蜼,猕猴属也。音"赠遗"之"遗",一音"诔"。见中山经。"尾"又作"毗"。 懿行案:"蜼"见中次九经"騩山"。**其名自号也,**或作

────────────

〔一〕"榖",原本作"谷(谷)"。按谷为类名,有五谷、百谷之称,其叶不一,且丹木为木,其叶自应与榖木相似。吴氏本正作"榖",据改。

"设",设亦呼耳,疑此脱误。　懿行案:注"设亦呼耳","设"无"呼"义,是知"设"盖"誽"字之讹也。郭云"疑此脱误"者,既云"其名自号",而经无其名,故知是脱。**见则其邑大旱。**

凡西次四经自阴山以下至于<u>崦嵫之山</u>,凡十九山,三千六百八十里。懿行案:今三千五百八十五里。**其神祠礼:皆用一白鸡祈,**懿行案:"祈"当为"䰩",已见上文毕氏云。**糈以稻米,白菅为席。**

右西经之山懿行案:"山"下脱"志"字。**凡七十七山,**懿行案:当云"七十八山"。**一万七千五百一十七里。**懿行案:经当有一万七千五百二十一里,今则一万八千一十二里。

山海经第三

北山经

北山经之首曰**单狐之山**，懿行案：玉篇、广韵并作"嵧孤山"。**多机木**，机木似榆，可烧以粪稻田，出蜀中。音"饥"。　懿行案：说文云"机，木也"，段氏玉裁注云："盖即桤木也。今成都桤木树读若'岂'，平声。扬雄蜀都赋曰'春机杨柳'。'机'、'桤'古今字。'桤'见杜诗。"**其上多华草**。懿行案："华草"未详。尔雅虽云"蕍，一名华"，而非山上之草。吕氏春秋别类篇云"夫草有莘有藟"，太平御览九百九十四卷引"莘"作"华"，然则"华草"岂是与？吕氏春秋说此草云："独食之则杀人，合而食之则益寿。"此经不言，未知其审，存以俟考。**逢水出焉**，音"逢"。**而西流注于渤水**，懿行案："渤水"已见西次三经"长沙之山"。**其中多芘石、文石**。懿行案：本草别录云："紫石华一名芘石华，生中牟山阴。"疑"芘"当为"茈"，"茈"古字，假借为"紫"也。中次六经云"娄涿之山，陂水，其中多茈石、文石"，正作"茈"字，明此作"芘"误。盐铁论云"周人以紫石"，盖即"茈石"矣。

又北二百五十里曰**求如之山。其上多铜，其下多玉，无草木。滑水**懿行案：藏经本郭注有"作湣水"三字。**出焉，而西流注于诸毗之水**。水出诸毗山也。　懿行案：西次三经云"槐江之山，北望诸毗"，即此山也。**其中多滑鱼**，懿行案：藏经本郭注有"作鳛鱼"三字。玉篇、广韵并云："鳛，鱼名。"**其状如鳝，赤背**，鳝鱼似蛇。音"善"。**其**

音如梧，如人相枝梧声。音"吾子"之"吾"。　　懿行案：义当如"据梧"之"梧"。庄子齐物论篇释文引司马彪云"梧，琴也"，崔譔云"琴瑟也"。食之已疣。疣，赘也。　　懿行案："疣"当为"肬"。说文云："肬，赘也。籀文作䩄。"其中多水马，其状如马，文臂牛尾，臂，前脚也。周礼曰："马黑脊而斑臂，膝。"汉武元狩四年，燉煌渥洼水出马，以为灵瑞者，即此类也。　　懿行案：内则云"马黑脊而般臂，漏"，郑注云："'漏'当为'蝼'，如蝼蛄臭也。"其音如呼。如人叫呼。　　懿行案："呼"，谓马叱咤也。穆天子传云"其马歕沙"，"其马歕玉"。说文云："歕，吹气也。"

　　又北三百里曰带山。其上多玉，其下多青碧。有兽焉，其状如马，一角有错，言角有甲错也。或作"厝"。　　懿行案："错"，依字正当为"厝"。说文云："厝，厉石也。"引诗曰："他山之石，可以为厝。"今诗通作"错"。其名曰䑏疏，音"欢"。　　懿行案：周书王会篇云"俞人虽马"，孔晁注云："虽，如马一角。"案"虽"见尔雅。"虽"、"虽"、"疏"俱声相转。可以辟火。有鸟焉，其状如乌，五采而赤文，名曰鹕鶒，上已有此鸟，疑同名。　　懿行案："鹕鶒"已见西次三经"翼望之山"。庄子天运篇释文引此经，云"其状如凤，五采文，其名曰奇类"，与今本异。是自为牝牡，懿行案：广雅云："鶒离，怪鸟属也。"玉篇云："鶒离鸟自为牝牡。"广韵亦同。是"鶒离"即"鹕鶒"之异名。食之不疽。无痈疽病也。彭水出焉，而西流注于芘湖之水。其中多儵鱼，音"由"。　　懿行案："儵"与"鯈"同。玉篇作"鯈"，云"徒尧切，又直流切"是也。其状如鸡而赤毛三尾，懿行案：玉篇云："鯈似鸡，赤尾。"与今本异。六足四首，懿行案："首"当为"目"字之讹也，今图正作四目，玉篇本此经亦作"四目"，可证。今粤东人说："海中有鱼名鯈，形如鸡而有软壳，多尾足，尾如八带鱼。宜盐藏，炙食之甚美，可以饷远。"疑即此也。其音如鹊，食之可以已忧。懿行案：太平御览九百三十七卷引此经图赞云："汨和损平，莫惨于忧。诗咏萱草，山经则<u>藬</u>。"

又北四百里曰<u>谯明</u>之山。<u>谯水</u>出焉，西流注于<u>河</u>。其中多何罗之鱼，一首而十身，其音如吠犬，_{懿行案：初学记三十卷引此经，作"犬吠"。}食之已痈。_{懿行案：初学记引此经，"痈"作"拥"，误。}有兽焉，其状如貆而赤豪，_{貆，豪猪也，音"丸"。}_{懿行案："貆猪"、"白豪"已见<u>西山经</u>。}其音如榴榴，_{懿行案："榴榴"已见<u>西次三经</u>"<u>阴山</u>"。}名曰孟槐，可以御凶。_{辟凶邪气也。亦在畏兽画中也。}是山也，无草木，多青雄黄。_{一作"多青碧"。}

又北三百五十里曰<u>涿光</u>之山。<u>嚣水</u>出焉，而西流注于<u>河</u>。其中多鰕鰕之鱼，_{音"袴褶"之"褶"。}_{懿行案："鰼、鳅"，见<u>尔雅</u>，非此。<u>广韵</u>引此经，作"鰼鱼"，不作重文。}其状如鹊而十翼，鳞皆在羽端，其音如鹊，可以御火，_{懿行案：太平御览九百三十九卷引此经图赞云："鼓翮一运，十翼翩翻。厥鸣如鹊，鳞在羽端。是谓怪鱼，食之辟燔。"}食之不瘅。其上多松、柏，其下多椶、橿。其兽多麢羊，其鸟多蕃。_{未详，或云即鸮，音"烦"。}_{懿行案："蕃"通作"繁"。楚词天问云"繁鸟萃棘"，<u>王逸</u>注引"有鸮萃止"为释。广雅亦以鷭鸟为鸮。"鷭"、"繁"于"蕃"并同声假借字，皆<u>郭</u>所本也。}

又北三百八十里曰<u>虢山</u>。_{懿行案：初学记及太平御览引此经，并作"号山"，尔雅疏引作"虢山"，"虢"即"号（號）"字异文也。}其上多漆，其下多桐、椐。_{桐，梧桐也。椐，樻木，肿节中杖。"椐"音"祛"。}_{懿行案："桐"、"椐"并见尔雅，郭注"椐"与此注同。}其阳多玉，其阴多铁。<u>伊水</u>出焉，西流注于<u>河</u>。其兽多橐驼。_{有肉鞍，善行流沙中，日行三百里，其负千斤，知水泉所在也。}_{懿行案：初学记二十九卷引此经，云"善行流沙中"云云，盖并引郭注也。尔雅"犦牛"，郭注云："领上肉犦胅起，高二尺许，状如橐駞肉鞍一边，健行者日三百余里。"释文云"橐，字又作}

'馲'。音'托',又音'洛'",引字林云:"馲驼似鹿而大,肉鞍,出绕山也。"案"绕山"见下文。郭云"知水泉所在"者,艺文类聚九十四卷引博物志,云:"燉煌西渡流沙,往外国,济沙千余里,中无水。时有伏流处,人不能知。骆驼知水脉,过其处辄停不行,以足踏地。人于所踏处掘之,辄得水也。"初学记引郭氏图赞云:"驼惟奇畜,肉鞍是被。迅骛流沙,显功绝地。潜识泉渊,征乎其智。"**其鸟多寓**,懿行案:**方言云**:"寓,寄也。"尔雅有"寓属",又有"寓鼠曰嗛"。此经"寓鸟"盖蝙蝠之类,唯蝙蝠肉翅为异。广韵云"鸐鼠,鸟名",谓是也。玉篇云"鸐,语俱切。似秃鹙,见则兵起",非此。**状如鼠而鸟翼,其音如羊,可以御兵。**

又北四百里至于**虢山之尾,其上多玉而无石。鱼水**懿行案:太平御览八百七卷引此经,作"阴山"、"渔水"。**出焉,西流注于河,其中多文贝。**

又北二百里曰**丹熏之山。其上多樗、柏,其草多韭、䪢,**皆山菜,尔雅有其名。 懿行案:尔雅云:"蒮山韭,荫山䪢。"**多丹雘。熏水出焉,而西流注于棠水。有兽焉,其状如鼠而菟首麋身,其音如獆犬,**懿行案:初学记二十九卷引此经,"菟"作"兔","麋身"作"麋耳","獆"作"嗥"。**以其尾飞,**或作"髯飞"。"獆"音"豪"。 懿行案:初学记引此经,亦作"尾飞"。**名曰耳鼠,**懿行案:疑即尔雅"鼶鼠,夷由"也。"耳"、"鼶"、"夷"并声之通转。其形肉翅连尾足,故曰"尾飞"。**食之不鶆,**鶆,大腹也,见禅仓。音"采"。 懿行案:本草经云"鼺鼠主堕胎,令产易",陶注云:"鼺即鼯鼠,飞生鸟也。人取其皮毛,以与产妇持之,令儿易生。"义与此近。**又可以御百毒。**懿行案:艺文类聚九十五卷引郭氏赞曰:"或以尾翔,或以髯凌。飞鼠鼓翰,倏然皆腾。用无常所,唯神斯凭。"

又北二百八十里曰**石者之山。其上无草木,多瑶碧。**懿行案:"碧",藏经本作"玉"。**泚水出焉,西流注于河。**懿行案:水经有两泚水,南山经"长沙之山"亦有泚水,并与此异也。毕氏引史记司马相

山海经笺疏

如传正义云：“山海经‘紫渊水出根耆之山，西流注河’。今经无此山，疑‘石者’‘者’字与‘耆’字相近，紫渊即沘水，当即是也。”**有兽焉，其状如豹而文题白身，**题，额也。**名曰孟极，是善伏，其鸣自呼。**

又北百一十里曰**边春之山。**或作“春山”。　懿行案：穆天子传有“春山”，即钟山也。已见西山经。**多葱、**山葱名茖，大叶。　懿行案：“茖，山葱”，见尔雅。山上多葱，疑即葱岭。水经云“河水南入葱岭山”，注云：“郭义恭广志云：‘休循国居葱岭，其山多大葱。’”**葵、韭、桃、李。**山桃，榹桃，子小，不解核也。　懿行案：“榹桃”见尔雅，郭注与此同。初学记二十八卷引此经，云：“边春之山多李，里人常采之。”太平御览九百六十八卷引亦同。疑本郭注，今脱去之。**杠水出焉，**懿行案：穆天子传云：“春山之泽，清水出泉。”“清水”或即“杠水”。**而西流注于泑泽。**懿行案：“泑泽”已见西山经“不周之山”。**有兽焉，其状如禺而文身，善笑，见人则卧，**言佯眠也。**名曰幽鴳，**或作“嬹嬆”。“鴳”音“遏”。　懿行案：说文云：“嬹，媟嬹也。”“嬆，女黑色也。”“鴳”当为“頞”字之讹。太平御览九百十三卷引此经图赞[一]云：“幽頞似猴，俾愚作智。触物则笑，见人佯睡。好用小慧，终是婴累。”**其鸣自呼。**

又北二百里曰**蔓联之山，**“万”“连”二音。**其上无草木。有兽焉，其状如禺而有鬣，牛尾、文臂、马蹄，见人则呼，名曰足訾，**懿行案：楚词卜居云“将哫訾慄斯”，王逸注云：“承颜色也。”“哫訾”即“足訾”，其音同。“慄斯”即“㵚斯”声之转，鸟名，见下文。**其鸣自呼。有鸟焉，群居而朋飞，**朋，犹辈也。**其毛如雌雉，名曰鶬，**音“交”。或作“渴”也。　懿行案：玉篇“鶬”云：“白鶬鸟，群飞，尾如雌鸡。”疑经文“毛”当为“尾”字之讹。又经不言此鸟白色，玉篇作“白鶬”，疑因经文“曰鶬”相涉而误衍也。其“雌鸡”疑亦“雌雉”之讹。**其鸣自呼，**懿行案：

67

─────────

〔一〕“经图赞”，原作“图经赞”，“经”字倒错，据改。

尔雅"鸅雉",郭注云:"黄色,鸣自呼。"此鸟"毛如雌雉,其鸣自呼",与尔雅合。又"鸒"或作"渴",是无正字,疑即鸅雉也。**食之已风。**

又北百八十里曰**单张之山**,其上无草木。有兽焉,其状如豹而长尾,人首而牛耳,一目,名曰诸犍。音如"犍牛"之"犍"。 懿行案:郭既音"犍",经文必不作"犍",疑当为"揵"字之讹。犍牛之"犍",说文新附字云:"犗牛也。"玉篇同,而又云"兽似豹,人首,一目",复似经文作"犍"不误,未知其审。**善呫,行则衔其尾,居则蟠其尾。有鸟焉,其状如雉而文首,白翼黄足,名曰白鵺,**音"夜"。 懿行案:白鵺即白鵰,郭注尔雅谓之"白鵺"。北次二经"县雍之山"谓之"白鵺"。"鵰"、"鵺"声转,古无正字,疑皆假借为之。**食之已嗌痛,**嗌,咽也。穀梁传曰:"嗌不容粒。"今吴人呼咽为嗌。音"隘"。 懿行案:说文云:"咽,嗌也。""嗌,咽也。"互相训。郭引穀梁传者,昭十九年文。**可以已瘇。**瘇,痴病也。 懿行案:玉篇云:"瘇同癑,痴也。"与郭义合。又云:"痴,不慧也。"**栎水出焉,而南流注于杠水。**

又北三百二十里曰**灌题之山**。其上多樗、柘,其下多流沙,懿行案:说文云:"漠,北方流沙也。"盖沙漠之地,其沙多流,此之流沙,当即其类。**多砥。有兽焉,其状如牛而白尾,其音如訆,**如人呼唤。"訆"音"叫"。**名曰那父。**懿行案:"那",玉篇作"牣",云"奴多切"。兽,似牛",本此。**有鸟焉,其状如雌雉而人面,见人则跃,**跃,跳。**名曰竦斯,**懿行案:"竦斯",说已见上文。**其鸣自呼也。匠韩之水出焉,而西流注于泑泽,其中多磁石。**可以取铁。管子曰:"山上有磁石者,下必有铜。"音"慈"。 懿行案:"磁",古通用"慈"。本草云:"慈石,一名玄石。"春秋繁露郊语篇云:"慈石取铁,颈金取火。"水经渭水注云:"磁石门在阿房前,悉以磁石为之,令四夷朝者有隐甲、怀刃入门而胁之,以示神。"郭引管子者,地数篇文也。艺文类聚六卷引郭氏赞云:"磁石吸铁,琥珀取芥。气有潜通,数亦冥会。物之相感,出乎意外。"

又北二百里曰潘侯之山。其上多松、柏，其下多榛、楛。其阳多玉，其阴多铁。有兽焉，其状如牛而四节生毛，名曰旄牛。今旄牛背、膝及胡、尾皆有长毛。　懿行案：尔雅“犛牛”，郭注云：“旄牛也。髀、䏶、尾皆有长毛。”与此注同。或云旄牛即牦牛也，见中次八经“荆山”“牦牛”注。边水出焉，懿行案：“边”，广韵作“邉”，俗字也。而南流注于栎泽。

又北二百三十里曰小咸之山。懿行案：艺文类聚二卷引此经，作“小威之山”。无草木，冬夏有雪。

北二百八十里曰大咸之山。懿行案：艺文类聚九十六卷及太平御览九百三十三卷引此经，并作“大同之山”。无草木，其下多玉。是山也，四方不可以上。有蛇名曰长蛇，懿行案：左传云“吴为封豕、长蛇”，即此也。“封豕”见海内经。其毛如彘豪，说者云长百寻，今蝮蛇色似艾，绶文，文间有毛如猪鬐，此其类也。常山亦有长蛇，与此形不同。懿行案：常山蛇名“率然”，见孙子九地篇。“蝮蛇”即“蝮虫”，已见南山经“猨翼之山”注。其音如鼓柝。如人行夜敲木柝声。音“托”。　懿行案：类聚引郭氏赞云：“长蛇百寻，厥鬣如彘。飞群走类，靡不吞噬。极物之恶，尽毒之厉。”

又北三百二十里曰敦薨之山。懿行案：水经注云：“敦薨之山在匈奴之西，乌孙之东。”其上多棕、柟，其下多茈草。敦薨之水出焉，而西流注于泑泽，懿行案：水经注云：“大河又东，右会敦薨之水。其水出焉耆之北敦薨之山。自西海迳尉犁国。又西出沙山铁关谷。又西南流迳连城。又屈而南，迳渠犁国西。故史记曰‘西有大河’，即斯水也。又南流注于河。”引此经，云：“敦薨之水，西流注于泑泽。”“盖乱河流，自西南注也。泑泽，即经所谓蒲昌海也。”出于昆仑之东北隅，实惟河原[一]，即河水，出昆仑之虚。　懿行案：水经及汉书西域传并言河出昆仑，然后注泑泽。

───────────

〔一〕“原”，笺疏诸本同。山海经宋淳熙本、吴氏本等皆作“源”。

此经泑泽乃在昆仑之上者。敦薨山在昆仑之东,故其水西注泑泽,又西出于昆仑之东北隅。河水则自西南来,亦至昆仑之东北隅,重源显发,与敦薨水合而为河源,是"河源"乃受二水之通称。此经"河源"盖指敦薨之水,郭云"即河水,出昆仑之虚",似误。**其中多赤鲑。**今名鯸鲐为鲑鱼。音"圭"。 懿行案:玉篇云:"鲑,鱼名。""鯸鲐"作"鯸鮔",云:"鯸鮔,鲄也(鲄,户多切)。食其肝杀人。"刘逵注吴都赋云:"鯸鲐鱼状如蝌斗,大者尺余,腹下白,背上青黑,有黄文。性有毒,虽小獭及大鱼不敢啖之。蒸煮啖之肥美,豫章人珍之。"是其形状也。一名"河豚"。又名"鯢","鯢"即"鲑"之或体字耳。又案经言"赤鲑",今所见鯸鲐鱼背青腹白,绝无赤者。郭云"鯸鲐为鲑",既与经不合,而初学记三十卷引此经,云"鳀鱼赤目赤鬣者,食之杀人",夫"鳀"即"鲇"也,"鳀"与"鲑"声相近,或初学记所引本在郭注,今脱去之邪?**其兽多兕、旄牛,**或作"朴牛"。"朴牛"见离骚天问,所未详。 懿行案:天问云"恒秉季德,焉得夫朴牛",王逸注云:"朴,大也。言汤出田猎,得大牛之瑞也。"**其鸟多鳲鸠。**懿行案:"鳲"当为"尸",藏经本正作"尸"。

又北二百里曰少咸之山。无草木,多青碧。有兽焉,其状如牛而赤身,人面马足,名曰窫窳,尔雅云"窫窳似貙,虎爪",与此错。"轧""愈"二音。 懿行案:海内南经云"窫窳龙首,居弱水中",海内西经云"窫窳蛇身人面",又与此及尔雅不同。"窫窳",尔雅作"猰貐"。**其音如婴儿,是食人。敦水出焉,东流注于雁门之水。**水出雁门山间。 懿行案:水经㶟水注云:"雁门水东南流,迳高柳县故城北。又东南流,屈而东北,积而为潭。敦水注之。敦水导源西北少咸山之南麓,东流迳参合县故城南。又东,澻水注之。又北合敦水,乱流东北注雁门水。"引此经及郭注。**其中多鲇鲇之鱼,**音"沛",未详。或作"鳙"。 懿行案:说文云:"鲇,鱼名,出乐浪潘国。""鲄"训同,"一曰鲄鱼出江东,有两乳,一名鱄鲟"。广雅云:"鱄鲟,鲄也。""鱄"一作"鳙",晋书夏统传云"后作鳙鲟",引何超音义引埤仓云"鳙鲟,鲄鱼也。一名江豚。多膏少肉";玉篇云"欲风则踊鳙鲟"。语转为"鲟鲇",太平御览九百三十九卷引魏武四时食制云"鲟鲇鱼黑色,大如百斤猪,黄肥不可食",即此经云"食之杀人"矣。**食之杀人。**

　　又北二百里曰狱法之山。瀿泽之水出焉,音"怀"。　　懿行案:说文云:"瀿,北方水也。"即此。玉篇引此经。**而东北流注于泰泽。其中多䲃鱼,**音"藻"。**其状如鲤而鸡足,**懿行案:太平御览九百三十九卷引此经图赞云"䲃之为状,半鸟半鳞"是也。**食之已疣。有兽焉,其状如犬而人面,善投,见人则笑,其名山㹈,**音"晖"。　　懿行案:说文云:"㹈,兽名。"吴都赋云"㹈子长啸",刘逵注云:"㹈子,猿类。猿身人面,见人则啸。""啸",盖与"笑"通。李善注引此经,正作"见人则笑。名㹈。㹈,胡奔切",无"山"字,与今本异。**其行如风,**言疾。**见则天下大风。**懿行案:御览九百十二卷引此经图赞云:"山㹈之兽,见乃欢唬。厥性善投,行如矢缴。是惟气精,出则风作。"

　　又北二百里曰北岳之山。懿行案:即恒山也。水经谓之"玄岳",在今山西大同浑源州。**多枳、棘、刚木。**檀、柘之属。　　懿行案:郭注中山经云:"楢,刚木也,中车材。"此经云"枳、棘、刚木"。郭云"檀、柘之属"者,檀中车材,柘中弓材也。**有兽焉,其状如牛而四角,人目彘耳,其名曰诸怀,**懿行案:玉篇作"㺊",云:"兽似牛,四角人目。"**其音如鸣雁,是食人。诸怀之水出焉,**懿行案:"诸",广韵作"潴",云:"水名,在北岳。"**而西流注于嚣水。其中多鮨鱼,**音"诣"。　　懿行案:说文云:"鮨,鮪鱼名。"**鱼身而犬首,**懿行案:初学记及太平御览九百三十九卷并引此经,作"大首",误。**其音如婴儿,**今海中有虎、鹿鱼及海狶,体皆如鱼,而头似虎、鹿、猪,此其类也。　　懿行案:刘逵注吴都赋云:"虎鱼,头、身似虎,或云变而成虎。鹿头鱼,有角似鹿。"李善注江赋引临海异物志曰:"鹿鱼,长二尺余,有角,腹下有脚如人足。"又引临海水土记曰:"海狶,豕头,身长九尺。"然则推寻郭义,此经"鮨鱼"盖鱼身鱼尾而狗头,极似今海狗。登州海中有之,其状非狗非鱼,本草家谓之"骨䏰兽"是也。**食之已**

71

狂。郝行案:日华本草云"腽肭兽,疗惊狂痫疾",与此经合。"腽肭"即海
狗也。

又北百八十里曰**浑夕之山**。无草木,多铜、玉。郝行案:
铜、玉二物也。北次二经"诸余之山"复"多铜、玉"。**嚣水出焉,而西北
流注于海。有蛇一首两身,**郝行案:藏经本"首"作"头","两身"下有
"四足"二字。**名曰肥遗,见则其国大旱。**管子曰"涸水之精名曰蟡,
一头而两身,其状如蛇,长八尺,以其名呼之,可使取鱼龟",亦此类。 郝行
案:管子水地篇文也。说文"蟡"即"逶"字之或体,"逶迤"即委蛇也,与"肥
遗"声相近,岂即是与?

又北五十里曰**北单之山**。无草木,多葱、韭。

又北百里曰**罴差之山**。无草木,多马。野马也,似马而
小。 郝行案:穆天子传云"野马走五百里",郭注云:"野马亦如马而小。"尔
雅释畜云"野马",郭注云:"如马而小,出塞外。"

又北百八十里曰**北鲜之山**,是多马。**鲜水出焉,而西
北流注于涂吾之水。**汉元狩二年,马出涂吾水中也。 郝行案:汉书武
帝纪云"元狩二年,马生余吾水中",应劭注云:"在朔方北。"文选长杨赋注引此
经,作"北经余吾水";史记匈奴传索隐引此经,亦作"北流注余吾",并无"西"
字,又并作"余吾",不加水旁也。地理志云"上党郡,余吾",疑县因水为名。

又北百七十里曰**堤山**,或作"陡",古字耳。 郝行案:玉篇云:
"堤,古文作陡。"本此。**多马。**郝行案:左传云:"冀之北土,马之所生。"故
此三山并云"多马",今名马多出西北也。**有兽焉,其状如豹而文首,
名曰狕。**音"幺"。 郝行案:玉篇云:"狕,兽名。"**堤水出焉,而东流
注于泰泽,其中多龙龟。**郝行案:龙、龟二物也。或是一物,疑即吉吊
也,龙种龟身,故曰"龙龟"。裴渊广州记云:"吊生岭南,蛇头龟身,水宿木栖。
其膏至轻利,铜及瓦器盛之皆浸出,置鸡卵壳中则不漏,其透物甚于醍醐也。"
见证类本草及李时珍本草。

凡北山经之首自单狐之山至于堤山，凡二十五山，五千四百九十里。懿行案：今五千六百八十里。其神皆人面蛇身。其祠之：毛用一雄鸡、彘，瘗，吉玉用一珪，瘗，而不糈。言祭不用米，皆薶其所用牲、玉。其山北人，皆生食不火之物。或作"皆生食而不火"。懿行案：大戴礼千乘篇说四辟大远皆不火食。此经唯两言"不火食"，皆在北山经篇也。淮南原道训云"雁门之北，狄不谷食"，义亦与此同。

北次二经之首在河之东，其首枕汾，临汾水上也。音"坟"。懿行案：水经注引此经，作"其东首枕汾"。其名曰管涔之山。今在太原郡故汾阳县北秀容山。"涔"音"岑"。懿行案：太平寰宇记引郭注有"管音奸"三字，今本盖脱去之。记文又云："土人云：其山多菅，或以为名。"是经文"管"当为"菅"矣。山在今山西静乐县北。水经注引十三州志曰"汾水出武州之燕京山"，亦"管涔"之异名也。"太原郡，汾阳"，见汉书地理志；晋志为"太原国"，其汾阳属河东郡也。郭云"汾阳县北秀容山"，汉志直谓之"汾阳北山"。其上无木而多草，其下多玉。懿行案：水经注引此经，云"其上无草木而下多玉"，与今本异；然又云"其山有草无木"，复与今本同。汾水出焉，而西流注于河。至汾阳县北，西入河。懿行案：地理志云："汾水出汾阳，至汾阴入河。"郭注"阳"盖"阴"字之讹也。"汾水"详见海内东经及郭注。

又西懿行案："西"，藏经本作"北"。二百五十里曰少阳之山。懿行案：元和郡县志云："交城县，少阳山在县西南九十五里。"今太原府有交城。其上多玉，其下多赤银。银之精也。懿行案：穆天子传有"烛银"，郭注云"银有精光如烛"，疑即此。酸水出焉，而东流注于汾水。懿行案：水经注云："汾水南迳秀容城东。南与酸水合。水原〔一〕西出少阳之

〔一〕"原"，水经注汾水作"源"。

山,东南流注于汾水。"**其中多美赭。**管子曰:"山上有赭者,其下有铁。"
懿行案:说文云:"赭,赤土也。"本草谓之"代赭石"。别录云:"出代郡者名代
赭。出姑幕者名须丸,一名血师。"郭引管子者,地数篇文也。

　　又北五十里曰县雍之山。今在晋阳县西,名汲瓮。"雍"音
"瓮"。　懿行案:水经作"县瓮山"。刘昭注郡国志引此经及郭注,与今本同。
史记魏世家正义引此,作"悬壅山",括地志亦作"悬壅",并非。山今在太原县
也。一名龙山,元和郡县志云:"晋阳县县瓮山,一名龙山,在县西南十二里。"
案地理志云"太原郡,晋阳:龙山在西北,晋水所出,东入汾",高诱注淮南墬形
训亦云"龙山在晋阳之西北",并非也。水经注云:"今在县之西南。"**其上多
玉,其下多铜。其兽多闾、麋,**闾即羭也,似驴而岐蹄,角如麢羊,一
名山驴。周书曰:"北唐以闾。"亦见乡射礼。　懿行案:周书王会篇云:"北唐
戎以闾,闾似隃冠。"疑"隃"即"羭"字之讹也。孔晁注云:"射礼以闾象为射
器。"孔氏及郭注俱本乡射礼。礼曰:"国中射,则皮树中;于郊,则闾中。"初学
记引广志云"驴羊似驴",即此也。集韵云:"闾一角,岐蹄。"**其鸟多白翟、
白䳐。**即白鹇也。音于六反。　懿行案:白䳐即白翰,雉也。见尔雅。**晋
水出焉,而东南流注于汾水。**东过晋阳南,又东入汾。　懿行案:水
经云:"晋水出晋阳县西县瓮山,东过其县南,又东入于汾水。"**其中多鲝
鱼,其状如儵而赤麟,**小鱼曰儵。　懿行案:"儵"、"鯈"字通,"麟"、
"鳞"声同。**其音如叱,食之不骄。**或作"骚"。骚,臭也。　懿行案:
"骚臭"盖即蕴羝。之疾,俗名"狐骚"也。太平御览九百三十九卷引此经图赞
云:"微哉鲝鱼,食则不骄。物有所感,其用无标。"

　　又北二百里曰狐岐之山。懿行案:山在今山西孝义县西八十
里。**无草木,多青碧。胜水出焉,而东北流注于汾水,**懿行
案:水经注云:"文水又东南流,与胜水合。水西出狐岐之山,东迳六壁城南,
又东合阳泉水。又东迳中阳县故城南,又东合文水。文水又东南,入于汾水
也。"**其中多苍玉。**

又北三百五十里曰白沙山，广员三百里尽沙也，懿行案：
此即所谓沙漠。说文云："漠，北方流沙也。"无草木鸟兽。鲔水出于
其上，潜于其下，出山之顶，停其底也。是多白玉。

又北四百里懿行案："百"，藏经本作"十"。曰尔是之山，无草
木，无水。

又北三百八十里曰狂山，无草木。是山也，冬夏有雪。
狂水出焉，而西流注于浮水，其中多美玉。

又北三百八十里曰诸余之山。其上多铜、玉，其下多
松、柏。诸余之水出焉，而东流注于旄水。懿行案：玉篇作
"㳘"，云"水名"。

又北三百五十里曰敦头之山。其上多金、玉，无草木。
旄水出焉，而东流注于印泽。懿行案："印泽"，下文"北嚣山"作"邛
泽"。藏经本正作"邛"。其中多騂马，音"勃"。　懿行案：郭氏江赋云
"騂马腾波以嘘蹀"，李善注引此经，与今本同。初学记八卷引南越志云："平
定县东巨海有騂马，似马，牛尾，一角。"又二十九卷引张骏山海经图画赞曰
"敦山有兽，其名为敪，麟形一角"，即此也。"麟形"盖释"牛尾"。"敪"即
"騂"也，字音同。牛尾而白身，一角，其音如呼。懿行案：李善注江
赋引此经，作"其音如虎"，疑"虎"当为"嘑"字之讹，"嘑"与"呼"声同义亦同。

又北三百五十里曰钩吾之山。其上多玉，其下多铜。
有兽焉，其状如懿行案：藏经本无"如"字。羊身人面，其目在腋
下，懿行案："腋"，俗字也。说文作"亦"，云"人之臂亦也"；又作"掖"，云
"掖，臂下也"。文选注陈琳为袁绍檄豫州引此经，作"其口腋下"，盖有脱误。
虎齿人爪，其音如婴儿，名曰狍鸮，是食人。为物贪惏，食人未
尽，还害其身，像在夏鼎，左传所谓"饕餮"是也。"狍"音"咆"。　懿行案：吕
氏春秋先识览云："周鼎着饕餮，有首无身，食人未咽，害及其身，以言报更。"
是郭所本也。注盖图赞之文，与今世所传复不同。文选注陈琳为袁绍檄引此

注，"贪惏"作"贪婪"，"夏鼎"作"禹鼎"。

　　又北三百里曰北嚻之山，无石。其阳多碧，其阴多玉。有兽焉，其状如虎而白身犬首，马尾彘鬣，名曰独狢。音"谷"。　懿行案：说文云："北嚻山有独狢兽，如虎白身，豕鬣，尾如马。"本此。又云："㹊，似羊羊，出蜀北嚻山中，犬首而马尾。"今本经无此兽，北嚻山又不在蜀也。有鸟焉，其状如乌，人面，名曰鸒鸮，"般""冒"两音。或作"夏"也。　懿行案："鸒鸮"见玉篇。郭云"或作夏"者，"夏"形声近"贾"。大荒南经有"鹰贾"，郭注云："贾亦鹰属。"水经注引庄子有"雅贾"，盖是乌类。经言此鸟"状如乌"，疑是也。又言"宵飞昼伏"，则似今训狐。训狐即鵂鹠之属，其状如鹰，"鹰贾"之名或以此。宵飞而昼伏，鵂鹠之属。食之已喝。中热也。音"谒"。涔水出焉，而东流注于邛泽。懿行案：说文云："浛水出北嚻山，入邛泽。从水舍声。"玉篇同说文。是经文"涔"当为"浛"，今本或形近而讹也。"邛"亦当为"邙"。上文作"印泽"，疑亦形近而讹。

　　又北三百五十里曰梁渠之山，无草木，多金、玉。修水出焉，而东流注于雁门。水名。　懿行案：地理志云："代郡，且如：于延水出塞外，东至宁入沽。"水经瀔水注云"即修水也。水出塞外柔玄镇西长川城南小山"，引此经云云。又云"雁门水东迳大宁郡，有修水注之"，引此经。又云："地理志有于延水而无雁门、修水之名，山海经有雁门之目而无说，于延河自下亦通谓之于延水矣。"今案"雁门水"即瀔水也。说文云："瀔水出雁门阴馆累头山，东入海，或曰治水也。"许君此释本地理志"雁门郡，阴馆"注而为说，是雁门水一名治水。地理志说"于延水入沽"，即此经云"修水注于雁门"矣。"沽"当从说文作"治"。其兽多居暨，懿行案："暨"，玉篇、广韵并作"𧑸"。玉篇无"居"字，广韵作"𧑸居"。其状如彙而赤毛，彙似鼠，赤毛，如刺猬也。"彙"音"渭"。　懿行案：尔雅云"彙，毛刺"，郭注云："今猬，状如鼠。"与此注同。猬苍白色，此注"赤"字、"猬"字并衍。又"彙"，玉篇、广韵并作"猬"；"赤毛"，广韵作"赤尾"也。其音如豚。有鸟焉，其状如夸父，或作"举父"。　懿行案：西次三经云"崇吾之山，有兽曰举父"，"或作夸父"。此经"鸟如夸父"，"或作举父"，"举"、"夸"声相近，故古字通也。四翼一目犬尾，名曰嚣，其音如鹊，食之已腹痛，可以止同。治洞下也。音"洞"。　懿行案：玉篇云："同，下也。"义与郭同。

又北四百里曰姑灌之山，无草木。是山也，冬夏有雪。

又北三百八十里曰湖灌之山。其阳多玉，其阴多碧。多马。湖灌之水出焉，而东流注于海，其中多䱤。亦"鳝鱼"字。　懿行案：李善注王褒四子讲德论引郭氏此经注，曰："鳝鱼，似蛇。时阐切。"疑即今本注下脱文也。大戴礼劝学篇云"蚯䱤之穴"，"䱤"即"鳝"字也。玉篇云："䱤鱼似蛇，同鳝。"集韵云："䱤，上演切，音善。"有木焉，其叶如柳而赤理。　懿行案：柳有一种赤者，名赤柳。晋书地理志云："丹阳：丹阳山多赤柳。"

又北水行五百里，流沙三百里，至于洹山。　懿行案：水经云"洹水出上党泫氏县"，注云："水出洹山，山在长子县也。"计其道里不相应，当在阙疑。其上多金、玉。三桑生之，其树皆无枝，其高百仞。　懿行案：海外北经云"三桑无枝，在欧丝东，其木长百仞"，即此。百果树生之，其下多怪蛇。

又北三百里曰敦题之山，懿行案：毕氏云："疑即雁门阴馆累头山。'敦题'、'累头'皆音之转。敦读如自也。"今案上文有"敦头山"，与"累头"之声尤相近，未审谁是。无草木，多金、玉，是錞于北海。　懿行案：西山经云"錞于西海"，此云"錞于北海"，其义同。

凡北次二经之首，自管涔之山至于敦题之山，凡十七山，懿行案：今才十六山。五千六百九十里。　懿行案：今六千一百四十里。其神皆蛇身人面。其祠：毛用一雄鸡、彘，瘗，蘠之。用一璧一珪，投而不糈。摘玉于山中以礼神，不蘠之也。

北次三经之首曰太行之山，今在河内野王县西北。"行"，音户刚反。　懿行案：汉、晋地理志并云"河内郡，壄王：太行山在西北"。今在河南辉县也。列子汤问篇作"太形山"。淮南氾论训谓之"五行山"，高诱注云："今太行山也。"**其首曰归山。其上有金、玉，其下有碧。**懿行案：艺文类聚七卷引此经，"碧"下有"玉"字。**有兽焉，其状如麢羊**懿行案：刘昭注郡国志引此经，"麢"作"麇"，无"羊"字。**而四角，马尾而有距，其名曰䮝，**懿行案：说文云"䮝骡，马也"，无"䮝"字。玉篇有"䮝骡"，云"骏马属"，又有"䮝"，云"兽名"，即此也。广韵既云"䮝骡，野马名，䮝音坛"，又云"䮝骡，野马"，盖误也。刘昭注郡国志引此经作"䮝"，亦误。**善还，**还，旋；旋，舞也。"䮝"音"晖"。　懿行案："还"当音"旋"，郭注"旋"上脱"音"字。刘昭注郡国志引此经，无"善"字，盖脱去之。经云"善还"，谓善舞也。宋谢庄有舞马赋。**其鸣自訆。有鸟焉，其状如鹊，**懿行案：广韵说"鶌"云"似鹊"。**白身，**懿行案：广韵此下有"三目"二字。**赤尾六足，其名曰鶌，**音"犇"。**是善惊，其鸣自詨。**今吴人谓呼为"詨"。音呼交反。

　　又东北二百里曰龙侯之山。无草木，多金、玉。决决之水出焉，音"诀"。　懿行案：太平御览九百三十八卷引此经"决水"，"决"字不作重文。**而东流注于河。其中多人鱼，**懿行案：人鱼即鲵鱼，尔雅云"鲵，大者谓之鰕"是也。"鲵"，古文省作"兒"，周书王会篇云"秽人前兒"亦是也。"兒"从"儿"，即古文"人"字。又"人"、"兒"声转。疑经文古本作"兒鱼"，阙脱其上，即为"人鱼"矣。**其状如鯑鱼四足，其音如婴儿，**"鯑"见中山经。或曰人鱼即鲵也。似鲇而四足，声如小儿啼。今亦呼鲇为鯑，音"蹄"。　懿行案："鯑"当为"鳀"，说文云："鳀，大鲇也。"郭云"见中山经"者，少室山休水中"多鯑鱼"是也。又云"人鱼即鲵"者，水经注云"伊水又东北流，注于洛水"，引广志曰："鲵鱼声如小儿啼，有四足，形如鲮鲤[一]，

――――――――――――

〔一〕"鲤"，今本水经注作"鳢"。

可以治牛。出伊水也。司马迁谓之人鱼，故其著史记曰：'始皇帝之葬也，以人鱼膏为烛。'徐广曰：'人鱼似鮎而四足，即鲵鱼也。'"食之无痴疾。懿行案：说文云："痴，不慧也。"中山经云："鳛鱼，食者无蛊疾。"与此异。

又东北二百里曰马成之山。其上多文石，其阴多金、玉。有兽焉，其状如白犬而黑头，见人则飞，言肉翅飞行自在。其名曰天马，其鸣自訆。有鸟焉，其状如乌，首白而身青、足黄，是名曰鹖鶋，"屈""居"二音。或作"𪇉"。懿行案：尔雅云："鹘鸼，鹘鶋。"此"鹖鶋"疑即"鹘鶋"也。声转字变，经多此例，唯"白首"为异耳。孙炎注尔雅云"鹘鶋一名𪇉鸼"，故此经郭云"或作鸣"。其鸣自詨，食之不饥，可以已寓。未详。或曰：寓，犹误也。懿行案："寓"、"误"盖以声近为义。"误"，疑昏忘之病也。王引之曰：案"寓"当是"痗"字之假借，玉篇、广韵并音牛具切，疣病也。

又东北七十里曰咸山。其上有玉，其下多铜。是多松、柏，草多茈草。条菅之水出焉，"菅"音"间"。而西南流注于长泽。其中多器酸，三岁一成，所未详也。食之已疠。

又东北二百里曰天池之山。懿行案：水经㶟水注云：桑乾水潜承太原汾阳县北燕京山之大池。池在山原之上，世谓之天池。案山在今山西静乐县东北。其上无草木，多文石。有兽焉，其状如兔而鼠首，以其背飞，用其背上毛飞，飞则仰也。懿行案：文选上林赋云"蜼玃飞蠝"，张揖注云："飞蠝，飞鼠也。其状如兔而鼠首，以其颃飞。"今经"颃"作"背"，或所见本异也。又上文"丹熏山"有耳鼠，"以其尾飞"，郭云"或作髯飞"，"髯"即"颃"字耳。初学记二十九卷引郭氏图赞云："或以尾翔，或以髯凌。飞鼠鼓翰，倏然背腾。固无常所，唯神所凭。"其名曰飞鼠。懿行案：初学记引此经，云"以其背飞，名飞兔"，又引括地图，亦作"飞兔"，与今经文异。渑水出焉，潜于其下，停山底也。其中多黄垩。垩，土也。

又东三百里曰阳山。懿行案：水经注有"大阳之山"，亦通谓之薄

79

山，疑即此。**其上多玉，其下多金、铜。有兽焉，其状如牛而赤尾，其颈䐖，其状如句瞿，**言颈上有肉䐖。句瞿，斗也。音"劬"。懿行案：广雅云："䐖，坚也。"以句瞿为斗，所未详。元和郡县志云："海康县多牛，项上有骨，大如覆斗，日行三百里，即尔雅所谓犦牛。"疑此是也。**其名曰领胡，**懿行案：说文云："领，项也。""胡，牛颔垂也。"此牛颈肉垂如斗，因名之"领胡"与？**其鸣自詨，食之已狂。有鸟焉，其状如雌雉而五采以文，是自为牝牡，名曰象蛇，其鸣自詨。留水出焉，而南流注于河。**懿行案：水经云"河水东过大阳县南"，注云："河水又东，左合积石、土柱二溪，并北发大阳之山，南流入于河。"与此经合，但不知二溪之中谁为留水耳。**其中有鮯父之鱼，**音"陷"。 懿行案：说文云："鮯，鱼名。"玉篇云："鮯，鱼也，见山海经。"**其状如鲋鱼，鱼首而彘身，**懿行案：太平御览九百三十九卷引此经图赞云："鮯父鱼首，厥体如豚。"**食之已呕。**懿行案："呕"当为"欧"，说文云："吐也。"

又东三百五十里曰贲闻之山。其上多苍玉，其下多黄垩，多涅石。懿行案：即矾石也。淮南俶真训云"以涅染缁"，高诱注云："涅，矾石也。"本草经云："矾石，一名羽涅。"别录云："一名羽泽。"西次二经女床之山"多石涅"，郭氏注误，当移于此。

又北百里曰王屋之山，今在河东东垣县北。书曰"至于王屋"也。 懿行案：汉、晋地理志并云："河东郡，垣：禹贡王屋山在东北。"今在山西垣曲县也。注"东垣""东"字衍。**是多石。㶌水出焉，**"㶌"音"辇"。懿行案：水经云："济水出河东垣县东王屋山，为沇水。"注引此经，"㶌水"作"联水"。刘昭注郡国志又作"㳨水"，云："王屋山，㳨水出。""㳨"、"沇"、"㶌"俱声相近。**而西北流注于泰泽。**地理志："王屋山，沇水所出。""㶌"、"沇"声相近，殆一水耳。沇则济也。 懿行案：水经注引此经，"泰泽"作"秦泽"，疑即荥泽也。地理志云："沇水东南至武德入河，轶出荥阳北地中，又东至琅槐入海。"今案荥泽在荥阳北也。"济水"又见海内东经。

又东北三百里曰**教山**，懿行案：教山在垣县北，见水经注。在今山西垣曲县也。**其上多玉而无石。教水出焉，西流注于河。**懿行案：水经注云："河水又东与教水合，水出垣县北教山云云，南入于河。"引此经，亦作"南流注于河"。今本作"西"，疑讹。**是水冬干而夏流，实惟干河。**今河东闻喜县东北有干河口，因名干河里，但有故沟处，无复水，即是也。　懿行案：水经注云："今闻喜县东北谷口犹有干河里故沟存焉，今无复有水，世人犹谓之为干涧矣。"**其中有两山，是山也，广员三百步，其名曰发丸之山，其上有金、玉。**

又南三百里曰**景山**，外传曰："景、霍以为城。"　懿行案：太平寰宇记云："山在闻喜县东南十八里。"水经云"涑水西过周阳邑南"，注云"涑水又与景水合，水出景山北谷"，引此经云云，"经不言有水，今有水焉，西北流注于涑水也"。**南望盐贩之泽，**即盐池也，今在河东猗氏县。或无"贩"字。　懿行案：水经注及太平御览八百六十五卷引此注，"盐池"上并有"解县"二字，今本脱也。穆天子传云"戊子至于盐"，郭注云："盐，盐池，今在河东解县。"吕氏春秋本味篇云"和之美者，大夏之盐"，高诱注云："大夏，泽名。"今案大夏古晋地，此泽亦即盐泽矣。地理志："河东郡，安邑：盐池在西南。"晋书地理志云："河东郡，解：有盐池。"**北望少泽。其上多草藷藇，**根似羊蹄，可食。"曙""豫"二音。今江南单呼为藷，音"储"，语有轻重耳。懿行案：广雅云："藷藇，署预也。"本草云："薯蓣，一名山芋。"皆即今之山药也。此言"草藷藇"，别于木藷藇也。"木藷藇"见中次十一经"兔床之山"。**其草多秦椒。**子似椒而细叶，草也。　懿行案：水经注、艺文类聚八十九卷及太平寰宇记引此经，并无"其草"二字，非也，依郭注当有此二字。**其阴多赭，其阳多玉。有鸟焉，其状如蛇，而四翼六目三足，名曰酸与，其鸣自詨，见则其邑有恐。**或曰"食之不醉"。

又东南懿行案：孟门山在今景山西，经云"东南"，疑误。**三百二十里曰孟门之山。**尸子曰："龙门未辟，吕梁未凿，河出于孟门之上，大溢逆流，无有丘陵高阜灭之，名曰洪水。"穆天子传曰："北升孟门、九河之隥。" 懿行案：今本穆天子传"孟"作"盟"，"盟"、"孟"通也。山在今山西平阳吉州西。水经注云"河南孟门山与龙门山相对"，引此经云云。又引淮南子，即此注所引尸子之文。又引穆天子传，而云"孟门即龙门之上口也，实为河之巨厄"。**其上多苍玉，多金，其下多黄垩，多涅石。**懿行案："涅石"已见上文"贲闻之山"。

又东南三百二十里曰平山。懿行案：水经注云"教水南迳辅山"，疑即平山也。元和郡县志云："临汾县，本汉平阳县。县在平水之阳，故曰平阳。山一名壶口山，今名姑射山，在县西八里，平水出焉。"**平水出于其上，潜于其下。**懿行案：水经注云："辅山高三十许里，上有泉源，不测其深。山顶周员五六里，少草木。"引此经云："孟门东南有平山，水出于其上，潜于其下。又是王屋之次，疑即平山也。"案郦氏言"上有泉源，不测其深"，即此经云"平水出于其上，潜于其下"是矣。**是多美玉。**

又东二百里曰京山。有美玉，多漆木，多竹。其阳有赤铜，其阴有玄磏。黑砥石也。尸子曰"加玄黄砥"，明色非一也。"磏"音"竹筱"之"筱"。 懿行案："磏"字见玉篇，同郭义。**高水出焉，南流注于河。**

又东二百里曰虫尾之山。其上多金、玉，其下多竹，多青碧。丹水出焉，南流注于河。薄水出焉，淮南子曰："薄水出鲜于山。" 懿行案：淮南墬形训云"镐出鲜于"，郭引作"薄"，或所见本异。**而东南流注于黄泽。**懿行案：穆天子传云"东游于黄泽"，盖即此。又地理志云"魏郡，内黄"，应劭云："黄泽在西。"

又东三百里曰彭毗之山。其上无草木，多金、玉，其下多水。蚤林之水出焉，音"早"。**东南流注于河。肥水出焉，而南流注于床水，**懿行案："肥水"当即诗之"肥泉"。"床水"未详。**其中多肥遗之蛇。**

山海经笺疏

又东百八十里曰小侯之山。明漳之水出焉，南流注于黄泽。有鸟焉，其状如乌而白文，名曰鸪鹧，“姑”“习”二音。　懿行案：“鸪鹧”见玉篇。食之不灂。不瞧目也。或作“曜”。音“醮”。　懿行案：“瞧”音“樵”。俗以偷视为瞧，非也。“曜”音“醮”，玉篇云：“目冥也。”

又东三百七十里曰泰头之山。共水出焉，音“恭”。南注于虖池。“呼”“佗”二音，下同。其上多金、玉，其下多竹箭。

又东北二百里曰轩辕之山。其上多铜，其下多竹。有鸟焉，其状如枭而白首，其名曰黄鸟，其鸣自詨，食之不妒。懿行案：周书王会篇云：“方扬以皇鸟。”尔雅云：“皇，黄鸟。”盖皆此经黄鸟也。郭注尔雅以为黄离留，误矣。俗人皆言黄莺治妒，而梁武帝以仓庚作膳为郗氏疗忌，又本此经及尔雅注而误也。

又北二百里曰谒戾之山。今在上党郡涅县。　懿行案：郭注本地理志。“谒戾山”见水经。淮南墬形训作“楬戾”，“谒”、“楬”声相近也。山在今山西乐平县。其上多松、柏，有金、玉。沁水出焉，南流注于河。至荥阳县东北入河，或出谷述县羊头山也。　懿行案：“谷述”当为“谷远”，字之讹也。地理志云：“上党郡，谷远：羊头山世靡谷，沁水所出。”是郭所本也。沁水一名涅水。地理志云：“上党郡：涅氏，涅水也”，颜师古注云：“涅水出焉。”水经云“沁水出上党涅县谒戾山”，注云：“沁水即涅水也。或言出谷远县羊头山世靡谷。”是郦氏合沁、涅为一水也。地理志又云“沁水东南至荥阳入河”，颜师古注云：“今沁水至怀州武陟县界入河。此云至荥阳，疑转写错误。”今案颜氏之说非也。水经亦云“至荥阳县北入河”，荥阳在河南，武陟在河北，相去不远，说俱得通。今沁水至河南济源县入河矣。“沁水”又见海内东经。其东有林焉，名曰丹林，丹林之水出焉，懿行案：竹书云：“周元王六年，丹水三日绝不流。”地理志云：“高都莞谷，丹水所出，东南入泫水。”水经注云：“丹水出上党高都县故城东北阜，俗谓之源源水。”引此经云云，即斯水矣。又水经注引经直作“丹水”，无“林”字。南流注于河。懿行案:地理志云"丹水入泫水",又云"泫氏杨谷,绝水所出,南至墼王入沁"。水经注亦云"沁水与丹水合"。此经云"入河"者,盖丹水合绝水入沁,又入于河也。又地理志"泫氏",应劭注云:"山海经泫水所出者也。"今经无"泫水",盖脱去之。而地理志"丹水入泫水",水经注引作"入绝水",未审谁是。**婴侯之水出焉,北流注于氾水**。懿行案:水经汾水注引此经,作"婴侯之水出于其阴,北流注于祀水",云:"水出祀山,其水殊源共合,注于婴侯之水,乱流迳中都县南,俗又谓之中都水。"据水经注,"氾水"当为"祀水"。又云"出于其阴",亦与今本异。

东三百里曰沮洳之山。诗云:"彼汾沮洳。" 懿行案:水经注引此经,云:"淇水出沮如山。"是"洳"当为"如",或古字通。山在今河南辉县。**无草木,有金、玉。濮水出焉**,音"其"。 懿行案:"濮"即"淇"字。**南流注于河**。今淇水出汲郡隆虑县大号山,东过河内县南,为白沟。懿行案:水经云"淇水出河内隆虑县西大号山,又东过内黄县南,为白沟",是郭所本也。说文云:"淇水出河内共北山,东入河。或曰出隆虑西山。"地理志云:"河内郡:共北山,淇水所出,东至黎阳入河。"晋书地理志云"汲郡:共北山,淇水所出","隆虑"作"林虑"也。

又北三百里曰神囷之山。音如"仓囷"之"囷"。 懿行案:"囷"即"仓囷"之"囷",郭氏复音如之,知经文必不作"囷"。广韵引作"神箘",疑是也。据水经注,山当在今河南林县,汉之林虑县也。**其上有文石,其下有白蛇,有飞虫**。懿行案:史记周本纪云"蜚鸿满野",索隐引高诱曰:"蜚鸿,蠛蠓也。言飞虫蔽日满野,故为灾。"又后汉书南蛮传云"盐神旦即化为虫,与诸虫群飞,掩蔽日光",亦此类也。**黄水出焉,而东流注于洹**。洹水出汲郡林虑县东北,至魏郡长乐入清水。"洹"音"丸"。 懿行案:地理志云"河内郡,隆虑",应劭注云:"隆虑山在北,避殇帝名,改曰林虑也。"说文云:"洹水在晋、鲁间。"水经云"洹水出上党泫氏县,东过隆虑县北",注云:"县有黄水,出于神囷之山黄华谷,又东入于洹水也。"又云:"洹水又东迳长乐县故城南。"又,"清水"亦见水经及注。**滏水出焉,**懿行案:李善注魏都赋引此经，与今本同。魏志武帝纪云"建安九年，公进军到洹水"，又云"临滏水为营"，即斯水也。**而东流注于欧水。**滏水今出临水县西釜口山，经邺西北，至列人县入于漳，其水热。　懿行案：刘逵注魏都赋云："漳、滏，二水名，经邺西北。滏水热，故曰滏口。"水经注云："滏水出邺西北石鼓山南岩下，泉源奋涌，若釜之扬汤矣。其水冬温夏冷。滏水又东流注于漳，谓之合口。"据水经注，"石鼓山"当即"滏口山"之异名也。但此经云"注于欧水"，岂"欧水"亦即"漳水"之异名与？

又北二百里曰**发鸠之山**，今在上党郡长子县西。　懿行案："发鸠山"，淮南子谓之"发包山"，墬形训云"浊漳出发包"，高诱注云："发包山一名鹿谷山，亦在上党长子县。"水经注云："鹿谷山与发鸠连麓而在南也。"**其上多柘木。**懿行案：说文云："槜木出发鸠山。"是"柘"当为"槜"。玉篇云："柘，亦作槜。"盖同声假借字也。汉书音义云："楮似槜，叶冬不落。"是"槜"、"楮"同类之木。"楮"见中次十一经"前山"。**有鸟焉，其状如乌，**懿行案：太平御览四十五卷引此经，"乌"作"鸠"。**文首白喙赤足，**懿行案：广韵引此经，作"白首赤喙"。**名曰精卫，其鸣自詨。**懿行案：李善注吴都赋引此经，作"呼"。**是炎帝之少女，名曰女娃。**炎帝，神农也。娃，恶佳反。语误或作"阶"。　懿行案：李善注吴都赋引此经，作"赤帝之女，姓姜"，误也。魏都赋注引此经，仍作"女娃"。是"姓"乃"娃"之讹，"姜"字衍。**女娃游于东海，溺而不返，故为精卫，常衔西山之木石，以堙于东海。**堙，塞也，音"因"。　懿行案："堙"当为"垔"，见说文。文选注引此经，"衔"作"取"，"堙"作"填"。唯魏都赋注引此仍作"堙"。列仙传载炎帝少女追赤松而得仙，是知东海溺魂、西山衔石，斯乃神灵之变化，非夫仇海之冤禽矣。女尸之为䔩草，亦犹是也。艺文类聚九十二卷引郭氏赞云："炎帝之女，化为精卫。沉形东海，灵爽西迈。乃衔木石，以填攸害。"**漳水出焉，**浊漳。音"章"。　懿行案：说文云："湅水出发鸠山，入于河。从水，东声。"水经注云："漳水又东，湅水注之。水西出发鸠山，东迳余吾县故城南，又东迳屯留县故城北。其水又东流注于漳。"亦引说文"湅水"为证。然则此经古有二本，许君所见本盖为"湅水"，即说文及水经注所云是也；桑钦所见本盖为"漳水"，水经云"浊漳水出上党长子县西发鸠山"，即此郭注所云是也。**东流注于河。**或曰出长子县鹿谷山，而东至邺入清漳。　懿行案：地理志云："上党郡，长子：鹿谷山，浊漳水所出，东至邺入清漳。"说文亦同。是皆郭注所本。

又东北百二十里曰少山。今在乐平郡沾县。沾县故属上党。懿行案：山在今山西乐平县。水经云："清漳水出上党沾县西北少山大要谷。"说文同。地理志："上党郡，沾：大嬰谷，清漳水所出，东北至阜城入大河。"是"大要谷"即"少山"也。"乐平郡"、"沾"及"上党郡"并见晋书地理志。又旧本郭注"沾县"下复有"沾县"字，俗本脱。**其上有金、玉，其下有铜。清漳之水出焉，东流于浊漳之水。**清漳出少山大绳谷，至武安县南暴宫邑入于浊漳，或曰东北至邑城入于大河也。　懿行案：郭注"绳"盖"黾"字之讹，"黾"又"嬰"字之讹也。地理志"北地郡，大嬰"，颜师古注云："嬰，即古'要'字也。"颜本作"嬰"，而今本于"上党郡沾县大嬰谷"讹为"大黾谷"，郭氏此注又讹为"大绳谷"矣。说文云："清漳出沾山大要谷，北入河。"以此可证。又郭注"暴宫"当为"黍窖"之讹。水经云"东至武安县南黍窖邑入于浊漳"是也。"邑城"当为"阜城"之讹，今本地理志"上党郡，沾"下亦讹为"邑城"也。阜城县属渤海郡，见汉、晋地理志。

又东北二百里曰锡山。懿行案：地理志、水经注并作"堵山"，或古有二名。太平寰宇记云"磁州武安县有锡山"，引此经。山在今河南武安县。**其上多玉，其下多砥。牛首之水出焉，而东流注于滏水。**懿行案：地理志云："赵国，邯郸：堵山，牛首水所出。"水经浊漳水注云："水出邯郸县西堵山。汉景帝时，攻赵，围邯郸，引牛首拘水灌城。"

又北二百里曰景山，懿行案：高诱注淮南墬形训云："景山，在邯郸西南。"**有美玉。景水出焉，东南流注于海泽。**懿行案：淮南墬形训云："西北方曰海泽。"

山海经笺疏

又北百里曰**题首之山**。有玉焉，多石无水。

又北百里曰**绣山**，其上有玉、青碧。其木多构，_{木中杖}也。音"荀"。　　懿行案：郭注未详所本。说文有"楢"，云："柚也。"又有"橹"，云："大木，可为锄柄。"疑皆非郭义。本草经有"枸核"，别录云"味苦。疗水，身面痈肿"，盖即此木也。说文云："杖，干也。可为杖。"**其草多芍药、芎藭**。芍药一名辛夷，亦香草属。　　懿行案：广雅云："挛夷，芍药也。"张揖注上林赋云："留夷，新夷也。""新"与"辛"同，"留"、"挛"声转。王逸注楚词九歌云："辛夷，香草也。"是"挛夷"即"留夷"，离骚之"留夷"又即九歌之"辛夷"，与芍药正一物也。郭注本广雅及楚词。**洧水出焉，而东流注于河**。懿行案：水经有"洧水"，出马岭山，入颍。非此。**其中有鳎**、_{鳎似}鲇而大，白色也。　　懿行案：尔雅云："鮵，大鳎。"郭注与此同。**鼋**。鼋鼍似虾蟆，小而青。或曰"鳎鼋"一物名耳。　　懿行案："鼋"当为"耿"字之讹。"耿鼋"见秋官蝈氏注，亦见尔雅。

又北百二十里曰**松山**。懿行案：毕氏云："疑即今山西襄垣县好松山。"**阳水出焉**，懿行案：毕氏云："地形志云：'上党屯留有阳水，原出三想山，东流合平台水，东南入绛水。'"**东北流注于河**。

又北百二十里曰**敦与之山**。懿行案：山在今直隶临城县西南。太平寰宇记引此经，作"敦舆山"。**其上无草木，有金、玉。溁水出于其阳**，音悉各反。　　懿行案：玉篇云："溁，所格切，水名。"**而东流注于泰陆之水**。大陆水，今巨鹿北广平泽即其水。　　懿行案："广平"当为"广阿"，字之误也。尔雅十薮"晋有大陆"，郭注云："今巨鹿北广阿泽是也。"然今尔雅注"阿"复误作"河"。吕氏春秋九薮"赵之巨鹿"，高诱注云："广阿泽也。"地理志云："巨鹿郡，巨鹿：禹贡大陆泽在北。"又有"广阿"。刘昭注郡国志亦同。**泜水出于其阴**，音"抵"。肆也。　　懿行案："泜"字，晋灼音"邸"，与郭音同。苏林音"祇"，与地理志同。**而东流注于彭水**。今泜水出中丘县西穷泉谷，东注于堂阳县，入于漳水。　　懿行案：说文云："泜水在常山。"地理志云"常山郡,元氏,泜水首受中丘西山穷泉谷,东至堂阳入黄河",又"中丘,逢山长谷,诸水所出,东至张邑入浊漳",是郭所本也,"诸水"即"泜水"矣。隋书地理志云:"房子:有彭水。"案史记陈余传索隐引此郭注,云"泜水出常山中丘县",今本脱"常山"二字。**槐水出焉,而东流注于泜泽。** 懿行案:说文云:"济水出常山房子赞皇山,东入泜。"地理志云:"常山郡,房子:赞皇山,石济水所出,东至廮陶入泜。"是济水即槐水矣。

又北百七十里曰柘山。其阳有金、玉,其阴有铁。历聚之水出焉,而北流注于洧水。

又北三百里曰维龙之山。其上有碧玉,其阳有金,其阴有铁。肥水出焉,而东流注于皋泽,其中多礨石。 未详也。音"雷"。或作"垒"。磈垒,大石貌,或曰石名。 懿行案:玉篇云:"礌,不平也。"又云:"礌,磈石。"与郭义近。"礌"、"垒"字通也。又汉书晁错传云"具蔺石",服虔注云:"蔺石,可投人石也。"如淳注云:"蔺石,城上雷石也。""蔺"、"礨"声转,"礨"、"雷"声近,疑"礨石"即"雷石"矣。**敞铁之水出焉,而北流注于大泽。**

又北百八十里曰白马之山。 懿行案:山在今山西孟县北。元和郡县志云:"孟县,白马山在县东北六十里。"其阳多石、玉,其阴多铁,多赤铜。**木马之水出焉,** 懿行案:木马水即俗谓"牧马水"也。在孟县,东北至定襄入虖沱。**而东北流注于虖沱。** "呼""佗"二音。

又北二百里曰空桑之山。 上已有此山,疑同名也。 懿行案:东经有此山,此经已上无之。检此篇"北次二经之首自管涔之山至于敦题之山,凡十七山",今才得十六山,疑经正脱此一山也。经内"空桑"有三,上文脱去之"空桑"盖在莘、虢间,吕氏春秋、古史考俱言"尹产空桑"是也。此经"空桑"盖在赵、代间,归藏启筮言蚩尤"出自羊水,以伐空桑"是也。兖地亦有空桑,见东山经。**无草木,冬夏有雪。空桑之水出焉,东流注于虖沱。** 音"佗"。 懿行案:藏经本无郭注"音佗"二字。

又北三百里曰泰戏之山。懿行案：毕氏云："山在今山西繁畤县西。"淮南墬形训云："虖沱出鲁乎。"说文云："𣲁水起雁门葰人戍夫山。"元和郡县志云："繁畤县泰戏山，一名武夫山，在县东南九十里。"太平寰宇记云："繁畤县泰戏山，今曰孤山。"又云："虖沱河，源出东南孤阜山。"据此，则"戏"字当读如"呼"。说文本从"虖"声。"泰戏"、"鲁乎"、"戍夫"、"武夫"、"孤阜"皆声相近字之异也。无草木，多金、玉。有兽焉，其状如羊，一角一目，目在耳后，其名曰辣辣，音"屋栋"之"栋"。 懿行案：玉篇"辣"字云："泰山有兽，状如牛，一角。"疑"泰"下脱"戏"字，又"羊"为"牛"，或字之讹也。广韵引此经作"秦戏山"，余同。"辣"音"东"，又音"陈"。吴氏引杨慎奇字韵云："辣辣今产于代州雁门谷口，俗呼为枸子，见则岁丰。音'东'。见晋志。"今案代州志"枸"作"𪁉"，误也。其鸣自訆。虖沱之水出焉，今虖沱水出鴈门卤城县南武夫山。 懿行案："虖沱"又见海内东经。地理志云："勃海郡，成平：虖池河，民曰徒骇河。"盖语声之转也。郡国志云"雁门郡，卤城"，刘昭注引此经作"呼沱"。经典或作"恶池"，或作"亚驰"，并声近假借之字。郭注"卤成"，"成"当为"城"。而东流注于溇水。音"楼"。 懿行案：地理志云："代郡，卤城：虖池河东至参合入虖池别。"疑"虖池别流"即"溇水"矣。液女之水出于其阳，南流注于沁水。"液"音"悦怿"之"怿"。 懿行案：泰戏山在繁畤，沁水在沁源，南北遥阻，无缘有水相注，疑经文误。此云"液女"，下文直云"液水"。

又北三百里曰石山，多藏金、玉。懿行案："藏"，古字作"臧"，善也。西次三经槐江之山"多藏黄金、玉"，义与此同。濩濩之水出焉，"濩"音"尺蠖"之"蠖"。而东流注于虖沱。鲜于之水出焉，而南懿行案：吴氏本"南"上有"西"字。流注于虖沱。

又北二百里曰童戎之山。皋涂之水出焉，而东流注于溇、液水。

又北三百里曰高是之山。今在北地灵丘县。 懿行案：在县西北。水经作"高氏"。又案晋书地理志,北地郡无灵丘,"代郡"下亦无之,汉志"代郡"下则有。**滋水出焉,**音"兹"。 懿行案:说文云:"滋水出牛饮山白陉谷,东入呼沱。"地理志云:"常山郡,南行唐:牛饮山白陆谷,滋水所出,东至新市入虖池。"郡国志云:"南行唐:有石臼谷。"谷名三书皆异,未知其审。**而南流注于虖沱。其木多楼,其草多条。**懿行案:"条草"未详。或说以尔雅"苃菥",恐非。**滆水出焉,**音"寇"。 懿行案:说文云:"滆水起北地灵丘,东入河。滆水即沤夷水,并州川也。"水经云"滆水出代郡灵丘县高氏山",注云"即温夷之水也,出县西北高氏山",引此经云云。**东流注于河。**过博陵县南,又东北入于易水。 懿行案:地理志云:"代郡,灵丘:滆河东至文安入大河。"说文亦云"东入河",与此经合。水经云"滆水东过博陵县南,又东北入于易",注云"东北至长城注于易水也",与郭注合。今案滆水自入易水,易水复不通河流,经言"注河",未知其审。

又北三百里曰**陆山,多美玉。郱水出焉,**或作"郊水"。懿行案:"郱"字,说文、玉篇、广韵俱无之。严可均曰:"说文云:'黄帝娶于姜水。'"**而东流注于河。**

又北二百里曰**沂山。**音"祈"。**般水出焉,**音"盘"。 懿行案:地理志云"平原郡,般",说者云即尔雅九河"钩般"也。元和郡县志云:"棣州阳信县,钩盘河经县北四十里。"**而东流注于河。**

北百二十里曰**燕山,**懿行案:隋书地理志云:"无终:有燕山。"疑非此。**多婴石。**言石似玉,有符彩婴带,所谓燕石者。 懿行案:"婴"疑"燕"声之转,未必取"婴带"为义。水经注云:"圣水又东迳玉石山,谓之玉石口。山多岷玉、燕石,故以玉石名之。"是燕石出玉石山,将玉石山即燕山之异名与?而与水经鲍丘水注无终之燕山似异,此盖别一山也。**燕水出焉,东流注于河。**

又北山行五百里,水行五百里,至于**饶山。**懿行案:尔雅释文引字林云:"馲驼,出绕山。"疑"饶"、"绕"古字通也。初学记二十九卷引此经,云:"阳光之山,兽多橐驰。"经无"阳光山",疑亦"饶山"字之误衍也。是无草木,多瑶碧。其兽多橐驰,懿行案:"橐驰"已见"虢山"。其鸟多鹠。未详。或曰"鹠,𪁉鹠也"。 懿行案:"𪁉鹠"即"鸱久",尔雅谓之"怪鸱"。广雅又云"鹠鹠,飞鸓也",别一物,即鼯鼠也。历虢之水出焉,而东流注于河。其中有师鱼,食之杀人。未详。或作"鲲"。 懿行案:"师",玉篇作"鰤",非也。郭云"或作鲲"者,"师"、"鲲"声之转。鲲即人鱼也,已见上文。酉阳杂俎云:"峡中人食鲲鱼,缚树上,鞭至白汁出如构汁,方可食,不尔有毒也。"正与此经合。

又北四百里曰乾山,无草木。其阳有金、玉,其阴有铁而无水。有兽焉,其状如牛而三足,其名曰獂,懿行案:"獂"当为"豲",见说文。藏经本"獂"下有"音元"二字。其鸣自詨。

又北五百里曰伦山。伦水出焉,而东流注于河。有兽焉,其状如麋,其川在尾上,川,窍也。 懿行案:尔雅云"白州,豝",郭注云:"州,窍。"是"州"、"川"其义同。广雅云:"川,臀也。"本此。王引之曰:"'川'似当为'州'字,形相近而误。"其名曰黐。懿行案:藏经本作"黐九",郭氏图赞亦作"黐九"。疑经文"黐"下有"九"字,今本脱去之。

又北五百里曰碣石之山。水经曰"碣石山",今在辽西临渝县南水中,或曰在右北平骊城县,海边山。 懿行案:地理志云:"右北平郡,骊成:大揭石山在县西南。"今直隶抚宁、昌黎二县是其地。郭引水经今无考,水经注云:"河之入海,旧在碣石。今川流所届,非禹渎也。故张君云碣石在海中,盖沦于海水也。"绳水出焉,而东流注于河。懿行案:地理志"辽西郡,临渝"有"纂",云"又有揭石水",疑"揭石水"即"绳水"也。水经河水注引此经云云。刘昭注郡国志引此经作"编水",疑误。其中多蒲夷之鱼。未详。 懿行案:"蒲夷鱼"疑即"冉遗鱼"也,已见西次四经。玉篇有"鲢鯏",日华本草有"胡夷鱼",即河豚,并非此。其上有玉,其下多青碧。

又北水行五百里,至于雁门之山,雁门山即"北陵西隃",雁之所出，因以名云。在高柳北。　懿行案："北陵西隃"见尔雅。"雁门山，雁出其间。在高柳北"，见海内西经。山在今山西代州东北。又案，经不言此山有水，而北次二经"梁渠之山"有修水"东流注于雁门"，郭云"水名"；北山经首"少咸之山"有敦水，"东流注于雁门之水"，郭云"水出雁门山间"，是此山有水明矣。水经灅水注引山海经曰"雁门之水出于雁门之山"，盖古本有此经文，今脱去之。**无草木。**

又北水行四百里，懿行案：王崇庆山海经释义云："凡此皆在晋地。环晋皆山，恐无水行四百里者。然雁门山亦曰水行五百里，岂禹治水时事与？"**至于泰泽。**懿行案："泰泽"即"大泽"也。"大泽方百里，群鸟所生及所解，在雁门北"，见海内西经。**其中有山焉，曰帝都之山，广员百里，**懿行案：山疑即"委羽之山"也。崇巇参云，日月亏蔽，在雁门北。见淮南墬形训。**无草木，有金、玉。**

又北五百里曰镎于母逢之山。北望鸡号之山，懿行案：说文、玉篇引此经，并作"惟号之山"。**其风如飓。**飓，急风貌也，音"戾"。或云飘风也。　懿行案："飓"，俗字也。说文、玉篇引此经并作"劦"。说文云"劦，同力"，玉篇云"急也"。文选江赋注引此注，与今本同。**西望幽都之山，**懿行案：幽都之山在北海之内，见海内经。**浴水出焉。**浴即黑水也。　懿行案："浴"下疑脱"水"字。郭知浴水即黑水者，据海内经"幽都之山，黑水出焉"而为说也。夏小正云"黑鸟浴"，疑"浴"当训"黑"，正与此义合，说者失之耳。**是有大蛇，赤首白身，其音如牛，见则其邑大旱。**

凡北次三经之首，自太行之山以至于无逢懿行案："无逢"即"母逢"也。"母"、"无"古音同。**之山，凡四十六山，**懿行案：今四十七山。**万二千三百五十里。**懿行案：今一万二千四百四十里。**其神状皆马身而人面者廿神，**懿行案：古钟鼎文"二十"字皆作"廿"。**其祠之：皆用一藻、茝，瘗之。**藻，聚藻。茝，香草，兰之类，音昌代

山海经笺疏

92

反。　懿行案："藻，聚藻"，见毛诗。"苣，香草"，见内则。**其十四神状皆彘身而载玉**，懿行案："载"亦"戴"也，古字通。**其祠之：皆玉，不瘗。**不薶所用玉也。**其十神状皆彘身而八足蛇尾，其祠之：皆用一璧，瘗之。大凡四十四神**，懿行案：四十六山其神乃止四十四，盖有摄山者。**皆用稌糈米祠之，此皆不火食。**懿行案：其山北人，皆生食不火之物，已见北山经首。

　　　　右北经之山志凡八十七山，懿行案：今八十八山。**二万三千二百三十里。**懿行案：当二万三千五百三十里，今则二万四千二百六十里。

山海经第四

东山经

　　东山经之首曰**㵋𧓀之山**，"速""株"二音。　　懿行案：广韵云："㵋株，山名。"疑即"㵋𧓀"之异文。**北临乾昧。**亦山名也，音"妹"。　　懿行案：东次四经之首曰"北号之山，食水出焉，而东北流注于海"，与此互证，是"北号"即"乾昧"矣。**食水出焉，而东北流注于海。其中多鳙鳙之鱼，**音"容"。　　懿行案：史记裴骃集解引郭氏云："鳙似鲢而黑。"非此也。说文云："鳙，鱼名。"又云："鮷鱼，皮有文，出乐浪东暆。神爵四年，初捕收，输考工。周成王时扬州献鮷。"周书王会篇云："扬州禺禺，鱼名，解隃寇[一]。""禺禺"即"鮷鮷"，声之转，古字通也。史记司马相如传有"禺禺"，徐广云："禺禺，鱼牛也。"郭氏注上林赋云："鮷鱼有文彩。"又云："禺禺鱼，皮有毛，黄地黑文。"与说文"鮷鱼皮有文"合。徐广谓之"鱼牛"，即此经"状如犁牛"是也。说文云"出乐浪东暆"，亦与此经合。艺文类聚九卷引博物志云："东海中有牛鱼，其形如牛，剥其皮悬之，潮水至则毛起，潮去则伏。"即是鱼也。**其状如犁牛，**牛似虎文者。　　懿行案：郭氏注上林赋云"禺禺鱼，皮有毛，黄地黑文"，与此注"似虎文"义合。魏志文帝纪注引献帝传云"犁牛之驳似虎"，正谓此也。太平御览九百三十九卷引此经图赞曰："鱼号鳙鳙，如牛虎驳。""犁牛"即"留牛"，见南山经"柢山"。**其音如彘鸣。**

―――――――――――――

〔一〕"寇"，原本作"冠"，据四部丛刊明刊本汲冢周书改。

又南三百里曰藟山。音"诔"。其上有玉，其下有金。湖水出焉，东流注于食水。懿行案：地理志云："右北平郡，俊靡：灅水南至无终，东入庚。"说文亦同。疑"藟山"因"灅水"为名。"灅"、"藟"声同，"灅水"即"湖水"，"庚水"即"食水"矣，俟考。其中多活师。科斗也。尔雅谓之"活东"。　懿行案：虾蟆叫而生子，其声聒聒，谓之"聒子"。"活师"、"聒子"声相近，"科斗"、"活东"亦音相转也。

又南三百里曰枸状之山。懿行案：广韵云："泜水出拘扶山。"此作"枸状"，字形相似，未审谁是。其上多金、玉，其下多青碧石。有兽焉，其状如犬六足，其名曰从从，其鸣自詨。有鸟焉，其状如鸡而鼠毛，懿行案："毛"，说文作"尾"。其名曰蚩鼠，音"咨"。　懿行案："蚩"，说文作"𪃪"，云："𪃪鼠似鸡，鼠尾。"玉篇云："蚩，虫也。"见则其邑大旱。泜水出焉，音"枳"。　懿行案：玉篇云："泜，水名。"而北流注于湖水。其中多箴鱼，其状如儵，懿行案："儵"即"鯈"字。其喙如箴，出东海。今江东水中亦有之。　懿行案：今登莱海中有箴梁鱼，碧色而长，其骨亦碧，其喙如箴，以此得名。太平御览九百三十九卷引南楚记云："箴鱼，口四寸。"食之无疫疾。

又南三百里曰勃垒之山。懿行案："垒"，篆文"齐"字。见说文。无草木，无水。

又南三百里曰番条之山。无草木，多沙。减水出焉，音同"减损"之"减"。　懿行案："减"即"减损"之字，何须用音？知经文必不作"减"。未审何字之讹。北流注于海。其中多鱤鱼。一名黄颊。音"感"。　懿行案："鱤"一名"𩼬"。说文云："𩼬，哆口鱼也。"广雅云："𩼬鮜，鳠鮧也。"玉篇云："𩼬，黄颊鱼。"郭氏注上林赋云："𩼬，鱤也，一名黄颊。"与此注合。又谓之"鲝"，小雅鱼丽篇毛传云："鲝，杨也。"陆玑疏云："今黄颊鱼也。似燕头鱼身，形厚而长大，颊骨正黄，鱼之大而有力解飞者。徐州人谓之'杨'。'黄颊'，通语也。今江东呼黄鲝鱼亦名黄颊鱼，尾微黄，大者长尺七

95

八寸许。"

　　又南四百里曰姑儿之山。其上多漆,其下多桑、柘。姑儿之水出焉,北流注于海,其中多鳣鱼。

　　又南四百里曰高氏之山。其上多玉,其下多箴石。可以为砥针,治痈肿者。　懿行案:"砥"当为"砭"字之讹,南史王僧孺传引此注作"可以为砭针"是也。说文云:"砭,以石刺病也。"素问云:"东方之域,其病为痈疡,其治宜砭石。"是砭石正东方所出也。又此云"箴石",史记扁鹊传有"镵石","镵"、"箴"声相近,然非一物也。淮南说山训云"病者寝席,医之用针石",高诱注云:"石针所砥弹人痈痤,出其恶血者也。"诸绳之水出焉,懿行案:水经注云:"渑水出营城东,西北入时水。"疑即此。东流注于泽,其中多金、玉。

　　又南三百里曰岳山。其上多桑,其下多樗。泺水出焉,音"乐"。　懿行案:说文云:"泺,齐鲁间水也。"水经注云:"泺水出历城县故城西泉源上,北入于济,谓之泺口。"计其道里,疑非此。东流注于泽,其中多金、玉。

　　又南三百里曰犲山。懿行案:"犲"即"豺"别字。其上无草木,其下多水。其中多堪䝓之鱼。未详。音"序"。　懿行案:玉篇"䝓"从"子"从"予",不从二"予"。有兽焉,其状如夸父懿行案:"夸父"即"举父"也,已见西山经"崇吾之山"、北山经"梁渠之山"。而彘毛,其音如呼,见则天下大水。

　　又南三百里曰独山。其上多金、玉,其下多美石。末涂之水出焉,而东南流注于沔。其中多𩽀𩾌,"条""容"二音。　懿行案:郭氏江赋云"𩽀𩾌拂翼而掣耀",李善注引此经,玉篇有"𩽀"字,亦引此经,并与今本同。其状如黄蛇,鱼翼,出入有光,见则其邑大旱。

又南三百里曰**泰山**。即东岳岱宗也，今在泰山奉高县西北。从山下至顶四十八里三百步也。　懿行案："泰山郡，奉高"，见汉、晋地理志。山在今山东泰安县北。史记秦始皇本纪正义引此注作"百四十八里"，"百"字当为衍文，故刘昭注祭祀志引此注作"四十八里二百步"，亦无"百"字，初学记引汉官仪及泰山记，亦云"自下至古封禅处凡四十里"。**其上多玉，其下多金**。懿行案：史记秦始皇本纪正义引此，"玉"作"石"。今案作"石"是也。泰山下既多礛磻，又本草经紫、白二石英俱生泰山，魏志高堂隆传云"凿泰山之石英"，正谓此也。**有兽焉，其状如豚而有珠，名曰狪狪**，音如"吟恫"之"恫"。　懿行案：玉篇云"狪"，"似豕，出泰山"，又"狪"云"兽名"。广韵"狪"、"狪"俱云"兽名，似豕，出泰山"，是知古本作"狪"或作"狪"，今本作"狪"，皆一字也。郭云"音如吟恫之恫"，疑"吟"当为"呻"字之讹。匡谬正俗云："关中谓呻吟为呻恫。"**其鸣自訆。环水出焉，**懿行案：水经注云："汶水又南，合北汶水。水东南流迳泰山，东又合天门下溪水，水出泰山天门下谷，东南流。又合环水，水出泰山南溪，南流历中下两庙间。其水又屈而东流，入于汶水。"引此经云云。**东流注于江，**一作"海"。　懿行案：当作"汶"。水经注引此经，作"注于汶"。**其中多水玉**。

又南三百里曰**竹山，锗于江**。一作"涯"。　懿行案："江"亦当作"汶"。"竹山"当即"蜀山"，在今汶上县，独立波心，故名曰"蜀"。**无草木，多瑶碧。激水出焉，而东南流注于娶檀之水，其中多茈蠃**。懿行案："蠃"当为"蠃"字之讹。"茈蠃"，紫色蠃也。

凡东山经之首自**樕蟲之山**以至于**竹山**，凡十二山，三千六百里。懿行案：今才三千五百里。**其神状皆人身龙首，祠：毛用一犬，祈聤用鱼**。以血涂祭为聤也。公羊传云："盖叩其鼻，以聤社。"音"钓饵"之"饵"。　懿行案：玉篇云："以牲告神，欲神听之，曰聤。"此说与郭异。据郭注，"聤"疑当为"衈"，玉篇云"耳血也"，礼杂记云"其衈

97

皆于屋下"，郑注云"衈，谓将刲割牲以衅，先灭耳旁毛荐之"。郭引公羊传者，僖十九年文，然传云"盖叩其鼻，以血社"，不作"衈"字。穀梁传正作"叩其鼻以衈社"，范宁注云："衈者，衅也。"是郭此注当由误记，故竟以穀梁为公羊耳。

东次二经之首曰空桑之山，此山出琴瑟材，见周礼也。 懿行案：此兖地之空桑也。淮南本经训云"共工振滔洪水，以薄空桑"，高诱注云："空桑，地名，在鲁也。"思玄赋旧注云："少皞金天氏居穷桑，在鲁北。"太平寰宇记引干宝云："徵在生孔子于空桑之地，今名孔窦，在鲁南山之穴。"郭引周礼者，春官大司乐文。**北临食水**，懿行案："食水"已见篇首"榆蠡山"。**东望沮吴，南望沙陵，西望憨泽**。音"旻"。 懿行案："憨"疑即"汶"字之异文。**有兽焉，其状如牛而虎文**，懿行案：上文"状如犁牛"，郭注云"牛似虎文者"。**其音如钦**，或作"吟"。**其名曰軨軨**，音"灵"。**其鸣自叫，见则天下大水。**

又南六百里曰曹夕之山。其下多穀而无水，多鸟兽。

又西南四百里曰峄皋之山。音"亦"。 懿行案：尔雅云：山，"属者峄"。**其上多金、玉，其下多白垩。峄皋之水出焉，东流注于激女之水**，懿行案：尔雅疏引此经作"激汝之水"，玉篇同。**其中多蜃、珧。**蜃，蚌也。珧，玉珧，亦蚌属。"肾""遥"两音。 懿行案：尔雅云"蜃，小者珧"，郭注云："珧，玉珧，即小蚌也。"

又南水行五百里，流沙三百里，至于葛山之尾。无草木，多砥、砺。

又南三百八十里曰葛山之首，无草木。澧水出焉，懿行案：吕氏春秋本味篇作"醴水"。**东流注于余泽。其中多珠蟞鱼**，音"鳖"。 懿行案：吕氏春秋作"朱鳖"，郭氏江赋作"赪蟞"，是经文"珠""朱"、"蟞""鳖"并古字通用。**其状如肺而有目**，懿行案：此物图作四目。初学记八卷引南越志云“海中多朱鳖，状如肺〔一〕，有四眼六脚而吐珠”，正与图合。疑此经“有目”当为“四目”，字之讹也。文选江赋注引此经仍作“有目”，讹与今本同，并当刊正。**六足有珠，**懿行案：吕氏春秋本味篇云：“六足有珠百碧。”“百碧”疑“青碧”字之讹也。高诱注云：“有珠如蛟皮。”“蛟”当为“鲛”，皮有珠文。但郭氏江赋云“頳鳖肺跃而吐玑”，南越志亦云“朱鳖吐珠”。高诱以为皮有珠，盖非也。**其味酸甘，食之无疠。**无时气病也。吕氏春秋曰：“澧水之鱼，名曰朱鳖，六足有珠，鱼之美也。”　懿行案：太平御览九百三十九卷引此经图赞云：“澧水之鳞，状如浮肺。体兼三才，以货贾害。厥用既多，何以自卫？”

又南三百八十里曰**余峨之山。**懿行案：广韵引此经，“峨”作“我”。**其上多梓、枏，其下多荆、芑。**懿行案：南山经“虖勺之山，下多荆、杞”，此经作“芑”，同声假借字也。下文并同。**杂余之水出焉，东流注于黄水。有兽焉，其状如菟而鸟喙鸱目蛇尾，见人则眠，**言佯死也。　懿行案：“眠”，依字当为“瞑”。**名曰犰狳，**“仇”“余”二音。　懿行案：玉篇“犰”、“狳”二字并云“兽，似兔”。“犰”音“几”，无“犰”字。是经文“犰”当为“犰”，郭注“仇”当为“几”，并字形之讹也。广韵“犰”字，注云“兔喙”，盖脱“鸟”字。**其鸣自訆，见则螽蝗为败。**螽，蝗类也，言伤败田苗。音“终”。　懿行案：说文云“蝗，螽也”，“螽，蝗也”，以为一物。据此又似二种。太平御览九百十三卷引此经，“螽”作“虫”。

又南三百里曰**杜父之山。无草木，多水。**

又南三百里曰**耿山。无草木，多水碧，**亦水玉类。　懿行案：李善注江赋引此经及郭注，并与今本同。又注谢灵运入彭蠡湖口诗及注江淹杂体诗并引此经郭注，云“碧，亦玉也”，与今本异。又经言水碧生于山间，谢灵运诗云“水碧辍流湿”，江淹诗云“凌波采水碧”，并与经不合。**多大蛇。有兽焉，其状如狐而鱼翼，其名曰朱獳，**音“儒”。　懿行

〔一〕“肺”，原本作“胏”，据初学记改。

案:说文云:"獳,需声,读若槈。"与郭音异。然云"需声",则与"儒"音相近。乐记云:"朱儒獶杂。"盖獶是狝猴,朱儒似狐,乐记所言,皆兽名也,正与此经义合。**其鸣自訆,见则其国有恐。**

又南三百里曰卢其之山。懿行案:太平御览九百二十五卷引此经,"卢其"作"宪期"。**无草木,多沙石。沙水出焉,南流注于滂水。其中多鸢鹕,**音"黎"。**其状如鸳鸯而人足,**今鹈胡足颇有似人脚形状也。 懿行案:御览引此经作"鹈鹕"。"鸢"、"鹈"声相近也。"鹈鹕"见尔雅。陆玑诗疏又名"淘河",即"鹈鹕"声之转。魏志:黄初四年,"有鹈鹕鸟集灵芝池,诏曰'此诗人所谓污泽'"是也。**其鸣自訆,**懿行案:御览引"訆"作"呼"。**见则其国多土功。**

又南三百八十里曰姑射之山。懿行案:庄子逍遥游篇云"藐姑射之山,汾水之阳",隋书地理志云"临汾:有姑射山",山在今山西平阳府西。又案:已下三山俱名"姑射",但分南北耳,皆山在中国者。海内北经有"列姑射",有"姑射国",俱地在远裔者。**无草木,多水。**

又南水行三百里,流沙百里,曰北姑射之山。无草木,多石。

又南三百里曰南姑射之山。无草木,多水。

又南三百里曰碧山。无草木,多大蛇,多碧水玉。

又南五百里曰缑氏之山。一曰"侠氏之山"。 懿行案:"侠"即"缑"声之转。"缑"本或作"维",误。地理志云"河南郡,缑氏",盖县因山为名也。**无草木,多金、玉。原水出焉,东流注于沙泽。**

又南三百里曰姑逢之山。无草木,多金、玉。有兽焉,其状如狐而有翼,其音如鸿雁,其名曰獙獙,音"毙"。 懿行案:"毙"、"獙"同。经文"獙"即"獘"字异文。玉篇作"獘",云"兽名",即此。**见则天下大旱。**

又南五百里曰凫丽之山。其上多金、玉，其下多箴石。有兽焉，其状如狐而九尾九首，懿行案：广韵说"蠪蛭"，无"九首"二字，余并同。虎爪，名曰蠪姪，"龙""蛭"二音。　懿行案：中次二经"昆吾之山"有兽名曰"蠪蚳"，郭云"上已有此兽，疑同名"，是此经"姪"当为"蛭"，注文"蛭"当为"姪"，并传写之误也，广韵作"蠪蛭"可证。又云"一名蚑蠪"。其音如婴儿，是食人。

又南五百里曰硬山，音一真反。　懿行案：玉篇云："硬，音真。石山。"盖即此。郭注"一"、"反"二字疑衍，中次十一经注可证。南临硬水，东望湖泽。有兽焉，其状如马而羊目，懿行案：藏经本"目"作"首"。四角牛尾，其音如獆狗，其名曰峳峳，音"攸"。　懿行案：说文、玉篇无"峳"字，疑"峳"当为"莜"，古从"艸"之字或从"屮"，"屮"亦"艸"也。海内经有"㘦狗"，即"菌狗"，亦其例。见则其国多狡客。狡，狡猾也。有鸟焉，其状如凫而鼠尾，善登木，其名曰絜钩，见则其国多疫。

凡东次二经之首自空桑之山至于硬山，凡十七山，六千六百四十里。其神状皆兽身人面载觡。麋，鹿属，角为觡，音"格"。　懿行案："载"亦"戴"也。说文云："觡，骨角之名也。"郑注乐记云："无鰓曰觡。"说文云："鰓，角中骨也。"史记乐书索隐云："牛羊有鰓曰角，麋鹿无鰓曰觡。"其祠：毛用一鸡祈，婴用一璧瘗。

又东次三经之首曰尸胡之山，北望牂山。音"详"。　懿行案：玉篇云"牂，女鬼也"，非此。其上多金、玉，其下多棘。有兽焉，其状如麋而鱼目，名曰妥胡，音"婉"。　懿行案：玉篇云："妥，同婉。"其鸣自訆。懿行案：嘉庆五年，册使封琉球，归舟泊马齿山下。人进二鹿，毛浅而小，眼似鱼眼。使者箸记，谓是海鱼所化。余以经证之，知是妥胡也。沙鱼化麋，海人常见之，非此。

又南水行八百里曰岐山。其木多桃、李，其兽多虎。

又南水行五百里曰诸钩之山。无草木，多沙石。是山也，广员百里，多寐鱼。即鲐鱼，音"味"。　懿行案：鲐鱼今未详。玉篇云："鲐音未，鱼名。"与郭义合。又有"鲀"字，与"鳅"同，非此也。

又南水行七百里曰中父之山。无草木，多沙。

又东水行千里曰胡射之山。无草木，多沙石。

又南水行七百里曰孟子之山。懿行案：毕氏据藏经本作"孟于"。其木多梓、桐，多桃、李，其草多菌、蒲，未详。音"眴昀"之"眴"。　懿行案："眴"当从目旁作"眴"，音"窘"。昀未闻。艺文类聚八十二卷引此经，无"菌"字。其兽多麋鹿。是山也，广员百里。其上有水出焉，名曰碧阳，懿行案：开元占经一百十三卷引竹书纪年云："今王四年，碧阳君之诸御产二龙。"碧阳君岂即斯水之神邪？其中多鳣、鲔。鲔即鲔也，似鳣而长鼻，体无鳞甲，别名鮥鳢，一名鮥也。　懿行案："鳣"、"鲔"并见尔雅。郭云"别名鮥鳢"者，史记集解引郭氏注上林赋云："鮥鳢，鲔也。"李奇注汉书云："周、洛曰鲔，蜀曰鮥鳢。"说文作"鮥鮛"，盖古今字耳。云"一名鮥也"者，鳣鱼一名鮥鳢鱼，鳣、鲔同类，故亦同名。郭注尔雅"鳣"云："今江东呼为黄鱼。""黄"即"鮥"矣。

又南水行五百里曰流沙，行五百里，有山焉，曰跂踵之山。"跂"音"企"。广员二百里，无草木，有大蛇，其上多玉。有水焉，广员四十里皆涌，今河东汾阴县有瀵水，源在地底，潰沸涌出，其深无限，即此类也。　懿行案：尔雅云："瀵大出，尾下。"郭注与此注文有详略，其义则同。其名曰深泽，其中多蠵龟。蠵，觜蠵，大龟也，甲有文彩，似瑇瑁而薄。音遗知反。　懿行案："瑇瑁"，玉篇作"瑇瑁"。说文云："蠵，大龟也，以胃鸣者。"郭注尔雅"灵龟"云："缘中文似瑇瑁，俗呼为灵龟，即今觜蠵龟，一名灵蠵，能鸣。"初学记三十卷引郭氏此经图赞曰："水圆二方，潜源溢沸。灵龟爰处，掉尾养气。庄生是感，挥竿傲^{〔一〕}贵。"**有鱼焉，其状如鲤而六足鸟尾，名曰鮯鮯之鱼，**音"蛤"。　懿行案：广雅释地本此经云："东方有鱼焉，如鲤，六足鸟尾，其名曰鮯。"不作重文。玉篇亦然。**其名自叫。**懿行案："名"，藏经本作"鸣"，是。

又南水行九百里曰**踇隅之山。**音"敏"字。　懿行案：玉篇、广韵并作"踇偶山"。踇，莫后切。**其上多草木，多金、玉，多赭。有兽焉，其状如牛而马尾，名曰精精，其鸣自叫。**

又南水行五百里，流沙三百里，至于**无皋之山。南望幼海，**即少海也。淮南子曰："东方大渚曰少海。"　懿行案：初学记六卷引此经及郭注，并与今本同。又，"少海"即"裨海"也，史记驺衍传云"裨海环之"，索隐云："裨海，小海也。"郭引淮南子者，墬形训文也。**东望榑木，**"扶""桑"二音。　懿行案："榑木"即"扶桑"，但不当读"木"为"桑"，注有脱误。洪范五行传^{〔二〕}云："东方之极，自碣石东至日出榑木之野。"吕氏春秋求人篇云"禹东至榑木之地，日出九津"，高诱注云："榑木，大木；津，崖也。"案"扶桑"见海外东经。**无草木，多风。**懿行案：东极多风。爰有神人，"来风曰俊，处东极以出入风"也，见大荒东经。**是山也，广员百里。**

凡东次三经之首自尸胡之山至于无皋之山，凡九山，六千九百里。懿行案：今才六千四百里。**其神状皆人身而羊角。其祠：用一牡羊，米用黍。是神也，见则风，雨水为败。**

又东次四经之首曰北号之山，临于北海。有木焉，其状如杨，赤华，其实如枣而无核，懿行案：尔雅云"晢，无实枣"，郭注云："不著子者。"即此。今乐陵县亦出无核枣。**其味酸甘，食之不疟。**

103

〔一〕"傲"，原本作"仿"，还读楼本改作"傲"，初学记正作"傲"，据改。

〔二〕"洪"，原本作"鸿"，据尚书大传改。

懿行案:本草经"腐婢",陶注云:"今海边有小树,状如卮子,茎条多曲,气作腐臭,土人呼为腐婢,用疗疟有效。"即此。**食水出焉,而东北流注于海。** 懿行案:"食水"已见篇首,其云"北临干昧",当即此经"北号之山"。**有兽焉,其状如狼,赤首鼠目,其音如豚,名曰猲狙,**"葛""且"二音。 懿行案:经文"猲狙"当为"猲狙",注文"葛且"当为"葛旦",俱字形之讹也。玉篇、广韵并作"猲狙",云"狙,丁旦切,兽名",可证今本之讹。说文云:"狙,玃属。"庄子齐物论释文引司马彪云:"狙,一名猲犻,似猿而狗头,喜与雌猿交。"所说形状与此经异,非一物也。**是食人。有鸟焉,其状如鸡而白首,鼠足而虎爪,其名曰虳**音"祈"。**雀,** 懿行案:楚词天问云"虳堆焉处",王逸注云:"虳堆,奇兽也。"柳子天对云"虳雀在北号,惟人是食",则以"虳堆"为即"虳雀"字之误。王逸注盖失之。**亦食人。**

又南三百里曰旄山。无草木。苍体之水出焉,而西流注于展水。其中多鳝鱼,今"虾鳅"字亦或作"鳝",音"秋"。 懿行案:广雅云:"鳝,鳅也。"是本二字,郭音"鳝"为"秋",与"鳅"同音。**其状如鲤**懿行案:太平御览七百四十卷引此经,"鲤"作"鳢"。**而大首,食者不疣。** 懿行案:"疣"当为"肬"。

又南三百二十里曰东始之山,上多苍玉。有木焉,其状如杨而赤理,其汁如血,不实,其名曰芑,音"起"。 懿行案:李善注西京赋引此经作"杞",云"杞如杨,赤理",是知"杞"假借作"芑"也,经内多此例。李善又云:"杞即梗木也。"未知其审。**可以服马。**以汁涂之则马调良。 懿行案:良马有汗血者,以芑汁涂马则调良,或取此义与?**泚水出焉,而东北流注于海,其中多美贝。多茈鱼,其状如鲋,一首而十身,**懿行案:似何罗鱼。**其臭如蘪芜,食之不糟。**孚谓反。止失气也。 懿行案:广韵云:"糟同屁,气下泄也。匹寐切。"玉篇音义同郭注。

又东南三百里曰女烝之山，其上无草木。石膏水出焉，而西注于鬲水。其中多薄鱼，懿行案：玉篇、广韵并作"鰼鱼"，又云"似鲤"也。其状如鳣鱼而一目，其音如欧，如人呕吐声也。懿行案："欧吐"之字古书作"欧"，俗作"呕"。初学记三十卷引此经及郭注，并与今本同。见则天下大旱。懿行案：初学记引此经，作"见则天下反"。

又东南二百里曰钦山，多金、玉而无石。师水出焉，而北流注于皋泽。其中多鳝鱼，多文贝。有兽焉，其状如豚而有牙，其名曰当康，懿行案：太平御览九百十三卷引神异经云："南方有兽，似鹿而豕首，有牙，善依人求五谷，名无损之兽。"所说形状与此兽近，当即此。其鸣自叫，见则天下大穰。懿行案："当康"、"大穰"声转义近。盖岁将丰稔，兹兽先出以鸣瑞。圣人通知鸟兽之音，故特记之。凡经中诸物，或出而兆妖祥，皆动于几先，非所常有，故世人希得见之尔。

又东南二百里曰子桐之山。懿行案：玉篇引司马相如梓桐山赋云"礐硞"，疑即斯山也。"梓"、"子"声同。子桐之水出焉，而西流注于余如之泽。其中多鲭鱼，音"滑"。　懿行案："鲭鱼"见郭氏江赋。李善注引此经及郭音，并与今本同。玉篇云"鲭鱼如鸟"。太平御览九百三十九卷引此经作"鲷鱼"，误。其状如鱼而鸟翼，出入有光，其音如鸳鸯，见则天下大旱。懿行案：广韵引此经同。

又东北二百里曰剡山。懿行案：艺文类聚八卷引"剡山"作"刿山"，盖误。多金、玉。有兽焉，其状如彘而人面，黄身而赤尾，其名曰合窳，音"庚"。其音如婴儿。是兽也食人，亦食虫蛇，见则天下大水。懿行案：是兽盖即彘属而异者也。彘为水祥者，以"坎为豕、为水"故也。彘能啖蛇，见苏鹗杜阳杂编。

又东二百里曰太山，上多金、玉、桢木。女桢也，叶冬不涸。 懿行案：说文云："桢，刚木也。上郡有桢林县。"玉篇云"桢，坚木也"，引此经作"大山多桢木"，又引郭注，与今本同。**有兽焉，其状如牛而白首，一目而蛇尾，其名曰蜚，**音如"翡翠"之"翡"。 懿行案："蜚"，广韵作"鹹"，非也。玉篇引此经，与今本同。又此与春秋之"蜚"同名异实，刘敞解春秋便引此经，以为一物，非也。**行水则竭，行草则死，见则天下大疫。**言其体含灾气也。其铭曰："蜚之为名，体似无害。所经枯竭，甚于焰厉。万物斯惧，思尔遐逝。" 懿行案：广韵引此经作"见则有兵役"，与今本异。又引郭氏赞，即今注中铭语也，"万物斯惧"，"斯"作"攸"，余同。又案藏经本所载图赞复与此绝异，所未能详。**钩水出焉，而北流注于劳水，其中多鳣鱼。**

凡东次四经之首自北号之山至于太山，凡八山，一千七百二十里。懿行案：毕氏本"里"字作"三"，此字形之讹。又案此经不言神状及祠物所宜，疑有阙脱。

右东经之山志凡四十六山，万八千八百六十里。

懿行案：今才万八千二百六十里。

山海经第五　　　晋郭璞传　栖霞郝懿行笺疏

中山经

中山经薄山之首懿行案：山在今山西蒲州府南。禹都平阳，或在安邑，故以薄山为"中山"也。地理志云："河东郡，蒲反：雷首山在南。"史记封禅书云"薄山者，襄山也"，正义引括地志云："薄山亦名襄山，一名雷首山。"案正义"襄"音色眉反，则当作"衰"。然穆天子传云"河首襄山"，是字仍当作"襄"也。水经河水注引扬雄河东赋注云"襄山在潼关北十余里"，又引此经"薄山"作"蒲山"，盖"薄"、"蒲"声有轻重耳。曰甘枣之山。懿行案："甘枣"，水经注引作"甘桑"。又括地志说兹山凡十余名，以州县分之，多在蒲州，见史记正义。共水出焉，音"恭"。而西流注于河。懿行案：水经注云"蓼水出襄山蓼谷，西南注于河"，又云"今诊蓼水川流所趣，与共水相扶"，是郦氏以蓼水即共水也。其上多枏木。其下有草焉，葵本而杏叶，或作"楛叶"。黄华而荚实，懿行案：说文云："荚，草实。"郑注地官司徒职云："荚物，荠荚，王棘之属。"名曰箨，他落反。可以已懵。音"盲"。　懿行案：说文云："懵，不明也。"有兽焉，其状如犾鼠而文题，犾鼠，所未详。音"虺"，字亦或作"虺"。　懿行案："犾"，玉篇以为古文"独"字，非郭义也。广韵"犾"音徒各切，云"兽名，似鼠"，又与郭音异。犾鼠，尔雅十三鼠中无之。其字"或作虺"，盖同声假借也。其名曰㸲，音"那"。或作"熊"也。　懿行案："㸲"，或云即古"熊"字，非也。古文"熊"字

107

作"鼬",见玉篇。又玉篇云:"鼬,乃何切。兽,似鼠,食之明目。"广韵亦云:"兽名,似鼠,班头,食之明目。"盖皆本此经而误记也。"可以已懵"在上文。**食之已瘿。**

又东二十里曰历儿之山。懿行案:水经注云:"河东郡南有历山,舜所耕处也。"史记正义引括地志云"蒲山亦名历山",即此也。盖与薄山连麓而异名。太平御览四百九十卷引此经作"历小之山",疑"儿"本或作"尔",声近而通,"尔"又讹作"小"也。**其上多槠,多櫔木,**音"厉"。

懿行案:玉篇云:"櫔,木名,实如栗。"是木也,方茎而员叶,黄华而毛,**其实如拣,**拣,木名,子如指头,白而黏,可以浣衣也。音"练",或作"简"。懿行案:"拣"当作"楝"。说文云:"楝,木也。"玉篇云:"子可以浣衣。"尔雅翼云:"木高丈余,叶密如槐而尖,三四月开花,红紫色。实如小铃,名金铃子。俗谓之苦楝。可以涷,故名。"**服之不忘。**

又东十五里曰渠猪之山,懿行案:史记正义引括地志云"雷首山亦名渠山",又云"薄山亦名猪山",即此。**其上多竹。渠猪之水出焉,**懿行案:水经注云:"永乐溪水又南,入于河。余按中山经,即渠猪之水也。"太平寰宇记云:"永乐县渠猪水,一名蓼水,今名百丈涧,源出县北中条山。"今案括地志,中条山亦雷首之异名也。**而南流注于河。其中是多豪鱼,状如鲔,**鲔似鳝也。**赤喙尾,赤羽,**懿行案:太平御览九百三十九卷引此经,"赤喙"上有"而"字。广韵引作"赤尾赤喙有羽",而无"状如鲔"三字。**可以已白癣。**懿行案:说文云:"癣,干疡也。"

又东三十五里曰葱聋之山,懿行案:自此已下七山,亦皆与薄山连麓而异名。**其中多大谷。是多白垩,黑、青、黄垩。**言有杂色垩也。

又东十五里曰涹山。音"倭"。懿行案:玉篇云:"涹,山名也。"**其上多赤铜,其阴多铁。**

又东七十里曰脱扈之山。有草焉,其状如葵叶而赤

华、荚实，实如樱荚，_{今樱木，荚似皂荚也。}　懿行案：今樱木结实作房如鱼子状，绝不似皂荚也。未知其审。名曰植楮，可以已瘿，_{瘿，病也。}淮南子曰"狸头已瘿"也。　懿行案：太平御览七百四十二卷引郭注，作"瘿，瘘也"。今本作"瘿病"，盖本尔雅释诂文，非误也。又引淮南子者，说山训文，本作"狸头愈鼠"，今人正以狸头疗鼠疡。鼠疡即瘘，说文云："瘘，颈肿也。"食之不眯。

又东二十里曰金星之山。多天婴，其状如龙骨，_{懿行案：}本草别录云："龙骨生晋地川谷及太山岩水岸土穴中死龙处。"可以已痤。_{痈，痤也。}　懿行案：注疑当为"痤，痈也"。说文云："痤，小肿也，一曰族絫。"韩非子六反篇云："弹痤者痛。"

又东七十里曰泰威之山。其中有谷，曰枭谷，_{或无"谷"}字。其中多铁。

又东十五里曰橿谷之山，_{或作"檀谷之山"。}其中多赤铜。

又东百二十里曰吴林之山，_{懿行案：地理志云："河东郡，大阳：}吴山在西，上有吴城。"史记正义引括地志云"雷首山亦名吴山"，即此也。已上诸山，西起雷首，东至吴坂，随地异名，大体相属也。吴山在今山西平陆县。其中多葌草。_{亦"菅"字。}　懿行案：说文云："葌，香草，出吴林山"，本此经为说。众经音义引声类云"葌，兰也"，又引字书云"葌，与菅同。菅即兰也"。是葌乃香草。中次十二经"洞庭之山"以"葌"与"蘪芜"并称，其为香草审矣。郭注以"葌"为"菅"字，菅乃茅属，恐非也。

又北三十里曰牛首之山。_{今长安西南有牛首山，上有馆，下有}水，未知此是非。　懿行案：此山在霍太山之南，当在今山西浮山县界，非长安鄠县之牛首山也。水经汾水注有"黑山"，即此。太平寰宇记云："神山县黑山，在县东四十四里，一名牛首，今名乌岭山。"有草焉，名曰鬼草，其叶如葵而赤茎，其秀如禾，_{懿行案：大雅生民篇云"实发实秀"，是禾谓之}秀也。服之不忧。_{懿行案：太平御览四百六十九卷引此经图赞曰："焉得}

鬼草,是树是艺。服之不忧,乐天傲世。如彼浪舟,任波流滞。"**劳水出焉,而西流注于滽水**。音如"谲诈"之"谲"。　懿行案:长安亦有涝水、滽水,见地理志,非此也。太平寰宇记云"临汾县,涝水源出乌岭山,俗名长寿水"是也。水经注云"黑水出黑山,西迳杨城南,又西与巢山水会",引此经云,"疑是水也,滽水即巢山之水也。水源东南出巢山东谷,北迳浮山东,又西北流与劳水合,乱流西北,迳高梁城北,西流入于汾"。元和郡县志云"临汾县滽水,今名三交水"也。**是多飞鱼,其状如鲋鱼,**懿行案:中次三经复有"飞鱼",与此异。太平御览九百三十九卷引张骏山海经飞鱼赞曰:"如鲋,登云游波。"今案"如鲋"之上当脱"飞鱼"二字,遂不成文。又引林邑国记曰:"飞鱼身圆,长丈余,羽重沓,翼如胡蝉,出入群飞,游翔翳会,而沈则泳海底。"**食之已痔同。**

又北四十里曰**霍山**,今平阳永安县、庐江灊县、晋安罗江县、河南巩县皆有霍山,明山以霍为名者非一矣。按尔雅大山绕小山为霍。　懿行案:此平阳永安之霍山也,山在今山西霍州东南。地理志云:"河东郡,彘:霍太山在东,冀州山。"晋书地理志云:"平阳郡,永安:霍山在东。"案水经汾水注有"彘水"、"霍水",并出霍太山,西南流注于汾水,此经绝不言有水。又尔雅记"西方之美"有"霍山之多珠玉",此经亦复不言。**其木多榖。有兽焉,其状如狸而白尾有鬣,名曰胐胐,养之可以已忧。**谓畜养之也。普昧反。　懿行案:陈藏器本草拾遗云:"风狸似兔而短,人取笼养之。"即此也。

又北五十二里曰**合谷之山,**懿行案:玉篇作"金谷多蒼棘"。**是多蒼棘。**未详。音"瞻"。　懿行案:本草云:"天蘠冬,一名颠棘。"即尔雅"髦,颠棘"也。"蒼",玉篇云"丁敢切",疑"蒼"、"颠"古字或通。

又北三十五里曰**阴山,**亦曰"险山"。**多砺石、文石。**砺石,石中磨者。　懿行案:"砺"当为"厉"。说文云:"厉,旱石也。"**少水出焉,**懿行案:水经注云:"沁水又迳沁水县故城北,春秋之少水也。"又云:"少水,今沁水。"郦氏此说,盖言沁水随地异名耳,不云即此经之少水也。且沁水出谒庆山，少水出阴山，既不同源，非一水明矣。**其中多彤棠，**懿行案：西次二经云"中皇之山多蕙、棠"，郭云："彤棠之属。"此作"彫棠"，疑形近而讹。**其叶如榆叶而方，其实如赤菽，**菽，豆。 懿行案："菽"当为"尗"，见说文。**食之已聋。**

　　又东北四百里曰鼓镫之山，懿行案：毕氏云："即鼓钟山，在今山西垣曲县。'钟'、'镫'形声皆相近。水经注云：'平水南流，历鼓钟上峡，水广一十许步，南流历鼓钟川，分为二涧。一水历冶官西，世人谓之鼓钟城。城之左右犹有遗铜及铜钱也。'即此山，而引中次七经鼓钟山，盖郦元之疏也。"**多赤铜。**懿行案：毕氏云："详水经注，云有冶官遗铜，则知古者冶铜于此，经言多赤铜，信也。"**有草焉，名曰荣草，其叶如柳，其本如鸡卵，食之已风。**懿行案：本草经云"蔄茹，味辛寒，除大风"，陶注云"叶似大戟"，蜀本注云"根如萝卜"，并与此合，岂是与？

　　凡薄山之首自甘枣之山至于鼓镫之山，凡十五山，六千六百七十里。懿行案：今才九百三十七里。经有误。**历儿，冢也，其祠礼：毛，太牢之具，县以吉玉。**县，祭山之名也，见尔雅。

　　懿行案：尔雅云"祭山曰庪、县"，郭注云："或庪或县，置之于山。"亦引此经文。**其余十三山者，**懿行案：风俗通云："赵襄子斋三日，亲自剖竹，有朱书曰'无恤，余霍太山阳侯大吏'云云。"是霍山之神名"阳侯"也，其余未闻。**毛用一羊，县婴用桑封，瘗而不糈。桑封者，**懿行案：毕氏云："'桑封'以下疑周、秦人释语乱入经文。"**桑主也，**懿行案：穆天子传云："乃驾鹿以游于山上，为之石主。"淮南齐俗训云："殷人之礼，其社用石。"是土神、山神之主例当用石，此则用木耳。又，祭山不独有主，兼亦有尸，故中次五经云"尸水合天"也。**方其下而锐其上，而中穿之，加金。**言作神主而祭，以金银饰之也。公羊传曰："虞主用桑。""主"或作"玉"。 懿行案：郭引公羊文二年传也。经言"作僖公主"，何休注云："主状正方，穿中央，达四方。"彼是说天子、诸侯之主。此言山神之主，所未闻也。郭云"主或作玉",盖字形之讹。

中次二经济山之首曰辉诸之山，_{懿行案}：山在上党。其上多桑。其兽多闾麋，其鸟多鹖。似雉而大，青色有毛，勇健，斗死乃止。音"曷"。出上党也。 _{懿行案}：张揖注上林赋云："鹖似雉，斗死不却。"说文云："鹖似雉，出上党。"刘昭注郡国志"上党郡，猗氏"引汉书音义云"县出鹖"，因知此经"辉诸之山"在上党猗氏县矣。李善注鹪鹩赋引此经郭注作"青色有角"，今本作"有毛"，二者皆误。李贤注后汉书西南夷传引此注，云："毨鸡似雉而大，青色，有毛角，斗敌死乃止。"是"鹖"或作"毨"，又增"鸡"字，非也；其作"毛角"则是。玉篇云："鹖，何葛切。鸟似雉而大，青色，有毛角，斗死乃止。"艺文类聚九十卷引郭氏赞云："鹖之为鸟，同群相为。畴类被侵，虽死不避。毛饰武士，兼厉以义。"

又西南二百里曰发视之山。其上多金、玉，其下多砥、砺。即鱼之水出焉，而西流注于伊水。

又西三百里曰豪山，其上多金、玉而无草木。

又西三百里曰鲜山，_{懿行案}：尔雅云："小山别，大山鲜。"水经伊水注有"鲜山"。山当在今河南嵩县。多金、玉，无草木。鲜水出焉，而北流注于伊水。_{懿行案}：水经云"伊水东北过郭落山"，注云："伊水又东北，鲜水入焉。水出鲜山，北流注于伊水。"其中多鸣蛇，其状如蛇而四翼，其音如磬，见则其邑大旱。_{懿行案}："鸣蛇"见南都赋，李善注引此经，与今本同。

又西三百里_{懿行案}："三百"当为"三十"，字之讹。曰阳山，_{懿行案}："阳山"见水经伊水注。隋书地理志云："陆浑县：有阳山。"多石，无草木。阳水出焉，而北流注于伊水。_{懿行案}：水经注云："阳水出阳山阳溪，世人谓之太阳谷，水亦取名焉。东流入伊水。"其中多化蛇，其状如人面而豺身，鸟翼而蛇行，_{懿行案}：广雅释地说"化蛇"本此经，文

112

同。**其音如叱呼，见则其邑大水。**

又西二百里曰昆吾之山，其上多赤铜。此山出名铜，色赤如火，以之作刀，切玉如割泥也，周穆王时西戎献之，尸子所谓"昆吾之剑"也。越绝书曰："赤堇之山破而出锡，若邪之谷涸而出铜，欧冶子因以为纯钩之剑。"汲郡冢中得铜剑一枝，长三尺五寸，乃今所名为干将剑。汲郡亦皆非铁也，明古者通以锡杂铜为兵器也。　懿行案：列子汤问篇云："周穆王大征西戎，西戎献锟铻之剑。其剑长尺有咫，练钢赤刃，用之切玉如切泥焉。"是郭所本也。又博物志引周书曰："昆吾氏献切玉刀，切玉如蜡〔一〕也。"子虚赋云"琳珉昆吾"，张揖注云："昆吾，山名也，出美金。尸子曰'昆吾之金。'"又郭注海内经"昆吾之丘"亦引尸子，曰"昆吾之金"，此注引作"剑"，盖字之讹也。又"铜剑一枝"，"枝"当为"枚"，亦字之讹也；艺文类聚六十卷引此注，"枝"正作"枚"。又"汲郡亦皆非铁"，郭氏欲明古剑皆铜为之耳。然越绝书云"欧冶子、干将凿茨山，泄其溪，取铁英，作为铁剑三枚"，史记亦云"楚之铁剑利而倡优拙"，是知古剑亦不尽用铜矣。类聚又引龙鱼河图云："流洲在西海中，上多积石，名为昆吾石。冶〔二〕其石成铁，作剑，光明四照，洞如水精。"案河图所说，此自别有昆吾石，非昆吾山之所出铜也。类聚六卷引十洲记与河图同。**有兽焉，其状如彘而有角，其音如号，**如人号哭。**名曰蠪蚳，**上已有此兽，疑同名。　懿行案："蚳"，疑当为"蛭"，已见东次二经"凫丽之山"。**食之不眯。**

又西百二十里曰葌山。音"间"。　懿行案：水经伊水注有"葌山"。山当在今河南卢氏县西南。**葌水出焉，而北流注于伊水。**懿行案：水经注云："伊水自熊耳东北，迳鸾川亭北。葌水出葌山，北流，际其城东而北入伊水。世人谓伊水为鸾水，葌水为交水，故名斯川为鸾川也。"**其上多金、玉，其下多青雄黄。有木焉，其状如棠而赤叶，名曰**

113

〔一〕"蜡"，今本博物志作"脂"。

〔二〕"冶"，原本误作"治"，据艺文类聚改。

芒草，音"忘"。　懿行案："芒草"亦单谓之"芒"。海内经说"建木"云"其叶如芒"，郭注云"芒木，似棠梨"，本此经为说也。又尔雅云"莔，春草"，郭注引本草云"一名芒草"，疑此非也。然芒草即草类，而经言"木"者，虽名为木，其实则草。正如仑者之山"有木如榖而赤理，其名白蓉"，白蓉即虆芜，亦草属也，故广雅列于草部。又如竹属，尔雅居于释草，而此经或言"草"或言"木"也。**可以毒鱼。**

又西一百五十里曰独苏之山，无草木而多水。

又西二百里曰蔓渠之山。懿行案：水经注云"即熊耳山之连麓"是也。山在今河南卢氏县熊耳山西。**其上多金、玉，其下多竹箭。伊水出焉，而东流注于洛。**今伊水出上洛卢氏县熊耳山，东北至河南洛阳县入洛。　懿行案：地理志云"弘农郡，卢氏：熊耳山在东，伊水出，东北入雒"，是郭所本也。晋书地理志云"上洛郡，卢氏：熊耳山在东，伊水所出"，与郭注合。水经云"伊水出南阳鲁阳县西蔓渠山"，注引此经云云，又引"淮南子曰'伊水出上魏山'，地理志曰'出熊耳山'，即麓大同，陵峦互别尔"。**有兽焉，其名曰马腹，其状如人面虎身，其音如婴儿，是食人。**懿行案：刀剑录云："汉章帝建初八年铸一金剑，令投伊水中，以厌人膝之怪。弘景案：水经云：'伊水有一物，如人膝头，有爪，人浴辄没不复出。'"陶氏所说参以刘昭注郡国志"南郡，中卢"引荆州记，云："陵水中有物如马，甲如鲮鲤不可入。七八月中，好在碛上自曝。膝头如虎掌爪，小儿不知，欲取弄戏，便杀人。或曰生得者摘其鼻，厌可小，小便名为水卢。"水经沔水注与荆州记小有异同。然则"人膝"之名盖取此。据陶、刘二家所说，形状与"马腹"相近，因附记焉。陶氏所引水经，盖即郭所注者，今亡无考。

凡济山经之首自辉诸之山至于蔓渠之山，凡九山，一千六百七十里。懿行案：今一千七百七十里。**其神皆人面而鸟身，祠用毛，**择用毛色。**用一吉玉，投而不糈。**

山海经笺疏

中次三经萯山之首"萯"音"倍"。 懿行案:竹书云"夏帝孔甲三年,畋于萯山",即此。水经河水注引"吕氏春秋音初篇云'田于东阳萯山',帝王世纪以为'即东首阳山'也,盖是山之殊目矣"。**曰敖岸之山。**或作"献"。 懿行案:毕氏云:"春秋传云'敖、鄗之间',疑即此山,音相近。"**其阳多㻬琈之玉,其阴多赭、黄金。神熏池居之。是常出美玉。**或作"石"。**北望河林,**懿行案:思玄赋云"憛河林之蓁蓁",即此。**其状如茜如举。**说者云:茜、举皆木名也,未详。"茜"音"倩"。 懿行案:茜,草也;举,木也。举即榉柳,本草陶注详之。李善注思玄赋及李贤注后汉书张衡传引此经,并无"如举"二字,盖脱。**有兽焉,其状如白鹿而四角,名曰夫诸,**懿行案:玉篇云"麌音夫,麌音诸",盖"夫诸"本或作"麌麌"也。**见则其邑大水。**

又东十里曰青要之山,懿行案:山在今河南新安县西北二十里。水经注云:"新安县青要山,今谓之强山。"**实维帝之密都。**天帝曲密之邑。 懿行案:尔雅云:"山如堂者,密。"**北望河曲,**河千里一曲一直也。 懿行案:"河曲"及郭注并见尔雅。**是多驾鸟。**未详也。或曰"驾"宜为"䴔"。䴔,鹅也,音"加"。 懿行案:说文云:"䴈,䴙䴈也。""䴈"通作"䴔",又通作"驾"。汉书司马相如传"连䴔鹅",史记正作"驾"。又,鲁大夫有荣驾鹅也。**南望墠渚,**水中小洲名渚。"墠"音"填"。 懿行案:水经伊水注云:"禅渚水上承陆浑县东禅渚,渚在原上,陂方十里,佳饶鱼苇。"即引此经云云,"墠"作"禅"。又引郭注云禅"一音暖",今本脱此三字。**禹父之所化,**鲧化于羽渊,为黄熊。今复云在此,然则一已有变化之性者,亦无往而不化也。 懿行案:水经注引郭注,云:"鲧化羽渊,而复在此,然已变怪,亦无往而不化矣。"与今本详略异。又案山海经,禹所著书,不应自道"禹父之所化",疑此语亦后人羼入之。**是多仆累、蒲卢。**仆累,蜗牛也。尔雅曰:"蒲卢者,螺蛉也。" 懿行案:蜗牛名蚹蠃,见尔雅。蒲卢者,夏小正传云:"蜃者,蒲卢也。"广雅云:"蚌蛤,蒲卢也。"是蒲卢为蜃蛤之属。"蒲卢"声转为"仆累",即"蜾蠃"也。郭注西次三经"槐江之山"云"蠃母即蜾蠃"是矣。又声转为"蚹蠃",即"蒲蠃"也。吴语云"其民必移就蒲蠃于东海之滨"是矣。是"仆累"、"蒲卢"同类之物,并生于水泽下湿之地。至于尔雅之"蒲卢",非水虫也,郭氏引之误矣,以"蒲卢"为螟蛉,尤误。**魑武罗司之**,武罗,神名。"魑"即"神"字。 懿行案:说文云:"魑,神也。"玉篇云:"山神也。"俱本此。李善注魏都赋引此经郭注云"魑,音神",与今本不同。**其状人面而豹文,小要而白齿**,或作"首"。 懿行案:"白齿"即左传所云"晢齘"。**而穿耳以镰**,镰,金银器之名,未详也。音"渠"。 懿行案:"镰",假借字也。说文以为"虡"或字,其"新附字"引此经则作"璩",云"璩,环属也"。后汉书张奂传云"遗金镰八枚",魏都赋云"镰耳之杰",李善、李贤注并引此注。**其鸣如鸣玉。** 如人鸣玉佩声。**是山也,宜女子。** 懿行案:"宜女"之义未详。吴氏引淮南子"青要玉女,降霜神也"。今考淮南天文训虽有"青女乃出,以降霜雪"之文,而无"青要玉女"之说,当在阙疑。**畛水出焉**,音"轸"。**而北流注于河。** 懿行案:水经注云:"河水与教水合,又与畛水合。水出新安县青要山,其水北流入于河。"引此经云云,即是水也。**其中有鸟焉,名曰鴢**,音如"窈窕"之"窈"。 懿行案:尔雅云"鴢,头鸡",郭注云:"似凫,脚近尾,略不能行,江东谓之鱼鵁。"李善注江赋引此经与今本同。**其状如凫,青身而朱目赤尾**,朱,浅赤也。 懿行案:李善注江赋引此经同。**食之宜子。有草焉,其状如萚**菅,似茅也。 懿行案:"萚"非"菅",已见上文"吴林山"。**而方茎,黄华赤实,其本如藁本**,根似藁本,亦香草。 懿行案:广雅云:"山茝、蔚香、藁本也。"**名曰荀草**,或曰"苟草"。**服之美人色。** 令人更美艳。 懿行案:本草经云:"旋花主面皯黑、色媚好。一名金沸。"别录云:"一名美草,生豫州平泽。"陶注云:"根似杜若,亦似高良姜。"又云:"叶似姜,花赤色,子状如豆蔻。"今案旋花一名金沸,明是黄花,陶注云"赤色",误矣。又唐、宋本草或以旋花为今鼓子花,然与本经不合。此皆非矣,唯陶说形状与此经同,别录云"生豫州",地亦相近。"荀"、"旋"声近也。

又东十里曰騩山。音"巍"。　懿行案:水经注云:"騩山,强山东阜也。"郑语云"主芣、騩而食溱、洧","騩"即"騩"也,古字通用。其上有美枣,其阴有琈琈之玉。正回之水出焉,而北流注于河。懿行案:水经注云:"河水与畛水合。又东,正回之水入焉。水出騩山,东流,俗谓之强川水,与石瓜畴川合。又东迳强冶铁官东,东北流注于河。"其中多飞鱼,其状如豚而赤文,服之不畏雷,可以御兵。懿行案:上文劳水飞鱼,与此同名,非一物也。初学记一卷引郭氏赞云:"飞鱼如豚,赤文无君。食之辟兵,不畏雷音。"案"无君"二字讹。艺文类聚二卷引作"赤文无羽"是矣,而"不畏雷"下复脱一字,疑初学记"雷音"当为"雷鼓"字之讹。

又东四十里曰宜苏之山。懿行案:水经注:"山在河南垣县。"今为孟津县。"垣"上当脱"东"字。其上多金、玉,其下多蔓居之木。未详。　懿行案:广雅云:"牡荆,曼荆也。""曼",本草作"蔓",此经"蔓居"疑"蔓荆"声之转。"蔓荆"列本草"木部",故此亦云"蔓居之木"也。滽滽之水出焉,音"容"。而北流注于河,懿行案:"滽滽",水经注作"庸庸",云:"河水又东,正回之水入焉。又东合庸庸之水。水出河南垣县宜苏山,俗谓之长泉水。伊、洛门也。其水北流,分为二水,一水北入河,一水又东北流注于河。"是多黄贝。

又东二十里曰和山。懿行案:水经注云"河水又东,溴水入焉",引此经云云。案山当在今河南孟津县界。其上无草木而多瑶碧,懿行案:李善注洛神赋引此经,与今本同。实惟河之九都。九水所潜,故曰九都。　懿行案:都者,潴也。史记夏本纪索隐曰:"都,古文尚书作'猪'。孔安国云'水所停曰猪',郑玄云'南方谓都为猪',则是水聚会之义。"郭注"潜"字误,藏经本作"聚"。李善注海赋引此经及郭注,并与今本同。是山也五曲,曲回五重。　懿行案:李善注沈约钟山应西阳王教诗引此经郭注,作"曲,回也"。九水出焉,懿行案:水经注据帝王世纪,以是山即东首阳山也,云:"今于首阳东山无水以应之,当是今古世悬,川域改状矣。"合而北流注于河。其中多苍玉。懿行案:水经注引此经,作"其阳多苍玉"。

吉神泰逢司之，吉，犹善也。　懿行案："逢"，玉篇作"𬱨"，云"神名"。广韵亦作"𬱨"。**其状如人而虎尾**，或作"雀尾"。**是好居于萯山之阳，出入有光。泰逢神动天地气也。**言其有灵爽能兴云雨也。夏后孔甲田于萯山之下，天大风晦冥，孔甲迷惑，入于民室。见吕氏春秋也。　懿行案：见吕氏春秋音初篇。广韵"𬱨"字云："大黄萯山神，能动天地气，昔孔甲遇之。"广韵此言盖以大风晦冥即是神所为也。"大黄"二字今未详。太平御览十一卷引遁甲开山图曰："郑有不毛山，上有无为之君，分布云雨于九州之内。"荣氏解曰："不毛山不生树木，古无为君常处其上，布洒云雨，九州之内平均。"今案和山上无草木，当即不毛山，其无为君当即泰逢矣。存以俟考。

　　凡萯山之首自敖岸之山至于和山，凡五山，四百四十里。懿行案：今才八十里。**其祠泰逢、熏池、武罗，皆一牡羊，副，**副谓破羊骨，磔之以祭也，见周礼。音"悃愊"之"愊"。　懿行案：说文云"副，判也"，引周礼曰"副辜"，籀文作"疈"。今周礼大宗伯正作"疈"。**婴用吉玉。其二神用一雄鸡，瘗之，糈用稌。**

　　中次四经厘山之首音"狸"。**曰鹿蹄之山。**懿行案：水经云"鹿蹄山在宜阳县"，注云"山在河南陆浑县故城西北，俗谓之纵山"，又云"世谓之非山"，又云"山石之上有鹿蹄，自然成著，非人功所刊。其山阴峻绝百仞，阳则原阜隆平"。**其上多玉，其下多金。甘水出焉，而北流注于洛，**懿行案：水经云"甘水出弘农宜阳县鹿蹄山"，注引京相璠曰"今河南县西南有甘水，北入洛"，又云"甘水发于东麓，北流注于洛水也"。**其中多泠石。**"泠石"未闻也。"泠"或作"涂"。　懿行案："泠"当为"汵"，西次四经"号山多汵石"是也。郭云"泠或作涂"，"涂"亦借作泥涂字，"汵"又训泥，二字义同，故得通用。又"涂"或"淦"字之讹也，说文"汵"、"淦"同。

　　西五十里曰扶猪之山。懿行案：水经注云"南则鹿蹄之山也"，此经云"西"者,盖在西北。玉篇引此经作"状腊之山",盖"猪"亦作"腊",见玉篇。**其上多礝石。**音"耎"。今雁门山中出礝石,白者如冰,水中有赤色者。　懿行案:"礝"当为"碝"。说文云:"碝,石次玉者。"玉篇同,云"亦作瑌",引此经作"瑌石",或所见本异也。张揖注上林赋云"碝石白者如冰,半有赤色",玉篇引此郭注同,与今本异。**有兽焉,其状如貉而人目,**"貉"或作"貕",古字。　懿行案:玉篇云"貕同貊",本于郭注也。玉篇、广韵引此经"人目"并作"八目",误。**其名曰麐。**音"银"。或作"麜"。　懿行案:玉篇云"麐,兽名",引此经。**虢水出焉,而北流注于洛,**懿行案:水经注云:"洛水又与虢水会。水出扶猪之山,北流注于洛。"**其中多瑌石。**言亦出水中。　懿行案:"瑌"亦当为"碝"。

又西一百二十里曰厘山。懿行案:山在今河南嵩县西。**其阳多玉,其阴多蒐。**音"搜"。茅蒐,今之茜草也。　懿行案:"茹蘆,茅蒐",见尔雅。郭音"蒐"为"搜",非也。诗郑笺及晋语韦昭注并以"茅蒐"、"靺韐"为合声及声转之字,是蒐从鬼声,当读如"鬼",不合音"搜"。后人借为"春蒐"之字,亦误矣,说见尔雅略。**有兽焉,其状如牛,苍身,其音如婴儿,是食人,其名曰犀渠。**懿行案:"犀渠",盖犀牛之属也。吴语云"奉文犀之渠",吴都赋云"户有犀渠"。疑古用此兽皮蒙楯,故因名楯为"犀渠"矣。**潏潏之水出焉,而南流注于伊水。**懿行案:水经云"伊水又东北过陆浑县南",注引此经云云,"今水出陆浑县之西南王母涧,涧北山上有王母祠,故世因以名溪。东流注于伊水,即潏潏之水也"。是郦氏所称王母涧当即厘山。**有兽焉,名曰獂,**音"苍颉"之"颉"。　懿行案:"獂"字诸书所无。郭氏江赋有"猵獭",李善注引此经亦作"獭"。又引郭注云"音苍颉之颉,与獭同",然"獭"不与"颉"同音,未知其审。**其状如獳犬**懿行案:说文云:"獳,怒犬皃。读若耨。"李善注江赋引此经作"状如鱬",无"犬"字,云"鱬,如珠切",与今本异也。**而有鳞,**懿行案:江赋注引经无此三字。**其毛如彘鬣。**生鳞间也。

又西二百里曰箕尾之山。懿行案：或云即箕山，许由所隐，非也。箕山在厘山之东二百里，与经言"西"不合。**多榖，多涂石，**懿行案：上文"鹿蹄山"云"多泠石"，郭云"泠"或作"涂"，说已见上。**其上多㻬琈之玉。**

又西二百五十里曰柄山。其上多玉，其下多铜。滔雕之水出焉，而北流注于洛。懿行案："柄山"、"滔雕水"及下文"白边山"，计其道里，当在宜阳、永宁、卢氏三县之境。**其中多羬羊。**懿行案："羬"当为"麙"，见说文。**有木焉，其状如樗，其叶如桐而荚实，其名曰茇，可以毒鱼。**"茇"一作"艾"。　懿行案：尔雅云"杬，鱼毒"，说文"杬"从艸作"芫"，疑作"艾"者因字形近"芫"而讹。又本草别录云"狼跋子，主杀虫鱼"，陶注云："出交广，形扁扁，制捣以杂木，投水中，鱼无大小，皆浮水而死。"今案"狼跋"之名虽与此经名"茇"相合，但彼列草部，非此木之比也。

又西二百里曰白边之山。其上多金、玉，其下多青雄黄。

又西二百里曰熊耳之山。今在上洛县南。　懿行案：地理志云："弘农郡，上雒：熊耳、获舆山在东北。"是郭所本也。山在今陕西洛南县东南，河南卢氏县西南，洛水所经。史记正义引括地志云"熊耳山在虢州，洛所经"。又云"在虢州卢氏县南五十里，与禹贡'导洛自熊耳'别一山也"。**其上多漆，其下多椶。浮濠之水出焉，**懿行案："濠"，水经注及刘昭注郡国志并作"豪"。水经注云："洛水迳阳渠关北。阳渠水南出阳渠山，即荀渠山也。其水一源两分，川流半解。一水西北流，屈而东北入于洛。"引此经云云，疑即是水也。"荀渠"盖"熊耳"之殊称也。**而西流注于洛。**懿行案：水经注及刘昭注郡国志并引此经，"西"下有"北"字。**其中多水玉，**懿行案：刘昭注郡国志引此经，作"美玉"。**多人鱼。有草焉，**懿行案：玉篇

120

作"熊耳山有细草"。**其状如苏而赤华，名曰葶苪，**"亭宁"、"盯瞳"二音。　懿行案：广雅云："苪，苏也。""苪"上疑脱"葶"字。此经云"其状如苏"，是必苏类。其味辛香，故可以毒鱼也。苏颂本草图经云："苏有鱼苏，似茵蔯，大叶而香，吴人以煮鱼者。一名鱼蓣。生山石闲者名山鱼苏。"**可以毒鱼。**

　　又西三百里曰牡山。懿行案：尔雅疏引此经作"牝山"，藏经本作"壮山"。**其上多文石，其下多竹箭、竹䉋。**懿行案："䉋"上"竹"字疑衍。**其兽多㸸牛、臧羊，鸟多赤鷩。**音"闭"，即鷩雉也。　懿行案："鷩雉"见尔雅。

　　又西三百五十里曰谨举之山。懿行案：水经云"洛水出京兆上洛县谨举山"，地理志云："弘农郡，上雒：禹贡雒水出冢领山。""冢领山"当即"谨举山"也。地理志又云："上雒：熊耳、获舆山在东北。"或以"获舆"、"谨举"字形相近疑为一山，然据地理志及水经注，盖二山也。刘昭注郡国志引此经，"谨"作"护"。**雒水出焉，而东北流注于玄扈之水，**懿行案：水经注云"洛水又东至阳虚山，合玄扈之水"，引此经文是也。"洛水"又见海内东经。**其中多马肠之物。**懿行案：上文"蔓渠山""马腹"一本作"马肠"，盖此是也。大荒西经"女娲之肠"或作"女娲之腹"，亦其例。**此二山者，洛间也。**洛水今出上洛县冢岭山。河图曰"玄扈洛汭"，谓此间也。　懿行案：经言"此二山者"，谓玄扈、谨举也。水经注引此经，又云"玄扈之水出于玄扈之山"，盖山水兼受其目也。

　　凡厘山之首自鹿蹄之山至于玄扈之山，凡九山，懿行案：水经注引此经而释之云："玄扈亦山名也，而通与谨举为九山之次焉。"**千六百七十里。其神状皆人面兽身，其祠之：毛用一白鸡，祈而不糈，**言直祈祷。　懿行案："祈"当为"䭜"。**以采衣之。**以彩饰鸡。　懿行案："以彩饰鸡"，犹如以文绣被牛。

中次五经薄山之首懿行案：薄山，即篇首"薄山曰甘枣山"者。曰苟床之山。或作"苟林山"。　懿行案：下文正作"苟林山"，文选江赋注引此经亦作"苟林山"。无草木，多怪石。怪石似玉也。书曰"铅、松、怪石"也。

东三百里曰首山。懿行案：史记封禅书：申公曰："天下名山八，而三在蛮夷，五在中国。五山，黄帝之所常游。"首山其一。以首山与华山、太室并称，盖山起蒲州蒲坂，与嵩、华连接而为首，故山因取名与？吕氏春秋有始览亦以首山与太华并称，高诱注云："首山在蒲坂之南，河曲之中，伯夷所隐也。"其阴多榖、柞，草多荒、芫。荒，山蓟也。芫，华中药。　懿行案："荒"见尔雅，"芫"见本草。又尔雅有"杬，鱼毒"，在释木，亦是也。说文云："芫，鱼毒也。"其阳多䃂琈之玉。木多槐。其阴有谷曰机谷。多䭱鸟，音如"钳钛"之"钛"。　懿行案：玉篇有"䭱"字，云"徒赖切"。其状如枭懿行案：李善注江赋引此经作"其状如凫"，玉篇作"䭱鸟似乌"。而三目有耳，其音如录，懿行案："录"盖"鹿"字假音。玉篇作"音如豕"。食之已垫。未闻。　懿行案：尚书云："下民昏垫。"方言云："垫，下也。"是垫盖下湿之疾。玉篇说此鸟，作"食之亡热"，非郭义也。又说文云"霫，寒也，读若春秋传'垫厄'"，义亦相近。

又东三百里曰县斸之山。音如"斤斸"之"斸"。无草木，多文石。

又东三百里曰葱聋之山。无草木，多䃜石。未详。　懿行案：毕氏云："䃜当为玭。说文云：'石之次玉者。'"

东北五百里曰条谷之山。其木多槐、桐，其草多芍药、虋冬。本草经曰："虋冬一名满冬。"今作"门"，俗作"耳"。　懿行案："虋"当作"蘪"。尔雅云"蔷蘪，蘪冬"，郭引本草与此同。今检本草无"满冬"之名，必郭所见本尚有之，今阙脱。

又北十里曰超山。其阴多苍玉，其阳有井，冬有水而夏竭。懿行案:视山有井,“夏有水,冬竭”,与此相反。见中次一十一经。

又东五百里曰成侯之山。其上多櫄木,似樗树,材中车辕。吴人呼櫄音“輴”,车或曰“輴车”。　懿行案:说文云:“杶,或作櫄。”即今“椿”字也。其草多芁。懿行案:“芁”,说文训“草盛”,非草名也。疑“芁”当为“艽”字之讹。“艽”音“交”,即药草“秦艽”也,见本草。玉篇云:“茮,秦茮,药。同艽。”

又东五百里曰朝歌之山。谷多美垩。

又东五百里曰槐山。懿行案:毕氏云:“‘槐’当为‘稄’,即‘稷’字古文,见说文,形相近,字之误也。稄山在今山西稷山县。杜预注左传云:‘河南闻喜有稄山。’”今案杜预注“河南”当为“河东”,字之讹也。太平御览四十五卷引隋图经曰:“稄山在绛郡,后稷播百谷于此山。”亦左氏传谓“晋侯治兵于稄,以略狄土”是此也。谷多金、锡。

又东十里曰历山。懿行案:即上文“历儿山”。水经注云:“河东郡南有历山,舜所耕处也。”其木多槐,懿行案:广韵“去声九御”及“上声八语”并收“楚”字。“九御”“楚”云:“木名,出历山。”疑此经“槐”本或作“楚”,抑或经文脱“楚”字也。俟考。其阳多玉。

又东十里曰尸山。懿行案:水经洛水注有“尸山”,“尸”作“户”。多苍玉。其兽多麖。似鹿而小,黑色。　懿行案:尔雅云:“麖,大麇,牛尾,一角。”说文云:“麖,或作麖。”是麖当似鹿而大,郭云“小”,疑误。尸水出焉,南流注于洛水,懿行案:水经注云:“洛水又东,尸水注之。水北发尸山,南流入洛。”“尸”,水经注作“户”。其中多美玉。

又东十里曰良余之山。懿行案:水经注有“良余山”,本或作“粮”,非。其上多穀、柞,无石。余水出于其阴,而北流注于河。懿行案:水经云“渭水又东过郑县北”,注云:“渭水又东,余水注之。水南出粮余山之阴,北流入于渭,俗谓之宣水也。”案余水入渭,此经云“注河”

者，盖合渭而入于河。**乳水出于其阳，而东南流注于洛。**懿行案：水经注云："洛水又东，得乳水。水北出良余山南，南流注于洛。"

又东南十里曰**蛊尾之山**，懿行案：水经注作"虫尾"。**多砺石、赤铜。龙余之水出焉，而东南流注于洛。**懿行案：水经注云："洛水得乳水，又东，会于龙余之水。水出虫尾之山，东流入洛。"

又东北二十里曰**升山**。懿行案：水经渭水注有"升山"。**其木多榖、柞、棘，其草多藷藇、蕙，**蕙，香草也。懿行案："蕙"已见西山经"浮山"及"幡冢山"。**多寇脱。**寇脱草，生南方，高丈许，似荷叶，而茎中有瓤正白。零、桂人植而日灌之，以为树也。懿行案："寇脱"即"活脱"也。"寇"、"活"声之转。尔雅云"离南，活莌"，郭注与此注同。又云"倚商，活脱"，亦是也。**黄酸之水出焉，而北流注于河，**懿行案：水经注云："渭水又东，合黄酸之水，世名之为千渠水。水南出升山，北流注于渭。"案此经云"注河"者，亦合渭而入河。**其中多璇玉。**石次玉者也。孙卿曰："璇玉瑶珠不知佩。""璇"音"旋"。懿行案："孙卿"本作"荀卿"。所引见荀子赋篇。韩诗外传亦引作"璇"，并非也。古无"璇"字，有"琁"，与"琼"同，赤玉也。"璇玉"之"璇"当为"璿"，古文作"璿"，美玉也，并见说文。后世作字通，以"琁"代"璿"，故经典多误。李善注颜延之陶征士诔引此经，亦作"琁玉"，又引说文曰"琁亦璿字"，非也。

又东十二里曰**阳虚之山，多金，临于玄扈之水。**河图曰："苍颉为帝，南巡狩，登阳虚之山，临于玄扈洛汭，灵龟负书，丹甲青文，以授之。"出此水中也。懿行案：水经注云"洛水又东至杨虚山，合玄扈之水"，又云"玄扈水迳于阳虚之下"，引此经云云，有"是为洛汭"四字，今本盖脱去之。又引河图玉版，与郭所引同也。阳虚山在今陕西洛南县。

凡**薄山**之首自**苟林之山**至于**阳虚之山**，凡十六山，懿行案：今才十五山。**二千九百八十二里。升山冢也，其祠礼：太牢，婴用吉玉。首山，魁也，其祠：用稌，黑牺，太牢之具，蘖酿，以糵作醴酒也。　懿行案：糵，牙米也，见说文。今以牙米酿酒极甘，谓之糖酒。**干儛**，干儛，万儛。干，楯也。　懿行案："儛"与"舞"同。夏小正传云："万也者，干戚舞也，邶风简兮篇云'方将万舞'是也。"**置鼓**，击之以舞。　懿行案："置"亦"植"也，古字通用。郑注明堂位引殷颂曰"植我鼗鼓"，今商颂那篇"植"作"寘"也。**婴用一璧。尸水，合天也**，天，神之所冯也。**肥牲祠之，用一黑犬于上，用一雌鸡于下，刉一牝羊，献血**。以血祭也。刉犹刲也。周礼曰："刉衈，奉犬牲。"　懿行案：秋官"士师"云："凡刉珥，则奉犬牲"，郑注云："衅礼之事用牲，毛者曰刉，羽者曰衈。"**婴用吉玉，采之**，又加以缋彩之饰也。**飨之**。劝强之也。特牲馈食礼曰"执奠祝飨"是也。　懿行案："劝强之"者，考工记云："祭侯之礼，以酒、脯、醢，其辞曰：强饮强食，诒女曾孙，诸侯百福。"特牲馈食礼云"尸答拜，执奠祝飨"，郑注云："飨，劝强之也。"是郭注所本。

中次六经缟羝山之首曰平逢之山，

懿行案：水经谷水注引此经作"平蓬山"，即北邙山、郏山之异名也。太平寰宇记云："河南县芒山，在县北[一]十里，一名平逢山。"**南望伊、洛，东望谷城之山**。在济北谷城县西，黄石公石在此山下，张良取以合葬尔。　懿行案：地理志云"河南郡，谷成"，盖县因山为名，山在今河南洛阳县西北。郭云"在济北"者，晋书地理志云"济北国，谷城"是矣。水经"济水过谷城县西"，注引魏土地记曰："县有谷城山，山出文石。"又云："有黄山台，黄石公与张子房期处也。"**无草木，无水，多沙石。有神焉，其状如人而二首，名曰骄虫**，懿行案：太平御览九百五十卷引此经，"骄"作"娇"。**是为螫虫**，为螫虫之长。**实惟蜂蜜之庐**。言群蜂之所舍集。蜜，赤蜂名。　懿行案："赤"疑"亦"字之讹。蜂凡数种，作蜜者即呼蜜蜂，故曰"蜜，亦蜂名"。说文云："䖈，或作蜜，䖯

125

────────────

〔一〕"北"，原作"地"，据太平寰宇记卷三改。

甘饴也。"**其祠之：用一雄鸡，禳而勿杀。**禳亦祭名，谓禳却恶气也。

西十里曰缟羝之山。懿行案：水经注云"平蓬山西十里厖山"，是不数此山也。然得此乃合于此经十四山之数，疑水经注脱去之。**无草木，多金、玉。**

又西十里曰厖山。音如"瑰伟"之"瑰"。　懿行案：初学记二十八卷引此经作"沃山"，误。毕氏云："山当在今河南河南县西。隋地理志云'新安有魏山，有孝水'，'魏'、'厖'音同也。新安与河南接境。"**其阴**懿行案：水经注及太平御览六十三卷引此经，作"其阳"。**多瑊珬之玉。其西有谷焉，名曰雚谷，**懿行案：左传昭二十六年云"王次于雚谷"，杜预注云："雚谷，周地。"释文云："雚音丸，本又作蓲，古乱反。"即此经"雚谷"也。其地当去河南洛阳为近。初学记引此经，云："沃山之西有谷焉，名均雚谷，其木多柳。""均"字衍。**其木多柳、楮。其中有鸟焉，状如山鸡而长尾，赤如丹火而青喙，名曰鸰鹨，**"铃""要"二音。　懿行案：玉篇"鹨"字，说与此经同。**其鸣自呼，服之不眯。交觞之水出于其阳，而南流注于洛。**懿行案："觞"，水经洛水注作"觸"，云："惠水又东南，谢水北出瞻诸之山。东南流，又有交觸之水，北出厖山，南流，俱合惠水。惠水又南流，入于洛水。"**俞随之水出于其阴，而北流注于谷水。**懿行案：水经注云"谷水又东，俞随之水注之"，引此经云云，"世谓之孝水也。潘岳西征赋曰：'澡孝水以濯缨，嘉美名之在兹。'是水在河南城西十余里，故吕忱曰'孝水在河南'也"。

又西三十里曰瞻诸之山。懿行案：山见水经注。玉篇作"瞻渚山"。**其阳多金，其阴多文石。谢水出焉，而东南流注于洛。**音"谢"。　懿行案：玉篇云："谢水出瞻渚山。""谢"，水经注作"谢"，已见上文。盖谢水会交觸之水，南流俱合惠水，又南流入洛也。**少水出其阴，而东流注于谷水。**世谓之慈涧。　懿行案：水经注云"谷水又东，少水注之"，引此经云云，"控引众溪，积以成川。东流注于谷，世谓之慈涧也"。又涧

山
海
经
笺
疏

126

水注云:"今孝水东十里有水,世谓之慈涧,又谓之涧水。按山海经则少水也,而非涧水,盖习俗之误尔。"

又西三十里曰娄涿之山。无草木,多金、玉。瞻水出于其阳,而东流注于洛。懿行案:水经洛水注云:"惠水出白石山之阳,东南流,与瞻水合。水东出娄涿之山,而南流入惠水。"陂水出于其阴,世谓之百苔水。而北流注于谷水。懿行案:"陂",水经注作"波",云"谷水又东,波水注之",引此经云云,"世谓之百苔水,北流注于谷"。其中多茈石、文石。懿行案:北山经首"逢水"中多此二石,其"茈"误作"芘"也。

又西四十里曰白石之山。懿行案:水经云"涧水出新安县南白石山",注云:"世谓是山曰广阳山。"惠水出于其阳,而南流注于洛,懿行案:水经注云"洛水自枝渎,又东出关,惠水右注之,世谓之八关水。水出白石山之阳",引此经云云。又涧水注引此经作"东南注于洛",洛水注引此经又无"东"字,与今本同。其中多水玉。涧水出于其阴,书曰"伊、洛、瀍、涧"。 懿行案:说文云"涧水出弘农新安,东南入洛",本地理志为说也。水经云"涧水出新安县南白石山",注引此经云云,"世谓是水曰赤岸水,亦曰石子涧"。西北流注于谷水,懿行案:地理志、说文、水经并言涧水入洛水,此经云"注于谷水"者,盖合谷水而入洛水也。又水经涧水及谷水注引此经,并无"西"字。其中多麋石、栌丹。皆未闻。 懿行案:"麋石"或是画眉石。"眉"、"麋"古字通也。"栌丹"疑即黑丹,"栌"、"卢"通也。又说文云:"宅栌木,出弘农山。"陶注本草引李当之曰"溲疏,一名杨栌",别录云"生熊耳川谷",说文"宅栌"或即此。

又西五十里曰谷山。懿行案:山见水经注。太平寰宇记云:"渑池县,谷山在县南八十里。"其上多榖,其下多桑。爽水出焉,世谓之纻麻涧。而西北流注于谷水,懿行案:水经注云:"谷水又东北,迳函谷关城东,右合爽水。"引此经云云,"世谓之纻麻涧,北流,注于谷"。案郦氏引此经直作"北流"，无"西"字。"世谓之纴麻涧"句，盖并引郭注也。上文同。**其中多碧绿。**

又西七十二里曰密山。今荥阳密县亦有密山，疑非也。　懿行案：尔雅云："山如堂者，密。"此密在今河南新安县也。水经注云："洛水又东与豪水会。水出新安县密山。"**其阳多玉，其阴多铁。豪水出焉，而南流注于洛。**懿行案：水经注云："洛水又东，与豪水会，南流，历九曲东，而南流入于洛。"**其中多旋龟，其状鸟首而鳖尾，其音如判木。**懿行案："旋龟"之状已见南山经"杻阳之山"。**无草木。**

又西百里曰长石之山。懿行案：山在今河南新安县。见水经注。**无草木，多金、玉。其西有谷焉，名曰共谷，多竹。共水出焉，西南流注于洛，**懿行案：水经注云："洛水又东，共水入焉。水北出长石之山，山无草木。其西有谷焉，厥名共谷，共水出焉。南流得尹溪口，又西南与左涧水会，又南与李谷水合。共水，世谓之石头泉，而南流注于洛。"**其中多鸣石。**晋永康元年，襄阳郡上鸣石，似玉，色青，撞之声闻七八里。今零陵泉陵县永正乡有鸣石二所，其一状如鼓，俗因名为石鼓，即此类也。　懿行案：郭氏江赋云"鸣石列于阳渚"，李善注引此经及郭注，并与今本同。初学记十六卷引王韶之始兴记云"县下流有石室，内有悬石，扣之声若磬，响十余里"，亦此类也。郭云"襄阳郡上鸣石"，见晋书五行志。

又西一百四十里曰傅山。懿行案：山见水经注。**无草木，多瑶、碧。厌染之水出于其阳，而南流注于洛，**懿行案："染"，水经注作"梁"，云："洛水又东迳宜阳县故城南，又东与厌梁之水合。水出县北傅山大陂，山无草木，其水自陂。"**其中多人鱼。**懿行案："人鱼"已见北次三经"决决之水"。**其西有林焉，名曰墦冢。**音"番"。**谷水出焉，而东流注于洛，**今谷水出谷阳谷，东北至谷城县入洛河。　懿行案：地理志云"弘农郡，黾池：谷水出谷阳谷，东北至谷城入雒"，是郭所本也。"洛"谓之"河"者，北方人凡水通名河也。水经云"谷水出弘农黾池县南墦冢林谷阳谷”,注引此经云云,“今谷水出于峭东马头山谷阳谷”。**其中多琱玉。**未闻也。“琱”音“堙”。　懿行案:太平御览六十二卷引此经作“瑂玉”。广雅云:“璑,瑂玉。”玉篇云:“瑂,齐玉。奇殒切。”是此经“琱”本又作“瑂”也。水经注引此经又作“珉玉”。

又西五十里曰橐山,其木多樗,懿行案:“樗”当为“桴”,说文云“桴木出橐山”,谓此也。广韵“十一模”曰:“黄桴木,可染。”“十姥”曰:“桴,木名,可染缯。”**多構木。**今蜀中有構木,七八月中吐穗,穗成,如有盐粉著状,可以酢羹。音“备”。　懿行案:玉篇云:“構,木名。”说与郭同。郭注“酢”盖“作”字之讹也。本草:“盐麸子即五構子,俗讹为‘五倍子’。”陈藏器本草拾遗云“盐麸子,生吴、蜀山谷,树状如椿。七月子成穗,粒如小豆,上有盐似雪,可为羹用”是也。太平御览引此经作“樠”,云“音谩”,或所见本异也。管子地员篇云:“其木乃樠。”**其阳多金、玉,其阴多铁多萧。**萧,蒿。见尔雅。　懿行案:尔雅云“萧,荻[一]”,郭注云:“即蒿也。”**橐水出焉,而北流注于河。**懿行案:水经云“河水又东过陕县北”,注云:“橐水出橐山,西[二]北流出谷,谓之漫涧。西迳陕县故城南。又西北迳陕城西,西北入于河。”**其中多修辟之鱼,**懿行案:此鱼即䱻属也。䱻,亦名䱻鱼。见汉书东方朔传。**状如黾**黾,蛙属也。　懿行案:詹诸,在水者名黾,见尔雅。**而白喙,其音如鸱,食之已白癣。**

又西九十里曰常烝之山。懿行案:山见水经注。**无草木,多垩。潐水出焉,**音“谯”。**而东北流注于河,**懿行案:水经注云:“河水又东合潐水。水导源常烝之山,俗谓之干山。山在陕城南八十里。其川二源双导,同注一壑,而西北流注于河。”**其中多苍玉。菑水出焉,而北流注于河。**懿行案:水经注云:“河水又东,菑水注之,水出常烝之

〔一〕“荻”,原本作“萩”,据尔雅改。
〔二〕“西”字,据水经注似为衍文。

山。西北迳曲沃城南，又屈迳其城西，西北入河。"又引"潘岳西征赋曰‘憩于曹阳之墟’，以山海经求之，菑、曹字相类，是或有曹阳之名也"。

　　又西九十里曰夸父之山。懿行案：山一名秦山，与太华相连，在今河南灵宝县东南。水经注云："盘涧水出湖县夸父山。"**其木多椶、枏**[一]，**多竹箭。其兽多㸸牛、羬羊，其鸟多鷩。其阳多玉，其阴多铁。其北有林焉，名曰桃林，**桃林，今弘农湖县阌乡南谷中是也，饶野马、山羊、山牛也。　　懿行案：郡国志"弘农郡，湖"有"闅乡"，"阌"，俗字也。水经注引三秦记曰"桃林塞在长安东四百里"，又引春秋文公十三年"晋侯使詹嘉守桃林之塞，处此以备秦"。史记赵世家正义引括地志云："桃林在陕州桃林县，西至潼关皆为桃林塞地。"又留侯世家索隐引应劭十三州记："弘农有桃丘聚，古桃林也。"亦见郡国志。刘昭注引博物记曰："在湖县休与之山。"**是广员三百里，其中多马。**懿行案：史记赵世家云"造父取桃林盗骊、骅骝、绿耳，献之穆王"，正义引此经，"广员"作"广阔"，盖误。留侯世家索隐引此经又作"广三百里"，无"员"字。**湖水出焉，而北流注于河，**懿行案：水经注云："河水又东，迳湖县故城北。湖水出桃林塞之夸父山，又北迳湖县东，而北流入于河。魏土地记曰：弘农湖县有轩辕黄帝登仙处，名其地为鼎湖也。"**其中多珚玉。**

　　又西九十里曰阳华之山。懿行案：吕氏春秋有始览说"九薮"云"秦之杨华"，高诱注云："或曰在华阴西，又云桃林县西长城是也。"刘昭注郡国志，于"弘农，华阴"亦引吕氏春秋及高注。又尔雅十薮"秦有杨陓"，郭注云："今在扶风汧县西。"刘昭注郡国志，于"右扶风，汧"亦引尔雅及郭注。然则"阳华"、"杨陓"非一地明矣。或说以二者是一，故附辨于此。**其阳多金、玉，其阴多青雄黄。其草多藷蕷，多苦辛，其状如橚，**即"楸"字也。　　懿行案：说文云："橚，长木皃。"玉篇同，非郭义也。晏子春秋外篇云："景公登箐室而望，见人有断雍门之橚者。"橚即楸也。左传有"伐雍门

――――――――――――――――

〔一〕"枏"，原本作"枏"，诸本俱作"枏"，"枏"系形近而误，据改。

之萩"之语，"萩"盖"楸"之同声假借字也，"櫨"亦一音尔。**其实如瓜，其味酸甘，食之已疟**。懿行案：本草经云"常山味苦辛，主温疟"，又云"蜀漆主疟"，别录云"常山苗也"，苏颂图经云"海州出者，叶似楸叶"，与此经合。但"常山味苦辛"，此云"味酸甘"为异，常山实又不似瓜也。玉篇云"蒈，草名，其实似瓜，食之治疟"，盖即此矣，而经复无"蒈"名，未审玉篇何据。**杨水出焉，而西南流注于洛**，懿行案：杨水即繡姑水之分流岐出者也。其水流入门水，又注于洛水，说见下文。**其中多人鱼。门水出焉，而东北流注于河**，懿行案：水经注云："河水东合柏谷水，又东，右合门水。门水又东北历阳华之山，即山海经所谓'阳华之山，门水出焉'者也。"又云："门水又北迳弘农县故城东，其水侧城北流，而注于河。"**其中多玄礵**。黑砥石，生水中。　懿行案：玉篇"礵，思六、先鸟二切"，云"黑砥石"，又云"礛礵，青砺也"。盖亦礵类。**繡姑之水出于其阴**，"繡"音"借"。**而东流注于门水**，懿行案：水经注云："门水又东北历邑川，二水注之。左水出于阳华之阴，东北流迳盛墙亭西，东北流与右水合；右水出阳华之阳，东北流迳盛墙亭东，东北与左水合，即山海经所谓'繡姑之水，出于阳华之阴，东北流注于门水'者也。"今本无"北"字，盖脱去之。又云："东北，燭水注之。是水乱流东注于繡姑之水，二水悉得通称矣。燭水又北入门水，水之左右即函谷山也。"**其上多铜。门水出于河，七百九十里入雒水**。懿行案：水经注云："门水，即洛水之枝流者也。洛水自上洛县东北，于拒阳城之西北分为二水，枝渠东北出为门水也。"然则门水本出洛水，此经又云"入洛"者，盖其枝流复入于本水也。尔雅云"洛为波"，水经注引其文，盖以门水即尔雅所谓波水矣。

　　凡缟羝山之首自平逢之山至于阳华之山，凡十四山，七百九十里。懿行案：今八百二里。**岳在其中，以六月祭之**，六月亦岁之中。　懿行案：岳当谓华山也。郭以为中岳，盖失之，中岳在下文。**如诸岳之祠法，则天下安宁**。懿行案：后汉顺帝阳嘉元年，望都蒲阴狼杀人，东观书言："朱遂不祠北岳，致有斯灾。"推此而言，岳祠如法即天下安宁，经语不虚也。

中次七经苦山之首曰休与之山。"与"或作"舆"，下同。
懿行案：刘昭注郡国志"弘农，桃林"，引博物志曰"在湖县"。"休与之山"，初
学记五卷引博物志作"休马之山"。"马"、"与"声相近；艺文类聚六卷又引作
"休牛之山"，"牛"、"与"声之转也。其上有石焉，名曰帝台之棋，帝
台，神人名。棋，谓博棋也。　懿行案：南次二经"漆吴之山多博石"，郭云"可
以为博棋石"，亦此类。五色而文，其状如鹑卵。懿行案：初学记引博
物志作"状如鸡卵"，艺文类聚引此经与今本同。帝台之石，所以祷百
神者也，祷祀百神，则用此石。服之不蛊。懿行案：本草经云"石胆，主
诸邪毒气"，别录云"一名棋石"，苏恭注云"有块如鸡卵者为真"，并与此经义
合。有草焉，其状如蓍，懿行案：说文云："蓍，蒿属。"广雅云："蓍，耆
也。"赤叶，而本丛生，名曰夙条，懿行案："夙"，俗字，说文作"夙"。
可以为籦。中箭笴也。　懿行案："籦"当为"干"，郑注考工记云："笴，矢
干也。"广雅云："笴，箭也。"

东三百里曰鼓钟之山，懿行案：吴氏云："今名钟山，在河南陆浑
县西南三十里。"毕氏云："别有鼓钟峡，在山西垣曲县。水经注引此经以为即
山西鼓钟山，非也。已见上文'鼓镫山'注。"帝台之所以觞百神也。
举觞燕会，则于此山，因名为鼓钟也。　懿行案：初学记八卷引郭注，"此山"
句下有"在伊阙西南"五字，盖今本脱去之。有草焉，方茎而黄华，员
叶而三成，叶三重也。其名曰焉酸，懿行案："焉酸"一本作"乌酸"。
可以为毒。为，治。　懿行案：治，去之也。其上多砺，其下多砥。

又东二百里曰姑媱之山。音"遥"。或无"之山"字。　懿行
案：文选别赋注引此经，作"姑瑶"。博物志作"古筈"。俗本讹为"古詹"。
帝女死焉，其名曰女尸，化为䔄草，亦音"遥"。　懿行案："䔄"通
作"瑶"。文选别赋云"惜瑶草之徒芳"，李善注引宋玉高唐赋曰："我帝之季

女，名曰瑶姬，未行而亡，封于<u>巫山</u>之台。精魂为草，实为灵芝。"今<u>高唐赋</u>无之。又注<u>高唐赋</u>引<u>襄阳耆旧传</u>云"<u>赤帝</u>女曰<u>瑶姬</u>"，此说非也。<u>水经</u>"江水东过<u>巫县</u>南"，注云"<u>巫山</u>，帝女居焉。<u>宋玉</u>所谓'天帝之季女，名曰<u>瑶姬</u>，未行而亡，封于<u>巫山</u>之阳。精魂为草，实为灵芝'"，与<u>别赋</u>注同。是"帝女"即天帝之女，以为"<u>赤帝</u>女"者误也。又，<u>宣山</u>有"帝女之桑"，亦是天帝之女明矣。又案<u>别赋</u>虽作"瑶草"，注引此经仍作"菩草"，又引<u>郭</u>注云"瑶与菩并音遥"，亦今本所无。**其叶胥成，**言叶相重也。 <u>懿行</u>案：<u>博物志</u>作"菩草，其叶郁茂"。**其华黄，其实如菟丘，**菟丘，菟丝也，见<u>尔雅</u>。 <u>懿行</u>案："菟丘，菟丝也"，见<u>广雅</u>，今各本俱作<u>尔雅</u>，误。又<u>别赋</u>注引此经文竟作"兔丝"，亦误，<u>博物志</u>作"实如豆"。**服之媚于人。**为人所爱也。传曰："人服媚之如是。"一名荒夫草。

又东二十里曰<u>苦山</u>。**有兽焉，名曰<u>山膏</u>，其状如逐，**即"豚"字。 <u>懿行</u>案：<u>玉篇</u>云"䝠，音逐，兽名"，即此。<u>郭</u>云"即豚字"者，<u>毕</u>氏云："借遯字为之。逐又遯省文。"<u>懿行</u>谓"遯"，古文作"遂"，见<u>郑易</u>。"遯"从"豚"得声。"遂"作"逐"，文省，正如<u>归藏易</u>"涣"作"奂"，"损"作"员"，并古字省文也。是此经之"逐"从"遯"或"遂"省，当读为"豚"，故曰"逐即豚字"也。**赤若丹火，善詈。**好骂人。**其上有木焉，名曰黄棘，黄华而员叶，其实如兰，服之不字。**字，生也。<u>易</u>曰："女子贞，不字。"

<u>懿行</u>案：兰、蕙皆有实。女子种兰，美而芳。**有草焉，员叶而无茎，**<u>懿行</u>案：<u>管子地员</u>篇云"叶下于蘲"，<u>房</u>氏注云："叶，草名，唯生叶，无茎。"与此经合，即是物也。**赤华而不实，名曰无条，**<u>懿行</u>案："无条"已见<u>西山经</u>"<u>皋涂之山</u>"，与此同名异物。**服之不瘿。**

又东二十七里曰<u>堵山</u>。<u>懿行</u>案：<u>地理志</u>云"<u>南阳郡</u>，<u>堵阳</u>"，疑县因山为名。**神<u>天愚</u>居之，是多怪风雨。其上有木焉，名曰天楄，**音"鞭"。 <u>懿行</u>案：<u>说文</u>云："楄部，方木也。"此木方茎，故以名焉。**方茎而葵状，服者不噎。**食不噎也。 <u>懿行</u>案：<u>玉篇</u>"噎同咽"。<u>广韵</u>

"楄"字两见,并云"木名"。一云"食不噎",一云"食之不咽",盖"咽"、"噎"声转,故古字通也。说文云:"噎,饭窒也。"

又东五十二里曰**放皋之山**。"放"或作"效",又作"牧"。　懿行案:初学记引此经作"放皋",水经注作"狼皋山"。山在今河南鲁山县北。**明水出焉,南流注于伊水,**懿行案:水经云"伊水又东北过新城县南",注云:"明水出梁县西狼皋山,俗谓之石涧水也。西北流迳杨亮垒南,西北合康水。又西南流,入于伊。"引此经云云。**其中多苍玉。有木焉,其叶如槐,黄华而不实,其名曰蒙木,**懿行案:此即槐属,但"不实"为异尔。"蒙",玉篇作"檬",云"木名,似槐,叶黄","叶"盖"华"字之讹也。**服之不惑。**懿行案:槐味苦寒,主热,可以通神明,故服之不惑与?**有兽焉,其状如蜂,枝尾而反舌,**懿行案:"枝尾",岐尾也。说文云"燕,枝尾反舌"者,盖舌本在前,不向喉。淮南墜形训有"反舌民"。**善呼,**好呼唤也。**其名曰文文。**

又东五十七里曰**大苦之山。**懿行案:"苦"当为"苦"。初学记"龟"下引此经作"丈若山",误。**多㻬琈之玉,**懿行案:水经注引此经作"璖琈",亦古字所无。说已见前。**多麋玉。**未详。　懿行案:"麋",疑"瑂"之假借字也。说文云:"瑂,石之似玉者。"读若"眉"。**有草焉,其状叶**懿行案:当为"叶状",本或无"叶"字。**如榆,方茎而苍伤,**懿行案:本草经"续断",陶注引李当之云:"是虎蓟,能疗血。"蜀本图经云:"叶似苎,茎方。"范汪方云:"叶似旁翁菜而小厚,两边有刺刺人。"**其名曰牛伤,**犹言牛棘。　懿行案:"牛棘"见尔雅。郭注方言云"山海经谓刺为伤也",即指此。下文"讲山"亦云"反伤赤实"。**其根苍文,服者不厥,**厥,逆气病。懿行案:说文云:"瘚,屰气也,或省作欮。"史记扁鹊传云"暴瘚",正义引释名云:"瘚,气从下瘚起上行,外及心胁也。"是"瘚"与"瘚"通。**可以御兵。**懿行案:本草经云"续断,主金创",与此义合。**其阳狂水出焉,西南流**

山海经笺疏

注于伊水。懿行案：水经注云"伊水又北，迳当阶城西，狂水入焉。水东出阳城县之大苦山"，引此经云云。李善注东京赋引此经作"阳狂水"，以"阳狂"为水名，误也。**其中多三足龟**，今吴兴阳羡县有君山，山上有池，水中有三足六眼龟。鳖、龟三足者名贲，出尔雅。　懿行案：尔雅注亦引此经，与今本同。地理志云"会稽郡，阳羡"，晋志有"吴兴郡"，无"阳羡"。**食者无大疾，可以已肿。**

又东七十里曰半石之山。懿行案：山在今河南偃师县东南，见水经注。**其上有草焉，生而秀，其高丈余，赤叶赤华，华而不实，**初生先作穗，却著叶，花生穗间。　懿行案：尔雅云："草谓之荣，不荣而实者谓之秀。"此草既谓之秀，又名为荣，却又不实，所以异也。**其名曰嘉荣，**懿行案：吕氏春秋本味篇云"有菜名曰嘉树，其色若碧"，高诱注云："食之而灵。"疑即此草，"而灵"或"不霆"字之讹也。又案本草经有"蘘荷"，与巴蕉同类。太平御览引干宝搜神记，以蘘荷为"嘉草"，盖即嘉荣草也。秋官庶氏"掌除蛊毒，以嘉草攻之"，是干宝所本。蘘荷，华生根中，可食，见古今注，而不说实状，证知此草有华无实也。因其可食，故吕氏春秋谓之"菜"矣。名医别录云"蘘草主邪气，辟不祥"，又与此经"服者不霆"义合。**服之者不霆。**不畏雷霆霹雳也。音"廷搏"之"廷"。　懿行案：北堂书钞一百五十二卷引此经，"霆"上有"畏"字，注无"雷霆"二字，今本脱衍也。说文云："霆，雷余声也铃铃，所以挺出万物。"又云："震，劈历振物者。"郭云"音廷搏之廷"，不成语，当为"脡脯"，字之讹也，公羊传昭二十五年云"与四脡脯"。**来需之水出于其阳，而西流注于伊水。**懿行案："需"，水经注作"儒"，云："伊水又北迳高都城东，来儒之水出于半石之山，至高都城东，西入伊水，谓之曲水也。"**其中多鯩鱼，**音"伦"。**黑文，其状如鲋，**懿行案：广雅云："鰦，鲋也。"即今之鲫鱼。**食者不睡。**懿行案：李善注江赋引此经，作"食之不肿"，太平御览九百三十九卷亦引作"食者不肿"。**合水出于其阴，而北流注于洛。**懿行案：水经云"洛水东过洛阳县南"，注云："合水南出半石之山,北迳合水坞而东北流,注于公路涧。合水北与刘水合,水出半石东山。合水又北流,注于洛水也。"**多䲢鱼,**音"腾"。　　懿行案:玉篇云:"䲢鱼似鲋,苍文赤尾。"郭氏江赋作"鰧",李善注引此注,云"鰧音滕"。**状如鳜,居逑,**鳜鱼大口大目,细鳞,有班彩。逑,水中之穴道交通者。"鳜"音"列"。懿行案:尔雅云"鳜,鳎",注云:"小鱼也,似鲋子而黑。"初学记"鱼"下引此经云:"鳜鱼大口而细鳞,有班彩。"盖引郭注误作经文也。"如鳜",玉篇作"似鲋"。**苍文赤尾,食者不痈,可以为瘘。**瘘,痈属也,中多有虫。淮南子曰:"鸡头已瘘。"音"漏"。　　懿行案:说文云:"痈,肿也。""瘘,颈肿也。"郭引淮南说山训文,高诱注云:"瘘,颈肿疾。鸡头,水中芡。"

　　又东五十里曰少室之山。今在河南阳城西,俗名泰室。　　懿行案:晋书地理志云"河南郡,阳城"。郡国志:"颍川郡,阳城:有嵩高山。"地理志云:"密高,武帝置,以奉泰室山,是为中岳。有太室、少室山庙。古文以崇高为外方山也。"初学记五卷引戴延之西征记云:"其山东谓太室,西谓少室,相去十七里,嵩其总名也。谓之室者,以其下各有石室焉。"**百草木成囷。**未详。　　懿行案:说文云:"囷,廪之圜者。"经盖言草木屯聚如仓囷之形也。**其上有木焉,其名曰帝休,叶状如杨,**懿行案:文选注王巾头陁寺碑引此经,"叶"下有"茂"字,疑衍。**其枝五衢,**言树枝交错,相重五出,有象衢路也。离骚曰:"靡萍九衢。"　　懿行案:王逸注楚词天问云:"九交道曰衢。"文选注头陁寺碑引此注作"靡华九衢"。**黄华黑实,服者不怒。其上多玉,**此山巅亦有白玉膏,得服之,即得仙道,世人不能上也。诗含神雾云。　　懿行案:郭注西次三经"峚山",引河图玉版曰"少室山,其上有白玉膏,一服即仙矣",谓此。**其下多铁。休水出焉,而北流注于洛。**懿行案:水经注云:"洛水东迳偃师故县南,与缑氏分水。又东,休水自南注之。其水导源少室山。"**其中多鯑鱼,状如盩蜼**未详。"盩"音"俌"。　　懿行案:"盩"当为"謷"。广雅云:"狖,蜼也。""狖"、"謷"声相近。郭注尔雅云:"蜼似猕猴。"鯑即鲵也。北次三经注云"鯑见中山经",谓此也。"鲵"省作

"兒"。周书王会篇云"兒若猕猴",与此经合。**而长距,足白而对,**未

详。 懿行案:"对",盖谓足趾相向也。史记天官书云:"疾其对国。"**食者**

无蛊疾,懿行案:北次三经云"人鱼如鳛鱼,四足,食之无痴疾",此言"食者

无蛊疾"。蛊,疑惑也;痴,不慧也,其义同。**可以御兵。**

　　又东三十里曰泰室之山。即中岳嵩高山也,今在阳城县西。

懿行案:今在河南登封县北。艺文类聚七卷引郭氏赞云:"嵩惟岳宗,华岱恒

衡。气通元漠,神洞幽明。鬼然中立,众山之英。"**其上有木焉,叶状如**

梨而赤理,其名曰栯木,音"郁"。 懿行案:玉篇云:"栯,於六、禹九

二切。"引此经。类聚七卷及三十五卷引此经,"栯"并作"指",疑误。**服者**

不妒。有草焉,其状如荼,荼似蓟也。 懿行案:荼有赤荼、白荼二

种。尔雅云:"荼,山蓟。杨,枹蓟。"**白华黑实,泽如蘡薁,**言子滑

泽。 懿行案:说文云:"薁,婴薁也。"广雅云:"燕薁,蘡舌也。"盖即今之山葡

萄。齐民要术引陆玑诗义疏云:"櫻薁,实大如龙眼,黑色,今车鞅藤实是。"又

引疏云:"欔似燕薁,连蔓生。"皆其形状也。**其名曰蓇草,服之不昧。**

上多美石。次玉者也。启母化为石而生启,在此山,见淮南子。 懿行

案:郭注穆天子传云:"太室之丘嵩高山,启母在此山化为石,而子启亦登仙,

故其上有启石也。皆见归藏及淮南子。"今淮南子无之,盖有阙脱也。刘昭注

郡国志引帝王世纪曰:"阳城有启母冢。"太平御览一百三十五卷引连山易曰:

"禹娶涂山之子名曰攸女,生启也。"

　　又北三十里曰讲山。其上多玉,多柘,多柏。有木焉,

名曰帝屋,叶状如椒,反伤赤实,反伤,刺下勾也。 懿行案:郭注方

言云:"山海经谓刺为伤也。"**可以御凶。**懿行案:此别一种椒也。苏颂本

草图经云:"党子出闽中、江东,其木似樗,茎间有刺,子辛辣如椒,主游蛊

飞尸。"

　　又北三十里曰婴梁之山。上多苍玉,镎于玄石。言苍

玉依黑石而生也。或曰:镎于,乐器名,形似椎头。 懿行案:"镎于"已见西

137

又东三十里曰**浮戏之山**。懿行案:山见水经注。有木焉,叶状如樗而赤实,名曰**亢木,食之不蛊**。懿行案:本草经:"卫矛,一名鬼箭,主除邪杀蛊。叶状如野茶,实赤如冬青。"即此也。**汜水出焉**,懿行案:郡国志云:"成皋有汜水。"今在汜水县东。"汜"音"似"。水经云"河水又东过成皋县北",注云:"河水又东合汜水,水南出浮戏山,世谓之曰方山也。"又云:"洧水东流,绥水会焉。水出方山绥溪,即山海经所谓浮戏之山也。"案绥水即汜水,声之转。**而北流注于河。其东有谷,因名曰蛇谷**,言此中出蛇,故以名之。**上多少辛**。细辛也。 懿行案:广雅云:"细条,少辛,细辛也。"是郭所本。又名"小辛",见本草及管子地员篇。

又东四十里曰**少陉之山**。懿行案:水经注云:"济水右受黄水,黄水北至故市县,重泉水出京城西南少陉山。"太平寰宇记云:"荥阳县嵩渚山,一名小陉山,俗名周山,在县南三十五里。"**有草焉,名曰蔮草**,音"刚"。 懿行案:"蔮草"见玉篇。**叶状如葵,而赤茎白华,实如蘡薁,食之不愚**。言益人智。**器难之水出焉**,或作"嚣"。 懿行案:水经济水注云:"索水出京县西南嵩渚山,即古旃然水也。其水东北流,器难之水注之。其水北流迳金亭,又北迳京县故城西,入于旃然之水。"**而北流注于役水**。一作"侵"。 懿行案:水经注引此经正作"侵水",又云:"器难之水入于旃然之水,亦谓之鸿沟水。"疑"侵水"即"索水"。

又东南十里曰**太山**。别有东小太山,今在朱虚县,汶水所出,疑此非也。 懿行案:地理志云:"琅邪郡,朱虚:东泰山,汶水所出。"以道里计之,非此明矣。**有草焉,名曰梨**,懿行案:本草别录云:"芥,一名梨,叶如大青。"即此。**其叶状如荻**荻亦蒿也。音"狄"。 懿行案:"荻"当为"萩","狄"亦当为"秋",皆字形之讹也。尔雅云"萧,萩",郭注云:"即蒿。"**而赤华,可以已疽**。懿行案:太平御览九百九十八卷引此经作"可以为菹",郭注云"为,治也",与今本异。**太水出于其阳,而东南流注于**

役水。世谓之礼水。　懿行案:水经注云"承水东北流,太水注之。水出太山东平地",引此经云云,"世谓之礼水"。盖并引郭注也。下同。承水出于其阴,而东北流注于役。世谓之靖涧水。　懿行案:水经注引司马彪郡国志云"中牟有清口水。白沟水注之。水有二源,北水出密之梅山东南,而东迳靖城南,与南水合;南水出太山,西北流至靖城南,左注北水,即承水也",引此经云云,"世亦谓之靖涧水"。毕氏云:"此经太水、承水皆云'注于役',与水经注不同者。案水经注太水注承水,承水注清水,清水注渠水,渠水又东迳阳武县故城南,与役水合也。"

又东二十里曰末山,懿行案:水经渠水注引此经作"沬",云"沬山,沬水所出"。上多赤金。末水出焉,北流注于役。水经作"沬"。　懿行案:水经注引此经亦作"役水",云"役水东迳曹公垒南,东与沬水合,东北流迳中牟县故城西。又东北注于役水"。又案,郭云"水经作'沬'",郭注水经二卷,今亡无考。

又东二十五里曰役山,上多白金,多铁。役水出焉,懿行案:水经注云:"渠水左迳阳武县故城南,东为官渡水,渡在中牟。又东,役水注之。水出苑陵县西隟候亭东中平陂,世名之涅泉也,即古役水矣。"引此经云云。北注于河。懿行案:水经注云"役水注渠水",此云"注河",未详。

又东三十五里曰敏山。懿行案:郡国志云:"密:有大騩山,有梅山。"刘昭注引"左传襄十八年楚伐郑,'右回梅山',在县西北。今案山在河南郑州。梅山盖即敏山,'梅'、'敏'声之转也。此经敏山去大騩山三十里,是今梅山审矣。上有木焉,其状如荆,白华而赤实,名曰葪音"计"。柏,懿行案:玉篇云:"葪,俗蓟字。"初学记二十八卷引广志云:"柏有计柏。""计"、"葪"声同,疑是也。服者不寒。令人耐寒。其阳多㻬琈之玉。

又东三十里曰大騩之山。今荥阳密县有大騩山。騩,固沟水所出。音"归"。　懿行案:地理志云:"河南郡,密:有大騩山,潧水所出。"此注云"騩,固沟水所出",疑"沟"即"潧"字之讹,"固"即"山"字之讹也。"騩",

139

说文作"隗"，广韵同。庄子徐无鬼篇云"黄帝将见大隗乎具茨之山"，释文引司马彪云："在荥阳密县东，今名泰隗山。"水经注云："大騩，即具茨山也。"广韵云："具茨山在荥阳，出山海经。"即此。**其阴多铁、美玉、青垩。**懿行案：刘昭注郡国志引此经作"多美垩"。**有草焉，其状如蓍而毛，青华而白实，其名曰莸，**音"狼戾"。　懿行案：玉篇云："莸，胡垦切。草名。似蓍，花青白。"广韵同。是"莸"当为"痕"，"狼"当为"很"，今本经、注并讹。**服之不夭，**言尽寿也。或作芺"。　懿行案："尽寿"盖"益寿"字之讹也。"芺"即"夭"，古今字尔。**可以为腹病。**为，治也。一作"已"。

　　凡苦山之首自休与之山至于大騩之山，凡十有九山，千一百八十四里。懿行案：今才一千有五十六里。**其十六神者皆豕身而人面，其祠：毛牷，用一羊羞，**言以羊为荐羞。**婴用一藻玉，瘗。**藻玉，玉有五彩者也。或曰所以盛玉。藻，借也。　懿行案："藻玉"已见西次二经"泰冒山"，此"藻"疑当与"璪"同。说文云："璪，玉饰，如水藻之文也。""藻借"见周官"大行人"。**苦山、少室、太室皆冢也，其祠之：太牢之具，婴以吉玉。其神状皆人面而三首，其余属皆豕身人面也。**

　　中次八经荆山之首曰景山。今在南郡界中。　懿行案：山在今湖北房县西南二百里，俗名马塞山。初学记三十卷引荆州图记曰："沮县西北半里有雁浮山，是山海经所谓景山，沮水之所出也。高三十余里，修岩遝亘，攫干干霄，雁南翔北归，遍经其上，土人由兹改名焉。"**其上多金、玉，其木多杻、檀。**杻音"橡柱"之"柱"。　懿行案："杻"见尔雅及陆玑诗疏。**雎水出焉，**"雎"音"痈疽"之"疽"。　懿行案："雎"亦作"沮"，地理志云"南郡，临沮"是也。水经云"沮水出汉中房陵县景山〔一〕"，注云："沮水出东汶

〔一〕"景山"，原本作"东山"，据水经注改。

140

阳郡沮阳县西北景山，即荆山首也，故淮南子云'沮出荆山'。"又引杜预云："水出新城郡之西南发阿山，盖山异名也。"与郭义合。李善注南都赋引此经。**东南流注于江，**今雎水出新城魏昌县东南发阿山，东南至南郡枝江县入江也。　懿行案：晋书地理志云"新城郡，昌魏"，郭作"魏昌"，讹也。水经云"沮水东南过临沮县界，又东南过枝江县，东南入于江"，注云："谓之沮口也。"李善注江赋引此经，"江"上有"沔"字，疑衍。**其中多丹粟，**懿行案：李善注南都赋引此经郭注，云"细沙如粟"，今本无之。已见南次二经"柜山"注。**多文鱼。**有斑彩也。

　　东北百里曰荆山。今在新城沶乡县南。　懿行案：晋书地理志云"新城郡，沶乡"。水经注云："荆山在景山东百余里新城沶乡县界。""沶"，郭注作"沭"，字形之讹也。地理志云："南郡，临沮：禹贡南条荆山在东北，漳水所出。"刘昭注郡国志引荆州记曰："西北三十里有清溪，溪北即荆山首曰景山，即卞和抱璞之处也。"艺文类聚七卷引河图括地象云："荆山为地雌，上为轩辕星。"**其阴多铁，其阳多赤金。**懿行案：刘昭注郡国志引此经云："其阳多铁，其阴多赤金。"**其中多犛牛，**旄牛属也，黑色，出西南徼外也。音"狸"，一音"来"。　懿行案：说文云："犛，西南夷长髦牛也，从牛，𣪊声。"是知"犛"古音"狸"也。"狸"、"来"古同声。"旄牛"见北次二经"潘侯之山"。"旄"、"髦"、"犛"实一字耳。郭意以犛牛非即旄牛，故云"旄牛属也"。文选西都赋注及后汉书班固传注引此注，并云"犛，力之切"，与今本小异，其音则同。**多豹、虎。其木多松、柏，其草多竹，多橘、櫾。**櫾，似橘而大也，皮厚味酸。　懿行案：说文云："橘果出江南。"刘逵注蜀都赋云："大曰柚，小曰橘。犍为南安县出黄甘橘。"地理志："蜀郡严道，巴郡朐忍、鱼复二县出橘，有橘官。"案今地理志严道"有木官"，"木"盖"橘"字之讹也。"櫾"，本字作"柚"，说文"柚，条也"，本尔雅。又云"似橙而酢"，引夏书曰"厥包橘柚"。又吕氏春秋本味篇云："江浦之橘，云梦之柚。"**漳水出焉，而东南流注于雎，**出荆山，至南郡当阳县入沮水。　懿行案：水经云"漳水出临沮县东荆山"，注云："地理志曰：'荆山，漳水所出，东至江陵入阳水，注于沔。'

141

非也。今漳水于当阳县之东南百里余而右会沮水也。"文选江赋及登楼赋注引此经，并作"注于雎"，云"雎与沮同"。**其中多黄金，多鲛鱼，**鲛，鲥鱼类也，皮有珠文而坚，尾长三四尺，末有毒螫人。皮可饰刀剑口，错治材角。今临海郡亦有之。音"交"。 懿行案：鲛鱼即今沙鱼，郭注"鲥"字讹。李善注南都赋引此注云"鲛，鲥属"是也。又云"皮有斑文而坚"，"斑"疑"珠"字之讹。初学记三十卷引刘欣期交州记曰："鲛鱼出合浦，长三尺，背上有甲，珠文坚强，可以饰刀口，又可以镶物。"与郭注合。"三尺"疑当为"三丈"字之讹。又引此经"荆山"讹作"燕山"，郭注"尾有毒"讹作"尾青毒"。张揖注子虚赋云："蛟状鱼身而蛇尾，皮有珠也。""蛟"即"鲛"字，古通用。**其兽多闾、麋。**似鹿而大也。 懿行案："闾"，注已见北次二经"县雍之山"。"麋"，注已见西次二经"西皇之山"。此注又云"似鹿而大"，疑经文"麋"当为"麈"字之讹。下文"闾麈"迭见，郭皆无注，益知此为"麈"字之注无疑也。张揖注上林赋云"麈似鹿而大"，埤雅亦云"麈似鹿而大"，并与郭注合。埤雅又云"其尾辟尘"，又引名苑曰"鹿之大者曰麈，群鹿随之，皆视麈所往、麈尾所转为准。古之谈者挥焉，良为是也"。李石续博物志云："麈尾扫毡，毡不蠹。"说文云："麈，麋属。"周书世俘篇云："武王狩，禽麈十有六。"王会篇云"稷慎大麈"，孔晁注云："麈，似鹿。"广韵亦云"麈，鹿属"，引华阳国志曰："郪县宜君山出麈尾。"

 又东北百五十里曰骄山。懿行案：李善注南都赋引此经，云"景山之西曰骄山"，误。**其上多玉，其下多青䨼。**懿行案：南都赋注引此经郭注，云"䨼，黝属，音瓠"，今本无之。已见南山经"青丘之山"注。**其木多松、柏，多桃枝、钩端。神䰠围处之，**"䰠"音"鼍鱼"之"鼍"。**其状如人面，**懿行案：广韵"䰠"字注本此文，无"面"字。**羊角虎爪，恒游于雎、漳之渊，**渊，水之府奥也。**出入有光。**

 又东北百二十里曰女几之山。懿行案：山在今河南宜阳县西。水经注云："洛水又东，渠谷水出宜阳县女几山。"又云："七谷水西出女几山，东南流注于伊水。"又云："蚤谷水出女几山，东流入于伊水。"今本水经注作"女机山"，玉篇作"女𥑆山"。**其上多玉，其下多黄金。其兽多豹、虎，多闾、麋、麢、麂，**麂似獐而大，俒毛豹脚。音"几"。　　懿行案："麂""麔"同。尔雅云"麔，大麢，旄毛狗足"，郭注云："旄，毛㺍长"。疑此注"俒"当为"㺍"，"豹"当为"狗"，皆字形之讹也。**其鸟多白䲸，**䲸雉而长尾，走且鸣。音"骄"。　　懿行案："䲸雉"见尔雅，郭注云："即䲸鸡也。"余同此注。**多翟，多鸩。**鸩大如雕，紫绿色，长颈赤喙，食蝮蛇头。雄名"运日"，雌名"阴谐"也。　　懿行案：说文云："鸩，毒鸟也，一名运日。"广雅云："鸩鸟，其雄谓之运日，其雌谓之阴谐。"是郭所本也。郭云"大如雕"，广韵引广志云"大如鹗"，疑误也。又云"紫绿色，有毒，颈长七八寸。以其毛历饮食则杀人"。余与郭同也。刘逵注吴都赋云："鸩鸟一名云白，黑色，长颈赤喙，食蝮蛇，体有毒，古人谓之鸩毒。江东诸大山中皆有之。"案"云白"盖"云日"之讹。淮南缪称训云："晖目知晏，阴谐知雨。""目"亦"日"字之讹，"云"、"晖"并声近假借字也。

又东北二百里曰**宜诸之山**。懿行案：即沩山，因水得名。**其上多金、玉，其下多青䨼。沩水出焉，**音"诡"。**而南流注于漳，**今沩水出南郡东沩山，至华容县入江也。　　懿行案：说文云："沩水出南郡高成沩山，东入繇。"本地理志文也。志云："繇水南至华容入江。"此言"注于漳"者，水经注云"漳水又南迳当阳县，又南，沩水注之"，引此经云云。据诸书所说，"沩山"即"宜诸山"之异名矣。**其中多白玉。**

又东北三百五十里曰**纶山**。音"伦"。**其木多梓、枏，多桃枝，多柤、栗、橘、櫾。**柤似梨而酢㵒。　　懿行案：注与尔雅注同。说文云："樝，果似梨而酢。"郑注内则云："楂，梨之不臧者。"**其兽多闾、麈、麢、㚟。**㚟似菟而鹿脚，青色。音"绰"。　　懿行案："㚟"，俗字也，当为"㹳"，见说文。

又东北二百里曰**陆郐之山**。音如"跪告"之"跪"。　　懿行案：玉篇引此经云："纶山东，陆郐山。"李善注南都赋引此注，云"郐音跪"。**其**

上多瑶琈之玉，其下多垩。_{懿行案：李善注南都赋引此注，云“垩似}土，白色也”，今本无之。已见西次二经“大次之山”。其木多杻、橿。

又东百三十里曰光山。_{懿行案：今汝宁有光山，春秋时为弦国，}未审此是非。其上多碧，其下多木。_{懿行案：“木”疑“水”之讹。}神计蒙处之，其状人身而龙首，恒游于漳渊，出入必有飘风暴雨。

又东百五十里曰岐山。其阳多赤金，其阴多白珉。_石似玉者。音“旻”。　懿行案：说文云：“珉，石之美者。”通作“瑉”，聘义云“君子贵玉贱珉”，郑注云：“石似玉。”又作“玟”，玉藻云：“士佩瓀玟。”经典诸书无言珉色者，此言“白珉”，明珉多白者也。下文“琴鼓之山”、“岷山”、“崏山”皆多白珉。其上多金、玉，其下多青雘，其木多樗。神涉𧑸处之，_{徒河切。一作“𧍧”，笑游切。}　懿行案：“𧑸”字音义并所未详。其状人身而方面、三足。

又东百三十里曰铜山。其上多金、银、铁，_{懿行案：“铜山”}盖以所产三物得名。其木多榖、柞、柤、栗、橘、櫾。其兽多犳。_{懿行案：“犳”本或作“豹”，非。“犳”音“灼”，豹文兽也，见西次二经“厹阳}之山”。

又东北一百里曰美山。其兽多兕牛，多闾、麈，多豕、鹿。其上多金，其下多青雘。

又东北百里曰大尧之山。_{懿行案：水经有尧山，滍水所出。刘}昭注郡国志“鲁阳鲁山”引南都赋注，有尧山，“封刘累，立尧祠”，疑非此。其木多松、柏，多梓、桑，多机，_{懿行案：“机”已见北山经首“单狐山”，注}云“木似榆，出蜀中”，即此。其草多竹。其兽多豹、虎、麚、奂。

又东北三百里曰灵山。_{懿行案：今汝宁府信阳州有灵山，非此。}其上多金、玉，其下多青雘。其木多桃、李、梅、杏。_{梅，似杏}

山海经笺疏

而酢也。　懿行案:郭注尔雅"梅,柟"云"似杏,实酢",非也。说见南山经注。此"梅"盖尔雅"时,英梅",说文作"某",云"酸果"是也。见陆玑诗疏。

又东北七十里曰龙山。上多寓木。寄生也,一名宛童,见尔雅。　懿行案:郭注尔雅云:"寄生树,一名茑。"广雅释草云:"寄屑,寄生也。"释木云:"宛童,寄檋也。""檋"与"茑"同。盖此物虽生于木,其质则草,故广雅列于释草、释木,而寄生树今亦谓之寄生草也。其上多碧,其下多赤锡。其草多桃枝、钩端。

又东南五十里曰衡山。上多寓木、榖、柞,多黄垩、白垩。

又东南七十里曰石山。其上多金,其下多青雘,多寓木。

又南百二十里曰若山。"若"或作"前"。　懿行案:地理志云:"南郡,若:楚昭王畏吴,自郢徙此。"疑县因山为名。其上多瑊珛之玉,多赭,赤土。　懿行案:李善注南都赋引此经,云"若之山,其上多赭","之"字衍。又引郭注,云"赭,赤土也",与今本同。多邽石,未详。　懿行案:"邽"疑"封"字之讹也。"封石"见中次十经"虎尾之山"。多寓木,多柘。

又东南一百二十里曰彘山。多美石,多柘。

又东南一百五十里曰玉山。其上多金、玉,其下多碧、铁,其木多柏。一作"楢"。　懿行案:艺文类聚七卷引王韶之始兴记,云:"郡东有玉山,草木滋茂,泉石澄润。"当即斯山也,俟考。

又东南七十里曰讙山。其木多檀,多邽石,懿行案:疑即"封石"之讹,见下文"虎尾山"。多白锡。今白镴也。　懿行案:夏官"职方"云"扬州,其利金、锡",郑注云:"锡,镴也。"尔雅释器云"锡谓之鈏",郭注云:"白镴也。"案经内亦有"赤锡",见上文"龙山",下文"婴侯山"、"服山"。郁水出于其上,潜于其下,其中多砥、砺。

又东北百五十里曰仁举之山。其木多榖、柞。其阳多赤金,其阴多赭。

又东五十里曰师每之山。其阳多砥、砺,其阴多青䨥。其木多柏,多檀,多柘,其草多竹。

又东南二百里曰琴鼓之山。其木多榖、柞、椒、柘。椒为树小而丛生,下有草木则萐死。 懿行案:"樲,大椒",见尔雅。李善注颜延之陶征士诔引此经。其上多白珉,其下多洗石。懿行案:"洗石"已见西山经首"钱来之山"。其兽多豕、鹿,多白犀,懿行案:兹山有白犀,西域有白象,皆异种也。其鸟多鸩。

凡荆山之首自景山至琴鼓之山,凡二十三山,二千八百九十里。懿行案:今三千有一十里。其神状皆鸟身而人面,其祠:用一雄鸡祈、瘗,祷请已,菮之也。 懿行案:"祈"当为"䰞"。用一藻圭,糈用稌。骄山冢也,其祠:用羞酒、少牢祈、瘗,婴毛一璧。

中次九经岷山之首曰女几之山。懿行案:毕氏云:"山在今四川双流县。淮南子天文训云'日回于女纪,是谓大迁',隋书地理志云'蜀郡,双流:有女伎山'。纪、伎、几三音同也。"其上多石涅,其木多杻、橿,其草多菊、朮。懿行案:"大菊,瞿麦",见尔雅。洛水出焉,东注于江,懿行案:地理志云:"广汉郡,雒:章山,雒水所出,南至新都谷入湔。"水经云:"江水又东过江阳县南,雒水从三危山,东过广魏雒县南,东南注之。"注云:"雒水出雒县漳山,亦言出梓潼县柏山。"又云:"洛水与绵水合,又与湔水合,亦谓之郫江也。"案左思蜀都赋云"浸以绵、洛",即此洛水。刘逵注以为上雒桐柏山之雒水,误矣。此洛在四川入江,李冰之所导也。其中多雄黄。雄黄亦出水中。 懿行案:吴氏引苏颂曰:"阶州出水窟雄黄,生于山岩中有水流处。"**其兽多虎、豹。**

又东北三百里曰岷山。江水出焉，岷山，今在汶山郡广阳县西，大江所出。　懿行案：说文云："崏山在蜀湔氐西徼外。"地理志云："蜀郡，湔氐道：禹贡崏山在西徼外，江水所出，东南至江都入海。"水经注云："岷山即渎山也，又谓之汶阜山。在徼外，江水所导也。"今案"汶"即"岷"，古字通。岷山在今四川茂州东南，即汉之徼外地也。汶山郡，汉武帝所开，宣帝省并蜀郡，见后汉书西南夷传。郭注"广阳"，史记封禅书索隐引此注亦作"广阳"，盖晋时县也。汉汶江县，晋改为广阳县，属汶山郡，见晋书地理志。艺文类聚八卷引郭氏赞云："岷山之精，上络东井。始出一勺，终致森溟。作纪南夏，天清地静。**东北流注于海，**至广阳县入海。　懿行案：海内东经注云"至广陵郡入海"，此注"广阳县"当为"广陵郡"或"广陵县"，字之讹也，并见晋书地理志。刘昭注郡国志引此经，"注"上无"流"字，"海"下有"中"字。**其中多良龟，**良，善。**多鼍。**似蜥蜴，大者长二丈，有鳞，彩皮可以冒鼓。　懿行案：说文云："鼍，水虫，似蜥易，长大。"陆玑诗疏云："鼍似蜥蜴，长丈余，其甲如铠，皮坚厚，可冒鼓。"是郭所本也。"鼍"亦作"鼂"，周书王会篇云："会稽以鼂。"又或作"鳝"，夏小正云"二月剥鳝"，传云"以为鼓也"，是"鳝"即"鼍"矣。李善注西京赋引此注，有"徒多切"三字，盖今本脱去之。**其上多金、玉，其下多白珉。其木多梅、棠。**懿行案：棠有赤、白二种，具见尔雅。又刘逵注蜀都赋云："风连出岷山。岷山独多药草，其椒尤好，异于天下。"而此经曾不言焉。**其兽多犀、象，多夔牛。**今蜀山中有大牛，重数千斤，名为夔牛。晋太兴元年，此牛出上庸，郡人弩射杀，得三十八担肉，即尔雅所谓"犪"。　懿行案：注"射杀"下当脱"之"字。今本尔雅作"犩"，注引此经作"犪"，并加"牛"，非。**其鸟多翰、鷩。**白翰、赤鷩。　懿行案："翰"、"鷩"并见尔雅。

又东北一百四十里曰崃山。江水出焉，邛来山，今在汉嘉严道县，南江水所自出也。山有九折坂，出猶，猶似熊而黑白驳，亦食铜铁也。　懿行案：初学记八卷引此经，作"峡山，邛水出焉"，"峡"盖"崃"字之讹也。晋志有"汉嘉郡，严道"。汉地理志云："蜀郡，严道：邛来山，邛水所出，东入青衣。"郡国志"蜀郡，严道：有邛僰九折阪"，刘昭注引华阳国志云："邛崃山，今名邛莋。"水经注云："崃山，邛崃山也，在汉嘉严道县。一曰新道南山有九折阪，夏则凝冰，冬则毒寒，平恒言是中江所出矣。"案郦氏言，崃山，中江所出，郭云"南江所出"者，盖据海内东经"南江出高山"之文也。是"崃山"一名"高山"，"南江"一名"邛水"，皆山水之异名者也。"崃"，俗字也，当作"来"。山在今雅州荣经县西。又刘昭注引此经郭注，云"中江所出"，李善注江赋及李贤注后汉书西南夷传引此经郭注，并云"崃山，中江所出"，俱误矣。"猫"即"貘"，白豹，见尔雅及注。又即"猛豹"，见西山经首"南山"注。**东流注大江**。懿行案：水经云"青衣水至犍为南安县入于江"，注云："青衣水又东，邛水注之，又东流注于大江。"**其阳多黄金，其阴多麋、麈。其木多檀、柘，其草多薤、韭，多药，即䔲。** 懿行案：郭云"药即䔲"，非也。西次四经"号山，草多药、䔲"，郭既分释于下，此注又谓一草，误也。玉篇云"药，白芷，叶即䔲也"，又承郭注而误。**空夺。**即蛇皮脱也。 懿行案：郭知"空夺即蛇皮脱"者。玉篇、广韵并云"蛈，蝉脱蛈皮"，盖"空"字后人加"虫"作"蛈"也。说文云："蜕，蛇、蝉所解皮。"广韵云："蜕，又他卧切。"与"夺"声近。"夺"古字作"敚"。疑"空夺"本作"空蜕"，讹"蜕"为"敚"，又改"敚"为"夺"耳。

　　又东一百五十里曰崌山。音"居"。**江水出焉，**北江。 懿行案：毕氏云："海内东经云'北江出曼山'，今四川名山县西有蒙山，曼、蒙音相近，疑是也。沫水经此，或即郭所云北江与？"今案毕说当是也。郡国志云"蜀郡，汉嘉：有蒙山"，刘昭注引华阳国志云："有沫水从西来出岷江[一]，又从岷山西来入江，合郡下青衣江入大江。"又水经亦云："沫水与青衣水合，东入于江。"案其道里，"沫水"当即"中江"矣。李善注江赋引此经郭注云："崌山，北江所出。"**东流注于大江，其中多怪蛇，**今永昌郡有钩蛇，长数丈，

〔一〕"有沫水从西来出岷江"，中华书局点校本后汉书此句作"有洙水从邛来出岷江"。

尾岐,在水中钩取岸上人牛马啖之,又呼马绊蛇,谓此类也。 懿行案:水经若水注云:"山有钩蛇,长七八丈,尾末有岐。蛇在山涧水中,以尾钩岸上人牛食之。"李善注江赋引此注,作"钩取断岸人及牛马啖之",其余则同。又李石续博物志云"先提山有钩蛇"云云,与水经注所说同。多𩽊鱼。音"赞",未闻。 懿行案:"𩽊"见玉篇,云"鱼名"。其木多楢、杻,楢,刚木也,中车材。音"秋"。 懿行案:说文云:"楢,柔木也,工官以为耎轮。读若糗。"郭以楢为"刚木",而云"楢音秋",未详。多梅、梓。其兽多夔牛、麢、臭、犀、兕。有鸟焉,状如鸮懿行案:太平御览四十四卷及八百七十卷引此经,"鸮"作"鹗"。而赤身白首,其名曰窃脂,今呼小青雀曲觜肉食者为"窃脂",疑此非也。 懿行案:与尔雅"窃脂"同名异物。可以御火。

又东三百里曰高梁之山。懿行案:毕氏云:"山在今四川剑州北。太平寰宇记云:'剑门县大剑山亦曰梁山,山海经高梁之山西接岷、崛,东引荆、衡。'"其上多垩,其下多砥、砺。其木多桃枝、钩端。有草焉,状如葵而赤华,荚实白柎,可以走马。懿行案:"柎"当为"柎"。西山经首"天帝之山,有草焉,其状如葵,臭如蘼芜,名曰杜衡,可以走马",亦此之类。

又东四百里曰蛇山。其上多黄金,其下多垩。其木多栒,懿行案:"栒木"已见北次三经"绣山"。多豫章。懿行案:"豫章"已见西次二经"庬阳之山"。其草多嘉荣、懿行案:"嘉荣"已见中次七经"半石之山"。少辛。懿行案:"少辛"已见中次七经"浮戏之山"。有兽焉,其状如狐而白尾长耳,名狼,音"巴"。 懿行案:郭盖音"巳"字,讹作"巴"也,玉篇云:"狼,时尔切。"云:"兽,如狐白尾。"见则国内有兵。一作"国有乱"。

又东五百里曰鬲山。其阳多金,其阴多白珉。蒲鹮音"薨"。 懿行案:说文、玉篇并无"鹮"字。之水出焉,而东流注于江，其中多白玉。其兽多犀、象、熊、罴，多猨、蜼。蜼似猕猴，鼻露上向，尾四五尺，头有岐，苍黄色，雨则自悬树，以尾塞鼻孔，或以两指塞之。 懿行案："蜼"见尔雅，郭注同此。广雅云："狖，蜼也。"高诱注淮南览冥训云："狖，猨属也，长尾而昂鼻。狖读'中山人相遗物'之遗。"郭注西次四经亦云："蜼，猕猴属也。音赠遗之遗。"是则"蜼"即"狖"矣，音义同。

又东北三百里曰隅阳之山。其上多金、玉，其下多青雘。其木多梓、桑，其草多茈。徐之水出焉，东流注于江，其中多丹粟。

又东二百五十里曰岐山。今在扶风美阳县西。 懿行案：地理志云："右扶风，美阳：禹贡岐山在西北。"郡国志云："美阳有岐山。"刘昭注引此经。晋志"右扶风"为"扶风郡"也。其上多白金，其下多铁。其木多梅、梓，"梅"或作"莓"。多杻、楢。减水出焉，懿行案：刘昭注郡国志引此经作"城水"。"城"疑"碱"字之讹，或古本"减"有作"碱"者也。毕氏云："岐山当在四川，俗失其名。减水疑即黚水也。说文又作'黔'，皆音相近。"地理志云："犍为，符：黚水南至鳖入江。"水经注云："阚骃谓之阚水。"东南流注于江。

又东三百里曰勾檷之山。音"络梸"之"梸"。 懿行案："络梸之梸"不成语，疑"梸"当为"柅"字之讹也。说文云："檷，络丝檷，读若柅。"又云："尿，或作柅，簑柄也。"方言云："簑，榬也"，郭注云："所以络丝也。"玉篇亦云："檷，络丝柎也"，本说文。然则簑柄即络丝之柅，故郭音"络柅"，本说文、方言也。今讹为"络梸"，遂不复可读。又玉篇字"搁拘，山名"，疑"搁拘"即"句檷"，误倒其文尔。其上多玉，其下多黄金。其木多栎、柘，其草多芍药。

又东一百五十里曰风雨之山。其上多白金，其下多石涅。其木多椒、椫，椒木未详也。椫木，白理中栉。"驺""善"二音。懿行案：说文云："椒，木薪也。"疑非此。又云："椫，木也，可以为栉。"玉藻云

"枑用樿栘"，郑注云："樿，白理木也。"**多杨。**懿行案："杨"见尔雅。**宣余之水出焉，东流注于江，其中多蛇。**懿行案：水蛇也，一名公蛎蛇。**其兽多闾、麋，多麈、豹、虎，其鸟多白鷮。**

  又东北二百里曰玉山。其阳多铜，其阴多赤金。懿行案："铜"与"赤金"并见，非一物明矣。郭氏误注，见南山经"杻阳之山"。**其木多豫章、楢、杻。其兽多豕、鹿、麢、臭，其鸟多鸩。**

  又东一百五十里曰熊山。有穴焉，熊之穴，恒出神人，夏启而冬闭。是穴也，冬启乃必有兵。今邺西北有鼓山，下有石鼓象悬著山旁，鸣则有军事，与此穴殊象而同应。 懿行案：刘逵注魏都赋引"冀州图：邺西北鼓山，山上有石鼓之形，俗言时时自鸣"。"刘劭赵都赋曰：'神钲发声。'俗云石鼓鸣则天下有兵革之事"。是郭所本也。水经渭水注云："朱围山在梧中聚，有石鼓，不击自鸣，鸣则兵起。"亦此类。**其上多白玉，其下多白金。其木多樗、柳，其草多寇脱。**

  又东一百四十里曰騩山。其阳多美玉、赤金，其阴多铁。其木多桃枝、荆、芑。懿行案："芑"盖"芑"字之讹，"芑"又"杞"之假借字也。南次二经云："虖勺之山，其下多荆、杞。"中次十一经云："历石之山，其木多荆、芑。"并以"荆芑"连文，此误审矣。

  又东二百里曰葛山。其上多赤金，其下多瑊石。瑊石，劲石似玉也。音"缄"。 懿行案：子虚赋云"瑊玏玄厉"，张揖注云："瑊玏，石之次玉者。"说文作"玪璗"，云："玪璗，石之次玉者。"玉篇云："玪，同瑊。"郭云"劲石"，疑"劲"当为"玏"字之讹。"瑊石"，"石"字衍。**其木多柤、栗、橘、櫾、楢、杻，**懿行案：太平御览九百六十四卷引此经，云："葛山，其上多桐。"今本无"桐"字，疑有脱误。**其兽多麢、臭，其草多嘉荣。**

  又东一百七十里曰贾超之山。其阳多黄垩，其阴多美赭。其木多柤、栗、橘、櫾，其中多龙修。龙须也，似莞而细，生山石穴中，茎倒垂，可以为席。　懿行案："龙修"、"龙须"，声转耳。广雅云："龙木，龙修也。"述异记云："周穆王东海岛中养八骏处，有草名龙刍。""龙刍"亦"龙须"也，"须"、"刍"声相近。

凡岷山之首自女几山至于贾超之山，凡十六山，三千五百里。懿行案：今三千六百五十里。其神状皆马身而龙首，其祠：毛用一雄鸡，瘞，糈用稌。文山、懿行案：此上无"文山"，盖即岷山也。史记又作"汶山"，并古字通用。穆天子传云"天子三日游于文山，于是取采石"，郭注云："以有采石，故号文山。"案经云"岷山多白珉"，传言"取采石"，盖谓此。然则"文山"即"岷山"审矣。勾㮰、风雨、騩之山，是皆冢也，其祠之：羞酒，先进酒以酹神。少牢具，婴毛一吉玉。熊山，席也，席者，神之所冯止也。　懿行案："席"当为"帝"，字形之讹也。上下经文并以"帝""冢"为对。此讹作"席"，郭氏意为之说，盖失之。其祠：羞酒，太牢具，婴毛一璧。干儛，用兵以禳；禳，祓除之祭名。儛者，持盾武儛也。　懿行案：地官"舞师"云"掌教兵舞。帅而舞山川之祭祀"，郑注云："兵舞，执干戚以舞。"祈，璆冕舞。祈，求福祥也。祭用玉，舞者冕服也。美玉曰璆，己求反。　懿行案：尔雅释器云"璆琳，玉也"，郭注云："美玉名。"

中次十经之首曰首阳之山。懿行案：地理志云："陇西郡，首阳：禹贡鸟鼠同穴山在西南。"盖县因山为名也。此云"首阳"，下文又称"首山"。史记封禅书说"天下名山八"，首山其一，又云"黄帝采首山铜，铸鼎于荆山下"，盖皆不谓此山也。晋灼据地理志，"首山"属河东蒲坂，彼中次五经"首山"也，非此。其上多金、玉，无草木。

又西五十里曰虎尾之山。其木多椒、椐，多封石。懿行案：本草别录云："封石，味甘无毒，生常山及少室。"下文"游戏之山"、"婴侯之山"、"丰山"、"服山"、"声匈之山"并多此石。其阳多赤金，其阴

山海经笺疏

多铁。

　　又西南五十里曰繁缋音“溃”。之山。其木多楢、杻，其草多枝勾。今山中有此草。　郝行案：说文：“楢，多小意而止也。一曰木也。”“杻，檍杻也。一曰木名。”然则“枝勾”即“檍杻”之省文，盖草木通名耳。

　　又西南二十里曰勇石之山。无草木，多白金，多水。

　　又西二十里曰复州之山。其木多檀。其阳多黄金。有鸟焉，其状如鸮郝行案：太平御览七百四十七卷引此经作“鸡”。而一足、彘尾，其名曰跂踵，音“企”。　郝行案：“跂踵”，御览引作“企踵”。海外北经有“跂踵国”，郭注云：“其人行，脚跟不着地也。”疑是鸟亦以此得名。见则其国大疫。铭曰：“跂踵为鸟，一足似夔。不为乐兴，反以来悲。”　郝行案：“铭”盖亦郭氏图赞之文，而与今世所传复不同。

　　又西三十里曰楮山。一作“渚州之山”。多寓木，多椒、椐，多柘，多垩。

　　又西二十里曰又原之山。其阳多青雘，其阴多铁。其鸟多鸜鹆。鸜鹆也。传曰“鸜鹆来巢”。音“臞”。　郝行案：说文云：“鹆，鸜鹆也。古者鸜鹆不逾泲。鹆或作鵒。”说文义本考工记。

　　又西五十里曰涿山。郝行案：郭注海内经引世本云：“颛顼母，浊山氏之子，名昌仆。”大戴礼帝系篇作“昌意娶于蜀山氏之子，谓之昌濮”。“浊”、“蜀”古字通，“涿”、“浊”声又同。史记索隐云：“‘涿鹿’或作‘蜀鹿’〔一〕。”是此经“涿山”即“蜀山”矣。史称“昌意降居若水”，索隐云：“若水在蜀。”然则昌意居蜀而娶蜀山氏之女，盖蜀山国因山为名也，即此经“涿山”矣。其木多榖、柞、杻。其阳多㻬琈之玉。

　　又西七十里曰丙山。其木多梓、檀，多弞杻。弞，义所未详。　郝行案：方言云“弞，长也。东齐曰弞”，郭注云：“弞，古矧字。”然则“弞

153

────────────

〔一〕“蜀鹿”，史记索隐原文作“浊鹿”。

杻”，长杻也。杻为木多曲少直，见陆玑诗疏。此杻独长，故著之，俟考。

凡首阳山之首自首山懿行案：首山即首阳山。至于丙山，凡九山，二百六十七里。懿行案：今三百一十里。其神状皆龙身而人面，懿行案：太平御览九百四十卷引汲冢琐语云："晋平公与齐景公乘，至于浍，见人乘白骖八驷以来平公之前。公问师旷曰：'有犬狸身而狐尾者乎？'师旷有顷而答曰：'有之，来者其名首阳之神，饮酒霍太山而归其居，而于浍乎见之，甚善，君有喜焉。'"所说神形状与此经异。"汲冢琐语"，水经浍水注引作"古文琐语"。其祠之：毛用一雄鸡瘗，糈用五种之糈。堵山，冢也，懿行案："堵山"即"楮山"，又"楮山"注云："一作'渚州之山'。""渚"、"陼"古通用，"陼"、"堵"同音当古切，故古字俱得通与？其祠之：少牢具，羞酒祠，婴毛一璧，瘗。骄山，帝也，其祠：羞酒，太牢其，懿行案："其"，当为"具"字之讹。合巫祝二人儛，婴一璧。

中次一十一山经荆山之首曰翼望之山。懿行案：山在今河南内乡县，见水经注。元和郡县志云："临湍县，翼望山在县西北二十里。"湍水出焉，鹿抟反。懿行案：水名之"湍"，集韵"朱遄切，音专"，郭音"鹿抟反"，似误。然文选南都赋注引此经郭注，亦作"湍，鹿抟切"，又非误也，未知其审。地理志云："弘农郡，析：黄水出黄谷，鞠水出析谷，俱东至郦入湍水。"水经云"湍水出郦县北芬山"，注云："湍水出弘农界翼望山。"东流注于济。今湍水迳南阳穰县而入清水。懿行案：经文"济"，注文"清"，并当为"淯"，字之讹也。文选南都赋注引此经郭注，云："今湍水迳南阳穰县而入淯也。"水经亦云："湍水至新野县东入于淯。"郡国志云："卢氏：有熊耳山，淯水出，地理志作育水也。"又案晋书地理志南阳无穰县，义阳郡有穰。义阳郡，太康中置，是郭注"南阳"当为"义阳"，字之讹也。贶水出焉，音"况"。懿行案：玉篇云："脱，虚放切，水名。"盖即此。是"贶"当为"脱"，字之讹也。然其水今未闻。东南流注于汉，其中多蛟。似蛇而四脚，小头细颈，有

山海经笺疏

154

白璺。大者十数围，卵如一二石瓮，能吞人。　郝行案：尔雅云："有鳞曰蛟龙。"说文云："蛟，龙之属也。池鱼满三千六百，蛟来为之长，能率鱼飞。置笱水中，即蛟去。"史记司马相如传正义引此注，"小头细颈"作"小细头"，"璺"作"婴"，"十数围"作"数十围"，"一二石"作"一二斛"。太平御览九百三十卷引与史记正义同，"小头细颈"句与今本同。艺文类聚九十六卷引此注，"璺"亦作"婴"，"小头细颈"下复有"颈"字，"十数围"下有"卵生子"三字，"一二石瓮"作"三斛瓮"三字，又引郭氏赞云："匪蛇匪龙，鳞采晖焕。腾跃涛波，蜿蜒江汉。汉武饮羽，佚飞迭断。"**其上多松、柏，其下多漆、梓。其阳多赤金，其阴多珉。**

又东北一百五十里曰朝歌之山。郝行案：山在今河南泌阳县西北，见水经注。**潕水出焉，**潕水今在南阳舞阳县。音"武"。　郝行案：地理志云"颍川郡，舞阳"，应劭注云："舞水出南。"盖舞水即潕水矣。而水经云："潕水出潕阴县西北扶予山，东过其县南。"注引此经而释之云："经书'扶予'者，其山之异名乎？"明"扶予"即朝歌也。**东南流注于荥，**郝行案：说文云："潕水出南阳舞阴，东入颍。"水经云："潕水东过定颍县北，东入于汝。"二说不同，盖潕水合汝而入颍也。经言"注于荥"者，水经注云"荥水又东北，于潕阴县北左会潕水"。**其中多人鱼。其上多梓、柟，其兽多麢、麇。有草焉，名曰莽草，可以毒鱼。**今用之杀鱼。　郝行案：秋官翦氏"掌除蠹物，以莽草熏之"，郑注云："药物杀虫者。"本草云"莽草"，别录云"一名薜，一名春草"。尔雅云"薜，春草"，郭注引本草云："一名芒草。"是"芒草"即"莽草"。中次二经云："葌山，有芒草，可以毒鱼也。""芒"又通作"茵"，水经夷水注云"邑人以茵草投渊上流，鱼则多死"是也。

又东南二百里曰帝囷之山。去伦反。　郝行案："囷"，广韵引作"箘"。**其阳多㻬琈之玉，其阴多铁。帝囷之水出于其上，潜于其下，多鸣蛇。**郝行案："鸣蛇"已见中次二经"鲜山"。

又东南五十里曰视山。其上多韭。有井焉，名曰天井，夏有水，冬竭。郝行案：尔雅云"井一有水，一无水，为瀱汋"，郭注引此经为说也。又中次五经云"超山有井，冬有水而夏竭"，与此相反。**其上多桑，多美垩、金、玉。**

又东南二百里曰前山。懿行案：郭注中次八经"若山"云："若，或作前。"**其木多楮，**似柞，子可食，冬夏生，作屋柱难腐。音"诸"，或作"储"。　懿行案：上林赋云"沙棠栎楮"，郭注云："楮似柃，叶冬不落。"汉书音义云："楮似樗，叶冬不落也。"玉篇亦云："楮，木名，冬不凋。"郭云"或作储"者，声近假借字。**多柏。其阳多金，其阴多赭。**

又东南三百里曰丰山。懿行案：山在今河南南阳府东北。**有兽焉，其状如猨，赤目赤喙黄身，名曰雍和，见则国有大恐。**懿行案：禺似猨而赤目长尾，即此类。**神耕父处之，**懿行案："耕"，玉篇作"畊"，云"神名"。李善注南都赋引此经。刘昭注郡国志引南都赋注，云："耕父，旱鬼也。"其注礼仪志又引东京赋注，云："耕父，旱鬼也。"今注并无之。**常游清泠之渊，出入有光，**清泠水在西号郊县山上，神来时水赤有光耀，今有屋祠之。　懿行案：庄子让王篇云："舜友北人无择，自投清泠之渊。"吕氏春秋离俗览作"苍领之渊"，高诱注云："苍领或作青令。"庄子释文引此经云："在江南，一云在南阳郡西鄂山下。"所引盖郭注之文也。薛综注东京赋亦云"清泠，水名，在南阳西鄂山上"，与庄子释文同。今本郭注"号郊"当即"鄂"字之误衍。刘昭注郡国志引此经郭注，作"今有屋祠也"。**见则其国为败。有九钟焉，是知霜鸣。**霜降则钟鸣，故言知也。物有自然感应而不可为也。　懿行案：北堂书钞一百八卷引此经及郭注，"知"并作"和"，疑今本字形之讹。**其上多金，其下多穀、柞、杻、橿。**

又东北八百里曰兔床之山。其阳多铁。其木多藷藇。懿行案：木藷藇，未闻其状。**其草多鸡穀，**懿行案：广雅云："鸡狗獛，哺公也。"说者谓即蒲公英。唐本草云："蒲公草，一名構耨草。""構耨"与"狗獛"声相近。"穀"字古有"构"音，"构"、"狗"之声又相近，疑此经"鸡穀"即广雅"鸡狗"矣。下文"夫夫山"又作"鸡鼓"，亦即"鸡穀"也。又本草别录云："黄精，一名鸡格。""格"、"榖"声转，疑亦近是。**其本如鸡卵，其味酸甘，食者利于人。**

　　又东六十里曰皮山。多垩，多赭。其木多松、柏。

　　又东六十里曰瑶碧之山。懿行案：艺文类聚八十九卷引此经"瑶"作"摇"。**其木多梓、枬。其阴多青雘，其阳多白金。有鸟焉，其状如雉，恒食蜚，**蜚，负盘也，音"翡"。　　懿行案："蜚"见尔雅，郭注云："蜚，负盘，臭虫。"**名曰鸩。**此更一种鸟，非食蛇之鸩也。

　　又东四十里曰支离懿行案：水经及文选注并作"攻离"。毕氏云："山今在河南嵩县，疑即双鸡岭。"**之山。济水出焉，南流注于汉。**今济水出郦县西北山中，南入汉。"郦"、"离"音字亦同。　　懿行案：经文"济"及注文"济"，并"淯"字之讹也。说文云："淯水出弘农卢氏山，东南入沔，或曰出郦山西。""郦"、"离"声同也。"淯"，地理志作"育"，云："卢氏有育水，南至顺阳入沔。"沔即汉也，故地理志"南阳郡，郦"又云："育水出西北，南入汉"，并说文所本也。郡国志作"清水"，误。水经云："淯水出弘农卢氏县攻离山，又南过邓县东，南入于沔。"文选南都赋注引此经，作"攻离之山，淯水出焉"，可证今本之讹。郦县、淯阳俱属南阳国，见晋书地理志。**有鸟焉，其名曰婴勺，其状如鹊，赤目赤喙白身，其尾若勺，**似酒勺形。懿行案：鹊尾似勺，故后世作鹊尾勺，本此。**其鸣自呼。多㸲牛，多羬羊。**

　　又东北五十里曰彘碉之山。音"雕"。　　懿行案：广韵引此经，作"族蠡之山"。**其上多松、柏、机、柏。**柏叶似柳，皮黄不措，子似拣，着酒中饮之，辟恶气，浣衣去垢。核坚正黑，可以间香缨。一名括楼也。　　懿行案："机柏"，广韵引此经作"机桓"。玉篇云："桓木，叶似柳，皮黄白色。"与郭义合。是此经及注并当作"桓"，今本作"柏"，字形之讹也。且柏已屡见，人所习知，不须更注，注所云云又非是柏也。郭云"皮黄不措"，"措"当为"楷"，与"皵"同，见玉篇。"子似拣"，当从木旁作"楝"。陈藏器本草拾遗云"无患子,一名桓",引博物志云:"桓叶似榉柳叶,核坚正黑如墼,可作香缨及浣垢。"案所引正与郭注合,或即郭所本也。郭云"间香缨","间"字疑讹。又云"一名栝楼",本草拾遗云"一名噤娄"也。

又西北一百里曰**葌理之山**。其上多松、柏,多美梓。其阴多丹膲,多金。其兽多豹、虎。有鸟焉,其状如鹊,青身白喙,白目白尾,名曰青耕,可以御疫,其鸣自叫。

又东南三十里曰**依轱之山**。音"枯"。其上多杻、橿,多**苴**。未详,音"菹"。 懿行案:经内皆云"其木多苴",疑"苴"即"柤"之假借字也。"柤"之借为"苴",亦如"杞"之借为"芑"矣。有兽焉,其状如犬,虎爪有甲,其名曰獜,言体有鳞甲。音"吝"。善駚牟,跳跃自扑也。"軮""奋"两音。 懿行案:"駚"、"牟"二字,说文、玉篇所无。据郭音义,当为軮掌奋迅之意。食者不风。不畏天风。 懿行案:磔狗止风,见尔雅释天注及郑司农大宗伯注。此物盖亦狗类也。又案此物形状颇似鲮鲤,"鲮"、"獜"声近。后世亦用鲮鲤疗风痹。

又东南三十五里曰**即谷之山**。多美玉,多玄豹,黑豹也,即今荆州山中出黑虎也。 懿行案:周书王会篇云:"屠州玄豹。"海内经云:"幽都之山,多玄豹、玄虎。"郭注尔雅"黑虎"云:"晋永嘉四年,建平秭归县槛得之,状如小虎而黑,毛深者为斑。"此注云"荆州黑虎",即是物也。晋建平秭归县属荆州。注"出"当为"之"字之讹。多闾、麈,多麢、臭。其阳多珉,其阴多青膲。

又东南四十里曰**鸡山**。其上多美梓,多桑,其草多韭。

又东南五十里曰**高前之山**。 懿行案:吕氏春秋本味篇云:"水之美者,高泉之山,其上有涌泉焉。"即此。"泉"、"前"声同也。太平寰宇记云"内乡县高前山,今名天池山",引此经云云,"在翼望山东五十里"。其上有水焉,甚寒而清,或作"潜"。 懿行案:北堂书钞一百四十四卷引此经,亦作"清"。帝台之浆也,今河东解县南檀首山,上有水潜出,停不流,俗名为盐浆,即此类也。　懿行案:"檀首",释名作"谭首",声近假借字。"檀首"当为"檀道",字之讹也。太平御览五十九卷引此注,正作"檀道山"。水经涑水注又引作"盐道山","盐浆"作"莺浆"也。"有水潜出,停不流",太平寰宇记引作"有水泉出,停而不流"。**饮之者不心痛。其上有金,其下有赭。**

又东南三十里曰**游戏之山**。多杻、橿、榖,多玉,多封石。

又东南三十五里曰**从山**。其上多松、柏,其下多竹。**从水出于其上,潜于其下,其中多三足鳖,枝尾,**三足鳖名能,见尔雅。　懿行案:郭注尔雅亦引此经。李善注江赋引此经作"岐尾"。"岐"、"枝"古通用。**食之无蛊疫。**

又东南三十里曰**婴硬之山**。音"真"。　懿行案:玉篇音与郭同。东次二经"硬山",郭音"一真反",盖"一"、"反"二字衍。**其上多松、柏,其下多梓、櫄。**懿行案:"櫄"即"杶"字,见说文。

又东南三十里曰**毕山**。**帝苑之水出焉,**懿行案:毕氏云:"毕山疑即旱山,字相近。在河南泌阳。水经注有比水,出滪阴县旱山,东北注于灒。"此帝苑之水疑即比水也。**东北流注于视,**懿行案:"视"当为"灒",字形相近,见下文。**其中多水玉,多蛟。其上多瑸珋之玉。**

又东南二十里曰**乐马之山**。**有兽焉,其状如彙,**懿行案:说文云:"彙,或作猬,虫似豪猪者。"尔雅云:"彙,毛刺。"**赤如丹火,其名曰狼,**音"戾"。　懿行案:"狼"字,说文、玉篇所无,疑当为"戾"。吴氏引"十六国春秋云'南燕主超祀南郊,有兽如鼠而赤,大如马,来至坛侧。须臾大风昼晦',疑即此兽也"。**见则其国大疫。**

又东南二十五里曰**葳山**。**视水出焉,**或曰"视"宜为"灒"。灒水今在南阳也。　懿行案:说文云:"灒水出南阳舞阳中阳山,入颍。"地理志云：“舞阴：中阴山，潕水所出，东至蔡入汝。”水经云“潕水出潕阴县东上界山”，注云：“山海经谓之视水也，出葴山，许慎云出中阳山，皆山之殊目也。”

东南流注于汝水，懿行案：水经云“潕水东过上蔡县南，东入汝”，与此经及地理志合，与说文则异。说文云“入颍”者，盖合颍而入汝也。颍水迳汝阴县，汝水枝津注之，见水经注。**其中多人鱼，多蛟，多颉。**如青狗。

懿行案：中次四经云：“厘山，滽滽之水，有兽名獀，其状如獳犬而有鳞，其毛如彘鬣。”文选江赋注引“獀”作“獭”，然獭故无鳞，恐非也。此经之“颉”，郭云“如青狗”，则真似獭矣，而獭复不名颉，亦所未详。

又东四十里曰婴山。其下多青䨼，其上多金、玉。

又东三十里曰虎首之山，多苴、椆、椐。椆，未详也，音“雕”。　懿行案：说文云：“椆，木也。读若丩。”类篇云：“椆，寒而不凋。”

又东二十里曰婴侯之山。其上多封石，其下多赤锡。

懿行案：中次八经已云“欢山多白锡”，此又云“多赤锡”，明锡非一色也。

又东五十里曰大孰之山。杀水出焉，东北流，注于视水，懿行案：水经注云：“潕水又东北，杀水出西南大孰之山，东北流，入于潕。”其中多白垩。

又东四十里曰卑山。其上多桃、李、苴、梓，多纍。今虎豆、狸豆之属。纍，一名縢，音“诔”。　懿行案：尔雅云“欇，虎櫐”，郭注云：“今虎豆。缠蔓林树而生，荚有毛刺。”古今注云：“虎豆，似狸豆而大也。”郭云“纍，一名縢”者，广雅云“虉，藤也”。

又东三十里曰倚帝之山。懿行案：新唐书吴筠传云：“筠下第，遂居南阳倚帝山。”今案山在河南镇平县西北。其上多玉，其下多金。有兽焉，其状如鼣鼠，尔雅说鼠有十三种，中有此鼠，形所未详也。音“狗吠”之“吠”。　懿行案：郭注尔雅亦引此经。释文引舍人云：“其鸣如犬也。”白耳白喙，名曰狙如，音“即蛆”。　懿行案：尔雅云：“蒺藜，蝍蛆。”郭言此“狙”音“蝍蛆”之“蛆”也，文省尔。见则其国有大兵。

又东三十里曰鲵山。音"倪"。鲵水出于其上，潜于其下。其中多美垩。其上多金，其下多青雘。

又东三十里曰雅山。澧水出焉，音"礼"。今澧水出南阳。懿行案：说文云："澧水出南阳雉衡山。"本地理志为说也。玉篇云"澧水出衡山"，无"雉"字，非也。"澧"通作"醴"。水经注云："汝水又东，得醴水口。水出南阳雉县，亦云导源雉衡山，即山海经衡山也。"今案此经，雅山去衡山九十五里，是其连麓，疑"雅山"当为"雉山"，字形相近。晋书地理志雉县属南阳国，县盖因兹山得名也。后汉书马融传注引此经，正作"雉山"。山在今河南南阳县北也。东流注于视水，懿行案：说文云："澧水东入汝。"地理志云"东至郾入汝"，"郾"盖"郾"字之讹也。水经云"汝水东南过郾县北"，注云"醴水东迳郾县故城南，左入汝"，引此经云："醴水东流注于涀水也。"郦氏改经"视水"为"涀水"，涀水即陂水，从吕忱之说也。然说文、地理志并云"入汝"，此云"注涀水"者，盖合涀水而入汝也。其中多大鱼。懿行案：史记秦本纪云："占梦博士曰：'水神不可见，以大鱼、蛟龙为候。'"其上多美桑，其下多苴，多赤金。

又东五十五里曰宣山。沦水出焉，东南流，注于视水，懿行案：水经注云："瀙水又东，沦水注之。水出宣山，东南流，注瀙水。"其中多蛟。其上有桑焉，大五十尺，围五丈也。其枝四衢，言枝交互四出。其叶大尺余，赤理黄华青柎，名曰帝女之桑。妇女主蚕，故以名桑。　懿行案：李善注南都赋引此经及郭注，并与今本同。艺文类聚八十八卷引郭氏赞云："爰有洪桑，生滨沦潭。厥围五丈，枝相交参。园客是采，帝女所蚕。"

又东四十五里曰衡山。今衡山在衡阳湘南县，南岳也，俗谓之岣嵝山。　懿行案：水经汝水注云："醴水导源雉衡山，即山海经衡山也。郭景纯以为南岳，非也。马融广成颂曰'面据衡阴'，指谓是山。在雉县界，故世谓之雉衡山。"案海内经云"南海之内有衡山"，郭注云"南岳"是也，此又云

"南岳",误矣。初学记五卷引此经,云"衡山,一名岣嵝山",盖并引郭注也。**其上多青䨼,多桑。**懿行案:艺文类聚八十八卷引此经同。**其鸟多鸜鹆。**

又东四十里曰**丰山。**懿行案:上文丰山在今南阳县,汉西鄂县地。此丰山盖与连麓而别一山,非重出也。**其上多封石。其木多桑,多羊桃,状如桃而方茎,**一名鬼桃。懿行案:本草云:"羊桃,一名鬼桃。"郭注尔雅及此注所本也。**可以为皮张。**治皮肿起。懿行案:"张",读如"张脉愤兴"之"张"。唐本草云:"羊桃煮汁,洗风痒及诸创肿极效。"

又东七十里曰**妪山。其上多美玉,其下多金。其草多鸡谷。**

又东三十里曰**鲜山。其木多楢、杻、苴,其草多亹冬。其阳多金,其阴多铁。有兽焉,其状如膜大,**懿行案:"大"当为"犬"字之讹,广韵作"犬"可证。膜犬者,郭注穆天子传云"西膜,沙漠之乡",是则膜犬即西膜之犬。今其犬高大獶毛、猛悍多力也。**赤喙赤目白尾,见则其邑有火,**懿行案:广韵说"犰"云:"出则大兵。"**名曰犰即。**音"移"。懿行案:玉篇云:"犰,兽名。"

又东三十里曰**章山。**或作"童山"。懿行案:经"章山"当为"皋山",注"童山"当为"章山",并字形之讹也,见水经注。又汉、晋地理志并云"江夏郡,竟陵:章山在东北,古文以为内方山",非此也。**其阳多金,其阴多美石。皋水出焉,东流注于澧水,**懿行案:水经汝水注云:"醴水东流,历唐山下。又东南与皋水合,水发皋山。郭景纯言或作章山,东流注于醴水。"案唐山在今河南唐县南。**其中多脃石。**未闻。鱼脃反。懿行案:说文云:"脃,小耎易断也。"此石耎薄易碎,故以名焉。本草别录云:"石脾,无毒,味甘。一名膏石,一名消石。生隐蕃山谷石间。黑如大豆,有赤文,色微黄,而轻薄如棋子。"亦此类也。注"鱼脃"之"脃",误,藏经本作"脆"。

又东二十五里曰大支之山。其阳多金。其木多榖、柞，无草木。_{懿行案}：“木”字衍，_{藏经本无之。}

又东五十里曰区吴之山。其木多苴。

又东五十里曰声匈之山。其木多榖。多玉，上多封石。

又东五十里曰大騩之山。_上[一]_{已有此山，疑同名。} _{懿行案：毕氏疑即南都赋所谓“天封大胡”，“大胡”、“大騩”声相近。李善注引南郡图经曰：“大胡山，故县县南十里。” 懿行案：水经云“比水出比阳东北太胡山”，注云：“太胡山在比阳北如东三十余里，广员五六十里，张衡赋南都所谓‘天封大狐’者也。”如郦氏所说，不引此经大騩山，明“大胡”非“大騩”矣。此“大騩”又不言有水出，无以定之。}其阳多赤金，其阴多砥石。

又东十里曰踵臼之山，无草木。

又东北七十里曰历_{或作“磨”。} _{懿行案：“磨”盖“厤”字之讹。地官“遂师”云“及窆，抱磨”，“磨”亦当为“厤”。又战国策“厤室”，燕宫名，今本亦讹为“磨”。}石之山。其木多荆、芑。其阳多黄金，其阴多砥石。有兽焉，其状如狸而白首虎爪，名曰梁渠，见则其国有大兵。

又东南一百里曰求山。求水出于其上，潜于其下。中有美赭。其木多苴，多鎬。_{筱属。} _{懿行案：“筱，箭”，见尔雅。又中次十二经云：“暴山，多竹箭、鎬、箘。”是鎬亦箘属，中箭也。戴凯之竹谱云：“箭竹高者不过一丈，节间三尺，坚劲中矢。江南诸山皆有之，会稽所生最精好。”}其阳多金，其阴多铁。

又东二百里曰丑阳之山。其上多椆、椐。有鸟焉，其状如乌而赤足，名曰䴝𪆰，_{音如“枳柑”之“枳”。} _{懿行案：玉篇、广}

163

〔一〕“上”，原本作“山”，误，据诸本改。

韵说鴢鷎鸟与此经同。郭云"音如枳柑","柑"当为"棋"字之讹。郑注曲礼下云:"棋,枳也,有实,今邳、郯之东食之。"**可以御火。**

又东三百里曰**奥山**。其上多柏、杻、橿。其阳多瑾瑜之玉。奥水出焉,东流注于**视水**。懿行案:水经注云:"潕阴县,沦水东南流,注溺水。溺水东,得奥水口。水西出奥山,东入于溺水也。"又水经比水注云:"比水又西,澳水注之。水北出茈丘山,东流,屈而南转,又南入于比水。"引此经云:"澳水又北入视,不注比水。"今案此澳似别一水,其引经又与今异,所未详也,存以俟考。

又东三十五里曰**服山**。其木多苴。其上多封石,其下多赤锡。

又东百十里懿行案:本多作"三百里",非。曰**杳山**。其上多嘉荣草,多金、玉。

又东三百五十里曰**几山**。懿行案:玉篇作"獭出泰山",误。其木多楢、檀、杻,其草多香。懿行案:"草多香"者,即如下文"洞庭之山,其草多葌、蘼芜、芍药、芎藭"之属也。**有兽焉,其状如彘,黄身白头白尾,名曰闻獜,**音"邻"。"獜"一作"犩",音"瓴"。懿行案:玉篇云:"獜,力人切。似豕,身黄,出泰山。"广韵云:"兽名,似豕,黄身白首。出埠苍。"郭云"一作犩",盖"獜"字之讹也。玉篇云"獜,兽名",本此。**见则天下大风。**

凡荆山之首自**翼望之山**至于**几山**,凡四十八山,三千七百三十二里。懿行案:今四千二百二十里。**其神状皆彘身人首,其祠:毛用一雄鸡祈,**懿行案:"祈"当为"瘗"。**瘗用一珪,糈用五种之精。**备五谷之美者。**禾山,**懿行案:上文无"禾山",或云"帝囷山"之脱文,或云"求山"之误文。**帝也,其祠:太牢之具,羞瘗,倒毛,**荐羞反倒牲薶之也。懿行案:"倒",古字作"到",见说文。**用一璧,**

164

山海经笺疏

牛无常。**堵山**、**玉山**，懿行案："堵山"见中次十经，"玉山"见中次八、九经，此经都无此二山，未审何字之讹。**冢也，皆倒祠**，懿行案："倒祠"，亦谓"倒毛"也。**羞毛少牢，婴毛吉玉。**

中次十二经洞庭山之首曰篇遇之山。 或作"肩"。**无草木，多黄金。**

又东南五十里曰云山。 懿行案：刘逵注吴都赋云："梢云，山名，出竹。"疑梢云即云山也。**无草木，有桂竹甚毒，伤人必死。** 今始兴郡桂阳县出笋竹，大者围二尺，长四丈。又交趾有篥竹，实中劲强，有毒，锐以刺虎，中之则死，亦此类也。 懿行案：始兴郡桂阳，见晋书地理志。吴都赋注引异物志曰："桂竹生于始兴小桂县，大者围三尺，长四五丈。"又云："篥竹大如戟槿，实中劲强，交趾人锐以为矛，甚利。箁竹有毒，夷人以为觚，刺兽，中之则必死。"并与郭注合。又郭注"篥"疑当为"篝"，"笋"当为"桂"。**其上多黄金，其下多㻬珸之玉。** 懿行案：初学记"梅"下引此经云"云山之上，其实干腊"，又引郭注云"腊，干梅也"。今经无之，盖脱。

又东南一百三十里曰龟山。其木多榖、柞、椆、椐。其上多黄金，其下多青雄黄，多扶竹。 邛竹也。高节实中，中杖也，名之扶老竹。 懿行案：刘逵注蜀都赋云："邛竹出兴古盘江以南，竹中实而高节，可以作杖。"

又东七十里曰丙山。多笋竹， 懿行案："笋"亦当为"桂"。桂阳所生竹，因以为名也。**多黄金、铜、铁，无木。**

又东南五十里曰风伯之山。 懿行案：初学记"柳"下引此经，作"凤伯之山"。**其上多金、玉，其下多㾹石、文石，** 未详"㾹石"之义。 懿行案：广韵云："㾹，素官切，音酸。"广雅云："㾹，痛也。"**多铁。其木多柳、杻、檀、楮。其东有林焉，名曰莽浮之林，多美木、**

鸟兽。

又东一百五十里曰夫夫之山。懿行案：吴氏云："释义本作
'大夫之山'，续通考引此亦作〔一〕'大夫山'。又案秦绎山碑及汉印篆文，'大
夫'都作'夫夫'，则二字古相通也。"余案宋景文笔记曰："古者'大夫'字便用
迭画写之，以'夫'有'大'音故也。庄子、李斯峄山碑如此。"其上多黄金，
其下多青雄黄。其木多桑、楮，其草多竹、鸡鼓。懿行案：即
"鸡榖"也。"榖"、"鼓"声相转。神于儿居之，其状人身而身操两
蛇，懿行案：列子汤问篇说愚公事云"操蛇之神闻之，告之于帝"，"操蛇之神"
盖即此。常游于江渊，出入有光。

又东南一百二十里曰洞庭之山。今长沙巴陵县西又有洞庭
陂，潜伏通江。离骚曰"遭吾道兮洞庭"，"洞庭波兮木叶下"，皆谓此也。字或
作"铜"，宜从水。　懿行案：洞庭山在今苏州府城西太湖中，一名包山。初学
记七卷引史记吴起传裴骃集解云："今太湖中苞山有石穴，其深洞无知其极
者，名洞庭。洞庭对彭蠡。"即斯山也。详见水经沔水"过毗陵县北为北江"
注。郭以此经洞庭山即君山也，在今湖南巴陵洞庭湖中。郭云"洞庭陂潜伏
通江"，详见海内东经"湘水"注。其上多黄金，其下多银、铁。其
木多柤、梨、橘、櫾，其草多葌、蘪芜、芍药、芎藭。蘪芜，似蛇床
而香也。　懿行案：淮南说林训云"蛇床似蘪芜而不能香"，高诱注云："蛇床
臭，蘪芜香。"帝之二女居之，天帝之二女，而处江为神，即列仙传江妃二
女也。离骚九歌所谓"湘夫人"称"帝子"者是也。而河图玉版曰："湘夫人者，
帝尧女也。秦始皇浮江，至湘山，逢大风，而问博士：'湘君何神？'博士曰：'闻
之，尧二女，舜妃也，死而葬此。'"列女传曰："二女死于江湘之间，俗谓为湘
君。"郑司农亦以舜妃为湘君。说者皆以舜陟方而死，二妃从之，俱溺死于湘
江，遂号为湘夫人。按九歌湘君、湘夫人自是二神。江湘之有夫人，犹河洛之
有虙妃也。此之为灵，与天地并矣，安得谓之尧女？且既谓之尧女，安得复总

────────────

〔一〕"作"字原本无，据吴任臣广注补。

云"湘君"哉？何以考之？礼记曰"舜葬苍梧,二妃不从",明二妃生不从征,死不从葬,义可知矣。即令从之,二女灵达,鉴通无方,尚能以鸟工龙裳救井廪之难,岂当不能自免于风波,而有双沦之患乎?假复如此,传曰"生为上公,死为贵神",礼"五岳比三公,四渎比诸侯",今湘川不及四渎,无秩于命祀,而二女帝者之后,配灵神祇,无缘当复下降小水而为夫人也。参互其义,义既混错,错综其理,理无可据,斯不然矣。原其致谬之由,由乎俱以"帝女"为名。名实相乱,莫矫其失,讵非胜是,终古不悟,可悲矣。　懿行案:初学记八卷引此经作"帝女居之",不言"二女",可知帝女为天帝之女,如言"帝女化为䔄草"、"帝女之桑"之类,皆不辨为何人也。郭云"二妃生不从征,死不从葬",或难以郑注礼记云"舜死于苍梧,二妃留江湘之间",又张衡思玄赋云"哀二女之未从,翩缤处彼湘滨",是二妃不从葬而实从征也。余案此论亦非佳证。竹书云"帝舜三十年,葬后育于渭",注云:"后育,娥皇也。"大戴礼帝系篇云:"帝舜娶于帝尧之子,谓之女匽氏。"女匽或即娥皇也。艺文类聚十一卷引尸子云:"妻之以媓,媵之以娥。"娥即女英也。海内北经云:"舜妻登比氏,一曰登北氏。"然则舜有三妃,娥皇先卒,何言二妃留处江湘?假有此事,其非帝尧二女亦明矣。且舜年百有余岁,正使二妃尚存,亦当年近百岁,"生不从征",郭氏斯言殆无可议尔。**是常游于江渊。澧沅之风,交潇湘之渊,**此言二女游戏江之渊府,则能鼓三江,令风波之气共相交通,言其灵响之意也。江、湘、沅水皆共会巴陵头,故号为三江之口。澧又去之七八十里而入江焉。淮南子曰"弋钓潇湘",今所在未详也。"潇"音"消"。　懿行案:水经湘水注引此经,"渊"作"浦"。思玄赋旧注引作"是常游江川澧沅之侧,交游潇湘之渊",李善注谢朓新亭渚别范零陵诗,引作"是常游于江渊澧沅,风交潇湘之川",又引郭注,"灵响"作"灵響",初学记引云"沅澧之交,潇湘之渊",并与今本异也。地理志云:"武陵郡,充:历山,澧水所出,东至下隽入沅。"又云:"牂柯郡,故且兰:沅水东南至益阳入江。"水经注云:"澧水流于洞庭湖,俗谓之澧江口。""沅水下注洞庭湖,方会于江。"说文云:"湘水出零陵阳海山,北入江。"地理志云:"北至酃入江也。""潇"当作"瀟",说文云:"瀟,深清也。"水经云"湘水北过罗县西",注云:"瀟者,水清深也。湘中记曰'湘川清照五六丈',是纳瀟湘之名矣。"文选注颜延年登巴陵城楼诗引此注,作"共会巴陵",无"头"

字。**是在九江之间，**地理志"九江"今在浔阳南，江自浔阳而分为九，皆东会于大江，书曰"九江孔殷"是也。　懿行案：初学记引此经作"是在九江之门"。**出入必以飘风暴雨。**懿行案：中次八经云："光山之神计蒙，恒游于漳渊，出入必有飘风暴雨。"又博物志云："文王梦见一妇人当道而哭，曰：'我东海泰山神女，嫁为西海妇，欲东归，灌坛令当吾道。太公有德，吾不敢以暴风疾雨过也。'"是山水之神出入恒以风雨自随，乃是其常。秦始皇渡江，遭大风，而伐树赭山，何其冤耶！**是多怪神，状如人而载蛇，**懿行案："载"亦"戴"也，古字通。**左右手操蛇，多怪鸟。**

又东南一百八十里曰暴山。懿行案：文选鹪鹩赋注引此经作"景山"。**其木多椶、枏、荆、芑、竹箭、镝、箘。**箘亦筱类，中箭，见禹贡。　懿行案：说文云："籁，箘簬也。"引夏书曰："惟箘簬楛。"戴凯之竹谱云："箘、簬二竹，亦皆中矢。出云梦之泽，皮特黑涩。"又云："簹，亦箘徒，概节而短，江汉之间谓之篍竹。篍，苦怪反。""簹是箭竹类，一尺数节，叶大如履，可以作篷，亦中作矢，其笋冬生。"引此经云："其竹名簹。"据竹谱所说，"簹"即"镝"也。郭氏说"镝"已见西山经首"英山"注，与竹谱小异。**其上多黄金、玉，其下多文石、铁。其兽多麖、鹿、麆、就。**就，雕也，见广雅。　懿行案：广雅云："鹫，雕也。"说文云："鹫鸟黑色，多子。通作就。"汉书匈奴传云"匈奴有斗入汉地，生奇材木、箭竿、就羽"，颜师古注云："就，大雕，黄头赤目，其羽可为箭。"皆其形状也。就，鸟也，经统谓之"兽"者，鸟、兽通名耳。

又东南二百里曰即公之山。懿行案：史记司马相如传索隐载姚氏引此经，作"即山"，无"公"字；作"山经"，无"海"字。**其上多黄金，其下多琈珋之玉。其木多柳、杻、檀、桑。有兽焉，其状如龟而白身赤首，名曰蛫，**音"诡"。　懿行案：史记司马相如传云"蛫胡彀蛫"，索隐引郭注，云："蛫，未闻。"**是可以御火。**

又东南一百五十九里曰尧山。懿行案：初学记二十四卷引王韶之始兴记云：“含洭县有尧山，尧巡狩至于此，立行台。”盖即斯山也。其阴多黄垩，其阳多黄金。其木多荆、芑、柳、檀，其草多藷藇、𦳂。懿行案：水经洭水注云：“尧山盘纡数百里，有赭岩迭起，冠以青林，与云霞乱采。山上有白石英，山下有平陵，有大堂基，耆旧云尧行宫所。”然则兹山草木盖多云。

又东南一百里曰江浮之山。其上多银、砥、砺。无草木。其兽多豕、鹿。懿行案：江浮山亦尧山之连麓。水经注所云“尧山盘纡数百里”，是其证也。又引王歆始兴记曰“含洭县有白鹿城、白鹿冈”，以为咸康中张鲂为县，有善政，致白鹿。此说恐非也，经言兹山多鹿兽，当由记人附会为说耳。

又东懿行案：毕本“东”下有“南”字。二百里曰真陵之山。懿行案：初学记“柳”下引此经作“直陵之山”。其上多黄金，其下多玉。其木多榖、柞、柳、杻，其草多荣草。懿行案：荣草形状已见中山经首“鼓镫之山”。

又东南一百二十里曰阳帝之山。多美铜。其木多橿、杻、㯕、楮。㯕，山桑也。其兽多麢、麝。

又南九十里曰柴桑之山。今在浔阳柴桑县南，共庐山相连也。懿行案：地理志云“庐江郡，寻阳”，“豫章郡，柴桑”。晋书地理志寻阳亦属庐江郡，其柴桑属武昌郡。庐山在今九江府，广舆记云：“在府城南。”柴桑山在府城西南也。其上多银，其下多碧，多泠石、懿行案：“泠石”当为“汵石”，已见上文。赭。其木多柳、芑、楮、桑。其兽多麋、鹿，多白蛇、懿行案：史记龟策传云“求之于白蛇蟠杆林中”，索隐云：“谓白蛇尝蟠杆此林中也。”飞蛇。即螣蛇，乘雾而飞者。懿行案：“螣蛇”见尔雅。

又东二百三十里曰荣余之山。其上多铜，其下多银。其木多柳、芑。懿行案：“芑”亦“杞”之假借字。其虫懿行案：海外南经云:"南山人以虫为蛇。"**多怪蛇、怪虫。**

凡洞庭山之首自篇遇之山至于荣余之山,凡十五山,二千八百里。懿行案:今才一千八百四十九里。**其神状皆鸟身而龙首,其祠:毛用一雄鸡,一牝豚刉,**刉亦割刺之名。 懿行案:说文云:"刉,划伤也,一曰断也。"**糈用稌。凡夫夫之山、即公之山、尧山、阳帝之山,皆冢也,其祠皆肆瘗,**肆,陈之也。陈牲玉而后蓲藏之。 懿行案:"肆"通作"矢"。"矢,陈也",见尔雅释诂。**祈用酒,毛用少牢,婴毛一吉玉。洞庭、荣余山,神也,其祠皆肆瘗,**肆竟,然后依前蓲之也。**祈酒太牢祠,婴用圭璧十五,五采惠之。**惠,犹饰也,方言也。 懿行案:"惠",义同藻绘之"绘",盖同声假借字也。

右中经之山志,大凡百九十七山,懿行案:校经文当有百九十八山,今除中次五经内阙一山,乃得百九十七山。**二万一千三百七十一里。**懿行案:今二万九千五百九十八里。

大凡天下名山五千三百七十,居地大凡六万四千五十六里。

禹曰:懿行案:经即禹作,无缘又称"禹曰",盖记者述禹之意而作之,非必禹所亲笔。亦如禹贡非禹所为,故篇内复称"禹",其义同也。**天下名山,经**懿行案:"经",言禹所经过也。**五千三百七十山,六万四千五十六里,居地也。**懿行案:刘昭注郡国志引此经,云"名山五千三百五十,经六万四千五十六里",此文作"七十"者,古"五"、"七"字形相近,盖传写之讹也。又广雅释地作"名山五千二百七十",亦疑"三"讹为"二"也。**言其五臧,**懿行案:"藏"字古作"臧",才浪切。汉书云"山海,天地之臧",故此经称"五臧"。**盖其余小山甚众,不足记云。天地之东西二万八千里,南北二万六千里。出水之山者八千里,受水者八千**

里。郝行案：广雅释地引此经文，而云"夏禹所治，四海内地也"。管子地数篇、吕氏春秋有始览、淮南墬形训并与此同。**出铜之山四百六十七，出铁之山三千六百九十。**郝行案：刘昭注郡国志引此经，作"三千六百九"，无"十"字；又上句作"出水者八千里"，无"之山"二字。管子地数篇及广雅释地并同。**此天地之所分壤树谷也，戈矛之所发也，刀铩**郝行案："铩"，管子地数篇作"币"。**之所起也。能者有余，拙者不足。**郝行案：刘昭注郡国志作"俭则有余，奢则不足"。**封于太山、禅于梁父七十二家，**管子地数云"封禅之王七十二家"也。　郝行案：管子封禅篇曰"古者封泰山、禅梁父者七十二家，而夷吾所记者十有二焉"，自无怀氏至周成王为十二家，据此则非禹言也。**得失之数皆在此内，是谓国用。**郝行案：毕氏云："自'此天地之所分壤树谷也'已下，当是周、秦人释语，旧本乱入经文也。"今案自"禹曰"已下，盖皆周人相传旧语，故管子援入地数篇，而校书者附着五臧山经之末。

　　右五臧山经五篇，大凡一万五千五百三字。郝行案：今二万一千二百六十五字。

山海经第六

晋郭璞传　栖霞郝懿行笺疏

海外南经

地之所载，六合之间，四方上下为六合也。　懿行案：淮南齐俗训云："往古来今谓之宙，四方上下谓之宇。"列子汤问篇夏革引此经"六合之间"以下四十七字，而称"大禹曰"，则此经亦述禹言，与前文"禹曰"之例同。文选注欧阳建临终诗及曹植七启并引此经文。四海懿行案：淮南墬形训本此经文，作"四极"。之内，照懿行案：淮南墬形训作"昭"。之以日月，经之以星辰，纪之以四时，要之以太岁，神灵所生，其物异形，懿行案：列子汤问篇作"其形"。或夭或寿，唯圣人能通其道。言自非穷理尽性者，则不能原极其情状。

海外自西南陬至东南陬者：陬，犹隅也，音"驺"。

结匈国懿行案：淮南墬形训海外三十六国俱本此经文，有"结胸民"。在其西南，其为人结匈。臆前胅出，如人结喉也。　懿行案：说文云："胅，骨差也。读与跌同。"郭注尔雅"犦牛"云"领上肉臒胅起"，义与此同。

南山在其东南。自此山来，虫为蛇，蛇号为鱼。以虫为蛇，以蛇为鱼。　懿行案：今东齐人亦呼蛇为虫也。埤雅云："恩平郡谱：蛇谓之訑。"盖"蛇"古字作"它"，与"訑"声相近，訑声转为鱼，故蛇复号鱼矣。一曰南山在结匈东南。懿行案：经内凡"一曰"云云者，盖后人校此经时附着所见，或别本不同也。疑初皆细字，郭氏作注，改为大字，遂与经并行矣。

比翼鸟在其东。懿行案："比翼鸟"即"蛮蛮"也，已见西次三经"崇吾之山"。其为鸟青、赤，似凫。两鸟比翼。一曰在南山东。

羽民国懿行案：大戴礼五帝德篇云"东长鸟夷"，疑即此也。楚词远游云"仍羽人于丹丘"，王逸注引此经，言"有羽人之国"。吕氏春秋求人篇亦作"羽人"，高诱注云："羽人，鸟喙，背上有羽翼。"在其东南。其为人长头，身生羽。能飞，不能远，卵生，画似仙人也。 懿行案：博物志云："羽民国，民有翼，飞不远。多鸾鸟，民食其卵。去九疑四万三千里。"太平御览九百十六卷引括地图同，唯"三千"作"一千"也。郭云"画似仙人"者，谓此经图画如此也。下同。一曰在比翼鸟东南，其为人长颊。启筮曰："羽民之状，鸟喙赤目而白首。" 懿行案：文选鹦鹉赋注引归藏启筮曰："金水之子，其名曰羽蒙，是生百鸟。"即此也。"羽民"、"羽蒙"声相转。

有神人二八，懿行案："八"，淮南墬形训作"人"，误。连臂，为帝司夜于此野。昼隐夜见。 懿行案：薛综注东京赋云："野仲、游光、恶鬼也，兄弟八人，常在人间作怪害。"案野仲、游光二人兄各八人，正得十六人，疑即此也。在羽民东。其为人小颊赤肩，当髆上正赤也。 懿行案："脾"当为"髆"字之讹。说文云："髆，肩甲也。""甲"俗作"胛"，广韵云"背胛"，明藏经本"脾"作"胛"可证。玉篇引此经"肩"作"眉"，讹。尽十六人。疑此后人所增益语耳。 懿行案：此盖校书者释经之语。

毕方鸟懿行案：毕方形状已见西次三经"章莪之山"。在其东，青水西。懿行案："青水出昆仑西南隅，过毕方鸟东"，见海内西经。其为鸟人面一脚。懿行案：西次三经说毕方鸟不言"人面"。一曰在二八神东。

讙头国懿行案：讙头国，鲧之苗裔，见大荒南经。淮南墬形训有"讙头国民"。在其南。其为人人面有翼，鸟喙，方捕鱼。讙兜，尧臣，有罪，自投南海而死。帝怜之，使其子居南海而祠之，画亦似仙人也。 懿行案："讙兜"古文作"鴅吺"，见尚书大传注。"鴅"当为"鴅"，玉篇云："鴅，呼丸切,人面鸟喙。"史记正义引神异经云:"南方荒中有人焉,人面鸟喙而有翼,两手足扶翼而行,食海中鱼。"即斯人也。**一曰在毕方东,或曰讙朱国。**懿行案:"头"声转为"徒","徒"、"朱"声相近,故"讙头"为"讙朱"。

厌火国懿行案:博物志作"厌光国"。淮南墬形训云"裸国民",与此异。**在其国南。兽身黑色,生**懿行案:艺文类聚八十卷引此经无"生"字。**火出其口中。**言能吐火。画似猕猴而黑色也。 懿行案:博物志云:"厌光国民,光出口中,形尽似猕猴,黑色。"**一曰在讙朱东。**

三株树懿行案:初学记二十七卷引此经作"珠"。淮南墬形训及博物志同。**在厌火北,生赤水上,**懿行案:庄子天地篇云:"黄帝游乎赤水之北,遗其玄珠。"盖本此为说也。树生赤水之南,故陶潜读山海经诗云"粲粲三珠树,寄生赤水阴"。阴,谓水南也。**其为树如柏,叶皆为珠。**懿行案:即琅玕树之类。海内西经云开明北有珠树。**一曰其为树若彗。**如彗星状。 懿行案:彗,埽竹也,见说文。彗星为欃枪,见尔雅。

三苗国懿行案:史记五帝纪云"三苗在江淮、荆州,数为乱",正义曰:"左传云自古诸侯不用王命,'虞有三苗'也。吴起云:'三苗之国,左洞庭而右彭蠡。'今江州、鄂州、岳州,三苗之地也。"案周书史记篇云"外内相间,下挠其民,民无所附,三苗以亡",是三苗乃国名。高诱注淮南墬形训既云"三苗,国名,在豫章之彭蠡",而注修务训又云"浑敦、穷奇、饕餮三族之苗裔谓之三苗",非也。**在赤水东。其为人相随。**昔尧以天下让舜,三苗之君非之,帝杀之。有苗之民叛入南海,为三苗国。 懿行案:郭说三苗,疑非实录。当以周书史记篇为据。**一曰三毛国。**懿行案:"苗"、"毛"亦声相近。

载国音"秩",亦音"替"。 懿行案:"载"疑当为"载",见说文。玉篇作"戜",云:"戜,国名也,在三苗东。"本此。**在其东。其为人黄,能操弓射蛇。**大荒经云:"此国自然有五谷衣服。" 懿行案:载民国,盼姓,见大荒南经。**一曰载国在三毛东。**

贯匈国懿行案:竹书云:"黄帝五十九年,贯匈氏来宾。"博物志云:"穿匈人去会稽万五千里。"详见文选注。**在其东。其为人匈有窍。**尸子曰:"四夷之民有贯匈者,有深目者,有长肱者,黄帝之德常致之。"异物志曰:"穿匈之国,去其衣则无自然者,盖似效此贯匈人也。"　懿行案:淮南坠形训有"穿胸民",高诱注云:"穿胸,胸前穿孔达背。"文选注王融曲水诗序引此经,又引括地图,文有脱误。艺文类聚九十六卷引括地图曰:"禹诛防风氏。夏后德盛,二龙降之,禹使范氏御之以行。经南方,防风神见禹,怒射之,有迅雷,二龙升去。神惧,以刃自贯其心而死。禹哀之,疗〔一〕以不死草,皆生,是名穿胸国。"博物志亦同兹说。然黄帝时已有贯匈民,防风之说盖未可信。**一曰在载国东。**

交胫国在其东。其为人交胫。言脚胫曲戾相交,所谓"雕题、交趾"者也。或作"颈",其为人交颈而行也。　懿行案:广韵引刘欣期交州记云:"交址之人出南定县,足骨无节,身有毛,卧者更扶始得起。"引此经及郭注,并与今本同。太平御览七百九十卷引外国图曰:"交胫民长四尺。"淮南坠形训有"交股民",高诱注云:"交股民,脚相交切。"即此也。说文云:"夗,行胫相交也。"亦此义。夗,音力吊切。**一曰在穿匈东。**懿行案:此作"穿匈"者,"穿"、"贯"音义同。

不死民懿行案:楚词远游云"仍羽人于丹丘,留不死之旧乡",王逸注引此经,言"有不死之民"。天问云"何所不死",王逸注引括地象曰:"有不死之国也。"吕氏春秋求人篇云:"禹南至不死之乡。"**在其东。其为人黑色,寿,不死。**有员丘山,上有不死树,食之乃寿,亦有赤泉,饮之不老。懿行案:淮南坠形训有"不死民",高诱注云:"不死,不食也。"大戴礼易本命篇云:"食气者神明而寿,不食者不死而神。"是高注所本。然则不死之民,盖以不食不饮而得之。郭云食木饮泉,据大荒南经为说也。博物志说"员丘"、"赤泉",与郭同。又陶潜读山海经诗亦同兹说。盖魏晋间人祖尚清虚,旧有成语,郭氏述之尔。**一曰在穿匈国东。**

175

〔一〕"疗",原本作"瘥",据艺文类聚改。

岐舌国在其东。其人舌皆岐，或云支舌也。　<u>懿行</u>案："支舌"即
"岐舌"也。<u>尔雅释地</u>云："枳首蛇即岐首蛇。""岐"一作"枝"，"枝"、"支"古
字通也。又"支"与"反"字形相近。<u>淮南墬形训</u>有"反舌民"，<u>高诱</u>注云"语不
可知而自相晓"；又注<u>吕氏春秋功名篇</u>云"一说南方有反舌国，舌本在前，末倒
向喉，故曰反舌"，是"支舌"古本作"反舌"也。<u>艺文类聚</u>十七卷引此经，作
"反舌国，其人反舌"。<u>太平御览</u>三百六十七卷亦引此经同，而云"一曰交"。
案"交"盖"支"字之讹也。二书所引经文作"反舌"，与古本正合。**一曰在
不死民东。**

昆仑虚在其东。虚四方。虚，山下基也。　<u>懿行</u>案：<u>毕</u>氏曰：
"<u>尔雅</u>云'三成为<u>昆仑</u>丘'，是<u>昆仑</u>者，高山皆得名之。此在东南方，当即<u>方丈</u>
山也。<u>水经河水</u>注云：'<u>东海方丈</u>，亦有<u>昆仑</u>之称。'"**一曰在岐舌东，为
虚四方。羿与凿齿战于寿华之野，羿射杀之，**凿齿亦人也，齿如
凿，长五六尺，因以名云。　<u>懿行</u>案：<u>说文</u>云："羿，帝喾射官，<u>夏少康</u>灭之。"引
<u>论语</u>曰："羿善躲。"又云："羿亦古诸侯也。一曰躲师。"<u>吴越春秋</u>云："<u>黄帝</u>作
弓，后有<u>楚狐父</u>以其道传<u>羿</u>，<u>羿</u>传<u>逢蒙</u>。"据二书所说，<u>羿</u>盖非一人也。此经之
<u>羿</u>，说者以为<u>尧</u>臣，<u>淮南本经</u>训云"<u>尧</u>之时，凿齿为民害，<u>尧</u>乃使<u>羿</u>诛凿齿于<u>畴
华</u>之野"，<u>高诱</u>注云："凿齿，兽名，齿长三尺，状如凿，彻颔下，而持戈盾。<u>畴
华</u>，南方泽名。"又注<u>墬形</u>训"凿齿民"云："吐一齿出口下，长三尺。"大意与<u>郭</u>
注同，唯以凿齿为兽非也。<u>李善</u>注<u>长杨赋</u>引<u>服虔</u>云"凿齿，齿长五尺似凿，亦
食人"，与<u>郭</u>义近。<u>畴华</u>即<u>寿华</u>。<u>北堂书钞</u>一百十八卷引此注，"人"下有"貌"
字，经文之下无"在"字，此脱衍。**在昆仑虚东。羿持弓矢，凿齿持
盾。**<u>懿行</u>案：亦谓图画如此也。<u>太平御览</u>三百五十七卷引此经，作"持盾
戟"。**一曰戈。**未详。　<u>懿行</u>案：一说凿齿持戈也。

三首国在其东。其为人一身三首。<u>懿行</u>案：<u>海内西经</u>云"有
三头人，伺<u>琅玕</u>树"，即斯类也。<u>淮南墬形</u>训有"三头民"，<u>高诱</u>注云"身有
三头"。

周饶国<u>懿行</u>案："周饶"亦"僬侥"声之转，又声转为"朱儒"。<u>魏志东</u>

夷传云：“女王国，又有侏儒国在其南，人长三四尺，去女王四千余里。”盖斯类也。“焦侥国，几姓”，见大荒南经。**在其东。其为人短小，冠带。**其人长三尺，穴居，能为机巧，有五谷也。　懿行案：初学记十九卷引拾遗记云：“员峤山有陀移国，人长三尺，寿万岁。”疑“陀移”即“周饶”之异名，员峤山与方丈山相近也。又引神异经曰：“西北荒中有小人，长一寸，朱衣玄冠。”与此经“短小，冠带”合也。又云：“有鹤国，人长七寸，海鹄遇则吞之。”史记正义引括地志云：“小人国在大秦南，人才三尺。其耕稼之时，惧鹤所食，大秦助之。即焦侥国，其人穴居也。”亦与郭注合。郭云“能为机巧”者，案竹书云“帝尧二十九年，僬侥氏来朝，贡没羽”，是其机巧之事也。**一曰焦侥国在三首东。**外传云：“焦侥民长三尺，短之至也。”诗含神雾曰：“从中州以东西四十万里，得焦侥国人，长尺五寸也。”　懿行案：说文云：“南方有僬侥人〔一〕，长三尺，短之极。”又云：“西南僰人、僬侥，从人，盖在坤地，颇有顺理之性。”郭引“外传”者，鲁语文，“民”当为“氏”字之讹也。韦昭注云：“僬侥，西南蛮之别名也。”淮南墬形训云“西南方曰焦侥”，高诱注云：“长不满三尺。”案列子汤问篇夏革所说与郭引诗含神雾同，唯“东”下无“西”字，此盖衍文。太平御览七百九十卷引外国图曰：“僬侥民善没游，善捕鸷鸟。其草木夏死而冬生。去九疑三万里。”

长臂国懿行案：淮南墬形训有“修臂民”，高诱注云：“一国民皆长臂，臂长于身，南方之国也。”**在其东。捕鱼水中，两手各操一鱼。**旧说云：其人手下垂至地。魏黄初中，玄菟太守王颀讨高句丽王宫，穷追之，过沃沮国，其东界临大海，近日之所出。问其耆老：“海东复有人否？”云：“尝在海中得一布褐，身如中人衣，两袖长三丈。”即此长臂人衣也。　懿行案：穆天子传云“乃封长肱于黑水之西河”，郭注云：“即长臂人也。身如中国，臂长三丈。魏时在赤海中得此人裙也。”案郭注与此注同，其“中国”当为“中人”字之讹也。此注所说本魏志东夷传，“布褐”彼文作“布衣”，“中人”作“中国人”。博物志亦同，唯“三丈”博物志作“二丈”也。**一曰在焦侥东，捕鱼海**

山海经第六　海外南经

177

────────────

〔一〕“僬侥”，今本说文作“焦侥”。

中。懿行案：经云“两手各操一鱼”，又云“捕鱼海中”，亦皆图画如此也。

　　狄山，帝尧葬于阳，吕氏春秋曰：“尧葬谷林。”今阳城县西，东阿县城次乡中，赭阳县湘亭南，皆有尧冢。　懿行案：史记集解引“皇览曰：‘尧冢在济城阴。’刘向曰：‘尧葬济阴丘垅山。’吕氏春秋曰：‘尧葬谷林。’皇甫谧曰：‘谷林即城阳’”。正义引括地志云：“尧陵在濮州雷泽县西三里。雷泽县本汉郕阳县也。”今案地理志云：“济阴郡，成阳：有尧冢、灵台。”晋书地理志云：“济阳郡，城阳：尧冢在西。”二志皆作“城阳”，郭注作“阳城”，讹。其引吕氏春秋，安死篇文也，高诱注云：“传曰尧葬成阳。此云谷林，成阳山下有谷林。”是诸书所说其地皆不殊，唯墨子云“尧北教乎八狄，道死，葬蛩山之阴”。然则此经狄山，盖狄中之山。今大名府清丰县有狄山也。司马相如大人赋云“历唐尧于崇山”，汉书张揖注云：“崇山，狄山也。”引此经云云。水经瓠子河注亦引此经，而云“狄山一名崇山”。“崇”、“蛩”声相近。蛩山又狄山之别名也。帝喾葬于阴。喾，尧父，号高辛，今冢在顿丘县城南台阴野中也。音“酷”。　懿行案：大戴礼帝系篇云：“黄帝产玄嚣，玄嚣产蟜极，蟜极产高辛，是为帝喾。帝喾产放勋，是为帝尧也。”史记五帝纪索隐引皇览曰：“帝喾冢在东郡濮阳顿丘城南台阴野中。”案东郡、濮阳、顿丘具见地理志。爰有熊、罴、文虎、雕虎也。尸子曰“中黄伯：余左执太行之獶，而右搏雕虎”也。懿行案：文选思玄赋旧注云“雕虎、象，兽名也”，引尸子“中黄伯曰”云云，刘逵注蜀都赋亦引尸子曰“中黄伯云”，并与此注同。此注“中黄伯”下脱“曰”字。蜼、豹、蜼，猕猴类。　懿行案：“蜼”见尔雅。离朱、木名也，见庄子。今图作赤鸟。　懿行案：郭云“木名”者，盖据子虚赋“檗离朱杨”为说也。然郭于彼注既以“朱杨”为“赤茎柳”，则此注非也。又云“见庄子”者，天地篇有其文。然彼以离朱为人名，则此亦非矣。又云“今图作赤鸟”者，“赤鸟”疑南方神鸟焦明之属也，然大荒南经“离朱”又作“离俞”。视肉、聚肉，形如牛肝，有两目也，食之无尽，寻复更生如故。　懿行案：北堂书钞一百四十五卷引此注，作“食之尽”，今本“无”字衍也。初学记引神异经云：“西北荒有遗酒追复脯焉，其味如麏，食一片，复一片。”疑即此也。博物志云“越巂国有牛，稍割取肉,牛不死,经日肉生如故",又神异经云"南方有兽,似鹿而豕首,有牙,善依人求五谷,名无损之兽。人割取其肉不病,肉复自复",以上所说二物,义与郭近而形状则异。郭注未见所出。又魏志公孙渊传云"襄平北市生肉,长围各数尺,有头目口喙,无手足而动摇。占曰'有形不成,有体无声,其国灭亡'",亦其类也。又高诱注淮南墬形训云:"视肉其人,不知言也。"所说复与郭异,今所未详。**吁咽。**所未详也。**文王皆葬其所。**今文王墓在长安鄗聚社中。按帝王冢墓皆有定处,而山海经往往复见之者,盖以圣人久于其位,仁化广及,恩洽鸟兽。至于殂亡,四海若丧考妣,无思不哀。故绝域殊俗之人,闻天子崩,各自立坐而祭酹哭泣,起土为冢,是以所在有焉。亦犹汉氏诸远郡国皆有天子庙,此其遗象也。　懿行案:尚书大传金縢篇云:"毕者,文王之墓地。"史记集解引皇览云:"文王、武王、周公冢皆在京兆长安镐聚东社中也。"是文王之葬既不与尧、誉同地,又此经禹记,何得下及文王?明海外经已下,盖周、秦间人读此经者所附著也。**一曰汤山。一曰爰有熊、罴、文虎、蜼、豹、离朱、鸱久、**鸱久,鸺鹠之属。　懿行案:"鸱"当为"鸱",说文云:"雕旧,旧留也。旧或作鸺。"是经文"鸱久"即"雕旧",注文"鸺鹠"即"雕鹠"也,皆声近假借字。**视肉、虖交。**所未详也。　懿行案:即"吁咽"也。"吁"、"虖"声相近。**其范林方三百里。**言林木泛滥布衍也。　懿行案:"范林",海内南经作"泛林","范"、"泛"通。

南方祝融,兽身人面,乘两龙。火神也。　懿行案:越绝书云:"祝融治南方,仆程佐之,使主火。"尚书大传云:"南方之极,自北户南至炎风之野,帝炎帝、神祝融司之。"吕氏春秋孟夏纪云"其神祝融",高诱注云:"祝融,颛顼氏后,老童之子吴回也,为高辛氏火正,死为火官之神。"汉书司马相如传张揖注本此经。

179

山海经第七

晋郭璞传　栖霞郝懿行笺疏

海外西经

海外自西南陬至西北陬者：

灭蒙鸟在结匈国北。懿行案：博物志云"结匈国有灭蒙鸟"，本此。海内西经又有"孟鸟"。为鸟青，赤尾。

大运山高三百仞，在灭蒙鸟北。

大乐之野，懿行案：毕氏云"即今山西太原"，疑非也。据大荒西经说，天穆之野在西南海外，不得近在晋阳也。夏后启懿行案：经称"夏后"，即知非夏书也。于此儛九代，九代，马名。儛，谓盘作之令舞也。　懿行案："九代"，疑乐名也。竹书云："夏帝启十年，帝巡狩，舞九韶于大穆之野。"大荒西经亦云："天穆之野，启始歌九招。""招"即"韶"也，疑"九代"即"九招"矣。又淮南齐俗训云："夏后氏，其乐，夏钥九成。"疑"九代"本作"九成"，今本传写形近而讹也。李善注王融三月三日曲水诗序引此经，云"舞九代马"，疑"马"字衍。而艺文类聚九十三卷及太平御览八十二卷引此经，亦有"马"字，或并引郭注之文也。舞马之戏恐非上古所有。乘两龙，懿行案：大荒西经同。云盖三层，层，犹重也。　懿行案：李善注西京赋两引此注，并同。又注潘岳为贾谧作赠陆机诗，引此注云："层，重也。慈登切。"今本脱郭音三字。又"层"，经典通作"曾"。据郭音，益知此经"层"当为"曾"矣。左手操翳，羽葆幢也。　懿行案：说文云："翳，翻也，所以舞也。"右手操环，玉空边等为环。 懿行案:说文云:"环,璧也。肉、好若一,谓之环。"**佩玉璜**。
半璧曰璜。**在大运山北**。归藏郑母经曰:"夏后启筮,御飞龙登于天,
吉。"明启亦仙也。 懿行案:太平御览八十二卷引史记曰:"昔夏后启筮,乘
龙以登于天。占于皋陶,皋陶曰:吉而必同,与神交通。以身为帝,以王四
乡。"今案御览此文即与郭注所引为一事也。**一曰大遗之野**。大荒经云
"大穆之野"。 懿行案:大荒西经作"天穆之野",此注云"大穆之野",竹书
"天穆"、"大穆"二文并见,此经又云"大遗之野"、"大乐之野",诸文皆异,所
未详。

三身国懿行案:三身国,姚姓,舜之苗裔,见大荒南经。淮南墬形训有
"三身民"。**在夏后启北,一首而三身**。懿行案:艺文类聚三十五卷
引博物志云:"三身国,一头三身三手。"今此经无"三手"字。

一臂国懿行案:淮南墬形训有"一臂民"。**在其北,一臂一目一
鼻孔**。懿行案:郭注尔雅释地"比肩民"云:"此即半体之人,各有一目、一鼻
孔、一臂、一脚。"盖本此经为说也。**有黄马,虎文,一目而一手**。懿
行案:手,马臂也。内则云:"马黑脊而般臂,漏。"

奇肱之国"肱"或作"弘"。"奇"音"羁"。 懿行案:"肱",说文作
"厷",古文作"ㄙ"。此注云"或作弘",即大荒南经"张弘之国"也。吕氏春秋
求人篇云"其肱一臂","其肱"即"奇肱"。淮南墬形训作"奇股",高诱注云:
"奇,只也。股,脚也。"与此异。**在其北。其人一臂三目,有阴有
阳,乘文马**。阴在上,阳在下。文马,即吉良也。 懿行案:"吉良"见海内
北经。**有鸟焉,两头,赤黄色,在其旁**。其人善为机巧,以取百禽,
能作飞车,从风远行。汤时得之于豫州界中,即坏之,不以示人。后十年,西风
至,复作遣之。 懿行案:博物志说奇肱民"善为拭扛,以杀百禽","拭扛"盖
"机巧"二字之异。又云"汤破其车,不以视民","视"即古"示"字,当作"视"。
又云"十年,东风至,乃复作车遣返",郭注作"西风至","西"字讹也,云"其国
去玉门关四万里",当须东风至乃得遣返矣。

181

形天_{懿行案}：淮南墬形训作"形残"，"天"、"残"声相近。或作"形夭"，误也。太平御览五百五十五卷引此经作"形天"。与帝至此_{懿行案}：御览引此经，无"至此"二字。争神，帝断其首，葬之常羊之山。_{懿行案}：宋书符瑞志云："有神龙首，感女登于常羊山，生炎帝神农。"即此山也。大荒西经有"偏勾常羊之山"，亦即此。乃以乳为目，以脐为口，操干戚以舞。干，盾；戚，斧也。是为无首之民。　_{懿行案}：淮南墬形训云"西方有形残之尸"，高诱注云："一说曰：形残之尸，于是以两乳为目，肥脐为口，操干戚以舞。天神断其手，后天帝断其首也。"高氏所说，即本此经。其"肥脐"疑"朓脐"之讹也。"肥"，本亦作"腹"。

女祭、女戚_{懿行案}："女戚"一曰"女蔑"，见大荒西经。在其北，居两水间。戚操鱼魪，鳝鱼属。　_{懿行案}：北次二经云"湖灌之水，其中多魪"，郭注云："亦鳝鱼字。"是"魪"即"鳝"字之异文。此注又云"鳝鱼属"，以为二物，盖失检也。祭操俎。肉几。鸢鸟、鶹鸟，"次""瞻"两音。其色青黄，所经国亡。此应祸之鸟，即今枭、鵩鹏之类。　_{懿行案}：郭氏但举类以晓人。玉篇云"鸢鶹即鵩鹏"，非也。大荒西经云"爰有青鸢、黄鸷、青鸟、黄鸟。其所集者其国亡"，是鸢、鸷即鸢、鶹之异名，非鵩鹏也。广韵云："鸢鸟似枭。"本此经及郭注。在女祭北。鸢鸟人面，居山上。一曰维鸟，青鸟、黄鸟所集。_{懿行案}：下云"丈夫国在维鸟北"，则作"维鸟"是也。"青鸟"、"黄鸟"见大荒西经。

丈夫国_{懿行案}：淮南墬形训有"丈夫民"，高诱注云："其状皆如丈夫，衣黄衣冠，带剑。"高云"状如丈夫"，非也，说见下"女子国"。在维鸟北。其为人衣冠带剑。殷帝太戊使王孟采药，从西王母至此，绝粮不能进，食木实，衣木皮，终身无妻而生二子，从形中出，其父即死，是为丈夫民。　_{懿行案}：竹书云"殷太戊三十六年，西戎来宾，王使王孟聘西戎"，即斯事也。"西戎"岂即"西王母"与？其无妻生子之说，本括地图。太平御览七百九十卷引其文，与郭注略同，但此言"从形中出"，彼云"从背间出"，又玄中记云"从胁间

山海经笺疏

出”，文有不同。

女丑之尸，生而十日炙杀之。懿行案：十日并出，炙杀女丑，于是尧乃命羿射杀九日也。**在丈夫北。以右手障其面。**蔽面。 懿行案：大荒西经云“衣青，以袂蔽面”也。**十日居上，女丑居山之上。**

巫咸国懿行案：地理志云：“河东郡，安邑：巫咸山在南。”非此也。此国亦当在海外，观“登葆山”在南荒经可见。水经涑水注以巫咸山即巫咸国，引此经云云，非矣。太平御览七百九十卷引外国图曰：“昔殷帝太戊使巫咸祷于山河，巫咸居于此，是为巫咸氏[一]，去南海万千里。”即此国也。**在女丑北。右手操青蛇，左手操赤蛇。在登葆山，**懿行案：“登葆山”，大荒南经作“登备山”，“葆”、“备”声之转也，淮南墬形训作“保”。**群巫所从上下也。**采药往来。

并封懿行案：周书王会篇云：“区阳以鳖封。鳖封者若彘，前后有首。”是“鳖封”即“并封”，“并”、“鳖”声转也。大荒西经又作“屏蓬”，皆一物也。或曰即两头鹿也。后汉书西南夷传云“云南县有神鹿，两头，能食毒草”，注云“见华阳国志”。**在巫咸东。其状如彘，前后皆有首，黑。**今弩弦蛇亦此类也。 懿行案：弩弦蛇，即两头蛇也，见尔雅释地“枳首蛇”注。

女子国懿行案：淮南墬形训有“女子民”，高诱注云：“其貌无有须，皆如女子也。”此说非矣。经言丈夫、女子国，并真有其人，非但貌似之也。高氏不达，创为异说，过矣。“女子”、“丈夫之国”又见大荒西经注。**在巫咸北。两女子居，水**懿行案：太平御览七百九十卷引此经，“水”下有“外”字。**周之。**有黄池，妇人入浴，出即怀妊矣。若生男子，三岁辄死。“周”，犹绕也。离骚曰“水周于堂下”也。 懿行案：太平御览三百六十卷引外国图曰：“方丘之上暑湿，生男子三岁而死。有潢水，妇人入浴，出则乳矣。是去九嶷二万四千里。”今案“潢水”即此注所谓“黄池”矣。魏志云：“沃沮耆老言：

────────

〔一〕“巫”字原本阙，据御览补。

有一国在海中，纯女无男。"后汉书东夷传云："或传其国有神井，窥之辄生子。"亦此类也。**一曰居一门中。**_{懿行案}："居一门中"，盖谓女国所居同一聚落也。

轩辕之国_{懿行案}：西次三经有"轩辕之丘"，郭云"黄帝所居"，然则此经"轩辕之国"盖黄帝所生也。水经渭水注云："轩辕谷水出南山轩辕溪。南安姚瞻以为黄帝生于天水，在上邽城东七十里轩辕谷。"案地理志，上邽在陇西郡也。**在此穷山之际。**其国在山南边也。大荒经曰"岷山之南"。_{懿行案}：大荒西经说轩辕之国"江山之南"，此云"岷山"者，以大江出岷山故也。经文"此"字疑衍。李善注思玄赋引此经，云"在穷山之际"。史记五帝纪索隐引此经同，并无"此"字。周本纪正义引此经又作"此地穷桑之际"，盖"山"字声讹为"桑"矣。**其不寿者八百岁。在女子国北。人面蛇身，尾交首上。**

穷山在其北。不敢西射，_{懿行案}：史记五帝纪索隐、周本纪正义引此经并作"西射之南"，盖误衍。**畏轩辕之丘。**言敬畏黄帝威灵，故不敢向西而射也。　_{懿行案}：轩辕之丘在积石山之东三百里也。**在轩辕国北。其丘方，四蛇相绕。**缭绕樛缠。

此诸夭之野，"夭"音"妖"。　_{懿行案}：经文"此"字亦衍。"夭"，郭音"妖"，盖讹。"夭野"，大荒西经作"沃野"，是此经之"夭"乃"沃"字省文，郭注之"妖"乃"沃"字讹文也。"诸夭"，艺文类聚九十九卷引作"清沃"，博物志作"渚沃"。淮南墬形训有"沃民"，又云"西方曰金丘，曰沃野"，高诱注云："沃犹白也。西方白，故曰沃野。"案高说非也，"沃野"盖谓其地沃饶耳。**鸾鸟自歌，凤鸟自舞。凤皇卵，民食之，甘露，民饮之，所欲自从也。**言滋味无所不有，所愿得自在，此谓夭野也。**百兽相与群居。在四蛇北。其人两手操卵食之，两鸟居前导之。**_{懿行案}：亦言图画如此。

龙鱼_{懿行案}："龙鱼"，郭氏江赋作"龙鲤"，张衡思玄赋仍作"龙鱼"。

淮南墜形训作"䱜鱼",高诱注云:"䱜鱼如鲤鱼也,有神圣者乘行九野。在无继民之南。䱜音蚌。"**陵居在其北,状如狸。**或曰龙鱼似狸,一角。

懿行案:"狸"当为"鲤"字之讹。李善注江赋引此经云:"龙鲤陵居,其状如鲤。或曰龙鱼,一角也。"盖并引郭注。又注思玄赋引此经,云"龙鱼陵居在北,状如鲤",高诱注淮南墜形训亦云"如鲤鱼也",可证。**一曰鰕。**音"遐"。

懿行案:后汉书张衡传注引此经,"鰕"作"蝦",盖古字通也。尔雅云"鲵,大者谓之蝦",郭注云:"今鲵鱼似鲇,四脚。"梁虞荔鼎录云:"宋文帝得鰕鱼,遂作一鼎,其文曰鰕鱼四足。"然则"鰕"即"龙鱼",其状如鲤,故又名"龙鲤"矣。

即有神圣乘此以行九野。九域之野。　懿行案:张衡传注引此经,无"即"字,作"有神巫",疑"巫"即"圣"字,形近而讹也。高诱注淮南墜形训作"有神圣者乘行九野",可知今本不讹。"神圣"若琴高、子英之属,见列仙传。思玄赋云"跨汪氏之龙鱼",谓此矣。**一曰鳖鱼**"鳖"音"恶",横也。　懿行案:注有讹字,所未详。明藏本作"鳖音犹也",亦讹。**在夭野北,**懿行案:思玄赋注引此经云"在汪野北",又云"汪氏国在西海外,此国足龙鱼也"。疑"汪氏"当为"沃民","汪野"当为"沃野",并字形之讹也。张衡传及注亦并作"汪",讹与文选注同。**其为鱼也如鲤。**懿行案:艺文类聚九十六卷引郭氏赞云:"龙鱼一角,似鲤居陵。候时而出,神圣攸乘。飞骛九域,乘云上升。"

　　白民之国懿行案:白民国,销姓,见大荒东经。**在龙鱼北。白身被发。**言其人体洞白。　懿行案:高诱注淮南墜形训云:"白民,白身民,被发亦白。"**有乘黄,其状如狐,其背上有角,**周书曰"白民乘黄,似狐,背上有两角",即飞黄也。淮南子曰:"天下有道,飞黄伏皂。"　懿行案:周书王会篇云"乘黄似骐",郭引作"似狐",初学记引与郭同。博物志亦作"狐"。"两角",初学记引作"肉角"。皆所见本异也。郭又引淮南子者,览冥训,云:"青龙进驾,飞黄伏皂。""乘黄"又即"訾黄",汉书礼乐志云"訾黄其何不徕下",应劭注云:"訾黄一名乘黄,龙翼而马身,黄帝乘之而仙。"**乘之寿二千岁。**懿行案:博物志作"三千岁"。

肃慎之国懿行案：竹书云："帝舜二十五年，息慎氏来朝。""周成王九年，肃慎氏来朝。"书序云："贿肃慎之命。"周书王会篇云"稷慎大麈"，孔晁注云："稷慎，肃慎也。"又大戴礼五帝德篇及史记五帝纪并作"息慎"。郑康成云："息慎，或谓之肃慎也。"又大荒北经有"肃慎之国"。**在白民北。有树名曰雄**或作"雒"。**常，**懿行案："雒常"，淮南墬形训谓之"雒棠"。**先入伐帝，于此取之**。其俗无衣服。中国有圣帝代立者，则此木生，皮可衣也。　懿行案：经文"伐"疑"代"字之讹，郭注可证。太平御览七百八十四卷引此经正作"代"。穆天子传云"至于苏谷，骨飦氏之所衣被"，郭注云："言谷中有草木，皮可以为衣被。"广韵云："榸，青木。皮叶可作衣，似绢。出西域乌耆国。"亦此类也。

长股之国懿行案：竹书云："黄帝五十九年，长股氏来宾。"淮南墬形训有"修股民"。又玉篇、广韵并有"𨂁，巨支切"，云："长𨂁，国名，发长于身。"与此经"被发"义合。疑"长股"本或作"长𨂁"也。**在雄常北。被发**。国在赤水东也。长臂人身如中人，而臂长二丈，以类推之，则此人脚过三丈矣。黄帝时至。或曰：长脚人常负长臂人入海中捕鱼也。　懿行案："长臂国"已见海外南经。郭云"臂长二丈"，"二"当为"三"字之讹也。初学记十九卷引郭氏赞云："双臂三丈，体如中人。彼曷为者？长臂之人。修脚是负，捕鱼海滨。"案"修脚"即"长脚"。郭注穆天子传"长脚人国又在赤海东"，谓是也。大荒西经又有"长胫之国"。**一曰长脚**。或曰"有乔国"，今伎家乔人，盖象此身。　懿行案：今乔人之戏，以木续足，谓之"蹻乔"是也。

西方蓐收，左耳有蛇，乘两龙。金神也，人面虎爪白毛，执钺，见外传。　懿行案：郭说"蓐收"本国语晋语，文已见西次三经"泑山"注。尚书大传云："西方之极，自流沙西至三危之野，帝少皞、神蓐收司之。"吕氏春秋孟秋纪云"其神蓐收"，高诱注云："少皞氏裔子曰该，皆有金德，死，托祀为金神。"

山海经第八

晋郭璞传　栖霞郝懿行笺疏

海外北经

海外自东北陬至西北陬者：

无启之国音"启"。或作"綮"。　懿行案：淮南墬形训作"无继"，高诱注云："其人盖无嗣也，北方之国也。"与郭义异。大荒北经作"无继"，郭云"当作綮"。**在长股东。为人无启。**启，肥肠也。其人穴居食土，无男女，死即薶之，其心不朽，死百廿岁乃复更生。　懿行案：广雅云："腓，膟膪也。"说文云："膪，腓肠也。"广韵引字林云："膟，膪肠。"是郭注"肥肠"当为"腓肠"，因声同而讹也。玉篇亦作"肥肠"，又承郭注而讹。博物志说"无启民"与郭同，唯"百廿岁"作"百年"，又云："细民其肝不朽，百年而化为人，皆穴居处，二国同类也。"

钟山之神，名曰烛阴，烛龙也。是烛九阴，因名云。　懿行案："钟山"，大荒北经作"章尾山"，"章"、"钟"声转也，"烛阴"作"烛龙"。**视为昼，瞑为夜，吹为冬，呼为夏，不饮不食不息，息为风，**息，气息也。**身长千里。在无启之东。其为物人面蛇身，赤色，居钟山下。**淮南子曰："龙身一足。"　懿行案：淮南墬形训云："烛龙在雁门北，其神人面龙身而无足。"是郭所引也。"一"字讹。李善注思玄赋引此经作"人首蛇身"。艺文类聚九十六卷引郭氏赞云："天缺西北，龙衔火精。气为寒暑，眼作昏明。身长千里，可谓至灵。"

一目国郝行案：一目国，其人威姓，见大荒北经。淮南墬形训有"一目
民"，在"柔利民"之次。**在其东。一目中其面而居。一曰有手
足。**郝行案："有手足"三字疑有讹。

　　柔利国郝行案：大荒北经有"牛黎之国"，盖此是也，"牛黎"、"柔利"
声相近。其人无骨，故称"柔利"与？**在一目东。为人一手一足，反
膝，曲足居上。**一脚一手，反卷曲也。　　郝行案：博物志作"子利国人，一
手二足，拳反曲"，疑"二"当为"一"，"子"当为"柔"，并字形之讹也。**一云
留利之国，**郝行案："留"、"柔"之声亦相近。**人足反折。**郝行案：足反
卷曲，有似折也。

　　共工之臣曰相柳氏，共工，霸九州者。　　郝行案："相柳"，大荒北
经作"相繇"。广雅释地同。**九首，以食于九山。**头各自食一山之物，
言贪暴难餍。　　郝行案："九山"，大荒北经作"九土"。楚词天问云"雄虺九
首，倏忽焉在"，王逸注云："虺，蛇别名也。言有雄虺，一身九头。"今案"雄虺"
疑即此也，经言此物"九首蛇身"。**相柳之所抵，厥为泽溪。**抵，触。
厥，掘也，音"撅"。　　郝行案：说文云："厥，发石也。"此"厥"义即同"撅"。周
书周祝篇云："獭有爪而不敢以撅。"**禹杀相柳，其血腥，不可以树五
谷种。禹厥之，三仞三沮，**掘塞之而土三沮湝，言其血膏浸润坏
也。　　郝行案：注"湝"盖"陷"字之讹。**乃以为众帝之台。**言地润湿，
唯可积土以为台观。　　郝行案：海内北经云："帝尧台、帝喾台、帝丹朱台、帝
舜台，在昆仑东北。"郭注亦引此经为说。**在昆仑之北，**此昆仑山在海外
者。　　郝行案：海内北经云："台四方，在昆仑东北。"是此昆仑亦在海内者，郭
注恐非。**柔利之东。相柳者九首，人面蛇身而青，不敢北射，
畏共工之台。**郝行案：臣避君也。**台在其东。台四方，隅有一
蛇，虎色，**郝行案：虎文也。**首冲南方。**冲，犹向也。

　　深目国郝行案：深目国，盼姓，食鱼，见大荒北经。淮南墬形训有"深

188

目民"。**在其东。为人举一手一目。**一作"曰"。　懿行案:"一目"作"一曰",连下读是也。**在共工台东。**

无肠之国懿行案:无肠国,任姓,见大荒北经。淮南墬形训有"无肠民"。**在深目东。**一作"南"。**其为人长而无肠。**为人长大,腹内无肠,所食之物直通过。　懿行案:神异经云:"有人知往,有腹无五藏,直而不旋,食物径过。"疑即斯人也。

聂耳之国懿行案:淮南墬形训无"聂耳国",而云"夸父、耽耳在其北方",是"耽耳"即此经"聂耳"。"夸父"在下文。说文云:"耽,耳大垂也。"又云:"𦗁,耳垂也。"**在无肠国东。使两文虎,**懿行案:文虎,雕虎也,已见海外南经注。**为人两手聂其耳。**言耳长,行则以手摄持之也。音诺颊反。**县居海水中,**县,犹邑也。　懿行案:初学记引此经作"县居赤水中"。**及水所出入奇物。**言尽规有之。**两虎在其东。**

夸父懿行案:大荒北经云:"后土生信,信生夸父。"或说夸父善走,为丹朱臣。吕氏春秋云"禹北至夸父之野",疑地因人为名也。**夸父追日景,**列子汤问篇夏革说本此经。**与日逐走,入日。**言及日于将入也。"逐"音"胄"。　懿行案:北堂书钞一百三十三卷,李善注西京赋、鹦鹉赋及张协七命引此经,并作"与日竞走",初学记一卷引此经作"逐日",史记礼书裴骃集解引此经作"与日逐走,日入",并与今本异。**渴欲得饮,饮于河渭。河渭不足,北饮大泽,未至,道渴而死。弃其杖,**懿行案:列子汤问篇"弃其杖"下有"尸膏肉所浸"五字。**化为邓林。**夸父者,盖神人之名也。其能及日景而倾河渭,岂以走饮哉?寄用于走饮耳。几乎不疾而速、不行而至者矣。此以一体为万殊,存亡代谢,寄邓林而遁形,恶得寻其灵化哉?　懿行案:大荒北经云"应龙杀夸父",盖以道渴而死,形蜕神游,或言应龙杀之耳。列子汤问篇云"邓林弥广数千里"。今案其地,盖在北海外。史记礼书云"楚阻之以邓林",裴骃集解引此经云云,非也。毕氏云:"即中山经所云'夸父之山,北有桃林',其地则楚之北境。"恐未然。下云邓林、积石山在其东，非近在楚地明矣。初学记十九卷引<u>郭氏</u>赞云："神哉<u>夸父</u>，难以理寻。倾河及日，遁形<u>邓林</u>。触类而化，应无常心。"

博父国_{懿行案}：<u>博父</u>，大人也，大人即丰人。<u>方言</u>云："<u>赵</u>、<u>魏</u>之郊，<u>燕</u>之北鄙，凡大人谓之丰人。<u>燕记</u>曰：'丰人杼首。'"疑此是也。或云即<u>夸父</u>也。<u>淮南</u>坠形训云"<u>夸父</u>在其北"，此经又云"<u>邓林</u>在其东"，则"<u>博父</u>"当即<u>夸父</u>，盖其苗裔所居成国也。**在聂耳东。其为人大，**_{懿行案}：<u>尔雅</u>释诂云："甫，大也。""甫"亦"博"也。**右手操青蛇，左手操黄蛇。邓林在其东，二树木。**_{懿行案}："二树木"，盖谓<u>邓林</u>二树而成林，言其大也。**一曰博父。**

禹所积石之山在其东，河水所入。河出<u>昆仑</u>而潜行地下，至<u>葱岭</u>复出，注<u>盐泽</u>。从<u>盐泽</u>复行，南出于此山而为中国河，遂注海也。书曰"导河积石"，言时有壅塞，故导利以通之。　_{懿行案}：<u>西次三经</u>云"<u>积石之山</u>，其下有石门，河水冒以西流"，非此也。<u>郭</u>据<u>水经</u>引此经，云"<u>积石山</u>在<u>邓林山</u>东，河所入"，非矣。经盖有两<u>积石山</u>。<u>史记正义</u>引<u>括地志</u>云："黄河源从西南下，出<u>大昆仑</u>东北隅，东北流迳<u>于阗</u>入<u>盐泽</u>。即东南潜行吐谷浑界<u>大积石山</u>，又东北流，至<u>小积石山</u>。山在<u>河州</u>枹罕县西七里。"然则此经所言盖"<u>小积石</u>"也。<u>大荒北经</u>云"<u>大荒</u>之中有山，名曰<u>先槛大逢之山</u>。其西有山，名曰<u>禹所积石</u>"，即此。又<u>海内西经</u>云"河水出<u>昆仑</u>，入<u>渤海</u>，又出海外，入<u>禹所导积石山</u>"，亦此也。故经为此二文，特于"积石"加"禹"以别之。

拘缨之国_{懿行案}：<u>淮南</u>坠形训有"句婴民"，<u>高诱</u>注云"句婴读为九婴，北方之国"，即此也。"句婴"疑即"拘缨"，古字通用。<u>郭</u>义恐非。<u>高氏</u>"读为九婴"未详也。<u>郭</u>云"缨宜作瘿"，是国盖以一手把瘿得名也。**在其东。一手把缨。**言其人常以一手持冠缨也。或曰"缨"宜作"瘿"。**一曰利缨之国。**

寻木长千里，_{懿行案}：<u>穆天子传</u>云"天子乃钓于河，以观姑繇之木"，<u>郭</u>注云："姑繇，大木也。"引此经云："寻木长千里，生海边，谓此木类。"<u>吴都赋</u>又作"栟木"，<u>刘逵</u>注引此经亦作"栟木"，非也。<u>李善</u>注<u>东京赋</u>引此经仍作"寻木"，郭氏游仙诗亦作"寻木"也。**广韵**云："枵，木名，似槐。寻，长也。"引此经。**在拘缨南，生河上西北。**懿行案：此木生河上，与穆天子传合，**郭**注谓"生海边"，疑字之讹也。

跂踵国"跂"音"企"。**在拘缨东。其为人大，两足亦大。**其人行，脚跟不着地也。孝经钩命诀曰"焦侥、跂踵，重译款塞"也。 懿行案：竹书云"夏帝癸六年，岐踵戎来宾"，吕氏春秋当染篇云"夏桀染于岐踵戎"，即此也。高诱注淮南墬形训云："跂踵民，踵不至地，以五指行也。"又文选曲水诗序注引高诱注作"反踵"，云："反踵，国名，其人南行，迹北向也。"案"跂踵"之为"反踵"，亦犹"岐舌"之为"反舌"矣，已见海外南经。玉篇说"跂踵国"与郭注同。**一曰大踵。**懿行案："大踵"，疑当为"支踵"或"反踵"，并字形之讹。

欧丝之野懿行案：博物志作"呕丝"，"呕"，俗字也。**在大踵东。一女子跪据树欧丝。**言啖桑而吐丝，盖蚕类也。

三桑无枝在欧丝东，其木长百仞，无枝。言皆长百仞也。 懿行案：北次二经云："洹山，三桑生之，其树皆无枝，其高百仞。"即此。

范林方三百里，懿行案："范"、"汎"通。太平御览五十七卷引顾恺之启蒙记曰"汎林鼓于浪岭"，注云："西北海有汎林，或方三百里，或百里，皆生海中浮土上，树根随浪鼓动。"即此也。昆仑虚南范林非此，见海内北经。**在三桑东，洲环其下。**洲，水中可居者。环，绕也。

务隅之山，懿行案："务隅"，大荒北经作"附禺"，海内东经作"鲋鱼"，史记五帝纪索隐引此经亦作"鲋鱼"，北堂书钞九十二卷又引作"附隅"，皆声相近字之通也。**帝颛顼葬于阳，**颛顼号为高阳，冢今在濮阳故帝丘也。**一曰顿丘县城门外广阳里中。**懿行案：大戴礼帝系篇云："黄帝产昌意，昌意产高阳，是为帝颛顼。"杜预春秋释例云："古帝颛顼之墟，故曰帝丘，东郡濮阳县是也。"顿丘县属顿丘郡，见晋书地理志。史记集解引皇览云："颛顼冢在东郡濮阳顿丘城门外广阳里中。"**九嫔葬于阴。**嫔，妇。 懿行案：广韵引埤苍云："嫉，颛顼妻名。"余未闻。**一曰爰有熊、罴、文虎、**

离朱、鸱久、视肉。

平丘_{懿行案：淮南墬形训作"华丘"。}在三桑东。爰有遗玉、遗玉、玉石。　_{懿行案：吴氏云："遗玉即璧玉。琥珀千年为璧。字书云：'璧，遗玉也。'"吴氏之说据本草旧注，未审是否。璧，黑玉也。说文无此字，而有"璥"，云"遗玉也，从玉歔声"，是遗玉名璥，与璧形声皆近，当从说文也。}青鸟、_{懿行案：淮南墬形训作"青马"，海外东经"嗟丘"同。}视肉、杨柳、甘柤，其树枝干皆赤，黄华白叶黑实。吕氏春秋曰："其山之东有甘柤焉。"音如"柤梨"之"柤"。　_{懿行案：甘柤形状见大荒南经。郭云"黄华白叶"，当为"黄叶白华"，字之讹也。"其山"即"箕山"，籀文"箕"作"其"也。又案吕氏春秋本味篇云："箕山之东，青鸟之所，有甘栌焉。"郭引作"甘柤"。"柤"依本字当为"樝"。淮南墬形训正作"樝"。然"樝"即樝梨之"樝"，"柤"训"木间"，假借为"樝"。即如此，郭以"柤梨"音"甘柤"，不几于文为赘乎？推寻文义，"樝"与"栌"字形相近，疑此经"甘柤"当为"甘栌"，字之讹也。又说文及史记司马相如传索隐载应劭引吕氏春秋，并作"栌橘夏孰"，文选上林赋注又据应劭作"卢橘夏熟"。其"青鸟之所"句，说文引作"青鸟"，玉篇同说文；应劭引作"青马"，颜师古注汉书亦引作"青马"。今校此经"平丘"则作"青鸟"，"嗟丘"又作"青马"；南荒经作"青马"，北荒经复作"青鸟"，其文蹖错，难可得详。}甘华，亦赤枝干黄华。　_{懿行案："黄华"亦当为"黄叶"，见大荒南经。}百果所生。有_{懿行案："有"，明藏本作"在"。}两山夹上谷，二大丘居中，名曰平丘。

北海内有兽，其状如马，名曰駏駼。"陶""涂"两音，见尔雅。　_{懿行案：尔雅注引此经，"駏駼"下有"色青"二字。史记匈奴传徐广注亦云"似马而青"，疑此经今本有脱文矣。}有兽焉，其名曰驳，状如白马，锯牙，_{懿行案：尔雅注引此经作"倨牙"。}食虎豹。周书曰："义渠兹白。兹白若白马，锯牙，食虎豹。"按此二说与尔雅同。　_{懿行案：尔雅注引此经有"黑尾，音如鼓"五字，盖兼"中曲山"之驳而为说也。已见西次四经。}有素兽焉，状如马，_{懿行案：张揖注子虚赋云："蛩蛩，青兽，状如马。"此作}"素兽"，盖所见本异。**名曰蛩蛩。**即蛩蛩巨虚也，一走百里，见穆天子传。音"邛"。　_{懿行案：郭注穆天子传引尸子曰："距虚不择地而走。""蛩蛩}距虚"亦见尔雅。**有青兽焉，状如虎，名曰罗罗。**_{懿行案：吴氏引天}中记云："今云南蛮人呼虎亦为罗罗。"

　　北方禺强，人面鸟身，珥两青蛇，践两青蛇。字玄冥，水神也。庄周曰："禺强立于北极。"一曰禺京。一本云："北方禺强，黑身手足，乘两龙。"　_{懿行案："禺京"、"玄冥"声相近。越绝书云："玄冥治北方，白辩佐之，使主水。"尚书大传云："北方之极，自丁令北至积雪之野，帝颛顼、神玄冥司之。"吕氏春秋孟冬纪云"其神玄冥"，高诱注云："少皞氏之子曰循，为玄冥师。死，祀为水神。"是玄冥即禺京，禺京即禺强，"京"、"强"亦声相近也。庄子大宗师篇云"禺强得之，立于北极"，释文引此经云："北方禺强，黑身手足，乘两龙。"即郭氏此注"一本"云云也。释文又引归藏曰"昔穆王子筮卦于禺强"，又引简文云"北海神名也，一名禺京，是黄帝之孙也"。案列子汤问篇云"命禺强使巨鳌十五"，即斯人也。禺京处北海为海神，见大荒东经。禺强践两赤蛇，见大荒北经。此经云"青蛇"又异。}

山海经第九

海外东经

海外自东南陬至东北陬者：

嗟丘，音"嗟"。或作"发"。　懿行案:北堂书钞九十二卷引"嗟"正作"发"，即郭所见本也。"嗟"，古或作"嗟"。尔雅释诂云:"嗟，咨也。"广韵作"跊丘"。玉篇云:"鬟，好也。"义与此异。淮南墜形训作"华丘"。**爰有遗玉、青马、视肉、杨柳、**懿行案:淮南墜形训作"杨桃"。**甘柤、**懿行案:"柤"疑当为"栌"。下同。**甘华，甘果所生。在东海，两山夹丘，上有树木。一曰嗟丘。一曰百果所在，在尧葬东。**懿行案:尧葬狄山，已见海外南经。

大人国懿行案:高诱注淮南墜形训"大人国"云:"东南墟土，故人大也。"案大戴礼易本命篇云"虚土之人大"，是高注所本。大荒东经云:"有波谷者，有大人之国。"即此。又淮南时则训云"东方之极，自竭石山过朝鲜，贯大人之国"是也。**在其北。为人大，**懿行案:博物志云:"大人国，其人孕三十六年，生白头，其儿则长大。能乘云而不能走，盖龙类。去会稽四万六千里。"**坐而削船。**懿行案:"削"当读若"稍"。削船谓操舟也。**一曰在嗟丘北。**

奢比之尸在其北。亦神名也。　懿行案:管子五行篇云"黄帝得奢龙而辩于东方"，又云"奢龙辩乎东方，故使为土师"。此经"奢比"在东海外，疑即是也。<u>罗泌路史</u>亦以<u>奢龙</u>即<u>奢比</u>。<u>三才图会</u>作"奢北"。又<u>淮南墜形训</u>云："<u>诸比</u>，凉风之所生。""<u>诸比</u>"，神名，或即"<u>奢比</u>"之异文也。**兽身人面，大耳，**<u>懿行案</u>：<u>大荒东经</u>说"<u>奢比尸</u>"与此同，唯"大耳"作"犬耳"为异。**珥两青蛇**。珥，以蛇贯耳也。音"钓饵"之"饵"。　<u>懿行案</u>：<u>说文</u>云"珥，瑱也"，<u>系传</u>云："瑱之状，首直而末锐，以塞耳。"**一曰肝榆之尸在大人北。**

　　君子国在其北。<u>懿行案</u>：<u>淮南墜形训</u>有此国。国在<u>东口之山</u>，见<u>大荒东经</u>。<u>后汉书东夷传</u>注引<u>外国图</u>曰："去<u>琅邪三万里</u>。"<u>说文</u>云："东夷从大。大，人也。夷俗仁，仁者寿。有君子、不死之国。<u>孔子</u>曰'道不行，欲之<u>九夷</u>，乘桴浮于海'，有以也。"又云："凤出于东方<u>君子之国</u>。"**衣冠带剑，食兽，使二大虎在旁，**<u>懿行案</u>：<u>后汉书东夷传</u>注引此经，"大虎"作"文虎"，<u>高诱</u>注<u>淮南墜形训</u>亦作"文虎"，今此本作"大"，字形之讹也。**其人好让不争。**<u>懿行案</u>：<u>博物志</u>云："<u>君子国</u>好礼让不争。土千里，民多疾风气，故人不蕃息。好让，故为<u>君子国</u>也。"<u>艺文类聚</u>二十一卷引此经，"衣冠带剑"下有"土方千里"四字，"其人好让"下有"故为君子国"五字，为今本所无。**有熏**或作"堇"。**华草，朝生夕死。**<u>懿行案</u>：木堇见<u>尔雅</u>。堇一名蕣，与"熏"声相近。<u>吕氏春秋仲夏纪</u>云"木堇荣"，<u>高诱</u>注云："木堇朝荣莫落，是月荣华，可用作蒸。杂家谓之朝生。一名蕣，诗云'颜如蕣华'是也。"<u>艺文类聚</u>八十九卷引<u>外国图</u>云："<u>君子之国</u>多木槿之华，人民食之。去<u>琅邪三万里</u>。"**一曰在肝榆之尸北。**

　　䖺䖺在其北。音"虹"。　<u>懿行案</u>："虹"，<u>汉书</u>作"䖺"。**各有两首。**虹，螮蝀也。　<u>懿行案</u>："螮蝀，虹"，见<u>尔雅</u>。虹有两首，能饮涧水，山行者或见之，亦能降人家庭院。<u>蔡邕灾异对</u>"所谓天投虹者也"，云"不见尾足"，明其有两首。**一曰在君子国北。**

　　朝阳之谷，<u>懿行案</u>：<u>尔雅</u>云："山东曰朝阳。""水注溪曰谷。"**神曰**

天吴，是为水伯。郝行案：李善注海赋及游赤石进帆海诗引此经，并与今本同。**在虫虫北两水间。其为兽也，八首人面，八足八尾，皆青黄。**大荒东经云"十尾"。 郝行案：天吴虎身十尾，见大荒东经。初学记六卷引此经作"十八尾"，误也。

青丘国郝行案：淮南墬形训无之。大荒东经"青丘之国"即此也。孔晁注王会篇云："青丘，海东地名。"子虚赋云"秋田乎青丘，彷徨乎海外"，服虔注云："青丘国在海东三百里。"**在其北。其人食五谷，衣丝帛。其狐四足九尾。**汲郡竹书曰："柏杼子征于东海，及王寿，得一狐九尾。"即此类也。 郝行案：李善注子虚赋引此经。周书王会篇云："青丘狐九尾。"竹书云："夏帝杼八年，征于东海，及三寿，得一狐九尾。"郭引作"柏杼子"，"柏"与"伯"通。"王寿"即"三寿"，字之讹也。吕氏春秋云："禹行涂山，乃有白狐九尾造于禹。"涂山人歌曰：绥绥白狐，九尾庞庞。"然则九尾狐其色白也。**一曰在朝阳北。**

帝命竖亥竖亥，健行人。 郝行案：广韵作"坚该，神人"，疑字形之异。**步自东极，至于西极，五亿十选**选，万也。 郝行案："选"音同"算"。算，数也。数终于万，故以"选"为万也。**九千八百步。**郝行案：刘昭注郡国志云："山海经称：'禹使大章步自东极至于西垂，二亿三万三千三百里七十一步。又使竖亥步南极北尽于北垂，二亿三万三千五百里七十五步。'"今案淮南墬形训所说，大旨相同。以校此经，无"禹使大章"云云，又其数与刘昭所引不合，未知其审。又中山经云："天地东西二万八千里，南北二万六千里。"与此复不同者，此通海外而计，彼据中国谷土而言耳。**竖亥右手把算，左手指青丘北。**郝行案：亦言图画如此也。"算"当为"筭"，说文云："筭，长六寸，计历数者。"**一曰禹令竖亥。一曰五亿十万九千八百步。**诗含神雾曰："天地东西二亿三万三千里，南北二亿一千五百里，天地相去一亿五万里。" 郝行案：含神雾所说里数，与淮南子及刘昭注又异。艺文类聚、初学记引此经，并云"帝令竖亥步自东极至西极，五亿十万九千八百八步”，与今本复不同。吴越春秋云：“禹行，使大章步东西，竖亥度南北。”此经虽不及大章，其地数则合东西、南北而计也。

　　黑齿国在其北。东夷传曰：“倭国东四十余里有裸国，裸国东南有黑齿国，船行一年可至也。”异物志云“西屠染齿”，亦以放此人。　懿行案：黑齿国，姜姓，帝俊之裔，见大荒东经。淮南墬形训有“黑齿民”。周书王会篇云“黑齿白鹿、白马”，又伊尹四方令云“正西漆齿”，非此也。魏志东夷传云：“女王国东，渡海千余里复有国，皆倭种。又有侏儒国在其南，人长三四尺。去女王四千余里，又有裸国。黑齿国复在其东南，船行一年可至。”此即郭所引。“四千余里”，郭引作“四十余里”，字形之讹也。又引“西屠染齿”者，刘逵注吴都赋引异物志，云“西屠以草染齿，染白作黑”，即与郭所引同也。**为人黑，**懿行案：“黑”下当脱“齿”字。王逸注楚词招魂云：“黑齿，齿牙尽黑。”高诱注淮南墬形训云：“其人黑齿，食稻啖蛇，在汤谷上。”是古本有“齿”字之证。太平御览三百六十八卷引此经，“黑”下亦有“齿”字。**食稻啖蛇，一赤一青**—作“一青蛇”。**在其旁。一曰在竖亥北，为人黑首，**懿行案：“首”盖“齿”字之讹也。古文“首”作“㞒”，“齿”作“㐁”，形近相乱，所以致讹。**食稻使蛇，其一蛇赤。**

　　下有汤谷，谷中水热也。　懿行案：说文作“旸谷”。虞书及史记五帝纪作“旸谷”。文选思玄赋及海赋、月赋注引此经，亦并作“旸谷”。索隐云：“史记旧本作‘汤谷’，淮南子曰：‘日出汤谷，浴于咸池。’”今案楚词天问亦云“出自汤谷”也。**汤谷上有扶桑，**扶桑，木也。　懿行案：“扶”当为“榑”。东次三经“无皋之山，东望榑木”，谓此。说文云：“榑桑，神木，日所出也。”又云：“日初出东方汤谷，所登榑桑，叒木也。”李善注思玄赋引十洲记云：“扶桑叶似桑，树长数千丈，大二十围，两两同根生，更相依倚，是以名之扶桑。”初学记一卷引此经，“扶桑”下有“木”字，盖并引郭注也。**十日所浴。**懿行案：楚词招魂云“十日代出，流金铄石”，王逸注云：“铄，销也。言东方有扶桑之木，十日并在其上，以次更行，其势酷烈，金石坚刚皆为销释也。”淮南墬形训云“若木在建木西，末有十日，其华照下地”，高诱注云：“若木端有十日，状如莲[一]华，光照其下也。"**在黑齿北，居水中，有大木，九日居下枝，**懿行案：楚词远游云："朝濯发于汤谷兮，夕晞余身兮九阳。""九阳"即此云"九日"也。**一日居上枝。**庄周云："昔者十日并出，草木焦枯。"淮南子亦云："尧乃令羿射十日，中其九日，日中乌尽死。"离骚所谓"羿焉毕日，乌焉落羽"者也。归藏郑母经云："昔者羿善射，毕十日，果毕之。"汲郡竹书曰："胤甲即位，居西河，有妖孽，十日并出。"明此自然之异，有自来矣。传曰"天有十日"，日之数十，此云"九日居下枝，一日居上枝"，大荒经又云"一日方至，一日方出"，明天地虽有十日，自使以次第迭出运照，而今俱见，为天下妖灾，故羿禀尧之命，洞其灵诚，仰天控弦，而九日潜退也。假令器用可以激水烈火，精感可以降霜回景，然则羿之铄明离而毙阳乌，未足为难也。若搜之常情则无理矣，然推之以数则无往不通。达观之客，宜领其玄致，归之冥会，则逸义无滞，言奇不废矣。　懿行案：郭注"搜"疑当为"揆"字之讹也。"十日"之说，儒者多疑鲜信，故郭氏推广证明之。至于怪奇之迹，理所不无。如吕氏春秋求人篇云"尧朝许由于沛泽之中，曰十日出而焦火不息"，淮南兵略训云"武王伐纣，当战之时，十日乱于上"，竹书云"帝廑八年，天有祅孽，十日并出"，又云"桀时三日并出"，"纣时二日并出"，是皆变怪之征，非常所有，即与此经殊旨，既不足取证，当归之删除矣。

　　雨师妾在其北，雨师，谓屏翳也。　懿行案：楚词天问云"蓱号起雨"，王逸注云："蓱，蓱翳，雨师名也。号，呼也。"初学记云："雨师曰屏翳，亦曰屏号。列仙传云'赤松子，神农时雨师'，风俗通云'玄冥为雨师'。"今案"雨师妾"盖亦国名，即如王会篇有"姑妹国"矣。焦氏易林乃云"雨师娶妇"，盖假托为词耳。**其为人黑，两手各操一蛇，左耳有青蛇，右耳有赤蛇。一曰在十日北，为人黑身人面，各操一龟。**

　　玄股之国在其北。髀以下尽黑，故云。　懿行案：玄股国在招摇山，见大荒东经。淮南墬形训有"玄股民"。**其为人衣鱼**以鱼皮为衣也。

〔一〕"莲"，原本作"连"，据淮南子高诱注改。

懿行案：今东北边有<u>鱼皮岛夷</u>，正以鱼为衣也。其冠以羊鹿皮戴其角，如羊鹿然。**食𪃟**，𪃟，水鸟也，音"忧"。　懿行案：说文云："𪃟，水鸮也。"文选吴都赋注引苍颉篇云："鸥，大如鸠。"**使两鸟夹之。**懿行案：高诱注淮南**墬形**训引此经，无"使"字，"两鸟夹之"上有"其股黑"三字。**一曰在<u>雨师妾北</u>。**

　　<u>毛民之国</u>在其北。懿行案：毛民国，依姓，禹之裔也，见<u>大荒北经</u>。淮南**墬形**训云"东北方有<u>毛民</u>"，高诱注云："其人体半生毛，若矢镞也。"**为人身生毛。**今去临海郡东南二千里，有毛人，在大海洲岛上。为人短小，而体尽有毛如猪能[一]，穴居无衣服。<u>晋永嘉</u>四年，吴郡司盐都尉戴逢，在海边得一船，上有男女四人，状皆如此，言语不通。送诣丞相府，未至道死。唯有一人在，上赐之妇，生子，出入市井，渐晓人语。自说其所在，是毛民也，<u>大荒经</u>云"毛民食黍"者是矣。　懿行案：太平御览三百七十三卷引临海异物志："<u>毛人洲王张</u>𢾵，毛长短如熊。<u>周绰</u>得毛人，送诣<u>秣陵</u>。"即此国人也。郭注"而体"，<u>明藏本</u>作"面体"。<u>大荒北经</u>注亦同，此盖字讹。**一曰在<u>玄股北</u>。**

　　<u>劳民国</u>在其北。懿行案：淮南**墬形**训有"<u>劳民</u>"，高诱注云："正理躁扰不定也。"**其为人黑。**食果草实也，有一鸟两头。　懿行案：郭注此语疑本在经内，今亡。又奇肱国有鸟两头，见海外西经，非此。**或曰<u>教民</u>。**懿行案："教"、"劳"声相近。**一曰在<u>毛民北</u>，为人面目手足尽黑。**懿行案：今<u>鱼皮岛夷</u>之东北有<u>劳国</u>，疑即此。其人与<u>鱼皮夷</u>面目手足皆黑色也。

　　东方<u>句芒</u>，鸟身人面，乘两龙。木神也。方面素服。墨子曰："昔<u>秦穆公</u>有明德，上帝使句芒赐之寿十九年。"　懿行案：注"<u>秦穆公</u>"，今墨子明鬼下篇作"郑穆公"，论衡无形篇正与此注同也。越绝书云："<u>太皥</u>治东方，<u>袁何</u>佐之，使主木。"疑"<u>袁何</u>"即"<u>句芒</u>"之异名也。尚书大传云："东方之

〔一〕太平御览卷九三三引"而"作"面"，"能"作"熊"。

极,自碣石东至日出榑木之野,帝太皞、神句芒司之。"吕氏春秋孟春纪云"其神句芒",高诱注云:"句芒,少皞氏之裔子,曰重,佐木德之帝,死为木官之神。"汉书张揖注司马相如大人赋云:"句芒东方青帝之佐也,鸟身人面,乘两龙。"本此经为说也。白虎通云:"句芒者,芒之为言萌也。"

建平元年四月丙戌,待诏太常属臣望校治,侍中光禄勋臣龚、侍中奉车都尉光禄大夫臣秀领主省。懿

行案:建平元年,汉哀帝乙卯年也。望盖丁望;龚,王龚;秀,刘歆也。

山海经笺疏

200

山海经第十

海内南经

海内东南陬以西者：从南头起之也。

瓯，懿行案：周书王会篇云"欧人蝉蛇"，孔晁注云："东越，欧人也。"又云"且瓯文蜃"，注云："且瓯在越。"伊尹四方令云："正东：越沤。正南：瓯邓。"疑"瓯"与"沤"、"欧"并古字通也。史记索隐引刘氏云："今珠厓、儋耳谓之瓯人。"正义曰："舆地志云：'交址，周时为骆越，秦时曰西欧。'"**居海中**。今临海永宁县即东瓯，在岐海中也。音"呕"。　懿行案：临海郡永宁县，见晋书地理志。初学记六卷引此经云："瓯、闽皆在岐海中。"盖并引郭注之文也。"岐海"谓海之槎枝，东次三经云"无皋之山，南望幼海"，即此。**闽**，懿行案：说文云："闽，东南越，蛇穜，从虫。"夏官职方氏"掌七闽"，是闽非一种，举其大名耳。刘逵注左思赋云："闽，越名也。秦并天下，以其地为闽中郡。"**在海中**。闽越即西瓯，今建安郡是也，亦在岐海中。音"旻"。　懿行案：建安郡，故秦闽中郡，见晋书地理志。汉书惠帝纪"二年，立闽越君摇为东海王"，颜师古注云："即今泉州是其地。"**其西北有山。一曰闽中山在海中。**

三天子鄣山，音"章"。　懿行案：海内东经云"浙江出三天子都"，"庐江出三天子都"，"一曰天子鄣"，即此。**在闽西海北。**今在新安歙县东，今谓之三王山，浙江出其边也。张氏土地记曰："东阳永康县南四里，有石城山，上有小石城，云黄帝曾游此，即三天子都也。"　懿行案：海内东经云：

"三天子都在闽西北。"无"海"字,此经"海"字疑衍。刘昭注郡国志"丹阳郡,歙",引此经郭注云:"在县东,今谓之玉山。"又注"会稽郡,浙江"引郭注云:"江出歙县玉山。"初学记八卷亦引郭注云:"玉山,浙江出其边。"疑二书"玉山"即"三王山"之脱误。古"玉"字作"王"也。山在今安徽歙县西北。顾野王云:"今永康缙云山[一]是三天子都,今在绩溪县东九十里,吴于此山分界。"见太平寰宇记。**一曰在海中。**

桂林八树,懿行案:伊尹四方令云:"正南:瓯邓、桂国。"疑即此。**在番隅东。**八树而成林,信其大也。番隅,今番隅县。　懿行案:刘昭注郡国志"南海郡,番禺"引此经云:"桂林八树在贲禺东。"水经浪水注及文选游天台山赋注引此经,并作"贲禺",又引郭注云:"八树成林,言其大也。贲禺,音番隅。"今本脱郭音五字,又"言"讹为"信"也。然上林赋注及张衡四愁诗注及初学记八卷引此经,仍作"番禺",盖古有二本也。初学记引南越志云:"番禺县有番、禺二山,因以为名。"水经浪水注又云:"县有番山,名番禺,谓番山之禺也。"

伯虑国、未详。　懿行案:伊尹四方令云:"正东:伊虑。"疑即此。**离耳国、**镂离其耳,分令下垂,以为饰,即儋耳也。在朱崖海渚中。不食五谷,但啖蚌及諸蒐也。　懿行案:伊尹四方令云:"正西:离耳。"郭云"即儋耳"者,此南儋耳也。又有北儋耳,见大荒北经。"儋"当为"聸"。说文云:"聸,垂耳也。从耳詹声。南方聸耳之国。"刘逵注吴都赋引异物志云:"儋耳人镂其耳匡。"汉书张晏注云:"儋耳镂其颊,皮上连耳,分为数支,状似鸡肠,累耳下垂。"水经注引林邑记曰:"汉置九郡,儋耳与焉。民好徒跣,耳广垂以为饰。"又云:"儋耳即离耳也。"后汉书西南夷传云:"哀牢人皆穿鼻儋耳,其渠帅自谓王者,耳皆下肩三寸,庶人则至肩而已。"**雕题国、**点涅其面,画体为鳞采,即鲛人也。　懿行案:伊尹四方令云:"正西:雕题。"楚词招魂王逸注云:"雕,画。题,额。言南极之人雕画其额,常食蠃蜶也。"桂海虞衡志云:"黎人女及笄,即黥颊为细花纹,谓之绣面女。"亦其类也。郭云"即鲛人",恐非,或有讹

山海经笺疏

〔一〕"缙",原本作"晋",据太平寰宇记卷一百四改。

字。"鲛人"见刘逵吴都赋注。**北朐国,**音"劬"。未详。　懿行案:疑即"北户"也。尔雅疏引此经作"北煦","户"、"煦"声之转。尔雅释地"四荒"有"北户",郭注云:"北户在南。"**皆在郁水南。郁水出湘陵南海。**懿行案:"郁水"见海内东经。此云"出湘陵南海",疑有脱误。又水经温水注引此经,云"离耳国、雕题国皆在郁水南",无"伯虑"、"北朐"二国。李善注王褒四子讲德论引此经,作"雕题国在郁林南",亦与今本异。明藏本"南海"作"南山也"。**一曰相虑。**懿行案:"相虑"盖"伯虑"之异文,或"柏虑"之讹文,"柏"、"伯"古字通也。若以海内东经"郁水入须陵"之文校之,又疑"相虑"即"须陵"之声转,此经"出湘陵"当为"入湘陵"矣。

　　枭阳国,懿行案:扬雄羽猎赋、淮南氾论训并作"嚣阳",左思吴都赋作"枭羊",说文作"枭阳"。**在北朐之西。**懿行案:尔雅疏引此经作"北煦之西"。**其为人**懿行案:郭注尔雅"狒狒"引此经,作"其状如人"。**人面长唇,黑身有毛,反踵,见人笑亦笑,**懿行案:郭注尔雅"狒狒"引此经,云"见人则笑",刘逵注吴都赋引此经与尔雅注同,高诱注淮南氾论训亦云"嚣阳山精,见人而笑",是古本并如此。且此物唯喜自笑,非见人笑方亦笑也,故吴都赋云"禺禺笑而被格"。刘逵注引异物志云:"枭羊善食人,大口,其初得人,喜笑,则唇上覆额,移时而后食之。人因为简贯于臂上,待执人,人即抽手从简中出,凿其唇于额而得擒之。"是其笑惟自笑,不因人笑之证。以此参校,可知今本为非矣。其云为简贯臂,正与此经"左手操管"合。**左手操管。**周书曰:"州靡髳髳者,人身,反踵,自笑,笑则上唇掩其面。"尔雅云"髳髳"。大传曰:"周成王时州靡国献之。"海内经谓之"赣巨人"。今交州南康郡深山中皆有此物。长丈许,脚跟反向,健走,被发,好笑。雌者能作汁,洒中人即病。土俗呼为"山都"。南康今有赣水,以有此人,因以名水,犹大荒说地有"蝛人",人因号其山为"蝛山",亦此类也。　懿行案:今周书王会篇作"州靡费费",郭引作"髳髳",说文引作"阘阘",盖所见本异也。又所引尔雅当为"狒狒"。太平御览九百八卷引此经图赞云:"禺禺怪兽,被发操竹。获人则笑,唇盖其目。终亦号咷,反为我戮。"广韵亦引此赞,字小异。

兕，在舜葬东，湘水南，_{懿行案}：皆说图画如此。**其状如牛，苍黑，一角。** _{懿行案}：兕形状已见南次三经"祷过之山"注。竹书云："周昭王十六年，伐楚，涉汉，遇大兕。"

苍梧之山， _{懿行案}：高诱注淮南子云："苍梧之山，在苍梧冯乘县东北，零陵之南。" **帝舜葬于阳，** 即九疑山也。礼记亦曰"舜葬苍梧之野"。_{懿行案}：史记五帝纪注引皇览云："舜冢在零陵营浦县，其山九溪皆相似，故曰九疑。"吕氏春秋安死篇云"舜葬于纪市"，高诱注云："传曰'舜葬苍梧九疑之山'，此云'于纪市'，九疑山下亦有纪邑。"太平御览五百五十五卷引尸子曰："舜西教乎七戎，道死，葬于南己之中。""己"即"纪"矣。**帝丹朱葬于阴。** 今丹阳复有丹朱冢也。竹书亦曰："后稷放帝朱于丹水。"与此义符。丹朱称"帝"者，犹汉山阳公死，加"献帝"之谥也。 _{懿行案}：竹书云："帝尧五十八年，使后稷放帝子朱于丹水。"今本"朱"上有"子"字，与郭所引异。又史记五帝纪注引此经，云"丹朱葬于阴"，亦无"帝"字。推寻经文所以称"帝"之义，或上古朴略，不以为嫌。水经溱水注云"有鼻天子城"，"鼻天子"所未闻，亦斯之类。郭以汉山阳公事例之，非矣。

氾林，方三百里，在狌狌东。 或作"猩猩"，字同耳。 _{懿行案}：海内经云："猩猩，青兽。" **狌狌知人名，** _{懿行案}：淮南氾论训云"猩猩知往而不知来"，高诱注云："见人往走，则知人姓氏。"后汉书西南夷传云哀牢出猩猩，李贤注引南中志云："猩猩在山谷，见酒及屦，知其设张者，即知张者先祖名字，乃呼其名而骂云'奴欲张我'云云。" **其为兽，如豕而人面。** 周书曰："郑郭狌狌者，状如黄狗而人面。头如雄鸡，食之不眯。"今交州封溪出狌狌，土俗人说云："状如豚而腹似狗，声如小儿啼也。" _{懿行案}：刘逵注吴都赋引此经，云"猩猩豕身人面"，郭注尔雅引此经亦同，盖所见本异也。周书王会篇云"都郭生生"，此注引作"郑郭狌狌"，亦所见本异也。其"头如雄鸡"二句，彼文所说"奇干善芳"，自别一物，此注不加铲削，妄行牵引，似非郭氏原文，或后人写书者羼入之耳。郡国志云"交阯郡，封溪"，郭注尔雅亦云"交阯封溪县出猩猩"，晋书地理志亦作"交阯郡"，此注作"交州"，"州"字讹也。又

"腹似狗"，一本作"后似狗"。云"声如小儿啼"者，尔雅云"猩猩小而好啼"，郭注亦与此注同也。水经叶榆河注云："封溪县有猩猩兽，形若黄狗，又状貍𤟤，人面，头颜端正。善与人言，音声丽妙，如妇人好女对语交言，闻之无不酸楚。其肉甘美，可以断谷，穷年不厌。"**在舜葬西。**

狌狌西北有犀牛，其状如牛而黑。犀牛似水牛，猪头，在"狌狌知人名"之西北，库脚，三角。　懿行案：犀牛形状已见南次三经"祷过之山"注。此注"库脚三角"四字当与"猪头"句相属，疑写书者误分之。

夏后启之臣曰孟涂，懿行案：竹书云："帝启八年，帝使孟涂如巴莅讼。"水经江水注引此经作"血涂"，太平御览六百三十九卷引作"孟余"或"孟徐"。**是司神于巴，人**听其狱讼，为之神主。**请讼于孟涂之所，**令断之也。　懿行案：水经注引此经云"是司神于巴，巴人讼于血涂之所"，疑今本脱一"巴"字。**其衣有血者乃执之，**不直者则血见于衣。**是请生。**言好生也。**居山上，在丹山西。**懿行案：水经注引经止此，郦氏又释之云"丹山西即巫山者也"。**丹山在丹阳南，丹阳居属也。**今建平郡丹阳城秭归县东七里，即孟涂所居也。　懿行案：晋书地理志建平郡有秭归，无丹阳，其丹阳属丹阳郡也。水经注引郭景纯云："丹山在丹阳，属巴。"是此经十一字乃郭注之文，郦氏节引之，写书者误作经文耳。"居属"又"巴蜀"字之讹。

窫窳，龙首，居弱水中，在狌狌知人名之西。其状如龙首，食人。窫窳本蛇身人面，为贰负臣所杀，复化而成此物也。　懿行案：刘逵注吴都赋引此经，云"南海之外有猰貐，状如貙，龙首，食人"，盖参引尔雅之文。尔雅云"猰貐类貙"，以引此经则误矣。窫窳形状又见海内西经。又北山经"少咸之山"说窫窳形状复与此异。

有木，其状如牛，河图玉版说"芝草树生，或如车马，或如龙蛇之状"，亦此类也。　懿行案：博物志云："名山生神芝，不死之草，上芝为车马，中芝为人形，下芝为六畜。"**引之有皮，若缨黄蛇，**言牵之皮剥，如人冠缨及黄蛇状也。　懿行案：缨，谓缨带也，引其皮，缨带若黄蛇之状也。**其叶**

如罗,如绫罗也。　郝行案:郭说非也。上世淳朴,无绫罗之名,疑当为网罗也。淮南氾论训云:"伯余之初作衣也,緂麻索缕,手经指挂,其成犹网罗。"是绫罗之名非上古所有审矣。又杨櫙一名罗,见尔雅。吴氏云。**其实如栾,**栾,木名。黄本赤枝青叶,生云雨山。或作"卵",或作"麻"。音"銮"。　郝行案:玉篇云:"栾木似栏。"郭说栾生云雨山者,见大荒南经。**其木若蓲,**蓲,亦木名,未详。　郝行案:蓲,刺榆也。尔雅云"蓲,荎",郭注引诗云"山有蓲","今之刺榆"。**其名曰建木。**建木,青叶紫茎,黑华黄实,其下声无响、立无影也。　郝行案:郭说"建木"本海内经及淮南子。淮南墬形训云:"建木在都广,众帝所自上下,日中无景,呼而无响,盖天地〔一〕之中也。"吕氏春秋有始览亦同兹说。**在窊窳西弱水上。**

氏人国,音"觸抵"之"抵"。　郝行案:"氏人",大荒西经作"互人"。**在建木西。其为人,人面而鱼身,无足。**尽胸以上人,胸以下鱼也。　郝行案:竹书云:"禹观于河,有长人白面鱼身出,曰:'吾河精也。'"吴氏引徐铉稽神录云"谢仲玉者,见妇人出没水中,腰以下皆鱼",又引徂异记曰"查道奉使高丽,见海沙中一妇人,肘后有红鬛,问之,曰人鱼也",形状俱与此同。

巴蛇食象,三岁而出其骨。郝行案:刘逵注吴都赋引此经。**君子服之,无心腹之疾。**今南方蚺蛇吞鹿,鹿已烂,自绞于树,腹中骨皆穿鳞甲间出。此其类也。楚词曰:"有蛇吞象,厥大何如。"说者云"长千寻"。　郝行案:今楚词天问作"一蛇吞象",与郭所引异。王逸注引此经作"灵蛇吞象",并与今本异也。"蚺蛇"见本草。淮南精神训云:"越人得髯蛇以为上肴,中国得而弃之无用。"又水经"叶榆河过交趾麊泠县北",注云"山多大蚺,名曰蚺蛇,长十丈,围七八尺。常在树上伺鹿兽,鹿兽过,便低头绕之。有顷鹿死,先濡令湿,讫,便吞头角,骨皆钻皮出。山夷始见蚺不动时,便以大竹签签蚺头至尾,杀而食之,以为珍异"云云。又云:"养创之时,肪腴甚肥,搏

〔一〕"地",原本误作"帝",据淮南子改。

之，以妇人衣投之，则蟠而不起走，便可得也。"桂海虞衡志云："蚺蛇胆入药。南人腊其皮，刮去鳞，以鞭鼓。"艺文类聚九十六卷引郭氏赞云："象实巨兽，有蛇吞之。越出其骨，三年为期。厥大何如？屈生是疑。"**其为蛇，青黄赤黑。**懿行案：刘逵注吴都赋引此经。**一曰黑蛇青首，**懿行案：黑蛇青首，食象，出朱卷之国，见海内经。**在犀牛西。**

　　旄马，其状如马，四节有毛。穆天子传所谓"豪马"者。亦有"旄牛"。　　懿行案：今穆天子传作"豪马"、"豪牛"，郭氏注云"毫犹氄也"，引此经云"氄马如马，足四节皆有毛"。疑"氄"当为"氂"，引经"氄马"亦当为"氂马"，并字形之讹也。郭又注"豪羊"云"似氂牛"，可知"旄牛"皆当为"氂牛"矣。又"旄牛"已见北山经首"潘侯之山"。**在巴蛇西北，高山南。**

　　匈奴、一曰"猃狁"。　　懿行案：伊尹四方令云："正北：匈奴。"史记匈奴传索隐引应劭风俗通云："殷时曰獯粥，改曰匈奴。"又晋灼云："尧时曰荤粥，周曰猃狁，秦曰匈奴。"案已上三名并一声之转。**开题之国、**音"提"。**列人之国，并在西北。**三国并在旄马西北。

山海经第十一

海内西经

海内西南陬以北者：

贰负之臣曰危。危与贰负杀窫窳，懿行案：刘逵注吴都赋引此经作"猰㺄"，李善注张协七命引此经又作"猰貐"。帝懿行案：李善注张协七命引此经作"黄帝"，"黄"字衍。乃梏之疏属之山，梏，犹系缚也。古沃切。　懿行案：地理志"上郡，雕阴"，应劭注云："雕山在西南。"即斯山也。山在今陕西绥德州城内。元和郡县志云："龙泉县疏属山，亦名雕阴山。"桎其右足，桎，械也。　懿行案：说文云："桎，足械也。梏，手械也。"反缚两手与发，并发合缚之也。　懿行案：刘逵注吴都赋及李善注张协七命引此经，并无"与发"二字。北堂书钞四十五卷引则有之，又上句作"梏其右足大道"，下句作"系之山木之上"，与今本异。此据影钞宋本，虽多误字，极是善本，其"大道"二字疑"及首"之讹也。系之山上木。汉宣帝使人上郡发盘石石室，中得一人，跣裸被发，反缚，械一足。以问群臣，莫能知。刘子政按此言对之，宣帝大惊。于是时人争学山海经矣。论者多以为是其尸象，非真体也。意者以灵怪变化论，难以理测，物禀异气，出于不然，不可以常运推，不可以近数揆矣。魏时有人发故周王冢者，得殉女子，不死不生，数日时有气，数月而能语，状如廿许人。送诣京师，郭太后爱养之，恒在左右。十余年，太后崩，此女哀思哭泣，一年余而死。即此类也。　懿行案：经云"系之山上木"，注言

"得之石室中"，所未详也。刘逵注吴都赋引此注，"盘石"作"磻石"，又云"陷得石室，其中有反缚械人"云云，与今本异。海内经云"北海之内有反缚盗械，名曰相顾之尸"，亦此之类。又水经洛水注云："温泉水侧有僵人穴，穴中有僵尸。"戴延之从刘武王西征记曰："有此尸，尸今犹在。夫物无不化之理，魂无不迁之道，而此尸无神识，事同木偶之状，喻其推移，未若正形之速迁矣。"亦斯类也。郭云"魏时发故周王冢，得殉女子"，与顾恺之[一]启蒙注同，见魏志明帝纪注。其博物志所载与此则异。又郭云"出于不然"，"不"当为"自"字之讹，见太平御览五十卷所引。**在开题西北。**懿行案：毕氏云："开题疑即笄头山也，音皆相近。"

　　大泽方百里，懿行案：大荒北经作"大泽方千里"。郭注穆天子传引此经，亦云"大泽方千里，群鸟之所生及所解"，是"百"当为"千"矣。然郭注又引此经，云"群鸟所集，泽有两处，一方百里，一方千里"，是又以为非一地，所未详也。李善注别赋引此经，亦云"大泽方百里"，可证今本不误。**群鸟所生及所解。**百鸟于此生乳，解之毛羽。　懿行案：此地即翰海也，说见大荒北经。**在雁门北。雁门山，**懿行案：淮南墬形训云："烛龙在雁门北，蔽于委羽之山。"疑委羽山即雁门山之连麓，委羽亦即解羽之义。江淹别赋所谓"雁山参云"也。**雁出其间。**懿行案：水经注及初学记三十卷引此经，并作"雁出其门"。**在高柳北。**懿行案：高柳山在今山西代州北三十五里。

　　高柳，在代北。懿行案：水经灢水注引此经，"北"作"中"，云："其山重峦迭巇，霞举云高，连山隐隐，东出辽塞。"

　　后稷之葬，山水环之。在广都之野。　懿行案："广都"，海内经作"都广"，是。**在氐国西。**

　　流黄酆氏之国，懿行案：海内经作"流黄辛氏"，淮南墬形训云"流黄沃氏在其北，方三百里"，即此也。**中方三百里，**言国城内。**有涂四**

―――――――――――――――

〔一〕"恺"，原本作"凯"，据三国志改。

方,途,道。**中有山。** <u>懿行案</u>:海内经说"流黄辛氏"有"巴遂山",盖即此。**在后稷葬西。**

流沙,**出钟山,** <u>懿行案</u>:楚词招魂云"西方之害,流沙千里",王逸注云:"流沙,沙流而行也。"高诱注吕氏春秋本味篇云:"流沙在敦煌郡西八百里。"水经云"流沙,地在张掖居延县东北",注云"流沙,沙与水流行也。亦言出钟山,西行极崅嵼之山,在西海郡北"。**西行,又南行昆仑之虚,西南入海,黑水之山。** 今西海居延泽,尚书所谓"流沙"者,形如月生五日也。 <u>懿行案</u>:地理志云:"张掖郡,居延:居延泽在东北,古文以为流沙。"是郭所本也。水经注云:"流沙西历昆山,西南出于过瀛之山,又历员丘不死山之西,入于南海。"

东胡, <u>懿行案</u>:国名也。伊尹四方令云:"正北:东胡。"详后汉书乌桓鲜卑传。广韵引前燕录云"昔高辛氏游于海滨,留少子厌越以居北夷,邑于紫蒙之野,号曰东胡"云云,其后为慕容氏。**在大泽东。**

夷人,在东胡东。

貊国,在汉水东北。 今扶余国即濊貊故地,在长城北,去玄菟千里。出名马、赤玉、貊皮,大珠如酸枣也。 <u>懿行案</u>:魏志东夷传说夫余与此注同,即郭所本也,唯"貊皮"作"貊狄",后汉书东夷传又作"貊貀"。艺文类聚八十三卷引广志曰:"赤玉出夫余。"**地近于燕,灭之。** <u>懿行案</u>:大雅韩奕篇云"其追其貊",谓此。

孟鸟, 亦鸟名也。 <u>懿行案</u>:博物志云:"孟舒国民,人首鸟身。其先主为雪氏训百禽,夏后之世始食卵,孟舒去之,凤皇随焉。"太平御览九百十五卷引括地图曰:"孟亏人首鸟身,其先为虞氏驯百兽。夏后之末世,民始食卵。孟亏去之,凤凰随,与止于此。山多竹,长千仞,凤凰食竹实,孟亏食木实。去九疑万八千里。"据括地图及博物志所说,盖即孟鸟也。又海外西经有"灭蒙鸟,在结匈国北",疑亦此鸟也。"灭"、"蒙"之声近"孟"。**在貊国东北。其鸟文赤、黄、青,东乡。** <u>懿行案</u>:明藏本"黄"上无"赤"字。

海内昆仑之虚，言"海内"者，明海外复有昆仑山。　懿行案："海内昆仑"即西次三经"昆仑之丘"也，禹贡"昆仑"亦当指此。海内东经云"昆仑山在西胡西"，盖别一昆仑也。又水经河水注引此经郭注，云"此自别有小昆仑也"，疑今本脱此句。又荒外之山以昆仑名者盖多焉，故水经、禹本纪并言昆仑"去嵩高五万里"，水经注又言晋去昆仑七万里，又引十洲记"昆仑山在西海之戌地，北海之亥地，去岸十三万里"，似皆别指一山。然则郭云"海外复有昆仑"，岂不信哉？说文云："虚，大丘也。昆仑丘谓之昆仑虚。"**在西北，帝之下都。**懿行案：史记司马相如传正义引此经云："昆仑去中国五万里，天帝之下都。"盖并引郭注也。"天"字疑衍。**昆仑之虚方八百里，高万仞。**皆谓其虚基广轮之高庳耳。自此以上二千五百余里，上有醴泉、华池。去嵩高五万里，盖天地之中也。见禹本纪。　懿行案：王逸注离骚引河图括地象言"昆仑在西北，其高一万一千里"。初学记引此经，云"昆仑山纵广万里，高万一千里，去嵩山五万里"云云，所引盖禹本纪文，即郭所引者。水经注亦引此经及郭注，并称禹本纪。初学记引作此经，误也。**上有木禾，长五寻，大五围。**木禾，谷类也，生黑水之阿，可食。见穆天子传。　懿行案：穆天子传云"黑水之阿，爰有野麦，爰有苔菫（"祇""谨"两音），西膜之所谓木禾"，郭注引此经。李善注思玄赋亦引此经及郭注。**面**懿行案：初学记七卷引此经作"上"。**有九井，**懿行案：吕氏春秋本味篇云："水之美者，昆仑之井。"**以玉为槛。**槛，栏。　懿行案：淮南墬形训云："昆仑旁有九井，玉横维其西北隅。"**面有九门，**懿行案：史记司马相如传正义引此经作"旁有五门"。**门有开明**懿行案：淮南墬形训云"东方曰东极之山，曰开明之门"，是开明乃门名也。此经自是兽名，非门名，形状见下。**兽守之，百神之所在。**懿行案：水经注引遁甲开山图注云："天下仙圣治，在柱州昆仑山上。"**在八隅之岩，**在岩间也。**赤水之际，非仁羿莫能上冈之岩。**言非仁人及有才艺如羿者不能得登此山之冈岭巉岩也。羿尝请药西王母，亦言其得道也。"羿"一或作"圣"。　懿行案：论语释文云"鲁读'仍'为'仁'"，是

"仁"、"仍"古字通。说文云"羿,羽之羿风",则"羿"、"羽"义近。楚词远游篇云"仍羽人于丹丘",王逸注云:"人得道,身生羽毛也。"是此经"仁羿"即楚词"仍羽人",言羽化登仙也。郭云"羿尝请药西王母",事见归藏及淮南览冥训。李淳风乙巳占引连山易云:"有冯羿者,得不死之药于西王母,恒娥窃之以奔月,将往,枚筮于有黄。有黄占之曰:'吉。翩翩归妹,独将西行,逢天晦芒,无恐无惊,后且大昌。'恒娥遂托身于月。"即斯事也。

赤水出东南隅,以行其东北。懿行案:穆天子传云"宿于昆仑之阿,赤水之阳",郭注云:"昆仑山有五色水,赤水出东南隅而东北流。皆见山海经。"又案经文"东北"下,明藏本有"西南流,注南海厌火东"九字,为今本所无。

河水出东北隅,懿行案:郭注尔雅释水及李贤注后汉书张衡传及广韵引此经,并作"河出昆仑西北隅",淮南墬形训、广雅及水经注并从此经作"东北隅",疑传写之讹,说见尔雅略。**以行其北,西南又入渤海,又出海外,**懿行案:渤海盖即翰海。或云蒲昌海,非也。水经云:"昆仑,河水出其东北陬,屈从其东南流,入于渤海,又出海外,南至积石山下。又南入葱岭,出于阗,又东注蒲昌海。"然则水经之意盖不以渤海即蒲昌海也。大荒北经云"大荒之中有山,名曰先槛大逢之山,河、济所入海北注焉。其西有山,名曰禹所积石",与此经合,则其海即渤海明矣。**即西而北,入禹所导积石山。**禹治水,复决疏出之,故云"导河积石"。懿行案:括地志所谓"小积石"也,说已见海外北经。水经注引此经云云,"山在陇西郡河关县西南羌中"。然据水经说,积石山在蒲昌海之上,盖"大积石"也,此及海外北经所说,皆"小积石"也。郦氏不知,误以大积石为即小积石,故滥引此经之文,又议水经为非,其谬甚矣。

洋音"翔"。**水、**懿行案:高诱注淮南墬形训云:"洋水经陇西氐道东,至武都为汉阳。"或作"养"[一]也,水经注引阚骃云:"汉或为漾。漾水出昆仑

〔一〕"养",据下文所引水经注,疑是"漾"字之误。

西北隅,至氐道,重源显发而为漾水。"是洋水即漾水,字之异也。**黑水出西北隅,**懿行案:史记夏本纪正义引括地志云:"黑水源出伊吾县北百二十里,又南流二十里而绝。三危山在河州敦煌县东南四十里。"〔一〕**以东,东行又东北,南入海,**懿行案:禹贡云:"导黑水,至于三危,入于南海。"或云南海即扬州东大海,非也。海在羽民南,非中国近地。**羽民南。**懿行案:"羽民"已见海外南经。

弱水、青水出西南隅,西域传:"乌弋国去长安万五千余里,西行可百余日,至条枝国,临西海。长老传闻有弱水、西王母云。"东夷传亦曰:"长城外数千里亦有弱水,皆所未见也。"淮南子云:"弱水出穷石。"穷石,今之西郡䣡冉,盖其派别之源耳。 懿行案:"弱",说文作"溺",云:"溺水自张掖删丹西至酒泉合黎,余波入于流沙。从水弱声。桑钦所说。"地理志引桑钦与说文同。离骚云"夕归次于穷石",王逸注引淮南子言:"弱水出于穷石,入于流沙也。"史记正义引括地志云:"兰门山一名合黎,一名穷石山,在甘州删丹县西南七里〔二〕。"**以东,又北,又西南过毕方鸟东。**懿行案:海外南经云:"毕方鸟在青水西。"然青水竟无考。

昆仑南渊,深三百仞。灵渊。 懿行案:即海内北经云"从极之渊,深三百仞"者也。**开明兽身大类虎**懿行案:明藏本有郭注"身或作直"四字。**而九首,皆人面,东向立昆仑上。**天兽也。铭曰:"开明为兽,禀资乾精。瞪视昆仑,威振百灵。" 懿行案:铭亦郭氏图赞也。

开明西有凤皇、鸾鸟,皆戴蛇践蛇,膺有赤蛇。

开明北有视肉、珠树、懿行案:海外南经云"三珠树生赤水上",即此。淮南墬形训云"昆仑之上有珠树",又云"曾城九重,珠树在其西"。**文玉树、**五彩玉树。 懿行案:淮南子云"昆仑之上有玉树",王逸注离骚引括

213

〔一〕 以上引文,史记正义"伊吾县"上有"伊州","二十里"作"二千里","河州"作"沙州"。

〔二〕 "七里",史记正义作"七十里"。

地象,言昆仑"有琼玉之树也"。**玗琪树**、玗琪,赤玉属也。吴天玺元年,临海郡吏伍曜在海水际得石树,高二尺余,茎叶紫色,诘曲倾靡,有光彩,即玉树之类也。"于""其"两音。 懿行案:郭注见宋书符瑞志,唯"二尺"作"三尺"、"茎叶"作"枝茎"、"诘曲"作"诘屈"为异,其余则同。但据郭所说,则似珊瑚树,恐非玗琪树也。"玗琪"见尔雅释地。又穆天子传云:"重磷氏之所守,曰玗琪徹尾。**不死树**。言长生也。 懿行案:李善注思玄赋引此经,云:"有不死树,食之长寿。"今本无此句。又引古今通论云:"不死树在层城西。"案吕氏春秋本味篇云"菜之美者,寿木之华",高诱注云:"寿木,昆仑山上木也。华,实也。食其实者不死,故曰寿木。"是"寿木"即"不死树"也。淮南子云:"昆仑之上有不死树。"艺文类聚八十八卷引郭氏赞云:"万物暂见,人生如寄。不死之树,寿蔽天地。请药西姥,焉得如羿。"**凤皇、鸾鸟皆戴蔽。**音"伐"。盾也。 懿行案:太平御览三百五十七卷引此经,"蔽"作"盾"。

又有离朱、木禾、柏树、甘水,即醴泉也。 懿行案:史记大宛传云:"禹本纪言,昆仑上有醴泉。"**圣木、**食之令人智圣也。 懿行案:艺文类聚八十八卷引郭氏图赞云:"醴泉睿木,养龄尽性。增气之和,去神之冥。何必生知,然后为圣。"**曼兑。**未详。**一曰挺木牙交。**淮南作"璇树"。璇,玉类也。 懿行案:淮南子云:"昆仑之上有璇树。"盖璇树一名"挺木牙交",故郭氏引之。疑经文上下当有脱误,或"挺木牙交"四字即"璇树"二字之形讹,亦未可知。"璇"当为"琁",高诱注淮南墬形训云"琁音穷"是也。明藏本"牙"作"互"。臧庸曰:"'挺木牙交'为'曼兑'之异文。'兑'读为'锐','挺'当为'梴'字之讹也。"

开明东有**巫彭、巫抵、巫阳、巫履、巫凡、巫相,**皆神医也。世本曰"巫彭作医",楚词曰"帝告巫阳"。 懿行案:说文云:"古者巫彭初作医。"郭引楚词者,招魂篇文也。余详大荒西经。**夹窫窳之尸,皆操不死之药以距之。**为距却死气,求更生。**窫窳者,蛇身人面,贰负臣所杀也。**

服常树,服常木,未详。 懿行案:淮南子云:"昆仑之上,沙棠、琅玕在其东。"疑"服常"即"沙棠"也。"服"，玉篇、广韵并作"榒"，云"木出昆仑"
也。**其上有三头人，**懿行案：海外南经云"三首国，一身三首"，亦此类
也。**伺琅玕树**。琅玕，子似珠。尔雅曰："西北之美者，有昆仑之琅玕焉。"
庄周曰："有人三头，递卧递起，以伺琅玕与玗琪子。"谓此人也。　懿行案：说
文云："琅玕，似珠者。"郭注尔雅释地引此经云："昆仑有琅玕树也。"又玉篇引
庄子云："积石为树，名曰琼枝，其高一百二十仞，大三十围，以琅玕为之实。"
是"琅玕"即琼枝之子似珠者也。"琼枝"亦见离骚。又王逸注九歌云："琼芳，
琼玉枝也。"骚客但标琼枝之文，玉篇空衍琅玕之实，而庄子逸文缺然，未睹厥
略。惟艺文类聚九十卷及太平御览九百一十五卷引庄子曰："老子见孔子从
弟子五人，问曰：'前为谁?'对曰：'子路为勇，其次子贡为智，曾子为孝，颜回
为仁，子张为武。'老子叹曰：'吾闻南方有鸟，其名为凤，所居积石千里。天为
生食，其树名琼枝，高百仞，以璆琳、琅玕为实。天又为生离珠，一人三头，递卧
递起，以伺琅玕。凤鸟之文，戴圣婴仁，右智左贤。'"以此参校郭注所引，"与
玗琪子"四字盖误衍也。

　开明南有树，懿行案：树盖绛树也。淮南子云："昆仑之上，绛树在
其南。"**鸟六首，**懿行案：大荒西经"互人国"下云："有青鸟，身黄，赤足，六
首，名曰鸀鸟。"即此类。**蛟、**蛟似蛇四脚，龙类也。**蝮蛇、蜼、豹、鸟秩
树，**木名，未详。**于表池树木，**言列树以表，池即华池也。**诵鸟、**鸟名，
形未详。**鶽、**雕也。穆天子传曰："爰有白鶽、青雕。"音"竹笋"之"笋"。
懿行案：今穆天子传作"白鸟、青雕"，已见西次三经"钟山"注。**视肉。**

山海经第十二

海内北经

海内西北陬以东者：

蛇巫之山，**上有人操杯**^{"杯"或作"棓"，字同。}　懿行案："杯"即"棓"字之异文。说文云："棓，梲也。"玉篇云："棓与棒同。步项切。"太平御览三百五十七卷引服虔通俗文曰："大杖曰棓。"**而东向立。一曰龟山。**懿行案：越绝书云："龟山一曰怪山。怪山者，往古一夜自来，民怪之，故谓怪山。"吴越春秋云："怪山者，琅琊东武海中山也，一夕自来，故名怪山。"水经浙江水注云："山形似龟，故有龟山之称。"疑此之类也。

西王母，**梯几而戴胜杖**。^{梯谓冯也。}　懿行案：如淳注汉书司马相如大人赋引此经，无"杖"字。**其南有三青鸟，为西王母取食。**^{又有三足鸟主给使。}　懿行案：三青鸟居三危山，见西次三经。史记正义引括地图[一]云："有三足神鸟为王母取食。"**在昆仑虚北。**

有人曰大行伯，**把戈。其东有犬封国。**^{昔盘瓠杀戎王，高辛以美女妻之，不可以训，乃浮之会稽东海中，得三百里地封之。生男为狗，女为美人，是为狗封之国也。}　懿行案：郭说本风俗通。后汉书南蛮传有其文，李贤注引魏略云："高辛氏有老妇，居王室，得耳疾，挑之，乃得物大如茧。妇人盛瓠中，覆之以盘，俄顷化为犬，其文五色，因名盘瓠。"案水经沅水注亦载

〔一〕 "括"，原本作"舆"，据史记正义改。

其事。**贰负之尸在大行伯东。**

犬封国，曰**犬戎国，状如犬。**黄帝之后卞明，生白犬二头，自相牝牡，遂为此国。言狗国也。　懿行案：**"犬封"**、**"犬戎"**声相近。郭注本**大荒北经**。**有一女子，方跪进杯食。**与酒食也。　懿行案：艺文类聚七十三卷引此经，**"杯"**上有**"玉"**字。明藏本**"杯"**作**"杯"**，注**"酒"**字作**"狗"**。**有文马，**懿行案：**"文"**，说文作**"䮃"**，尔雅作**"馼"**。**缟身**色白如缟。**朱鬣，目若黄金，名曰吉量，**一作**"良"**。　懿行案：李善注东京赋引此经，正作**"吉良"**。**乘之寿千岁。**周书曰："**犬戎文马，赤鬣白身，目若黄金，名曰吉黄之乘。成王时献之。**"六韬曰："**文身朱鬣，眼若黄金，项若鸡尾，名曰鸡斯之乘。**"大传曰："**驳身朱鬣鸡目。**"山海经亦有**"吉黄之乘，寿千岁"**者，惟名有不同，说有小错，其实一物耳。今博举之，以广异闻也。　懿行案：今周书王会篇作**"古黄之乘"**，初学记二十九卷引亦同，郭引作**"吉黄"**。六韬云**"犬戎氏文马，豪毛朱鬣"**，郭引无**"豪毛"**二字。尚书大传云："**散宜生遂之犬戎氏，取美马驳身、朱鬣、鸡目者，取九六焉。**"郭又云**"山海经亦有吉黄之乘"**，是此经**"吉量"**本或有作**"吉黄"**者。又名吉光，亦名腾黄，李善注东京赋引瑞应图云："**腾黄神马，一名吉光。**"艺文类聚九十三卷引此经又作**"吉强"**。九十九卷引瑞应图云**"腾黄者，其色黄"**，非也，经云**"缟身朱鬣"**，明非黄色。

鬼国，懿行案：伊尹四方令云："**正西：鬼亲。**"又魏志东夷传云："**女王国北有鬼国。**"论衡订鬼篇引此经曰："**北方有鬼国。**"**在贰负之尸北，为物人面而一目。**懿行案：**"一目国"**已见海外北经。**一曰贰负神在其东，为物人面蛇身。**懿行案：与窫窳同状。

蜪犬，音**"陶"**。或作**"蚼"**，音**"钩"**。　懿行案：说文作**"蚼"**，云："北方有蚼犬，食人。"**如犬，青，**懿行案：艺文类聚九十四卷引此经，**"青"**下有**"色"**字。**食人从首始。**

穷奇，状如虎，有翼，毛如猬。　懿行案：穷奇猬毛，已见**西次四经****"邽山"**。史记正义引神异经云："西北有兽，其状似虎，有翼能飞，便剿食人。

217

知人言语,闻人斗,辄食直者;闻人忠信,辄食其鼻;闻人恶逆不善,辄杀兽往馈之,名曰穷奇。"**食人从首始,所食被发。在蜪犬北。一曰从足。** 懿行案:郭注方言云:"虎食物,值耳即止,以触其讳故。"是知虎食人从足始也。

帝尧台,帝喾台, 懿行案:初学记二十四卷引王韶之始兴记云"含洭县有尧山,尧巡狩至于此,立行台",是帝尧有台也。楚词天问云"简狄在台喾何宜",离骚云"望瑶台之偃蹇,见有娀之佚女",是帝喾有台也。**帝丹朱台,帝舜台,** 懿行案:大荒西经有"轩辕台",北经有"共工台",亦此之类。**各二台,台四方,在昆仑东北。** 此盖天子巡狩所经过,夷狄慕圣人恩德,辄共为筑立台观,以标显其遗迹也。一本云:"所杀相柳地,腥臊不可种五谷,以为众帝之台。" 懿行案:"众帝之台"已见海外北经。

大蠭,其状如螽。 懿行案:蠭有极桀大者,仅曰"如螽"似不足方之。疑"螽"即"蠭"字之讹,与下句词义相比。古文"蠭"作"蠭",与"螽"字形近,故讹耳。**朱蛾,** 懿行案:尔雅云"蠪,朾蚁",郭注云:"赤驳蚍蜉。"盖此之类。**其状如蛾。** 蛾,蚍蜉也。楚词曰:"玄蜂如壶,赤蛾如象。"谓此也。懿行案:郭引楚词见招魂篇。

蟜, "蟜"音"桥"。 懿行案:说文云:"蟜,虫也。"非此。广韵"蟜"字注引此经云:"野人,身有兽文。"与今本小异。**其为人虎文,胫有腎,** 言脚有腨肠也。 懿行案:"腎"当为"腨",说文云:"腨,腓肠也。腓,胫腨也。"已见海外北经"无腎国"。**在穷奇东。一曰状如人。昆仑虚北所有。** 此同上物事也。 懿行案:郭意此已上物事皆昆仑虚北所有也。明藏本"同"作"目"。

阘非, "阘"音"榻"。 懿行案:伊尹四方令云:"正西:阘耳。"疑即此。"非"、"耳"形相近。**人面而兽身,青色。**

据比 一云"掾比"。 懿行案:"掾比",一本作"掾北"。**之尸,其为人折颈被发,无一手。**

环狗，懿行案：伊尹四方令云"正西：昆仑、狗国"，易林云"穿胸、狗邦"，即此也。淮南墬形训有"狗国"。**其为人兽首人身。一曰猬状如狗，黄色。**

袜，"袜"即"魅"也。　懿行案："魖魅"，汉碑作"禢袜"。礼仪志云："雄伯食魅"玉篇云："袜，即鬼魅也。"本此。**其为物人身，黑首从目。**懿行案：楚词大招云"豕首从目，被发鬤只"，疑即此。

戎，懿行案：周书史记篇云："昔有林氏，召离戎之君而朝之。"或单呼为"戎"，又与"林氏国"相比，疑是也。**其为人人首三角。**懿行案："戎"，广韵作"俄"，云："俄，人身，有三角也。""首"作"身"，与今本异。

林氏国，懿行案：周书史记篇云："昔有林氏，召离戎之君而朝之。"又云："林氏与上衡氏争权，俱身死国亡。"即此国也。**有珍兽，大若虎，五采毕具，**懿行案：毛诗传云："驺虞，白虎黑文，不食生物。"与此异。**尾长于身，名曰驺吾，乘之日行千里。**六韬云："纣囚文王，闳夭之徒诣林氏国，求得此兽，献之，纣大悦，乃释之。"周书曰："夹林酋耳。"酋耳若虎，尾参于身，食虎豹。大传谓之"侄兽"。"吾"宜作"虞"也。　懿行案：尚书大传云"散宜生之於陵氏，取怪兽大不辟虎狼间，尾倍其身，名曰虞"，郑康成注云："虞，驺虞也。"是郑以"虞"即此经之"驺吾"，则"於陵氏"即"林氏国"也。"於"为发声。"陵"、"林"声近。"驺虞"亦即"驺吾"也，"虞"、"吾"之声又相近。周礼贾疏引经作"邹吾"，古字假借也。周书王会篇云"央林酋耳"，"央"一作"英"，郭引作"夹"，字形之讹也。郭又引大传谓之"侄兽"，"侄"音"质"，今大传作"怪兽"也。艺文类聚九十九卷引郭氏赞云："怪兽五采，尾参于身。矫足千里，倏忽若神。是谓驺虞，诗叹其仁。"

昆仑虚南所有，懿行案：此目下物事也，郭无注，盖失检。**氾林，方三百里。**懿行案：淮南墬形训云："樊桐在昆仑阊阖之中。"广雅云："昆仑虚有板桐。"水经注云："昆仑之山，下曰樊桐，一名板桐。""氾"、"樊"、"板"声相近，"林"、"桐"字相似，当即一也。毕氏云。

从极之渊,郝行案:李善注江赋引此经,"渊"作"川"。**深三百仞,维冰夷恒都焉。**冰夷,冯夷也。淮南云:"冯夷得道,以潜大川。"即河伯也,穆天子传所谓"河伯无夷"者。竹书作"冯夷",字或作"水"也。 郝行案:水经注引此经作"冯夷"。穆天子传云"河伯无夷之所都居",郭注云:"无夷,冯夷也。"引此经云"冰夷","冰"、"冯"声相近也。史记索隐又引太公金匮云"冯修也","修"、"夷"亦声相近也。竹书云:"夏帝芬十六年,洛伯用与河伯冯夷斗。"郭引"淮南云"者,齐俗训文也。庄子大宗师篇云"冯夷得之,以游大川",释文引司马彪云:"清泠传曰:冯夷,华阴潼乡堤首人也,服八石得水仙,是为河伯。一云以八月庚子浴于河而溺死。"今案古书冯夷姓名多有异说,兹不备述云。**冰夷人面,乘两龙。**画四面,各乘灵车,驾二龙。 郝行案:郭注"灵"盖"云"字之讹也。水经注引括地图云:"冯夷恒乘云车,驾二龙。"是"灵"当为"云",太平御览六十一卷引此注正作"云车"可证。李善注江赋引此经,作"冰夷人面而乘龙",无"两"字,疑"两"讹为"而","乘"字又误置"而"字下也。史记封禅书正义引此经与今本同,可证。**一曰忠极之渊。**郝行案:水经注引此经作"中极","中"、"忠"古字通。

阳污之山,河出其中。凌门之山,河出其中。皆河之枝源所出之处也。 郝行案:"阳污"即"阳纡",声相近。穆天子传云:"至于阳纡之山,河伯无夷之所都居。"水经注云"河水又出于阳纡、陵门之山,而注于冯逸之山",盖即引此经之文,"陵门"即"凌门"也。或云即"龙门","凌"、"龙"亦声相转也。艺文类聚八卷引此经正作"阳纡"、"陵门",与水经注合。阳纡、陵门其地皆当在秦,故淮南子云"昔禹治洪水,具祷阳纡",高诱注云"阳纡,秦薮"是也[一]。水经注反以高诱为非,谬矣。

王子夜之尸,两手、两股、胸、郝行案:"胸"当为"匈"。**首、齿皆断,异处。**此盖形解而神连,貌乖而气合,合不为密,离不为疏。郝行案:楚词天问注有"王子侨之尸",未审与此经所说即一人不。或说"王子

────────────

〔一〕上引淮南子及高注,今本淮南子无其文,郝氏盖转引自水经注。

夜之尸"即"尸虞",恐非也。"尸虞"即"天虞",见大荒西经,所未能详。汉书郊祀志云"形解销化",服虔注云"尸解也",盖此类与？郭氏图赞云："子夜之尸,体分成七。离不为疏,合不为密。苟以神御,形归于一。"

舜妻登比氏,懿行案:大荒南经云"帝俊妻娥皇",即竹书云"后育"是也。大戴礼帝系篇云："帝舜娶于帝尧之子,谓之女匽氏。"尸子云："妻之以媓,媵之以娥,此二妃皆尧女。"郑注礼记云舜有"三妃",盖其一即"登比"矣。**生宵明、烛光,**即二女字也。以能光照,因名云。　懿行案:初学记十卷云"舜女有宵明、烛光",本此。**处河大泽。**泽,河边溢漫处。**二女之灵能照此所方百里。**言二女神光所烛及者方百里。　懿行案:淮南墬形训云："宵明、烛光在河洲,所照方千里。"疑"千"当为"百",或所见本异。**一曰登北氏。**

盖国,懿行案:魏志东夷传云："东沃沮在高句丽盖马大山之东。"后汉书东夷传同。李贤注云："盖马,县名,属玄菟郡。"今案盖马疑本盖国地。**在巨燕南,倭北。倭属燕。**倭国在带方东,大海内,以女为主,其俗露紒,衣服无针功,以丹朱涂身,不妒忌,一男子数十妇也。　懿行案:魏志东夷传云："倭人在带方东南大海之中,依山岛为国邑。旧百余国。其国本亦以男子为王,国乱,相攻伐历年,乃共立一女子为王,名曰卑弥呼。其俗,男子皆露紒,以木棉招头。其衣横幅,但结束相连,略无缝。妇人被发屈紒,作衣如单被,穿其中央,贯头衣之。皆徒跣,以朱丹涂其身体,如中国用粉也。其俗,国大人皆四五妇,下户或二三妇。妇人不淫,不妒忌。"是皆郭注所本也。地理志云："乐浪海中有倭人,分为百余国。"魏志亦云"女王国东,渡海千余里复有国,皆倭种"是也。其国有青玉,艺文类聚八十三卷引广志曰"青玉出倭国"。史记正义云："武后改倭国为日本国。"经云"倭属燕"者,盖周初事与？

朝鲜,懿行案:尚书大传云："武王胜殷,释箕子之囚。箕子不忍为周之释,走之朝鲜。武王闻之,因以朝鲜封之。"魏志东夷传云"濊,南与辰韩,北与高句丽、沃沮接,东穷大海,今朝鲜之东皆其地也。昔箕子既适朝鲜,作八条之教以教之,无门户之闭,而民不为盗"云云。史记正义云："朝音潮,鲜音仙。"**在列阳东，海北山南。列阳属燕**。朝鲜，今乐浪县，箕子所封也。列亦水名也，今在带方。带方有列口县。　懿行案：地理志云："乐浪郡，朝鲜。"又："吞列，分黎山，列水所出，西至黏蝉入海。"又云："含资，带水西至带方入海。"又，带方、列口并属乐浪郡。晋书地理志：列口属带方郡。

列姑射，在海河州中。山名也。山有神人。河州在海中，河水所经者。庄子所谓"藐姑射之山"也。　懿行案：列子黄帝篇云"列姑射山在海河洲中，山上有神人焉，吸风饮露，不食五谷，心如渊泉，形如处女"云云，与庄子逍遥游篇所云"藐姑射之山〔一〕，汾水之阳"者非一地也。说已见东次二经"姑射之山"。郭引庄子说此经，盖非。

射姑国〔二〕，在海中，属列姑射。西南，山环之。懿行案：山环西南，海据东北也。

大蟹，在海中。盖千里之蟹也。　懿行案：周书王会篇云"海阳大蟹"，孔晁注云："海水之阳，一蟹盈车。"此云"千里"，疑字之讹也。然大荒北经注亦同，又似不讹。吕氏春秋恃君览云："夷秽之乡，大解、陵鱼。""大解"即"大蟹"也，古字通用。"陵鱼"在下。

陵鱼，人面、手、足、鱼身，在海中。懿行案：楚词天问云"鲮鱼何所"，王逸注云："鲮鱼，鲤也。一云：鲮鱼，鲮鲤也，有四足，出南方。"吴都赋云"陵鲤若兽"，刘逵注云："陵鲤有四足，状如獭，鳞甲似鲤，居土穴中，性好食蚁。"引楚词云"陵鱼曷止"，王逸曰"陵鱼，陵鲤也"。所引楚词与今本异。其说陵鲤，即今穿山甲也。云"性好食蚁"，陶注本草说之极详，然非此经之陵鱼也。穿山甲又不在海中，此皆非矣。查通奉使高丽，见海沙中一妇人，肘后有红鬣，号曰人鱼，盖即陵鱼也。"陵"、"人"声相转，形状又符，是此鱼审矣。又初学记三十卷引此经云："鲮鱼背腹皆有刺，如三角菱。"北堂书钞一百三十七卷亦引此经，而云"鲮鲤吞舟"，太平御览九百三十八卷引作"鲮鱼吞舟"，疑此皆郭注误引作经文，今本并脱去之也。

〔一〕　"姑射"，原本作"射姑"，据庄子乙。
〔二〕　"射姑国"，山海经宋淳熙本、吴氏本、毕氏本均作"姑射国"。

大鳊，居海中。鳊即魴也。音"鞭"。　　懿行案：尔雅云"魴，魾"，郭注云："江东呼魴鱼为鳊。"案"鳊"同"鳊"，见说文。

明组音"祖"。**邑**，居海中。懿行案：明组邑，盖海中聚落之名，今未详。或说以尔雅云"组似组，东海有之"，恐非。

蓬莱山，在海中。上有仙人宫室，皆以金玉为之，鸟兽尽白，望之如云，在渤海中也。　　懿行案：史记封禅书云"蓬莱、方丈、瀛洲，此三神山者，其传在渤海中，诸仙人及不死之药皆在焉。其物禽兽尽白，而黄金银为宫阙。未至，望之如云"云云，是郭所本也。列子夏革说勃海之东有五山，中有蓬莱云。

大人之市，在海中。懿行案：今登州海中州岛上，春夏之交，恒见城郭市廛，人物往来，有飞仙遨游，俄顷变幻，土人谓之"海市"，疑即此。秦、汉之君所以甘心，方士所以诳惑其君，岂不以此邪？

山海经第十三

晋郭璞传　栖霞郝懿行笺疏

海内东经

海内东北陬以南者：

巨燕，在东北陬。

国在流沙中者，埻端、"埻"音"敦"。　懿行案：玉篇作"壿端，国名"。玺睕，"睕"音"唤"。或作"茧暵"。　懿行案："暵"即"暖"字也。玉篇作"玺睕国"。在昆仑虚东南。一曰海内之郡，不为郡县，在流沙中。懿行案：海内东经之篇而说流沙内外之国，下又杂厕东南诸州及诸水，疑皆古经之错简。

国在流沙外者，大夏、大夏国，城方二三百里，分为数十国，地和温，宜五谷。　懿行案：周书王会篇云"大夏兹白牛"，孔晁注云："大夏，西北戎。"伊尹四方令云："正北：大夏。"史记大宛传云："大夏在大宛西南二千余里妫水南。其俗土著有城屋，与大宛同俗。无大王长，往往城邑置小长。"裴松之注三国志引魏略云："西王母西有修流沙，修流沙西有大夏国。"竖沙、懿行案：说文云："古者宿沙初作煮海盐。"宿沙盖国名。"宿"、"竖"音相近，疑即"竖沙"也。三国志注引魏略作"坚沙国"。居繇、"繇"音"遥"。　懿行案：三国志注引魏略作"属繇国"。月支之国。月支国，多好马美果，有大尾羊，如驴尾，即羬羊也。小月支、天竺国皆附庸云。　懿行案：伊尹四方令云："正北：月氏。""氏"、"支"同。三国志注引魏略作"月氏国"。汉书西域传云:"大月氏国治监氏城。"

西胡白玉山,懿行案:三国志注引魏略云:"大秦西有海水,海水西有河水,河水西南北行有大山,西有赤水,赤水西有白玉山,白玉山西有西王母。"今案"大山"盖即昆仑也。"白玉山"、"西王母"皆国名。艺文类聚八十三卷引十洲记曰"周穆王时,西胡献玉杯,是百玉之精,明夜照夕"云云。然则白玉山盖以出美玉得名也。**在大夏东,苍梧**懿行案:此别一苍梧,非南海苍梧也。**在白玉山西南,皆在流沙西,昆仑虚东南。昆仑山在西胡西,皆在西北。**地理志:"昆仑山在临羌西,又有西王母祠也。"懿行案:地理志云"金城郡,临羌:西北至塞外,有西王母石室",又云"有弱水、昆仑山祠"。是郭所本也。然详此经所说,盖海内西经注所云"海外复有昆仑"者也。郭引地理志复以海内昆仑说之,似非。

雷泽中有雷神,龙身而人头,鼓其腹。在吴西。今城阳有尧冢、灵台,雷泽在北也。河图曰:"大迹在雷泽,华胥履之而生伏羲。"懿行案:淮南墬形训云"雷泽有神,龙身人头,鼓其腹而熙",高诱注云:"雷泽,大泽也。"地理志云:"济阴郡,成阳:有尧冢、灵台。禹贡雷泽在西北。"史记五帝纪正义引括地志云"雷夏泽在濮州雷泽县郭外西北",又引此经云"雷泽有雷神,龙首人颊,鼓其腹则雷",与今本异也。

都州,在海中。懿行案:水经淮水注引此经作"郁山"。刘昭注郡国志引此经与今本同。**一曰郁州。**今在东海朐县界。世传此山自苍梧从南徙来,上皆有南方物也。"郁"音"鬱"。懿行案:刘昭注郡国志引此注,云"在苍梧徙来,上皆有南方树木",与今本异,疑今本"从南"二字衍也。水经注亦云"言是山自苍梧徙山,云山上犹有南方草木"。

琅邪台,在渤海间,琅邪之东。今琅邪在海边,有山嶕峣特起,状如高台,此即琅邪台也。琅邪者,越王句践入霸中国之所都。懿行案:史记封禅书索隐及文选注谢朓和王著作八公山诗引此经,并与今本同。越绝书云:"句践徙琅邪,起观台,台周七里,以望东海。"今详此经,是地本有台,句践特更增筑之耳,故史记索隐云是山"形如台"也,斯言得之。**其北有**

山。一曰在海间。懿行案：琅邪台在今沂州府，其东北有山，盖劳山也。劳山在海间，一曰牢山。

韩雁，懿行案：韩雁，盖三韩古国名。韩有三种，见魏志东夷传。在海中，都州南。

始鸠，国名，或曰鸟名也。在海中，辕厉南。懿行案："辕厉"疑即"韩雁"之讹也。"韩""辕"、"雁""厉"并字形相近。

会稽山，在大楚南。

岷三江，首大江，出汶山，今江出汶山郡升迁县岷山，东南经蜀郡、犍为至江阳，东北经巴东、建平、宜都、南郡、江夏、弋阳、安丰至庐江南界，东北经淮南、下邳至广陵郡入海。懿行案："汶"即"岷"也，已见中次九经"岷山"，郭云"岷山，大江所出"。"岷"字一作"崏"，广雅云："蜀山谓之崏山。""蜀"读为"独"，字或作"渎"，史记封禅书云："渎山，蜀之汶山也。"水经注又谓之"汶阜山"。又郭注自"蜀郡"已下凡有十四名，并见晋书地理志。北江出曼山，懿行案："曼山"即"崛山"，郭云"北江所出"。南江出高山。懿行案："高山"即"崃山"，郭云"南江所出"。高山在城都西。懿行案："城"当为"成"。入海在长州南。懿行案：郡国志云："东阳故属临淮，有长洲泽。""洲"当为"州"也。又案"成都"、"长州"亦皆周以后地名，盖校书者记注之。

浙江出三天子都，按地理志"浙江出新安黟县南蛮中，东入海"，今钱塘浙江是也。黟即歙也。"浙"音"折"。懿行案：说文云："渐水出丹阳黟南蛮中，东入海。"又云："浙江水东至会稽山阴为浙江。"地理志云"丹阳郡，黝：浙江水出南蛮夷中，东入海"，颜师古注云"黝音伊，字本作黟"是也。晋书地理志亦作"黝"，属新安郡。新安即丹阳，晋改汉制，郭引地理志，据所改为名，故不称"丹阳"也。水经云"浙江水出三天子都"，注云："山海经谓之浙江也。"案初出名"渐江"，其流曲折，至会稽名"浙江"，说文之旨与水经正合。庄子谓之"制河"。"制"、"浙"、"渐"三字声转，其实一也。水出今安徽歙县西北黄山。三天子都在绩溪县，即"三天子鄣"，已见海内南经。文选注谢惠连西陵遇风献康乐诗引此注,云"今钱塘有浙江",疑今本脱"有"字也。**在其东。**懿行案:"其"字疑讹。太平御览六十五卷引作"率",亦非也。据太平寰宇记引作"蛮"。郭注"黟即歙也","黟"亦引作"蛮"。今以地理志、说文证之,当是也。**在闽西北。**懿行案:海内南经云:"三天子鄣山在闽西海北。"**入海余暨南。**余暨县属会稽,今为永兴县。懿行案:余暨,今萧山也。地理志云"会稽郡,余暨",晋书地理志云"会稽郡,永兴"。

庐江出三天子都,懿行案:地理志云:"庐江郡,庐江出陵阳东南,北入江。"水经云"庐江水出三天子都,北过彭泽县,西北入于江",注引此经。**入江彭泽西。**彭泽,今彭蠡也,在寻阳彭泽县。懿行案:地理志云"庐江郡,寻阳","豫章郡,彭泽"。郡国志云:"彭泽,彭蠡泽在西。"**一曰天子鄣。**懿行案:"三天子鄣"已见海内南经。

淮水出余山。余山在朝阳东,朝阳县今属新野。懿行案:地理志云"南阳郡,朝阳",应劭注云:"在朝水之阳。"艺文类聚八卷引此经无"东"字。晋书地理志朝阳、新野并属义阳郡。郭注"新野"疑当为"义阳",字之讹也。**义乡西,**懿行案:"义乡"今无考。郭云"义阳"者,水经注云:"阚骃言:晋太始中,割南阳东鄙之安昌、平林、平氏、义阳四县,置义阳郡于安昌城。""义阳"或即此经之"义乡"。**入海淮浦北。**今淮水出义阳平氏县桐柏山山东,北经汝南、汝阴、淮南、谯国、下邳,至广陵县入海。懿行案:说文云:"淮水出南阳平氏桐柏大复山,东南入海。"地理志云:"南阳郡,平氏:禹贡桐柏大复山在东南,淮水所出,东南至淮陵入海。"水经云:"出胎簪山,东北过桐柏山。"然则此经云"余山"者,或"桐柏"之异名也。初学记六卷引此经云:"淮水出南阳平氏县桐柏山。"盖引郭注误作经文耳。"南阳"当作"义阳",字之讹。初学记又引郭注作"义阳",与今本同。又陶弘景注本草"丹参"云:"此桐柏山是淮水原所出之山,在义阳。"亦与郭注同也。"义阳、平氏"见晋书地理志。"淮浦"者,地理志"临淮郡,淮浦:游水北入海",应劭注云:"淮涯也。"水经云"淮水至广陵淮浦县入于海",注云:"淮水于县枝分,北为游水,又东北迳纪郭故城南,东北入海。"今案水经云"广陵淮浦县",此注作"广陵县",疑脱"淮浦"二字。初学记引郭注作"淮阴县",又"淮浦县"之讹也。

湘水出舜葬东南陬,西环之。环,绕也。今湘水出零陵营道县阳湖山,入江。 懿行案:说文云:"湘水出零陵阳海山。"地理志云:"零陵郡,零陵:阳海山,湘水所出,北至酃入江。"水经云"湘水出零陵始安县阳海山",注云:"即阳朔山也。"李善注江赋引此注,亦作"阳朔山",今本作"阳湖山",讹。**入洞庭下**。洞庭,地穴也,在长沙巴陵。今吴县南太湖中有包山,下有洞庭穴道,潜行水底,云无所不通,号为地脉。 懿行案:郭氏江赋云:"爰有包山洞庭,巴陵地道,潜逵旁通,幽岫窈窕。"李善注引此注与今本同。其注羽猎赋引此注亦同。今湘水至湖南长沙县入洞庭湖。**一曰东南西泽**。懿行案:盖言一本作"东南入西泽"也,经文疑有脱误。

汉水出鲋鱼之山,书曰"嶓冢导漾,东流为汉"。按水经:"汉水出武都沮县东狼谷,经汉中、魏兴至南乡,东经襄阳,至江夏安陆县入江。别为沔水,又为沧浪之水。" 懿行案:汉水所出,已见西山经"嶓冢之山"。此经云"出鲋鱼之山","鲋鱼"或作"鲋隅",一作"鲋鰅",即海外北经"务隅之山",大荒北经又作"附鱼之山",皆即广阳山之异名也,与汉水源流绝不相蒙,疑经有讹文。北堂书钞九十二卷引"汉水"作"濮水",水在东郡濮阳,正颛顼所葬,似作"濮"者得之矣,宜据以订正。**帝颛顼葬于阳,九嫔葬于阴**,懿行案:二句已见海外北经,但此经方释诸水而又述此,疑后人见"鲋鱼"与"务隅"山名相涉,因取彼文羼入之耳。又此经"汉水"但言所出,不言归入,盖有脱文矣。**四蛇卫之**。言有四蛇卫守山下。

蒙水懿行案:地理志云:"蜀郡,青衣:禹贡蒙山溪,大渡水东南至南安入渽。"渽东入江。大渡水即蒙水,盖因山为名也。水经江水注云:"蒙水即大渡水也,发蒙溪,东南流与渽水合,又东入江。"引此经文也。"渽",说文作"浅"。**出汉阳西**,汉阳县属朱提。 懿行案:"朱提"、"汉阳"并汉县,属犍为郡。晋因蜀置汉阳,属朱提郡也。地理志云:"汉阳,山阆谷:汉水所出,东至鳖入延。"**入江聂阳西**。懿行案:水经注引此经作"灄阳"。

温水出崆峒山,在临汾南,今温水在京兆阴盘县,水常温也。临汾县属平阳。　懿行案:史记五帝纪云"西至于空桐",正义引括地志云:"空桐山在肃州禄福县〔一〕东南。"又云:"笄头山一名崆峒山,在原州平阳县西百里,禹贡泾水所出。"案地理志云:"安定郡,泾阳:开头山在西,禹贡泾水所出。"又临泾亦属安定。据此,则经文"临汾"疑当为"临泾",字之讹矣。又地理志云"安定郡,阴盘",郭云"京兆阴盘",亦讹也。刘昭注郡国志"阴盘",引此经及郭注。**入河华阳北。**　懿行案:此"华阳"未详其地。

颖水出少室,少室山在雍氏南,懿行案:史记周本纪云"楚〔二〕围雍氏",徐广注云:"雍氏城也。"即此。**入淮西鄢北。**今颖水出河南阳城县乾山,东南经颖水、汝阴,至淮南下蔡入淮。鄢,今鄢陵县,属颖川。　懿行案:说文云:"颖水出颖川阳城乾山,东入淮。"地理志云:"颖川郡,阳城:阳乾山,颖水所出,东至下蔡入淮。"水经云:"颖水出颖川阳城县西北少室山。"注引此经云云,"今颖水有三源奇发,故作者互举二山也"。案"二山"谓少室及阳乾山也。云"入淮西鄢北"者,地理志云"颖川郡,傿陵",晋书地理志同,"傿"作"鄢"。水经云:"颖水东南至慎县,东南入于淮。"**一曰缑氏。**县属河南。音"钩"。　懿行案:一言"少室山在缑氏南"也。缑氏,今偃师县地,东南与少室接。汉、晋地理志并云"河南郡,缑氏"。

汝水出天息山,懿行案:玉篇引此经作"天恩山",盖讹。**在梁勉乡西南,入淮极西北。**今汝水出南阳鲁阳县大盂山,东北至河南梁县,东南经襄城、颖川、汝南,至汝阴褒信县入淮。淮极,地名。　懿行案:说文云:"汝水出弘农卢氏还归山,东入淮。"地理志云:"汝南郡,定陵:高陵山,汝水出,东南至新蔡入淮。"水经云"汝水出河南梁县勉乡西天息山",注云:"地理志曰出高陵山,即猛山也。亦言出南阳鲁阳县之大盂山,又言出弘农卢氏县还归山,博物志曰汝出燕泉山,并异名也。"史记正义引括地志云:"源出汝州鲁山县西伏牛山,亦名猛山,至豫州郾城县名溃。"案经云"在梁勉乡西南"

〔一〕"禄福县",今本史记作"福禄县"。

〔二〕"楚",原本作"禹",据史记改。下引徐广注本作"阳翟,雍氏城也",郝氏略"阳翟"二字不妥。

山海经第十三　海内东经

229

者,梁,县名也,汉、晋地理志并云梁属河南郡,今汝州也,西南与鲁山接。经云"入淮极西北"者,水经云"汝水东至原鹿县南,入于淮",注云:"所谓汝口。侧水有汝口戍,淮、汝之交会也。"文选枚乘七发云"北望汝海",李善注引此郭注,云"汝水出鲁阳山,东北入淮海",与今本异,今本无"海"字。李善又云:"汝称海,大言之也。""汝阴郡,褒信"见晋书地理志。**一曰淮在期思北。**期思县,属弋阳。 懿行案:一云入淮在期思北也。地理志期思、弋阳并属汝南郡,晋书地理志期思属弋阳郡。

泾水出长城北山,懿行案:长城即秦所筑长城也。北山即笄头山。**山在郁郅长垣北,**皆县名也。"郅"音"桎"。 懿行案:地理志云"北地郡,郁郅",即今甘肃庆阳府治也,西南与平凉接。长垣即长城也。**北入渭。**今泾水出安定朝邢县西笄头山,东南经新平、扶风,至京兆高陵县入渭。 懿行案:说文云:"泾水出安定泾阳开头山,东南入渭。"地理志云:"安定郡,泾阳:开头山在西,禹贡泾水所出,东南至阳陵入渭。"案"开头山",土俗讹为"汧屯山",见颜师古注;一名"薄落山",见高诱淮南隆形训注。泾水入渭之地在今陕西高陵县也。又案西次二经云"泾水出高山",高山当即开头山,郭注与此注同,初学记六卷引此注亦同。晋书地理志云"京兆郡高陆","陆"盖"陵"字之讹。**戏北。**戏,地名,今新丰县也。 懿行案:汉书高帝纪云"周章西入关,至戏",颜师古注云:"戏在新丰东。今有戏水驿。其水本出蓝田北界横岭,至此而北流入渭。"然则戏亦水名也。

渭水出鸟鼠同穴山,东注河,入华阴北。鸟鼠同穴山,今在陇西首阳县,渭水出其东,经南安、天水、略阳、扶风、始平、京兆、弘农华阴县入河。 懿行案:"渭水"已见西次四经"鸟鼠同穴之山"。水经云"渭水出陇西首阳县渭谷亭南鸟鼠山",注云"县有高城岭,岭上有城,号渭源城,渭水出焉。三源合注,东北流迳首阳县西"云云。史记正义引括地志云:"渭有三源,并出鸟鼠山,东流入河。"案地理志云:"东至船司空入河。"船司空,县名,与华阴并属京兆尹。晋书地理志华阴属弘农郡。

白水出蜀,而东南注江,色微白浊,今在梓潼白水县,源从临洮之西西倾山来,经沓中东流通阴平,至汉寿县入潜。　懿行案:地理志云:"广汉郡,甸氐道:白水出徼外,东至葭明〔一〕入汉。"水经河水注云:"洮水与垫江水俱出强台山,山南即垫江源,山东则洮水源。"引此经云"白水出蜀",又引郭注云:"从临洮之西倾山,东南流入汉,而至垫江,故叚国以为垫江水也。强台,西倾之异名也。"今案郦氏说垫江即白水,所引郭注与今本异,未知其审。又水经漾水注云"白水出于临洮县西南西倾山,水色白浊,东南流,与黑水合"云云,"又东南于吐费城南,即西晋寿之东北也,东南流,注西汉水。西晋寿,即蜀王弟葭萌所封,刘备改曰汉寿,太康中又曰晋寿"云云,与郭注及地理志俱合,是白水流入西汉水。郭云"入潜",潜即汉也,尔雅云"水自汉出为潜"是矣。此经云"白水注江",所未详,或江即垫江也。白水在今四川昭化县界入于汉,昭化即葭萌地也。**入江州城下。**江州县属巴郡。　懿行案:此言白水入江之地也。经文"城下"二字盖误衍。今四川巴州即古江州,西北与昭化接境。地理志云"巴郡,江州、垫江二县",盖白水入汉,而至江州又为垫江水,正与水经注引郭注"至垫江"之文合。

沅水山懿行案:"山"字衍。文选注江赋引此经无"山"字。**出象郡镡城西,**象郡,今日南也。镡城县今属武陵。音"寻"。　懿行案:地理志云"日南郡,故秦象郡",又云"武陵郡,镡城"。晋书地理志同。此经言"象郡镡城",则知秦时镡城属象郡矣。**入东注江,**懿行案:"入"字疑衍,或"又"字之讹。说文云:"沅水出牂牁故且兰,东北入江。"地理志:"沅水东至益阳入江。"水经注云:"沅水下注洞庭湖,方会于江。"**入下隽西,**下隽县今属长沙。音昨兖反。　懿行案:地理志云"长沙国,下隽"。**合洞庭中。**水经曰:"沅水出牂牁且兰县,又东北至镡城县为沅水,又东过临沅县南,又东至长沙下隽县。"　懿行案:今本水经云:"沅水出牂牁故且兰县,为旁沟水,又东至镡成县,为沅水。东过无阳县。又东北过临沅县南,又东至长沙下隽县西北,入于江。"与郭所引微异。郭注水经今亡,郦注水经,郭亦未见也。

赣水懿行案:地理志云"豫章郡,赣:豫章水出西南,北入江",郡国志

〔一〕"明",原本作"萌",据汉书改。

亦云"赣有豫章水",是赣水一名豫章水,郡、县俱因水得名矣。**出聂都东山**,今赣水出南康南野县西北。音"感"。　　懿行案:水经云"赣水出豫章南野县西北,过赣县东",注引此经云"赣水出聂都山",无"东"字。又案晋书地理志南野属庐陵郡,不属南康,晋地记云"太康中,以赣、南野等县割为南康郡"也。**东北注江**,懿行案:水经云"北过彭泽县,西北入于江",注引此经与今本同。今水入鄱阳湖,出湖口县入大江,俗云章江也。**入彭泽西**。懿行案:地理志云:"豫章郡,彭泽:禹贡彭蠡泽在西。"案今江西新建县东鄱阳湖即彭蠡泽也。

　　泗水出鲁东北懿行案:地理志云:"济阴郡,乘氏:泗水东南至睢陵入淮。"是盖别一泗水,非此经所说也。地理志又云:"鲁国,卞:泗水西南至方舆入沛。"水经云"泗水出鲁卞县北山",注引此经,又云:"余寻其源流,水出卞县故城东南,桃墟西北。博物志曰'泗出陪尾',盖斯阜者矣。"是郦氏以水出卞县东南,不从此经及水经并地志之文也。史记正义引括地志云:"泗水源在兖州泗水县东陪尾山,其源有四道,因以为名。"**而南,西南过湖陵西**,懿行案:地理志云:"山阳郡,湖陵:禹贡'浮于泗、淮,通于菏[一]',水在南。莽曰湖陆。"水经云"泗水南过方与县东,菏水从西来注之,又屈东南过湖陆县南",注云:"菏水即沛水之所苞注以成湖泽也,而东与泗水合于湖陵县西六十里谷庭城下,俗谓之黄水口。"**而东南注东海**,懿行案:说文云:"泗受沛水,东入淮。"水经云:"泗水东南过下邳县西,又东南入于淮。"是水经、说文并云"入淮"。此经则云"注海"者,言泗合淮而入于海也。**入淮阴北**。今泗水出鲁国下县,西南至高平湖陆县,东南经沛国、彭城、下邳,至临淮下相县入淮。　　懿行案:晋书地理志云"临淮郡,下相"。

　　郁水出象郡,懿行案:即豚水也。地理志云:"牂牁郡,夜郎:豚水东至广郁。"又云:"镡封:温水东至广郁,入郁。"又云:"郁林郡,广郁:郁水首受

〔一〕"通于菏",地理志原文作"通于河"。禹贡原文作"达于河",说文引禹贡作"达于菏"。

夜郎豚水，东至四会入海。"水经云"温水出牂柯夜郎县，又东至郁林广郁县为郁水，又东至领方县，东与斤员水合，东北入于郁"，注云："郁水即夜郎豚水也。"**而西南注南海，**懿行案：即地理志云"至四会入海"也。水经注云："郁水又南，自寿泠县注于海。"引此经云也。**入须陵东南。**懿行案：海内南经云："郁水出湘陵南海，一曰相虑。"此经又云"须陵"，疑"须陵"即"湘陵"，声转为"相虑"。水经注又云"寿泠"，疑亦声转也。

　　肄音如"肄习"之"肄"。　懿行案：今经文正作"肄习"之"肄"，如此便不须用音，知郭本不作"肄"也。水经注引作"肄"，当是。**水出临晋**懿行案："晋"当为"武"字之讹，见水经注所引。**西南，**懿行案：即溱水也。说文云："溱水出桂阳临武，入汇。"地理志："桂阳郡，临武：秦水东南至桢阳入汇。"水经云："溱水出桂阳临武县南，绕城西北，屈东流。"注引此经云云，"肄水盖溱水之别名也"。案水经注"肄"本作"肆"，"肆"、"肄"字形相乱，故郭音"肄习"以别之耳。**而东南注海，**懿行案：水经云"溱水过浈阳县，出洭浦关，与桂水合，南入于海"，注云："西南迳中宿县南，又南注于郁，而入于海。"**入番禺西。**番禺县属南海，越之城下也。　懿行案：地理志云"南海郡，番禺"。今南海、番禺并为县，属广州府也。

　　湟懿行案：水经注引此经作"湟"，疑"湟"、"潢"古字通。**水出桂阳西北山，**懿行案：即洭水也。亦曰桂水。方言云"南楚瀑洭之间"，郭注云："洭水在桂阳。"即此也。说文："洭水出桂阳县卢聚山洭浦关，为桂水。"与水经合。水经云"洭水出桂阳县卢聚，东南过含洭县。南出洭浦关，为桂水"，注云："洭水出关，左合溱水，谓之洭口。山海经谓之'湟水'。徐广曰：'湟水，一名洭水，出桂阳，通四会，亦曰灈水也。'桂水其别名也。""地理志曰：'洭水出桂阳，南至四会是也。'"案地理志"洭"作"汇"，云："桂阳，汇水南至四会，入郁林。"应劭以为桂水所出。又"含洭"，应劭以为"洭水所出"，似分为二水，非也。"汇"当从水经注作"洭"。**东南注肄水，**懿行案：水经云："溱水过桢阳县，出洭浦关，与桂水合。"**入敦浦西。**懿行案："敦浦"未详。水经溱水注引此经作"郭浦"。

洛水出洛西山，懿行案：洛水所出，中次四经谓之"谨举山"，地理志谓之"冢领山"，此经又谓之"洛西山"。水经注引此经云"出上洛西山"，疑今本脱"上"字。**东北注河**，懿行案：地理志云："弘农郡，上雒：禹贡雒水出冢领山，东北至巩，入河。"水经云"洛水东北过巩县东，又北入于河"，注云："谓之洛汭，即什谷也。"刘昭注郡国志"京兆尹，上雒：冢领山，雒水出"，引此经云："雒出王城南，至相谷西，东北流。"案刘昭所引与今经文既异，又非郭注，未审出何书也。**入成皋之西**。书云"道洛自熊耳"。按水经："洛水今出上洛冢岭山，东北经弘农，至河南巩县入河。"成皋县亦属河南也。懿行案：水经注引此经云"洛水，成皋西入河"，盖以意引经也。郭引水经亦与今水经异。地理志云"河南郡，成皋"也。

汾水出上窳北，音"愈"。懿行案："上窳"无考，"汾水"已见北次二经"管涔之山"。**而西南注河**，今汾水出太原晋阳故汾阳县，东南经晋阳，西南经西河〔一〕、平阳，至河东汾阴入河。懿行案：水经云："汾水出太原汾阳县北管涔山。"说文云："汾水出太原晋阳山，西南入海。"或曰出汾阳北山，地理志云："太原郡，汾阳：北山，汾水所出，西南至汾阴入河。"案水经亦云"至汾阴入河"，说文作"入海"，盖字形之讹。**入皮氏南**。皮氏县属平阳。懿行案：水经云："汾水西过皮氏县南，又西至汾阴县北，西注于河。"皮氏，汉志属河东郡，晋志属平阳郡。

沁水出井陉山东，懿行案："沁水"已见北次三经"谒戾之山"。说文云："沁水出上党羊头山。"地理志云："谷远羊头山世靡谷，沁水所出。"水经云"出上党涅县谒戾山"，注云："三源奇注，径泻一壑。"然则水经、说文、地理志各据所见为说也。此经又云"出井陉山东"，地理志云"常山郡，井陉"，应劭云："井陉山在南。"**东南注河**，懿行案：说文云："东南入河。"地理志云："东南至荥阳入河。"水经云："东南至荥阳县北，东入于河。"**入怀东南**。

〔一〕"西河"，笺疏诸本俱作"河西"，宋淳熙本、吴氏本、毕氏本山海经俱作"西河"，据改。

怀县属河内，河内北有井陉山。　　懿行案：怀属河内郡，见地理志。水经云"沁水东过怀县之北，又东过武德县南，又东南至荥阳入河"，与此经合。

　　济水出共山南东丘，"共"与"恭"同。　　懿行案："济"当为"沛"，古字通用。说文云："沛，沇也，东入于海。"水经云"济水出河东垣县东王屋山，为沇水。又东至温县西北，为济水"，注云："潜行地下，至共山南复出于东丘。今原城东北有东丘城。孔安国曰：'泉源为沇，流去为济。'"案"济水"已见北次二经"王屋之山"。**绝巨鹿泽**，绝，犹截度也。巨鹿今在高平。　　懿行案：水经注及初学记六卷并引此经云"绝巨野"，今本作"鹿"，字之讹也。地理志云："山阳郡，巨壄：大壄泽在北。"尔雅十薮云"鲁有大野"，郭注云："今高平巨野县东北大泽是也。"水经云："济水东至乘氏县西，分为二。其一水东南流，其一水从县东北流，入巨野泽。"**注渤海**，懿行案：初学记引此经作"注入于海"。水经注引此经与今本同，惟"渤"作"勃"字耳。水经云"东北过甲下邑，入于河"，注云："济水东北至甲下邑南，东历琅槐县故城北，又东北，河水枝津注之。水经以为入河，非也。斯乃河水注济，非济入河。又东北入海。"**入齐琅槐东北。**今济水自荥阳卷县，东经陈留至潜阴北，东北至高平，东北经济南，至乐安博昌县入海，今碣石。诸水所出，又与水经违错，以为凡山川或有同名而异实，或同实而异名，或一实而数名，似是而非，似非而是。且历代久远，古今变易，语有楚夏，名号不同，未得详也。　　懿行案：地理志云"千乘郡，琅槐"。水经注引地理风俗记曰"博昌东北八十里有琅槐乡，故县也"，引此经云云。又引郭注云："济自荥阳至乐安博昌入海，今河竭。"案郦氏以济水仍流不绝，故议郭说为非。然则此注"今碣石也"，当从水经注作"今河竭也"，盖传写之讹耳。水经注又云："济水当王莽之世，川渎枯竭。其后水流径通，津渠势改，寻梁脉水，不与昔同。"是则济水枯竭后仍流不绝之证也。又案郭云"诸水所出，又与水经违错"，郭氏注水经二卷，今不存，见隋书经籍志。

　　潦水懿行案：水经、地理志并作"辽水"。**出卫皋**懿行案："皋"，水经作"白平"二字，刘昭注郡国志引此经亦云"辽水出白平东"，并讹。**东，**出塞外卫皋山。玄菟高句骊县有潦山，小潦水所出，西河注大潦。音"辽"。　　懿行案:地理志云:"玄菟郡,高句骊:辽山,辽水所出,西南至辽队,入大辽水。"案郭注本此,其"西河"当为"西南",字之讹也。地理志又云:"辽东郡,望平:大辽水出塞外,南至安市入海。"水经云"大辽水出塞外卫皋山,东南入塞,过辽东襄平县西",注云:"辽水亦言出砥石山。"案淮南墬形训云"辽出砥石"是也。**东南注渤海,**懿行案:水经云:"辽水又东南过房县西,又东过安市县,西南入于海。"案大辽水注海,其小辽水但注大辽水。**入潦阳。**潦阳县属潦东。 懿行案:地理志云"辽东郡,辽阳"。

虖沱水出晋阳城南,而西懿行案:虖沱所出已见北次三经"泰戏之山"。地理志云"太原郡,晋阳"。**至阳曲北,**懿行案:地理志云"太原郡,阳曲"。**而东注渤海,**经河间乐城,东北注渤海也。晋阳、阳曲县皆属太原。 懿行案:地理志云:"河间国,乐成:虖池别水首受虖池河,东至东光入虖池河。"又云:"弓高:虖池别河首受虖池河,至东平舒入海。"又云:"勃海郡,成平:虖池河,民曰徒骇。"案此更虖池入勃海之证。**入越章武北。**章武,郡名。 懿行案:地理志云:章武,勃海县也。晋书地理志云"章武国,章武县"。今详此注,当谓汉县,郭云"章武郡",疑"郡"当为"县",字之讹也。经文"越"字疑衍。下文"漳水"亦有此句,经无"越"字可证。

漳水出山阳东,懿行案:浊漳水出发鸠山,清漳水出少山,已见北次三经。是二漳并出今山西乐平、长子两县地。此经又云"出山阳东"者,地理志有"山阳郡",非此也。晋书地理志云"河内郡,山阳"。史记秦本纪正义引括地志:"山阳故城在怀州修武县西北,太行山南。"案修武,今河南修武县,与山西泽州接界,漳水在其东北也。**东注渤海,**懿行案:地理志云:"信都国,信都:故章河、故虖池皆在北,东入海。"又云:"清漳水东北至阜城,入大河。"又云:"魏郡,邺:故大河在东北入海。"水经云:"浊漳东北过阜城县北,又东北至昌亭[一],与虖沱河会,又东北过成平县南,又东北过章武县西,又东北过平舒县南,东入海。"**入章武南。**新城汧阴县亦有漳水。 懿行案:"汧

〔一〕"昌",原本作"易",据水经改。

阴"当为"沵乡",字之讹也。新城郡沵乡,见晋书地理志。南方别有漳水,入
沮,见中次八经"荆山"也。

建平元年四月丙戌,待诏太常属臣望校治,侍中
光禄勋臣龚、侍中奉车都尉光禄大夫臣秀领主省。

懿行案:右海外、海内经八篇,大凡四千二百二十八字。

山海经第十四

晋郭璞传　栖霞郝懿行笺疏

大荒东经

　　郭注本目录云："此海内经及大荒经本皆进在外。"　懿行案：据郭此言，是自此已下五篇皆后人所述也，但不知所自始，郭氏作注亦不言及，盖在晋以前，郭氏已不能详矣。今考本经篇第，皆以南西北东为叙，兹篇已后，则以东南西北为次。盖作者分别部居，令不杂厕，所以自别于古经也。又海外、海内经篇末皆有"建平元年四月丙戌"已下三十九字，为校书款识，此下亦并无之。又此下诸篇大抵本之海外、内诸经而加以诠释，文多凌杂，漫无统纪，盖本诸家纪录，非一手所成故也。

　　东海之外大壑，诗含神雾曰"东注无底之谷"，谓此壑也。离骚曰："降望大壑。"　懿行案：列子汤问篇云："夏革曰：勃海之东，不知几亿万里，有大壑焉，实惟无底之谷，其下无底，名曰归虚。"庄子天地篇云："谆芒将东之大壑，适遇苑风于东海之滨。"释文云："李云：大壑，东海也。"案经文"大壑"上当脱"有"字，艺文类聚九卷引此经有"有"字可证。郭引离骚见远游篇。**少昊之国。**少昊金天氏，帝挚之号也。　懿行案：白帝少皞，其神居长留山，已见西次三经。**少昊孺帝颛顼于此，**"孺"义未详。　懿行案：说文云："孺，乳子也。"庄子天运篇云"乌鹊孺"，盖育养之义也。**弃其琴瑟。**言其壑中有琴瑟也。　懿行案：此言少皞孺养帝颛顼于此，以琴瑟为戏弄之具而留遗于此也。初学记九卷引帝王世纪云"颛顼生十年而佐少皞"，鬻子书云"颛顼生十五而佐少皞"，义皆与此合。路史诸书或以孺帝为颛顼长子之名，斯不然矣。郭注以少皞为金天氏帝挚之号，征之往籍，亦多龃龉。大戴礼帝系篇云：黄帝产青阳及昌意，皆不立，而"昌意产高阳，是为帝颛顼"。史记五帝纪同。竹书载"昌意降居若水，产帝乾荒"，"乾荒"即"高阳"，声相近，与帝系合。周书尝麦篇云："乃命少皞清司马鸟师，以正五帝之官，故名曰质。""质"、"挚"亦声相近，张衡集引此书以为"清"即"青阳"也。案青阳即玄嚣，玄嚣不得在帝位，见史记，是其不立之证。高诱注淮南子及史记索隐引宋衷、皇甫谧，并以青阳即少皞，与周书合。然则少皞盖以帝子而为诸侯，封于下国，即此经云"少皞之国"也。由斯以谈，少皞即颛顼之世父，颛顼是其犹子，世父就国，犹子随侍，眷彼童幼，娱以琴瑟，蒙养攸基，此事理之平，无足异者。诸家之说，多有岐出，故详述于篇，以俟考焉。

有甘山者，甘水出焉，懿行案：甘水穷于成山，见大荒南经。生甘渊。水积则成渊也。　懿行案：即羲和浴日之处，见大荒南经。

大荒东南隅有山，名皮母地丘。懿行案：淮南墬形训云"东南方曰波母之山"，盖"波母"之"波"字脱水旁，因为"皮"尔。臧庸曰："波母即皮母，同声字也。"

东海之外，大荒之中有山，名曰大言，懿行案：初学记五卷引此经作"大谷"。日月所出。有波谷山者，有大人之国。晋永嘉二年，有鹜鸟集于始安县南廿里之鹜陂中，民周虎张得之，木矢贯之铁镞，其长六尺有半，以箭计之，其射者人身应长一丈五六尺也。又平州别驾高会语云："倭国人尝行，遭风吹度大海外，见一国人皆长丈余，形状似胡，盖是长翟别种，箭殆将从此国来也。"外传曰："焦侥人长三尺，短之至也。长者不过十丈，数之极也。"按河图玉版云："从昆仑以北九万里，得龙伯国，人长三十丈，生万八千岁而死。从昆仑以东得大秦，人长十丈，皆衣帛。从此以东十万里，得佻人国，长三十丈五尺。从此以东十万里，得中秦国，人长一丈。"穀梁传曰："长翟身横九亩，载其头，眉见于轼。"即长数丈人也。秦时大人见临洮，身长五丈，脚迹六尺。准斯以言，则此大人之长短未可得限度也。　懿行案：海外东经"大人国"谓此也。楚词招魂云"长人千仞"，王逸注云"东方有长人之国，其高千仞"，盖本此经为说。郭引外传者，鲁语文，"十丈"当为"十之"之讹，史记孔子世家集解引王肃曰："'十之'谓三丈也，数极于此也。"列子汤革云：

239

"龙伯之国有大人,举足不盈数步而暨五山之所,一钓而连六鳌。"即郭引河图玉版之说也。博物志引河图玉版与郭同,唯"佻人国"作"临洮人","长三十丈"作"长三丈"。疑此注"佻"字讹、"十"字衍也。初学记十九卷引河图龙鱼亦作"长三丈",无"十"字。其"佻人国"作"佻国人"也。又汉书王莽传云:"凤夜连率韩博上言:有奇士,长丈,大十围,自谓巨毋霸,出于蓬莱东南,五城西北昭如海濒,轺车不能载,三马不能胜,卧则枕鼓,以铁箸食。"然则此人将从大人之国来邪?

有大人之市,名曰大人之堂。亦山名,形状如堂室耳,大人时集会其上作市肆也。 懿行案:海内北经云"大人之市在海中",今登州海市常有状如堂隍者,望之却在云雾中,即此也。盖去岸极远,故不见其大耳。郭云"亦山名,形状如堂室"者,尔雅云"山如堂者密",郭注云:"形如堂室者。"

有一大人踆其上,张其两耳。"踆"或作"俊",皆古"蹲"字。庄子曰"踆于会稽"也。 懿行案:郭云"踆或作俊,皆古蹲字",疑"俊"当为"夋",字之讹也。说文云:"夋,倨也。""蹲"、"踞"其义同,故曰"皆古蹲字"也。太平御览三百七十七卷及三百九十四卷并引此经,"耳"作"臂"。

有小人国,懿行案:海外南经"周饶国"非此。名靖人。诗含神雾曰"东北极有人长九寸",殆谓此小人也。或作"竫",音同。 懿行案:说文云:"靖,细皃。"盖细小之义,故小人名"靖人"也。淮南子作"竫人",列子作"诤人",并古字通用。列子汤问篇云:"东北极有人,名曰诤人,长九寸。"与郭引诗含神雾同。初学记十九卷引郭氏赞云:"僬侥极么,竫人又小。四体取足,眉目才了。"

有神,人面兽身,名曰犁䰠之尸。音"灵"。 懿行案:玉篇云:"䰄,同䰠,又作灵,神也,或作䰠。"广韵引此经作"䰠",云"或作䰄",与玉篇同。"䰄"见说文。

有滍山,杨水出焉。音如"谲诈"之"谲"。

有芳国,黍食,言此国中惟有黍谷也。"芳"音口伪反。 懿行案:芳国盖即濊貊也。后汉书乌桓传云:"其土地宜稷及东墙。"今稷似黍而大,即黍之别种也。众经音义引仓颉篇云:"稷,大黍也。"东方地宜稷黍,故兹篇所记并云黍食矣。**使四鸟：虎、豹、熊、罴。**懿行案：经言皆兽而云"使四鸟"者，鸟兽通名耳。"使"者，谓能驯扰役使之也。秋官司寇职云："闽隶掌役畜养鸟而阜蕃教扰之。夷隶掌役牧人养牛马，与鸟言。貉隶掌役服不氏，养兽而教扰之，掌与兽言。"此三隶者皆当在东荒界内，秋官记其养鸟兽，荒经书其"使四鸟"，厥义彰矣。春秋传称介葛卢闻牛鸣而知生三牺，亦是东夷能通鸟兽之音者也。

大荒之中有山，名曰合虚，懿行案：北堂书钞一百四十九卷引此经"合"作"含"。**日月所出。**

有中容之国。帝俊生中容，"俊"亦"舜"字，假借音也。 懿行案：初学记九卷引帝王世纪云："帝喾生而神异，自言其名曰夋。"疑"夋"即"俊"也，古字通用。郭云"俊亦舜字"，未审何据。南荒经云"帝俊妻娥皇"，郭盖本此为说。然西荒经又云"帝俊生后稷"，大戴礼帝系篇以后稷为帝喾所产，是帝俊即帝喾矣。但经内"帝俊"迭见，似非专指一人。此云"帝俊生中容"，据左传文十八年云"高阳氏才子八人"内有中容，然则此经帝俊又当为颛顼矣。经文踳驳，当在阙疑。**中容人食兽、木实，**此国中有赤木、玄木，其华实美，见吕氏春秋。 懿行案：吕氏春秋本味篇云"指姑之东，中容之国，有赤木、玄木之叶焉"，高诱注云："赤木、玄木，其叶皆可食，食之而仙。"即郭注所引也。"其华"当为"其叶"，字之讹。**使四鸟：豹、虎、熊、罴。**

有东口之山。有君子之国，其人衣冠带剑。亦使虎豹，好谦让也。 懿行案：其人又食兽也，见海外东经。

有司幽懿行案："司幽"一作"思幽"。**之国。帝俊生晏龙，**懿行案："晏龙是为琴瑟"，见海内经。**晏龙生司幽，司幽生思士，不妻，思女，不夫。**言其人直思感而气通，无配合而生子。此庄子所谓"白鹄相视，眸子不运而感风化"之类也。 懿行案：列子天瑞篇云"思士不妻而感，思女不夫而孕"，本此也。又云"河泽之鸟视而生，曰鹢"。庄子天运篇云"白鹢之相视，眸子不运而风化"，释文引："三苍云：'鹢，鸧鹢也。'司马彪云：'相待风气而化生也。'又云：'相视而成阴阳。'"此注"鹄"疑"鹢"字之讹，

“感”字衍也。**食黍食兽,是使四鸟。**_{懿行案}:“四鸟”亦当为虎、豹、熊、罴。此篇言使四鸟多矣,其义并同。

有大阿之山者。

大荒中有山,名曰明星,日月所出。

有白民之国。帝俊生帝鸿,_{懿行案}:帝鸿,黄帝也,见贾逵左传注。然则此帝俊又为少典矣,见大戴礼帝系篇。路史后纪[一]引此经云“帝律生帝鸿”,律,黄帝之字也,或罗氏所见本与今异。**帝鸿生白民。白民销姓,黍食,使四鸟:虎、豹、熊、罴。**又有乘黄兽,乘之以致寿考也。 _{懿行案}:白民乘黄,“乘之寿二千岁”,已见海外西经。

有青丘之国,有狐九尾。太平则出而为瑞也。 _{懿行案}:青丘国九尾狐,已见海外东经。郭氏此注云“太平则出为瑞”者,白虎通云“德至鸟兽则九尾狐见”,王褒四子讲德论云“昔文王应九尾狐而东国归周”,李善注引春秋元命苞曰“天命文王以九尾狐”。初学记二十九卷引郭氏图赞云:“青丘奇兽,九尾之狐。有道翔见,出则衔书。作瑞周文,以标灵符。”艺文类聚九十五卷引“翔”作“祥”。

有柔仆民,是维嬴土之国。嬴,犹沃衍也。音“盈”。

有黑齿之国。齿如漆也。 _{懿行案}:黑齿国已见海外东经。**帝俊生黑齿,**圣人神化无方,故其后世所降育,多有殊类异状之人。诸言“生”者,多谓其苗裔,未必是亲所产。**姜姓,黍食,使四鸟。**

有夏州之国。有盖余之国。

有神人,八首人面,虎身十尾,名曰天吴。水伯。 _{懿行案}:“天吴”已见海外东经。

大荒之中有山,名曰鞠陵于天、音“菊”。**东极、**_{懿行案}:淮南墬形训云“东方曰东极之山”,谓此。**离瞀,**三山名也。音“谷瞀”。 _懿

〔一〕“纪”,原本误作“记”。

行案:初学记一卷引此经与今本同,注"谷眷"二字当有讹文。**日月所出,名曰折丹。**神人。 懿行案:"名曰折丹"上疑脱"有神"二字,大荒南经"有神名曰因因乎"可证。北堂书钞一百五十一卷引此经作"有人曰折丹",太平御览九卷引亦同。**东方曰折,**单呼之。 懿行案:"吁"当为"呼"字之讹。**来风曰俊,**未详来风所在也。 懿行案:吴氏引夏小正云正月"时有俊风"为说,恐非也。**处东极以出入风。**言此人能节宣风气,时其出入。 懿行案:大荒南经亦有神"处南极以出入风"也。盖巽位东南,主风,故二神司之,时其节宣焉。东次三经云无皋之山"多风",初学记引荆州记云"风井,夏则风出,冬则风入",亦其义也。

东海之渚中渚,岛。**有神,人面鸟身,珥两黄蛇,**以蛇贯耳。**践两黄蛇,名曰禺䝞。黄帝生禺䝞,禺䝞生禺京。**即禺强也。 懿行案:禺强,北方神,已见海外北经。庄子释文引此经云"北海之神,名曰禺强,灵龟为之使",今经无此语。其云"灵龟为之使"者,盖据列子云"夏革曰:五山之根无所连着,常随潮波上下往还,帝命禺强使巨鳌十五举首而戴之,五山始峙"云云,所谓"灵龟",岂是与?**禺京处北海,禺䝞处东海,是惟海神。**言分治一海而为神也。"䝞",一本作"号"。 懿行案:"䝞",疑即"号(號)"字异文。海内经云"帝俊生禺号"是也。然则此帝俊又为黄帝矣。

有招摇山,融水出焉。有国曰玄股,自髀以下如漆。 懿行案:"玄股国"已见海外东经。**黍食,使四鸟。**懿行案:高诱注淮南墬形训引此经作"两鸟夹之",与今本异。

有困民国,勾姓而食。懿行案:"勾姓"下、"而食"上当有阙脱。**有人曰王亥,两手操鸟,方食其头。王亥托于有易、河伯、仆牛,**河伯、仆牛,皆人姓名。托,寄也。见汲郡竹书。**有易杀王亥,取仆牛。**竹书曰:"殷王子亥宾于有易而淫焉,有易之君绵臣杀而放之,是故殷主甲微假师于河伯,以伐有易,灭之,遂杀其君绵臣也。" 懿行案:竹书作"殷侯子亥",郭引作"殷王",疑误也。事在夏帝泄十二年及十六年。**河念**

有易，有易潜出，为国于兽，方食之，名曰摇民。言有易本与河伯友善，上甲微，殷之贤王，假师以义伐罪，故河伯不得不助灭之，既而哀念有易，使得潜化而出，化为摇民国。帝舜生戏，戏生摇民。懿行案：今广西猺民疑其类，见桂海虞衡志。

海内有两人，此乃有易所化者也。　懿行案："两人"，盖一为摇民，一为女丑。名曰女丑。即女丑之尸，言其变化无常也。然则一以涉化津而遁神域者，亦无往而不之，触感而寄迹矣。范蠡之伦，亦闻其风者也。　懿行案："女丑之尸"见海外西经。女丑有大蟹。广千里也。　懿行案：海内北经云"大蟹在海中"，注与此注同。

大荒之中有山，名曰孽摇頵羝，懿行案：吕氏春秋谕大篇云"地大则有常祥、不庭、歧母、群抵、天翟、不周"，高诱注以不周为山名，其余皆兽名，非也。寻览文义，盖皆山名耳。其"群抵"当即此经之"頵羝"，形声相近，古字或通。上有扶木，懿行案："扶木"当为"榑木"。柱三百里，其叶如芥。柱犹起，高也。叶似芥菜。有谷曰温源谷。温源即汤谷也。　懿行案："汤谷"已见海外东经。汤谷上有扶木。扶桑在上。懿行案：说文云"日初出东方汤谷所登榑桑，叒木也"，即此。"叒"通作"若"。李善注海赋及注孙楚为石仲容与孙皓书引此经，并作"旸谷上有扶木"，其注叹逝赋引此经，又作"汤谷上于扶桑"，郭注云"上于扶桑，在上也"。又注枚乘七发引此经，云"汤谷上有扶木，扶木者，扶桑也"，盖亦并引郭注之文。一日方至，一日方出，言交会相代也。皆载于乌。中有三足乌。　懿行案：初学记一卷引此经云"皆戴乌"，"戴"、"载"古字通也；三十卷引春秋元命包云"日中有三足乌者，阳精，其僂呼也"，注云："僂呼，温润生长之言。"楚词天问云："羿焉彂日？乌焉解羽？"淮南精神训云"日中有踆乌"，高诱注云："踆犹蹲也，谓三足乌。踆音逡。"

有神，人面、犬耳、兽身，珥两青蛇，名曰奢比尸。懿行案："奢比之尸"见海外东经。

有五采之鸟，相乡弃沙，未闻沙义。　懿行案："沙"疑与"娑"同，鸟羽娑娑然也。惟帝俊下友。亦未闻也。帝下两坛，采鸟是司。言山下有舜二坛，五采鸟主之。

大荒之中有山，名曰猗天苏门，日月所生。有埙民之国。音如"喧哗"之"喧"。有蒏山。音"忌"。又有摇山。有醹山。音如"釜甑"之"甑"。又有门户山。又有盛山。又有待山。有五采之鸟。

东荒之中有山，名曰壑明俊疾，日月所出。有中容之国。懿行案："中容之国"已见上文。诸文重复杂沓，踳驳不伦，盖作者非一人、书成非一家故也。

东北海外，又有三青马、三骓、马苍白杂毛为骓。　懿行案："苍白杂毛，骓"，见尔雅。"三骓"详大荒南经。甘华。爰有遗玉、三青鸟、懿行案："三青鸟"详大荒西经。三骓、视肉、聚肉有眼。甘华、甘柤。百谷所在。言自生也。　懿行案：海外北经云"平丘，甘柤、甘华、百果所在"，海外东经云"嗟丘，甘柤、甘华、甘果所生"，皆有遗玉、青马、视肉之类。此经似释彼文也。

有女和月母之国。懿行案：女和月母即羲和、常仪之属也。谓之"女"与"母"者，史记赵世家索隐引谯周云："余尝闻之，代俗以东西阴阳所出入，宗其神，谓之王父母。"据谯周斯语，此经"女和月母"之名盖以此也。有人名曰鹓。音"婉"。北方曰鹓，来之风曰狻，言亦有两名也。音"剡"。是处东极隅以止日月，懿行案：此人处东极以止日月者，日月皆出东方故也。史记封禅书云"八神"，六曰"月主"，祠之莱山，七曰"日主"，祠成山，亦皆在东极隅也。使无相间出没，司其短长。言鹓主察日月出入，不令得相间错，知景之短长。

大荒东北隅中有山，名曰凶犁土丘。懿行案：史记五帝纪索隐引皇甫谧云"黄帝使应龙杀蚩尤于凶黎之谷",即此。"黎"、"犁"古字通。**应龙处南极**,应龙,龙有翼者也。　懿行案:"有翼曰应龙",见广雅。**杀蚩尤与夸父**,蚩尤,作兵者。　懿行案:"蚩尤作兵"见大荒北经。**不得复上**。应龙遂住地下。　懿行案:初学记三十卷引此经云"应龙遂在地",盖引郭注之文也。今文"住"字当作"在","下"字盖衍。**故下数旱**,上无复作雨者故也。**旱而为应龙之状,乃得大雨**。今之土龙本此。气应自然冥感,非人所能为也。　懿行案:刘昭注礼仪志引此经及郭注,并与今本同。"土龙致雨"见淮南说山训及坠形训。又楚词天问云"应龙何画?河海何历",王逸注云:"或曰禹治洪水时,有神龙以尾画导水径所当决者,因而治之。"案后世以应龙致雨,义盖本此也。

　　东海中有流波山,入海七千里。其上有兽,状如牛,苍身而无角,一足,出入水则必风雨,其光如日月,其声如雷,其名曰夔。黄帝得之,以其皮为鼓,懿行案:说文云:"夔,神魖也,如龙一足,从夂,象有角手、人面之形。"薛综注东京赋云:"夔,木石之怪,如龙,有角鳞甲,光如日月,见则其邑大旱。"韦昭注国语云:"夔一足,越人谓之山𤢖[一]。"案此三说,夔形状俱与此经异也。庄子秋水篇释文引李云"黄帝在位,诸侯于东海流山得奇兽,其状如牛,苍色无角,一足能走,出入水则风雨,目光如日月,其音如雷,名曰夔。黄帝杀之,取皮以冒鼓,声闻五百里",盖本此经为说也。其文与今本小有异同,"流波山"作"流山","其光如日月"作"目光如日月",似较今本为长也。又"以其皮为鼓"作"以其皮冒鼓",刘逵注吴都赋引此经亦作"冒"字是也。初学记九卷引帝王世纪作"流波山",与今本同,而下文小异。**橛以雷兽之骨**,雷兽即雷神也,人面龙身,鼓其腹者。橛,犹击也。　懿行案:"雷神"已见海内东经。**声闻五百里,以威天下**。懿行案:庄子释文本此经及刘逵注吴都赋引此经,并无"橛以雷兽之骨"及"以威天下"四字,北堂书钞一百八卷引有四字。

〔一〕"𤢖",原本误作"缫",据国语注改。

山海经第十五　　晋郭璞传　栖霞郝懿行笺疏

大荒南经

南海之外，赤水之西，流沙之东，赤水出昆仑山，流沙出钟山也。有兽，左右有首，懿行案：并封前后有首，此左右有首，所以不同。"并封"见海外西经。然大荒西经之"屏蓬"即"并逢"也，亦云左右有首。名曰跰踢。出狄名国。"黜""惕"两音。　懿行案：狄名国未详所在，疑本在经内，今逸也。毕氏云："'跰踢'当为'述荡'之讹。篆文定、足相似，故乱之。"引吕氏春秋本味篇云"肉之美者，述荡之擘"，高诱注云"兽名，形则未闻"，即是此也。懿行案：玉篇无"踢"字，有"踢"，而于"跰"字下引此经仍作"跰踢"。广韵引经与玉篇同，但"跰"别作"狄"，云"兽名"，唯此为异。有三青兽相并，名曰双双。言体合为一也。公羊传所云"双双而俱至"者，盖谓此也。　懿行案：郭引宣五年传文也。杨士勋疏引旧说云："双双之鸟，一身二首，尾有雌雄，随便而偶，常不离散，故以喻焉。"是以双双为鸟名，与郭异也。

有阿山者。南海之中，有氾天之山，赤水穷焉。流极于此山也。　懿行案：西次三经云：昆仑之丘"赤水出焉，而东南流注于氾天之水"。赤水之东，有懿行案：艺文类聚八十四卷及太平御览五百五十五卷并引此经，无"有"字。苍梧之野，舜与叔均之所葬也。叔均，商均也。舜巡狩，死于苍梧而葬之，商均因留，死亦葬焉，墓今在九疑之中。　懿行案:<u>海内南经</u>既云"<u>苍梧之山</u>,帝舜葬于阳,帝丹朱葬于阴",此又云"<u>舜</u>与<u>叔均</u>之所葬",将<u>朱、均</u>二人皆于此焉珊邪? 又<u>郭</u>云"<u>叔均,商均</u>",盖以为<u>舜</u>之子也。然<u>舜</u>子名<u>义钧</u>,封于<u>商</u>,见<u>竹书纪年</u>,不名<u>叔均</u>。而<u>大荒西经</u>有<u>叔均</u>为<u>稷</u>弟<u>台玺</u>之子,<u>海内经</u>又有<u>叔均</u>为<u>稷</u>之孙,准斯以言,此经<u>叔均</u>盖未审为何人也。<u>郭</u>云"<u>基</u>今在<u>九疑</u>之中","基"当为"墓"字之讹。<u>御览</u>五百五十五卷引此注作"墓今在<u>九疑山</u>中"也。**爰有文贝**、即紫贝。　<u>懿行</u>案:"紫贝"见<u>郭氏尔雅注</u>。**离俞**、即离朱。**鸱久**、即鸺鹠也。**鹰、贾**、贾亦鹰属。　<u>懿行</u>案:<u>水经漾水注</u>引<u>庄子</u>曰"雅,贾",<u>马融</u>亦曰"贾,乌",皆乌类,非<u>郭</u>义也。**委维**、即委蛇也。　<u>懿行</u>案:"委蛇"即"延维"也,见<u>海内经</u>。**熊、罴、象、虎、豹、狼、视肉。**

有荣山,荣水出焉。黑水之南有玄蛇,食麈。今南山蚺蛇吞鹿,亦此类。　<u>懿行</u>案:"南山"当为"南方",字之讹也。"南方蚺蛇吞鹿"已见<u>海内南经注</u>。

有巫山者,西有黄鸟。帝药八斋。天帝神仙药在此也。<u>懿行</u>案:后世谓精舍为斋,盖本于此。**黄鸟于巫山,司此玄蛇。**言主之也。

大荒之中有不庭之山,<u>懿行</u>案:<u>吕氏春秋谕大篇</u>云"地大则有常祥、不庭、不周",<u>高诱</u>注以<u>不周</u>为山,则<u>不庭</u>亦山名矣,即此。**荣水穷焉。**<u>懿行</u>案:<u>荣水</u>出<u>荣山</u>,流极于此也。**有人三身。帝俊妻娥皇,生此三身之国。**盖后裔所出也。　<u>懿行</u>案:<u>竹书</u>云:"帝舜三十年葬后育于渭。"<u>地理志</u>云:"<u>右扶风,陈仓</u>:有舜帝祠[一]。"盖<u>舜</u>妻即<u>后育</u>,<u>后育</u>即<u>娥皇</u>与?<u>海外西经</u>有"<u>三身国</u>",而不言所生,此经及<u>海内经</u>始言<u>帝俊</u>生三身也。三身国<u>姚</u>姓,故知此<u>帝俊</u>是<u>舜</u>矣。**姚姓,黍食,使四鸟。**姚,舜姓也。　<u>懿行</u>案:<u>说文</u>云:"<u>虞舜</u>居<u>姚</u>虚,因以为姓。"**有渊四**<u>懿行</u>案:<u>太平御览</u>三百九十

[一] <u>汉书地理志</u>原文作"<u>舜</u>妻<u>育冢</u>祠"。

五卷引此经"四"作"正"。**方，四隅皆达。**言渊四角皆旁通也。**北属黑水，南属大荒，**属，犹连也。**北旁名曰少和之渊，南旁名曰从渊，**音"骢马"之"骢"。**舜之所浴也。**言舜尝在此中澡浴也。

　　又有成山，甘水穷焉。甘水出甘山，极此中也。　　懿行案："甘水"已见大荒东经。**有季禺之国，颛顼之子，食黍。**言此国人颛顼之裔子也。**有羽民之国，其民皆生毛羽。**懿行案："羽民国"见海外南经。**有卵民之国，其民皆生卵。**即卵生也。　　懿行案：郭注"羽民国"云"卵生"，是羽民即卵生也。此又有卵民国，民皆卵生，盖别一国。郭云"即卵生也"，似有成文，疑此国本在经中，今逸。

　　大荒之中有不姜之山，黑水穷焉。黑水出昆仑山。　　懿行案：黑水出昆仑西北隅，已见海内西经。**又有贾山，汔水出焉。又有言山，又有登备之山，**即登葆山，群巫所从上下者也。　　懿行案："登葆山"见海外西经"巫咸国"。**有㤹㤹之山。**音如"券契"之"契"。**又有蒲山，澧**音"礼"。**水出焉。又有隗山，**音如"隗嚣"之"隗"。**其西有丹，**懿行案：经内丹类非一，此但名之曰"丹"，疑即"丹雘"之省文也。**其东有玉。又南有山，漂水出焉。**音"票"。**有尾山，有翠山。**言此山有翠鸟也。　　懿行案：翠亦尾也。内则云："舒雁翠，舒凫翠。"

　　有盈民之国，於姓，黍食。又有人方食木叶。懿行案：吕氏春秋本味篇高诱注云："赤木、玄木，其叶皆可食，食之而仙也。"又穆天子传云"有模堇，其叶是食明后"，亦此类。

　　有不死之国，阿姓，甘木是食。甘木即不死树，食之不老。懿行案：不死树在昆仑山上，见海内西经。"不死民"见海外南经。

　　大荒之中有山，名曰去痓。南极果，北不成，去痓果。音如"风痓"之"痓"，未详。　　懿行案：集韵云："痓，充至切，音厕，风病也。"是痓即"风痓"之"痓"，郭氏又音如之，疑有讹字。

249

南海渚中有神，人面，珥两青蛇，践两赤蛇，曰不廷胡余。神名耳。有神名曰因因乎，南方曰因乎，夸风曰乎民，亦有二名。处南极以出入风。懿行案：大荒东经有神名曰折丹，处东极以出入风。此神处南极以出入风。二神处异位以调八风之气也。

有襄山，又有重阴之山。有人食兽，曰季厘。帝俊生季厘，懿行案：文十八年左传云：高辛氏才子八人，有季狸。"狸"、"厘"声同，疑是也。是此帝俊又为帝喾矣。故曰季厘之国。有缗渊。音"昏"。懿行案：竹书云夏帝癸十一年"灭有缗"，疑即此。少昊生倍伐，倍伐降处缗渊。有水四方，名曰俊坛。水状似土坛，因名舜坛也。懿行案：尸子云："水方折者有玉。"此经"有水四方"疑其类。

有载民之国。为人黄色。懿行案："载国"已见海外南经。帝舜生无淫，降载处，是谓巫载民。巫载民盼姓，食谷，不绩不经，服也；言自然有布帛也。不稼不穑，食也。言五谷自生也。种之为稼，收之为穑。爰有歌舞之鸟，鸾鸟自歌，凤鸟自舞。爰有百兽，相群爰处，百谷所聚。

大荒之中有山，名曰融天，海水南入焉。懿行案：大荒北经云"不句之山，海水入焉"，盖海所泻处，必有归虚、尾闾为之孔穴，地脉潜通，故曰"入"也。下又有"天台高山为海水所入"，大荒北经亦有"北极天柜，海水北注焉"，皆海之所泻也。

有人曰凿齿，羿杀之。射杀之也。懿行案：羿杀凿齿，已见海外南经。

有蜮山者，有蜮民之国，音"惑"。桑姓，食黍，射蜮是食。蜮，短狐也，似鳖，含沙射人，中之则病死。此山出之，亦以名云。懿行案：说文云："蜮，短狐也，似鳖三足，以气射害人。"楚词大招云"鲲鳙，短狐"，王逸注云："鲲鳙，短狐类也。短狐，鬼蜮也。"大招又云"魂虖无南，蜮伤躬只"，王逸注云"蜮，短狐也"，引诗云"为鬼为蜮"。"短狐"，汉书作"短弧"，五行志云"蜮在水旁能射人，射人有处，甚者至死，南方谓之短弧"，颜师古注云："即射工也，亦呼水弩。"广韵引玄中记云："长三四寸，蟾蜍、鹭鸶、鸳鸯悉食之。"**有人方扜弓射黄蛇，**扜，挽也。音"纡"。　　懿行案："扜"亦音"乌"。扜训挽者，吕氏春秋壅塞篇云"扜弓而射之"，高诱注云："扜，引也。"义同郭。玉篇云："扜，持也。"**名曰蜮人。**

　　有宋山者。有赤蛇，名曰育蛇。有木生山上，名曰枫木。枫木，蚩尤所弃其桎梏，蚩尤为黄帝所得，械而杀之，已摘弃其械，化而为树也。　　懿行案：尔雅云"枫，欇欇"，郭注云："枫树似白杨，叶圆而歧，有脂而香，今之枫香是。"广韵引此经云："变为枫木，脂入地千年，化为虎魄。"此说恐非也，虎魄，松脂所化，非枫也。又引孙炎云："欇欇生江上，有寄生枝，高三四尺，生毛，一名枫子。天旱，以泥泥之即雨。"南方草木状云："五岭之间多枫木，岁久则生瘿瘤，一旦遇暴雷骤雨，其树赘暗长三五尺，谓之枫人。"述异记云："南中有枫子鬼，木之老者为人形。"然则枫亦灵怪之物，岂以其蚩尤械所化故与？郭注"摘弃"之"摘"，当为"摘"字之讹也。**是谓枫木。**即今枫香树。**有人方齿虎尾，名曰祖状之尸。**音如"粗梨"之"粗"。

　　有小人，名曰焦侥之国，皆长三尺。　　懿行案："焦侥国"已见海外南经。**几姓，嘉谷是食。**

　　大荒之中有山，名朽涂之山，音"朽"。　　懿行案：玉篇云"朽或作杇"，是"朽"、"杇"古字同，"朽"、"丑"声相近，"朽涂"即"丑涂"也。已见西次三经"昆仑之丘"。**青水穷焉。**青水出昆仑。　　懿行案："青"、"清"声同。西次三经云"昆仑，洋水出焉"，郭云"洋或作清"，即此也。**有云雨之山，有木名曰栾。**懿行案：说文云"栾，木似栏"，系传云："栏，木兰也。"今案"木兰"见离骚。广雅云："木栏，桂栏也。"**禹攻云雨，**攻，谓槎伐其林木。**有赤石焉，生栾，**言山有精灵，复变生此木于赤石之上。　　懿行案：初学记三十卷引拾遗记云："黑鲲鱼千尺如鲸，常飞往南海，或死，肉骨皆

251

消，唯胆如石，上仙栾也〔一〕。"义正与此合。**黄木，赤枝，青叶，群帝焉取药。**言树花、实皆为神药。　懿行案：栾实如建木实也，见海内南经，郭注本此经为说。

有国曰颛顼，生伯服，懿行案：吴氏引世本云："颛顼生偁，偁字伯服。"**食黍。有鼬姓之国。**音如"橘柚"之"柚"。**有芑山，又有宗山，又有姓山，又有壑山，又有陈州山，又有东州山。又有白水山，白水出焉，而生白渊，昆吾之师所浴也。**昆吾，古王者号。音义曰："昆吾，山名，溪水内出善金。"二文有异，莫知所辨测。　懿行案：昆吾，古诸侯名，见竹书。又大戴礼帝系篇云"陆终氏产六子，其一曰樊，是为昆吾"也。郭又引音义以为山名者，中次二经"昆吾之山"是也。所引音义，未审何人书名，盖此经家旧说也。

有人名曰张弘，在海上捕鱼。海中有张弘之国，或曰即奇肱人，疑非。　懿行案：海外西经"奇肱之国"，郭注云"肱或作弘"，是"张弘"即"奇肱"矣。"肱"、"弘"声同，古字通用，此注又疑其非，何也？又案"张弘"或即"长肱"，见穆天子传，郭注云："即长臂人。"见海外南经。**食鱼，使四鸟。**

有人焉，鸟喙有翼，方捕鱼于海。懿行案：此似说𩿧头国人。旧本属上文，非是。

大荒之中有人，名曰𩿧头。鲧妻士敬，士敬子曰炎融，生𩿧头。𩿧头人面鸟喙，有翼，食海中鱼，杖翼而行。翅不可以飞，倚杖之用行而已。　懿行案："𩿧头国"已见海外南经。**维宜芑苣，穋杨是食。**管子说地所宜，云"其种穋、秬、黑黍"，皆禾类也。苣，黑黍，今字作禾旁，"起"、"秬"、"虬"三音。　懿行案：经盖言𩿧头食海中鱼，又

〔一〕"仙栾"，今本初学记作"仙药"，郝氏误以"石上仙药"为语，遂并误"药"为"栾"，据文意，实应在"石"字下断也。

食苣苣穋杨之类也。穋亦禾名，今未详。说文云："稑，疾孰也。"或作穋，音义与此同。又案郭引管子地员篇文，其"穋杞"之字，今误作"穋杞"也。**有骧头之国。**

　　帝尧、帝喾、帝舜葬于岳山。即狄山也。**爰有文贝、离俞、鸱久、鹰、延维、视肉、熊、罴、虎、豹。朱木，赤枝、青华、玄实。**懿行案："朱木"形状又见大荒西经。**有申山者。**

　　大荒之中有山，名曰天台高山，海水入焉。

　　东南海之外，懿行案：北堂书钞一百四十九卷引此经无"南"字。**甘水之间，**懿行案：初学记一卷及太平御览三卷并引此经，作"甘泉之间"。后汉书王符传注引此经，仍作"甘水之间"。**有羲和之国。有女子名曰羲和，**懿行案：史记正义引帝王世纪云"帝喾次妃娵訾氏女曰常仪"，大荒西经又有帝俊妻常羲，疑与常仪及此经羲和通为一人耳。**方日浴于甘渊。**羲和，盖天地始生，主日月者也。故启筮曰："空桑之苍苍，八极之既张，乃有夫羲和，是主日月，职出入以为晦明。"又曰："瞻彼上天，一明一晦，有夫羲和之子，出于旸谷。"故尧因此而立羲和之官，以主四时。其后世遂为此国，作日月之象而掌之，沐浴运转之于甘水中，以效其出入旸谷、虞渊也，所谓世不失职耳。　懿行案：艺文类聚、初学记及李贤注后汉书王符传引此经并作"浴日于甘泉"，疑避唐讳改"渊"为"泉"耳。初学记及御览引经"浴日于甘泉"在"是生十日"句之下，与今本异。又引郭注云"羲和能生日也，故曰为羲和之子"云云，亦与今本异。**羲和者，帝俊之妻，生十日。**言生十子，各以日名名之，故言"生十日"，数十也。　懿行案：郭注"生十日"下疑脱"日"字。羲和十子，它书未见。艺文类聚五卷引尸子曰："造历数者，羲和子也。"然其名竟无考。

　　有盖犹之山者，其上有甘柤，懿行案："柤"，亦当为"柤"字之讹，已见海外北经。**枝干皆赤，黄叶、白华、黑实。东又有甘华，枝干皆赤，黄叶。有青马，**懿行案："青马"已见海外东经。**有赤**

马，名曰三骓。懿行案："三骓"已见<u>大荒东经</u>。有视肉。

有小人，名曰<u>菌人</u>。音如"朝菌"之"菌"。　懿行案：此即"朝菌"之"菌"，又音如之，疑有讹文，或经当为"菌狗"之"菌"。<u>菌人</u>盖靖人类也，已见<u>大荒东经</u>。吴氏引<u>抱朴子</u>云"山中见小人，肉芝类也"，又引<u>南越志</u>云"<u>银山</u>有女树，天明时皆生婴儿，日出能行，日没死，日出复然"，又引<u>事物绀珠</u>云"孩儿树出<u>大食国</u>，赤叶，枝生小儿，长六七寸，见人则笑"，<u>菌人</u>疑即此。又<u>岭海异闻</u>注云："<u>香山</u>有物，如婴孩而躶，鱼贯同行，见人辄笑，至地而灭。"亦斯类也。

有<u>南类之山</u>，爰有遗玉、青马、三骓、视肉、甘华，百谷所在。

山海经第十六

大荒西经

西北海之外，大荒之隅，有山而不合，名曰不周负子，淮南子曰："昔者共工与颛顼争帝，怒而触不周之山，天维绝，地柱折。"故今此山缺坏不周币也。　懿行案：列子汤问篇说共工、颛顼与淮南天文训同，唯"折天柱，绝地维"二语为异。楚词天问云"康回冯怒，地何故以东南倾"，王逸注云："康回，共工名也。"又引淮南子与此注同。文选注甘泉赋及思玄赋及太平御览五十九卷引此经，并无"负子"二字。**有两黄兽守之。有水曰寒暑之水。水西有湿山，水东有幕山。**音"莫"。**有禹攻共工国山。**言攻其国，杀其臣相柳于此山。启筮曰："共工人面、蛇身、朱发也。"　懿行案：周书史记篇云："昔有共工自贤，自以无臣，久空大官，下官交乱，民无所附。唐氏伐之，共工以亡。"案唐氏即帝尧也，尧盖命禹攻其国而亡之，遂流其君于幽州也。郭引启筮者，太平御览三百七十三卷引归藏启筮文与此同。

有国名曰淑士，颛顼之子。言亦出自高阳氏也。

有神十人，名曰女娲之肠。或作"女娲之腹"。**化为神，处栗广之野，**女娲，古神女而帝者，人面蛇身，一日中七十变，其腹化为此神。栗广，野名。"娲"音"瓜"。　懿行案：说文云："娲，古之神圣女，化万物者也。"列子黄帝篇云："女娲氏蛇身人面，而有大圣之德。"初学记九卷引帝王世纪云："女娲氏亦风姓也，承庖牺制度，号女希，是为女皇。"史记索隐引世本云:"涂山氏女,名女娲也。"淮南说林训云"女娲七十化",高诱注云:"女娲王天下者也,七十变造化。"楚词天问云"女娲有体,孰制匠之",王逸注云:"传言女娲人头蛇身,一日七十化,其体如此,谁所制匠而图之乎?"今案王逸注非也。天问之意,即谓女娲一体化为十神,果谁裁制而匠作之?言其甚巧也。郭注"腹"字,太平御览七十八卷引作"肠"。又引曹植女娲赞曰:"人首蛇形,神化七十,何德之灵。"**横道而处。**言断道也。

有人名曰石夷,来风曰韦,"来"或作"本"也。**处西北隅,以司日月之长短。**言察日月暑度之节。　懿行案:大荒东经既有"鵹处东极,以止日月,司其短长",此又云"司日月之长短"者,西北隅为日月所不到,然其流光余景亦有暑度短长,故应有主司之者也。**有五采之鸟,有冠,名曰狂鸟。**尔雅云"狂,梦鸟",即此也。　懿行案:郭注尔雅亦引此经文。"狂",玉篇作"鵟"。

有大泽之长山。有白氏之国。懿行案:"氏",疑"民"字之讹。明藏本正作"民"。"白民国"已见海外西经。

西北海之外,赤水之东,有长胫之国。脚长三丈。　懿行案:长胫即长股也,见海外西经。郭云"脚长三丈"正与彼注同。一本作"三尺",误也。藏经本作"脚步五尺",亦与前注不合。

有西周之国,姬姓,懿行案:说文云:"姬,黄帝居姬水,以为姓。"史记周本纪云:"封弃于邰,号曰后稷,别姓姬氏。"地理志云:"右扶风,斄:后稷所封。"然则经言"西周之国"盖谓此。**食谷。有人方耕,名曰叔均。帝俊生后稷,**"俊"宜为"喾",喾第二妃生后稷也。　懿行案:帝喾名夋,"夋"、"俊"疑古今字,不须依郭改"俊"为"喾"也。然经中"帝俊"屡见,似非一人,未闻其审。大戴礼帝系篇云:"帝喾上妃,有邰氏之女也,曰姜原氏,产后稷。"史记周本纪同。郭云"喾第二妃",误也。**稷降以百谷。稷之弟曰台玺,**音"胎"。**生叔均。**懿行案:史记周本纪云"后稷卒,子不窋立",谯周议其世次误,是也。史记又不载稷之弟,所未详。**叔均是代其**

父及稷播百谷，始作耕。有赤国妻氏。有双山。

西海之外，大荒之中，有方山者，上有青树，_{懿行案：初学记一卷引此经作"青松"。}名曰柜格之松，_{木名，音"矩"。}日月所出入也。

西北海之外，_{懿行案：初学记十卷引此经无"北"字，明藏本亦同。}赤水之西，有先民之国，_{懿行案："先"，当为"天"字之讹也。淮南墬形训海外三十六国中有"天民"。"天"，古作"旡"，或作"兀"，字形相近，以此致讹。}食谷，使四鸟。有北狄之国。黄帝之孙曰始均，_{懿行案：地理志云："右扶风，陈仓：有黄帝孙祠。"}始均生北狄。有芒山。有桂山。有榣山，_{此山多桂及榣木，因名云耳。}_{懿行案：初学记引此经作"摇山"，余同。}其上有人，号曰太子长琴。颛顼生老童，_{世本云："颛顼娶于滕隍氏，谓之女禄，产老童也。"}_{懿行案：大戴礼帝系篇"滕隍"作"滕奔"，云"颛顼娶于滕氏奔之子，谓之女禄氏，产老童也"。又老童亦为神，居騩山，已见西次三经。}老童生祝融，_{即重黎也。高辛氏火正，号曰祝融也。}_{懿行案：大戴礼帝系篇云："老童娶于竭水氏之子，谓之高纲氏，产重黎及吴回。"史记楚世家云："重黎为帝喾高辛居火正，甚有功，能光融天下，帝喾命曰祝融。"}祝融生太子长琴，是处榣山，始作乐风。_{创制乐风曲也。}_{懿行案：太平御览五百六十五卷引此经无"风"字。西次三经"騩山"云老童发音"常如钟磬"，故知长琴解"作乐风"，其道亦有所受也。}有五采鸟三名：一曰皇鸟，一曰鸾鸟，一曰凤鸟。有虫，状如菟，_{懿行案："菟"、"兔"通。此兽也，谓之"虫"者，自人及鸟兽之属通谓之虫，见大戴礼易本命篇。}胸以后者裸不见，_{言皮色青，故不见其裸露处。}青如猨状。_{状又似猨。}_{懿行案：此兽即毚也。说文云："毚，兽也，似兔，青色而大。"此经云"状如菟"是也。又云"如猨"者，言其色，非谓状似兔又似猨也。"猨"，明藏本作"螖"，是。}

大荒之中有山，名曰丰沮玉门，日月所入。有灵山，巫咸、巫即、巫盼、巫彭、巫姑、巫真、巫禮、巫抵、巫谢、巫罗十巫从此升降，百药爰在。群巫上下此山采之也。　　懿行案：说文云："古者巫咸初作巫。"越绝书云："虞山者，巫咸所出也，虞故神，出奇怪。"离骚云"巫咸将夕降兮"，王逸注云："巫咸，古神巫也，当殷中宗之时。"王逸此说恐非也，殷中宗之臣虽有巫咸，非必即是巫也。海外西经"巫咸国"，盖特取其同名耳。"盼"读如"班"，海内西经六巫有巫凡，盼、凡或即一人。水经涑水注引此经作"巫盼"，"盼"、"盼"形声又相近也。"巫真"，水经注引作"巫贞"，"巫禮"作"巫孔"，今案"禮"古文作"礼"，"礼"与"孔"疑形近而讹也。海内西经有"巫履"，盖履即礼也，是为一人无疑。其"巫相"疑即"巫谢"，"谢"与"相"声转，当即一人也。郭注云"采之也"，水经注引作"采药往来也"。案此是海外西经"巫咸国"注，郦氏误记，故引在此耳。

　　西有王母之山、懿行案："西有"当为"有西"，太平御览九百二十八卷引此经作"西王母山"可证。**壑山、海山**。皆群大灵之山。**有沃之国**，言其土饶沃也。　　懿行案：李善注洛神赋引此经，作"沃人之国"，艺文类聚八十九卷引作"沃民之国"，疑"沃人"当为"沃民"，避唐讳改耳，御览九百二十八卷正引作"沃民"可证。**沃民是处。沃之野，凤鸟之卵是食**，懿行案：吕氏春秋本味篇云"流沙之西，丹山之南，有凤之丸，沃民所食"，高诱注云："丸，古卵字也。"**甘露是饮。凡其所欲，其味尽存。**言其所愿滋味，此无所不备。　　懿行案：海外西经"诸夭之野"与此同。**爰有甘华、甘柤、白柳**、懿行案：初学记二十八卷引此经作"决民之国，有白柳"，"决"即"沃"字之讹也。**视肉、三骓、璇瑰、瑶碧**、璇瑰亦玉名。穆天子传曰"枝斯璇瑰"。"杖""回"二音。　　懿行案："璇"当为"璿"，本或作"璇"，误也。"璇"与"琼"同见说文。郭音此为"杖"，则当为"玫"字，亦误也。晋灼注汉书云"玫瑰，火齐珠也"，若经文为"玫瑰"，郭又不得云"亦玉名"矣。李善注江赋及洛神赋引此经并作"璿瑰"，又引郭注云"璿瑰，亦玉名也。旋回两音"。是知经文"璇瑰"、注文"杖回"并今本之讹矣。大荒北经正作"璿瑰瑶碧"可证。又玉篇、广韵引此经并作"璿瑰瑠碧"，"瑶"作"瑠"，字形虽异，

山海经笺疏

258

音义当同。**白木**、树色正白。今南方有文木，亦黑木也。　　懿行案：文木即今乌木也。刘逵注吴都赋云："文木，材密致无理，色黑如水牛角，日南有之。"**琅玕、白丹、青丹，**又有黑丹也。孝经援神契曰："王者德至山陵而黑丹出。"然则丹者，别是彩名，亦犹黑、白、黄皆云丹也。　　懿行案：黑丹即下文玄丹是也。白丹者，鹖冠子度万篇云"膏露降，白丹发"，是其事也。**多银、铁。鸾凤自歌，凤鸟自舞。爰有百兽，相群是处，是谓沃之野。**懿行案：海外西经同。**有三青鸟，赤首黑目，一名曰大鵹，**音"黎"。**一名少鵹，一名曰青鸟。**皆西王母所使也。　　懿行案：三青鸟为西王母取食，见海内北经。**有轩辕之台，射者**懿行案：初学记二十四卷引此经作"射罘"，误也。大荒北经云"共工之台，射者不敢北向"，亦作"者"字可证。**不敢西向射，**懿行案：艺文类聚六十二卷引此经无"射"字，藏经本亦无"射"字，"向"作"乡"，是也。**畏轩辕之台。**敬难黄帝之神。　　懿行案：台亦丘也。海外西经云："不敢西射，畏轩辕之丘。"

　　大荒之中有龙山，日月所入。有三泽水，名曰三淖，懿行案：郭注穆天子传引此经作"有川名曰三淖"。**昆吾之所食也。**穆天子传曰："滔水，浊繇氏之所食。"亦此类也。　　懿行案：食，谓食其国邑，郑语云"主芣騩而食溱、洧"是也。**有人衣青，以袂蔽面，**袂，袖。　　懿行案：海外西经云"以右手障其面"也。**名曰女丑之尸。**懿行案："女丑之尸"见海外西经。

　　有女子之国。王颀至沃沮国，尽东界，问其耆老，云："国人尝乘船捕鱼，遭风，见吹数十日。东一国，在大海中，纯女无男。"即此国也。　　懿行案："女子国"见海外西经。此注本魏志东夷传也。

　　有桃山，有蝨山，有桂山，懿行案：上文已有芒山、桂山。"芒"、"蝨"声同也。**有于土山。**

　　有丈夫之国。其国无妇人也。　　懿行案："丈夫国"已见海外西经。

259

有弇州之山。五采之鸟仰天，张口嘘天。名曰鸣鸟。懿
行案：鸣鸟，盖凤属也。周书君奭云："我则鸣鸟不闻。"国语云："周之兴也，鸑
鷟鸣于岐山。"爰有百乐歌儛之风。爰有百种伎乐歌儛风曲。　懿行
案：文选注王融曲水诗序引此经，"儛"作"舞"，余同。注"爰"字，明藏本作
"言"，是也。

有轩辕之国。其人人面蛇身。　懿行案："人面蛇身，尾交首上"，
见海外西经。又此注中六字，明藏本作经文。江山之南栖为吉。即穷
山之际也。山居为栖。吉者言无凶夭。　懿行案：轩辕国在"穷山之际"，已
见海外西经。不寿者乃八百岁。寿者数千岁。　懿行案：亦见海外
西经。

西海陼懿行案：尔雅云："小洲曰陼。""陼"与"渚"同。中有神，人
面鸟身，珥两青蛇，践两赤蛇，懿行案：此神形状全似北方神禺强，唯
彼作"践两青蛇"为异。见海外北经。名曰弇兹。

大荒之中有山，名曰日月山，天枢也。吴姖懿行案："姖"
字说文、玉篇所无，藏经本作"姬"。天门，日月所入。有神，人面无
臂，懿行案：说文云："了，尥也，从子无臂，象形。"两足反属于头山，懿
行案："山"当为"上"字之讹，藏经本作"上"。名曰嘘。言嘘啼也。颛顼
生老童，懿行案：史记楚世家云："高阳生称，称生卷章。"谯周云："老童即卷
章。"老童生重及黎。世本云："老童娶于根水氏，谓之骄福，产重及黎。"
懿行案：大戴礼帝系篇云："老童娶于竭水氏之子，谓之高纲氏，产重黎及吴
回。"史记楚世家云"卷章生重黎"，徐广注引世本云"老童生重黎及吴回"，与
帝系同，是皆以重黎为一人也。此经又以"重、黎"为二人，郭引世本又与徐广
异，并所未详。帝令重献上天，令黎邛下地，古者神人杂扰无别，颛
顼乃命南正重司天以属神，命火正黎司地以属民。重实上天，黎实下地。
"献"、"邛"义未详也。　懿行案：郭注本楚语文，其"火正"之"火"字，唐固注
云"火当为北"，是也。重号祝融，为高辛氏火正，竹书云"帝喾十六年，帝使重

帅师灭有邰",即是人也。高诱注淮南子云："颛顼之孙,老童之子吴回,一名黎,为高辛氏火正,号祝融。"高诱之说本郑语及史记楚世家文,并与此经合。左传以为少昊氏之子曰重,为勾芒木正,颛顼氏之子曰黎,为祝融火正,以二人为非同产,与此经及国语异也。**下地是生噎,**懿行案:此语难晓。海内经云"后土生噎鸣",此经似与相涉,而文有阙脱,遂不复可读。**处于西极,以行日月星辰之行次。**主察日月星辰之度数次舍也。　懿行案:楚语云"至于夏、商,重黎氏世叙天地,而别其分主",即此经云"噎处西极,以行日月星辰"者也。

有人反臂,名曰天虞。即尸虞也。　懿行案:尸虞未见所出,据郭注,当有成文,疑在经内,今逸。

有女子方浴月。懿行案:北堂书钞一百五十卷引"浴"上有"澄"字。**帝俊妻常羲,**懿行案:史记五帝纪云"帝喾娶娵訾氏女",索隐引皇甫谧云:"女名常仪也。"今案"常仪"即"常羲","羲"、"仪"声近;又与"羲和"当即一人,已见大荒南经。**生月十有二,此始浴之。**义与羲和浴日同。**有玄丹之山。**出黑丹也。　懿行案:上文沃民国有青丹,郭云"又有黑丹也",谓此。**有五色之鸟,人面有发。爰有青鸑、**音"文"。**黄鷔,**音"敖"。**青鸟、黄鸟,其所集者其国亡。**懿行案:海外西经云"鸑鸟、鶬鸟,其色青黄,所经国亡",又云"青鸟、黄鸟所集",即此是也。玉篇有"鷔"字,云:"有此鸟集,即大荒国亡。"李善注江赋引此经及郭注,与今本略同。**有池名孟翼之攻颛顼之池。**孟翼,人姓名。

大荒之中有山,名曰鏖鏊巨,"鏊"音如"敖"。**日月所入者。有兽,左右有首,名曰屏蓬。**即并封也,语有轻重耳。　懿行案:海外西经云"并封前后有首",此云"左右有首",又似非一物也。说见大荒南经。**有巫山者。**懿行案:大荒南经有巫山。**有壑山者。**懿行案:上文有壑山、海山。**有金门之山,有人名曰黄姖**懿行案:"姖",藏经本作"姬"。**之尸。有比翼之鸟。有白鸟,青翼、黄尾、玄喙。**奇鸟。**有赤犬，名曰天犬，其所下者有兵。**周书云:"天狗所止,地尽倾,余光烛天为流星,长数十丈,其疾如风,其声如雷,其光如电。"吴、楚七国反时,吠过梁国者是也。 懿行案:"赤犬名曰天犬",此自兽名,亦如西次三经阴山之兽名曰天狗耳。郭注以"天狗星"当之,似误也。其引"周书",逸周书无之。汉书天文志云:"天狗,状如大流星,有声。其下止地,类狗。所坠及、望之如火光炎炎中天。其下圜如数顷田处,上锐,见则有黄色,千里破军杀将。"又云:"狗,守御类也。天狗所降,以戒守御。吴、楚攻梁,梁坚城守,遂伏尸流血其下。"

西海之南，流沙之滨，赤水之后，黑水之前，有大山，名曰昆仑之丘。有神，人面虎身，有文有尾，皆白处之。言其尾以白为点驳。 懿行案:神人即陆吾也。其状虎身九尾,人面虎爪,司昆仑者。已见西次三经。**其下有弱水之渊环之。**其水不胜鸿毛。 懿行案:李贤注后汉书张衡传及李善注思玄赋引此经,"渊"并作"川",盖避唐讳改也。又引此经仍作"渊"字。颜师古注汉书西域传引玄中记云:"昆仑之弱水,鸿毛不能起也。"史记大宛传索隐引舆地图〔一〕云:"昆仑弱水,非乘龙不至。"艺文类聚八卷引郭氏赞云:"弱出昆山,鸿毛是沈。北沦流沙,南映火林。惟水之奇,莫测其深。"**其外有炎火之山，投物辄然。**今去扶南东万里,有耆薄国。东复五千里许,有火山国。其山虽霖雨,火常然。火中有白鼠,时出山边求食,人捕得之,以毛作布,今之火浣布是也。即此山之类。 懿行案:水经漾水注引神异经云:"南方有火山焉,长四十里,广四五里。其中皆生不烬之木,昼夜火然,得暴风猛雨不灭〔二〕。火中有鼠,重百斤,毛长二尺余,细如丝,色白,时时出外,以水逐而沃之则死。取其毛,绩以为布,谓之火浣布。"即郭氏所说也。火浣布又见列子汤问篇,云周穆王时西戎献之也。魏志云"齐王芳立,西域重译献火浣布",裴松之注引搜神记大意与郭同。又艺文类聚八十卷引玄中记云:"南方有炎火山,四月生火,其木皮为火浣布。"搜神记亦同

262

〔一〕"舆地图",今本史记作"括地图"。
〔二〕"得暴风猛雨不灭",今本水经注作"得雨猛风不灭"。

山海经笺疏

兹说，将火浣布故有鼠毛及木皮二种邪？类聚七卷引郭氏赞云："木含阳气，精构则然。焚之无尽，是生火山。理见乎微，其传在传。"案末句误，疑当为"其妙不传"。**有人，戴胜虎齿，有豹尾，穴处，名曰西王母。**河图玉版亦曰"西王母居昆仑之山"，西山经曰"西王母居玉山"，穆天子传曰"乃纪名迹于弇山之石，曰西王母之山"也。然则西王母虽以昆仑之宫，亦自有离宫别窟，游息之处不专住一山也，故记事者各举所见而言之。　懿行案：今本穆天子传作"纪丌迹于弇山之石"，"丌"即"其"之假借字也。郭云"西王母虽以昆仑之宫"，"以"当为"居"，"以"，古字作"目"，"居"，古文作"凥"，皆形近而讹也。藏经本作"虽以昆仑为宫"，其义亦通也。经言西王母穴处者，庄子大宗师篇云"西王坐乎少广"，释文引司马彪云"少广，穴名"，是知此人在所乃以窟穴为居。故穆天子传载为天子吟曰"虎豹为群，鸟兽与处"，盖自道其实也。它书或说西王母所居玉阙金堂，徒为虚语耳。**此山万物尽有。**

大荒之中有山，名曰常阳之山，懿行案：或说海外西经"形天葬常羊之山"即此，非也。"常羊之山"见下文。**日月所入。**

有寒荒之国，有二人，女祭、女薎。或持觯，或持俎。　懿行案："薎"当为"蔑"字之讹。海外西经云"女祭、女戚"，戚即蔑也。郭云"持觯"，"觯"亦"鳝"字之讹也。"戚操鱼鉏"，亦见海外西经。

有寿麻之国。吕氏春秋曰："南服寿麻，北怀儋耳。"　懿行案：郭引吕氏春秋任数篇文也，"南"当为"西"字之讹。"寿麻"，彼作"寿靡"，高诱注云："西极之国。'靡'亦作'麻'。"今案"麻"、"靡"古字通，地理志云"益州郡，收靡"，李奇云："靡音麻，即升麻也。"**南岳娶州山女，名曰女虔，女虔生季格。季格生寿麻。寿麻正立无景，疾呼无响。**言其禀形气有异于人也。列仙传曰："玄俗无景。"　懿行案：淮南坠形训言"建木日中无景，呼而无响"也。拾遗记云："勃鞮之国，人皆日中无景。"列仙传云："玄俗者，自言河间人也。饵巴豆、云英。卖药于市，七丸一钱，治百病。王病瘕，服药，用下蛇十余头。王家老舍人自言：'父世见俗，俗形无景。'王呼俗着日中，实无景。"案此据刘逵注魏都赋所引，与今列仙传本不同。**爰有大**

263

暑，不可以往。言热炙杀人也。　懿行案：楚词招魂云"西方之害，其土烂人，求水无所得些"，王逸注云："言西方之土温暑而热，燋烂人肉，渴欲求水，无有源泉，不可得也。"亦此类。

有人无首，操戈盾立，名曰夏耕之尸。亦形天尸之类。**故成汤伐夏桀于章山，克之，**于章，山名。　懿行案：郭以"于章"为山名，未详所在。史记夏本纪正义引淮南子云："汤败桀于历山，与妹喜同舟浮江，奔南巢之山而死。"今案淮南修务训云"汤乃整兵鸣条，困夏南巢，谁以其过，放之历山"，此即史记正义所引。高诱注云："南巢，今庐江居巢是。历山盖历阳之山。"未审即此经章山以不。**斩耕厥前。**头亦在前者。**耕既立，无首，走厥咎，**逃避罪也。　懿行案：藏经本"立"字在"无首"下。**乃降于巫山。**自窜于巫山。巫山今在建平巫县。　懿行案：地理志云"南郡，巫"，应劭注云："巫山在西南。"郭云"今在建平巫县"者，见晋书地理志。

有人名曰吴回，奇左，是无右臂。即奇肱也。吴回，祝融弟，亦为火正也。　懿行案：此非奇肱国也。说文云："孑，无右臂也。"即此之类。吴回者，大戴礼帝系篇云"老童产重黎及吴回"，史记楚世家云"帝喾诛重黎，而以其弟吴回为重黎，后复居火正，为祝融"，是皆以重黎为一人，吴回为一人。世本亦同。此经上文则以重、黎为二人，似黎即吴回。故潜夫论志氏姓云："黎，颛顼氏裔子吴回也。"高诱注淮南亦云："祝融，颛顼之孙，老童之子吴回也；一名黎，为高辛氏火正，号为祝融。"其注吕氏春秋又云"吴国回禄之神托于灶"，与注淮南异也。王符、高诱并以黎即吴回，与此经义合。重、黎相继为火官，故皆名祝融矣。

有盖山之国。有树，赤皮支干，青叶，名曰朱木。或作"朱威木"也。　懿行案："朱木"已见大荒南经，"青叶"，彼作"青华"是也，此盖字形之讹。

有一臂民。北极下亦有一脚人，见河图玉版。　懿行案："一臂国"已见海外西经。

大荒之中有山，名曰大荒之山，日月所入。有人焉三面，是颛顼之子，三面一臂。无左臂也。　懿行案：说文云"𠂆，无左臂也"，即此。三面之人不死。言人头三边各有面也。玄菟太守王颀至沃沮国，问其耆老，云："复有一破船，随波出在海岸边，上有一人，项中复有面，与语，不解了，不食而死。"此是两面人也。吕氏春秋曰"一臂、三面之乡"也。　懿行案：吕氏春秋求人篇云"禹西至一臂、三面之乡"，本此。郭说"两面人"，本魏志东夷传。是谓大荒之野。懿行案：上林赋云"过乎泱漭之墅"，张揖注云："山海经所谓'大荒之野'。"李善注曹植七启引此经，"野"下有"中"字，盖衍也，其注张协七命仍引此经无"中"字，可证。

西南海之外，赤水之南，流沙之西，有人，珥两青蛇，乘两龙，名曰夏后开。懿行案：开即启也。汉人避讳所改。开上三嫔于天，嫔，妇也。言献美女于天帝。　懿行案：离骚云"启九辩与九歌"，天问云"启棘宾商，九辩九歌"，是"宾"、"嫔"古字通，"棘"与"亟"同。盖谓启三度宾于天帝，而得九奏之乐。故归藏郑母经云"夏后启筮，御飞龙登于天，吉"，正谓此事。周书王子晋篇云"吾后三年上宾于帝所"，亦其证也。郭注大误。得九辩与九歌以下。皆天帝乐名也，开登天而窃以下用之也。开筮曰："昔彼九冥，是与帝辩同宫之序，是为九歌。"又曰："不得窃辩与九歌以国于下。"义具见于归藏。此天穆之野，高二千仞，竹书曰"颛顼产伯鲧，是维若阳，居天穆之阳"也。　懿行案：竹书云"帝颛顼三十年，帝产伯鲧，居天穆之野"，无"是维若阳"四字，盖脱去之。开焉得始歌九招。竹书曰"夏后开舞九招"也。　懿行案：竹书云"夏帝启十年，帝巡狩，舞九韶于大穆之野"，海外西经云"大乐之野，夏后启于此儛九代"，即此。

有互人之国。人面鱼身。　懿行案："互人"，即海内南经"氐人国"也。"氐"、"互"二字盖以形近而讹，以俗"氐"正作"互"字也。罗泌云"互人"宜作"氐人"，非也。周官"鳖人掌取互物"，是"互物"即鱼鳖之通名。国名"互人"，岂以其人面鱼身故与？郭注"人面鱼身"四字，本海内南经之文，藏经本将此郭注列入经文。炎帝之孙，炎帝，神农。名曰灵恝。音如

"券契"之"契"。**灵恝生互人，是能上下于天。**言能乘云雨也。**有鱼偏枯，名曰鱼妇。颛顼死即复苏。**言其人能变化也。**风道北来，天乃大水泉，**言泉水得风暴溢出。道，犹从也。韩非曰："玄鹤二八，道南方而来。" 懿行案：郭引韩非者十过篇，云："师旷不得已，援琴而鼓，一奏之有玄鹤二八，道南门来集于郎门之垝。"郭引"南门"作"南方"，所见本异也。**蛇乃化为鱼，是谓鱼妇。颛顼死即复苏。**淮南子曰："后稷龙在建木西，其人死复苏，其中为鱼。"盖谓此也。 懿行案：郭注"龙"当为"陇"，"中"当为"半"，并字形之讹。高诱注淮南墬形训云"人死复生，或化为鱼"，即指此事。然则鱼妇岂即颛顼所化，如女娲之肠化为十神者邪？又乐浪尉化鱼事，见陆玑诗疏。

有青鸟，身黄，赤足，六首，懿行案：海内西经云"开明南有鸟六首"，即此也。**名曰鸀鸟。**音"触"。 懿行案：尔雅云"鸀，山乌"，非此。**有大巫山。有金之山。西南大荒之中隅，**懿行案：藏经本"隅"上无"中"字。**有偏句、常羊之山。** 懿行案：海外西经云"帝断形天之首，葬之常羊之山"，即此。淮南墬形训云"西南方曰编驹之山"，"编驹"疑即"偏句"。吕氏春秋谕大篇云"地大则有常祥、不庭"，疑"常祥"即"常羊"也。"不庭"已见大荒南经。

　　按：夏后开即启，避汉景帝讳云。

山海经第十七

晋郭璞传　栖霞郝懿行笺疏

大荒北经

东北海之外,大荒之中,河水之间,附禺之山,懿行案:海外北经作"务隅",海内东经作"鲋鱼",此经又作"附禺",皆一山也,古字通用。文选注谢朓哀策文引此经作"鲋禺之山",后汉书张衡传注引此经与今本同。帝颛顼与九嫔葬焉。此皆殊俗,义所作冢。爰有鸱久、文贝、离俞、鸾鸟、皇鸟、大物、小物。言备有也。有青鸟、琅鸟、玄鸟、黄鸟、虎、豹、熊、罴、黄蛇、视肉、璿瑰、瑶碧,皆出卫于山。在其山边也。　懿行案:艺文类聚八十九卷、初学记二十八卷引此经,并作"卫丘山",北堂书钞一百三十七卷亦作"卫丘",是知古本"卫""丘"连文,而以"皆出于山"四字相属,今本误倒其句耳,所宜订正。丘方员三百里,丘南帝俊竹林在焉,懿行案:此经帝俊盖颛顼也,下云"丘西有沈渊,颛顼所浴",以此知之。大可为舟。言舜林中竹,一节则可以为船也。　懿行案:初学记引神异经云:"南方荒中有沛竹,其长百丈,围二丈五六尺,厚八九寸,可以为船。"广韵引神异经云:"筛竹一名太极,长百丈,南方以为船。"玉篇云:"篝竹长千丈,为大船也,生海畔。"即此类。竹南有赤泽水,水色赤也。名曰封渊。封亦大也。有三桑无枝。皆高百仞。懿行案:"三桑无枝"已见海外北经。注云"皆高百仞"四字,艺文类聚八十八卷引作经文,疑今本误作注文耳。丘西有沈渊,颛顼所浴。

有胡不与之国，一国复名耳，今胡夷语皆通然。**烈姓，**懿行案：烈姓盖炎帝神农之裔。左传称"烈山氏"，祭法作"厉山氏"，郑康成注云："厉山，神农所起，一曰有烈山。"**黍食。**

大荒之中有山，名曰不咸。有肃慎氏之国。今肃慎国去辽东三千余里，穴居无衣，衣猪皮，冬以膏涂体，厚数分，用却风寒。其人皆工射，弓长四尺，劲强，箭以楛为之，长尺五寸，青石为镝。此春秋时"隼集陈侯之庭"所得矢也。晋太兴三年，平州刺史崔毖遣别驾高会，使来献肃慎氏之弓矢，箭镞有似铜骨作者。问云，转与海内国，通得用此。今名之为挹娄国，出好貂、赤玉。岂从海外转而至此乎？后汉书所谓"挹娄"者是也。　懿行案："肃慎国"见海外西经。郭说肃慎本魏志东夷传，但传本作"用楛长尺八寸"，与郭异，余则同也。今之后汉书非郭所见，而此注引后汉书者，吴志妃嫔传云"谢承撰后汉书百余卷"，其书说挹娄即古肃慎氏之国也。"隼集陈侯之庭"，鲁语有其事。竹书云"帝舜二十五年，息慎氏来朝，贡弓矢"，即肃慎也。左传云"肃慎、燕、亳，吾北土也"，周书王会篇亦云"正北方：稷慎"，"稷"、"息"、"肃"并声转，字通也。魏志东夷传云："挹娄，在夫余东北千余里，滨大海。"史记正义引括地志云："靺鞨国，古肃慎也，在京东北万里。"**有蜚蛭，四翼。**"翡"、"窒"两音。　懿行案：上林赋云"蛭蜩蠼猱"，司马彪注引此经，"蜚"作"飞"。**有虫，兽首蛇身，名曰琴虫。**亦蛇类也。　懿行案：南山人以虫为蛇，见海外南经。

有人名曰大人。有大人之国，懿行案：大荒东经云"波谷山有大人之国"，即此。史记孔子世家云："防风在虞、夏、商为汪罔，于周为长翟，今谓之大人。"案此本鲁语文，其"汪罔"为"汪芒"也。**釐姓，**懿行案：晋语司空季子说黄帝之子十二姓，中有僖姓。"僖"、"釐"古字通用，釐即僖也。史记孔子世家云"汪罔氏之君，守封禺之山，为釐姓"，索隐"釐音僖"是也。又引"家语云'姓漆'，误，系本无漆姓〔一〕"。案鲁语云"汪芒氏之君为漆姓"，非

〔一〕"姓"，原本作"字"，据史记孔子世家索隐改。

误也,疑"漆"与"鳌"古亦通。**黍食**。 <u>懿行</u>案:东北地皆宜黍,<u>孟子</u>云"貉五谷不生,唯黍生之"。说已见<u>大荒东经</u>。**有大青蛇,黄头,** <u>懿行</u>案:"黄头",<u>艺文类聚</u>引作"头方"。**食麈**。今南方蚺蛇食鹿,鹿亦麈属也。 <u>懿行</u>案:荣山有玄蛇食麈,已见<u>大荒南经</u>。又案此经及荣山之麈,<u>艺文类聚</u>并引作"尘"字,在"地部"六卷,误。**有榆山。有鲧攻程州之山**。皆因其事而名物也。 <u>懿行</u>案:<u>程州</u>,盖亦国名,如"禹攻共工国山"之类。

大荒之中有山,名曰衡天。有先民之山。 <u>懿行</u>案:"西北海之外有先民之国",见<u>大荒西经</u>,非此也。**有槃木千里**。音"盘"。 <u>懿行</u>案:<u>大戴礼五帝德篇</u>云"东至于蟠木",<u>史记五帝纪</u>同,疑即此也。<u>刘昭注礼仪志</u>引此经云:"东海中有度朔山,上有大桃树,蟠屈三千里,其卑枝门曰东北鬼门,万鬼出入也。上有二神人,一曰神荼,一曰郁儡,主阅领众鬼之恶害人者,执以苇索,而用食虎。于是黄帝法而象之。殴除毕,因立桃梗于门户上,画郁儡持苇索以御凶鬼,画虎于门,当食鬼也。"<u>论衡订鬼篇</u>引此经,大意亦同。案<u>王充</u>、<u>刘昭</u>所引,疑本经文,今脱去之也。<u>太平御览</u>九百六十七卷载<u>汉旧仪</u>引此经,亦与<u>王</u>、<u>刘</u>同。<u>李善</u>注<u>陆机</u><u>挽歌诗</u>引此文作<u>海水经</u>,曰"东海中有山焉,名<u>度索</u>,上有大桃树,东北瘣枝,名曰<u>鬼门</u>,万鬼所聚",<u>史记五帝纪</u>注亦引此文而作<u>海外经</u>云云,盖误也。<u>海外北经</u>虽有"寻木长千里",然"寻木"非"槃木",疑二书所引皆即此经之逸文矣。<u>艺文类聚</u>八十六卷亦引此经云"桃树屈蟠三千里",又<u>张衡</u><u>东京赋</u>亦引用此事,<u>薛综</u>注虽述其文而不云出此经,疑漏引书名也。又诸书所说文字俱有异同,姑存以俟考。

有叔歜国。音作感反。一音"触"。**颛顼之子,黍食,使四鸟:虎、豹、熊、罴。有黑虫,如熊状,名曰猎猎**。或作"猰",音"夕",同。 <u>懿行</u>案:<u>玉篇</u>云:"猎,秦亦切,兽名。"<u>唐韵</u>亦云"兽名",引此经,盖虫兽通名耳。"猰"见<u>说文</u>。

有北齐之国,姜姓, <u>懿行</u>案:<u>说文</u>云:"姜,神农居姜水,以为姓。"<u>史记齐太公世家</u>云:"姓姜氏。"案<u>大荒西经</u>"有西周之国,姬姓",此"有北齐之国,姜姓",皆<u>周</u>、<u>秦</u>人语也。**使虎、豹、熊、罴**。

大荒之中有山，名曰先槛懿行案：藏经本作"光槛"。**大逢之山，河、济所入海北注焉。** 河、济注海，已复出海外，入此山中也。懿行案：满洲人福星保言："黄河入海，复流出塞外，注翰海。翰海地皆沙碛，盖伏流也。"案福君此说与经义合。翰海即群鸟解羽之所，见下文。**其西有山，名曰禹所积石。** 懿行案：海内西经云"河水入渤海，又出海外，入禹所导积石山"，正与此经合，是此海即渤海矣。水经所谓"渤海"亦即此。**有阳山者。有顺山者，顺水出焉。**

有始州之国。有丹山。 此山纯出丹朱也。竹书曰："和甲西征，得一丹山。"今所在亦有丹山，丹出土穴中。 懿行案：竹书云"阳甲三年，西征丹山戎"，"阳甲"一名"和甲"也。郭所引与今本小异。

有大泽方千里，群鸟所解。 穆天子传曰："北至广原之野，飞鸟所解其羽。乃于此猎，鸟兽绝群，载羽百车。"竹书亦曰："穆王北征，行流沙千里，积羽千里。"皆谓此泽也。 懿行案："大泽"已见海内西经。穆天子传云"硕鸟解羽，六师之人毕至于旷原"，是郭所引"广"当为"旷"，或古字通也。此谓之"大泽"，穆天子传谓之"旷原"，史记、汉书谓之"翰海"，皆是。史记索隐引崔浩云："翰海，北海名。群鸟之所解羽，故云翰海。"

有毛民之国， 其人面体皆生毛。 懿行案："毛民国"已见海外东经。今所见毛民，面首獩毛尽如熊，唯微露眉目处所有似狝猴，余则是人耳，然其体亦皆毛也。不解言语，但收养者以意指使之。嘉庆十一年春正月，余在京师，亲所诊见，是其毛人乎？高诱注淮南而云"毛如矢镞"，即实非矣。**依姓，** 懿行案：晋语云"黄帝之子二十五宗，其得姓者十四人，为十二姓"，中有依姓也。**食黍，使四鸟。禹生均国，均国生役采，** "采"一作"来"。 懿行案：藏经本正作"来"。**役采生修鞈** 懿行案：藏经本作"循"。**鞈，** 音如"单袷"之"袷"。**修鞈杀绰人。** 人名。**帝念之，潜为之国，** 潜密用之为国。**是此毛民。**

有儋耳之国， 其人耳大下儋，垂在肩上。朱崖儋耳，镂画其耳，亦以放之也。　懿行案:淮南子作"耽耳",博物志作"檐耳",皆"儋耳"之异文也。"儋",依字当为"瞻",见说文。此是"北瞻耳"也。吕氏春秋任数篇曰"北怀儋耳",高诱注云"北极之国",正谓是也。其"南瞻耳",经谓之"离耳",见海内南经。又"聂耳国",见海外北经,与此异。**任姓。**懿行案:晋语说黄帝之子十二姓,中有任姓也。

禺号子,食谷北海之渚中。言在海岛中种粟给食,谓禺强也。　懿行案:"禺号"即"禺猇",大荒东经云"黄帝生禺猇,禺猇生禺京","禺京"即"禺强"也,"京"、"强"声相近。**有神,人面鸟身,珥两青蛇,践两赤蛇,名曰禺强。**懿行案:大荒东经云"禺猇珥两黄蛇,践两黄蛇",与此异,余则同也。又海外北经云"禺强践两青蛇",亦与此异。又"帝命禺强使巨鳌十五举首而戴五山",见列子汤问篇。

大荒之中有山,名曰北极天柜,音"匮"。　懿行案:"柜",藏经本作"楄"。**海水北注焉。有神,九首,人面,鸟身,名曰九凤。**懿行案:郭氏江赋云"奇鸧九头",疑即此。**又有神,衔蛇操蛇,**懿行案:列子汤问篇说愚公事,云"操蛇之神闻之,告之于帝","操蛇之神"当即此。**其状虎首人身,四蹄长肘,名曰强良。**亦在畏兽画中。　懿行案:后汉礼仪志说十二神,云"强梁、祖明共食磔死寄生",疑"强梁"即"强良",古字通也。

大荒之中有山,名曰成都载天。有人珥两黄蛇,把两黄蛇,名曰夸父。后土生信,懿行案:后土,共工氏之子句龙也,见昭十九年左传,又见海内经。**信生夸父。夸父不量力,欲追日景,逮之于禺谷。**禺渊,日所入也。今作"虞"。　懿行案:列子汤问篇夏革说本此,"禺谷"作"隅谷"。**将饮河而不足也,将走大泽,未至,死于此。**渴死。　懿行案:夸父逐日已见海外北经。**应龙已杀蚩尤,又杀夸父,**上云夸父不量力,与日竞而死,今此复云为应龙所杀。死无定名,触事而寄,明其变化无方,不可揆测。**乃去南方处之,故南方多雨。**

言龙水物,以类相感故也。

又有懿行案:藏经本无"又"字。无肠之国,为人长也。　懿行案:海外北经云"无肠国,其为人长",是此注所本。是任姓。

无继子,食鱼。"继"亦当作"膌",谓膞肠也。　懿行案:"膞肠"即"膞肠",其声同也,见海外北经"无膌国"。"继"、"膌"声相近。淮南墬形训作"无继民"。

共工臣名曰相繇,相柳也,语声转耳。　懿行案:"相柳"见海外北经。九首,蛇身自环,言转旋也。食于九土。言贪残也。　懿行案:海外北经作"九山"。其所歍所尼,歍,呕,犹喷咤。尼,止也。　懿行案:说文云:"歍,心有所恶,若吐也。"又云:"欧,吐也。"尔雅释诂云:"尼,止也。"即为源泽,言多气力。不辛乃苦,言气酷烈。百兽莫能处。言畏之也。禹堙洪水,杀相繇,禹塞洪水,由以溺杀之也。其血腥臭,不可生谷,其地多水,不可居也。言其膏血滂流成渊水也。禹湮之,三仞三沮,言禹以土塞之,地陷坏也。乃以为池,群帝是因以为台。地下宜积土,故众帝因来在此,共作台。　懿行案:即帝尧、帝喾等台也,见海内北经。在昆仑之北。懿行案:海内北经云:"台四方,在昆仑东北。"

有岳之山,懿行案:李善注张协七命引此经作"岳山",无"之"字。寻竹生焉。寻,大竹名。　懿行案:玉篇作"簭",云"竹长千丈"。然海外北经有"寻木长千里","寻竹"犹"寻木"也。玉篇作"簭"失之。李善注张协七命引此经及郭注,并止作"寻",可证玉篇之非。

大荒之中有山,名曰不句,海水入焉。懿行案:藏经本"水"下有"北"字。

有系昆之山者,有共工之台,射者不敢北乡。言畏之也。　懿行案:"共工之台"已见海外北经。有人衣青衣,名曰黄帝女魃。音如"旱妭"之"魃"。　懿行案：玉篇引文字指归曰："女妭，秃无发，所居之处天不雨也，同魃。"李贤注后汉书引此经作"妭"，云"妭亦魃也"。据此则经文当为"妭"，注文当为"魃"，今本误也，太平御览七十九卷引此经作"妭"可证。**蚩尤作兵伐黄帝，**懿行案：大戴礼用兵篇云："问曰：'蚩尤作兵与？'曰：'蚩尤，庶人之贪者也，何器之能作？'"是以蚩尤为庶人，然史记殷本纪云："昔蚩尤与其大夫作乱百姓，帝乃弗予有状。"是知蚩尤非庶人也。又五帝本纪云："诸侯咸来宾从，而蚩尤最为暴，莫能伐。"则蚩尤为诸侯审矣。管子地数篇云："蚩尤受葛卢山之金，而作剑、铠、矛、戟。"太平御览二百七十卷引世本曰"蚩尤作兵"，宋衷注曰："蚩尤，神农臣也。"又引春秋元命苞曰："蚩尤虎卷威文立兵。"宋均注曰："卷，手也，手文威字也。"又龙鱼河图说此极详，见史记正义。**黄帝乃令应龙攻之冀州之野**。冀州，中土也。黄帝亦教虎、豹、熊、罴，以与炎帝战于阪泉之野而灭之，见史记。　懿行案：古以冀州为中州之通名，故郭云"冀州，中土也"。又引史记云"黄帝与炎帝战于阪泉之野"，此五帝本纪文。然其下方云"与蚩尤战于涿鹿之野"，郭氏未引此文，盖漏脱也。周书尝麦篇云："蚩尤乃逐帝，争于涿鹿之阿，九隅无遗。赤帝大慑，乃说于黄帝，执蚩尤，杀之于中冀，用名之曰绝辔之野。"周书所说即此经云"攻之冀州之野"也。焦氏易林云："白龙赤虎，战斗俱怒。蚩尤败走，死于鱼口。"即此经云"令应龙攻之"也。**应龙畜水，蚩尤请风伯、雨师纵大风雨**。懿行案："纵"当为"从"，史记正义引此经云"以从大风雨"。艺文类聚七十九卷及太平御览七十九卷引此经亦作"从"。**黄帝乃下天女曰魃，**懿行案：御览引此经"魃"作"妭"。藏经本此下亦俱作"妭"。史记正义引龙鱼河图云："黄帝以仁义不能禁止蚩尤，乃仰天而叹，天遣[一]玄女下授黄帝兵符，伏蚩尤。"**雨止，**懿行案：史记正义引此经有"以止雨"三字，在"雨止"句之上。**遂杀蚩尤**。懿行案：初学记九卷引归藏启筮云："蚩尤出自羊水，八肱，八趾，疏首，登九淖以伐空桑，黄帝杀之于青丘。"史记索隐引皇

273

〔一〕"遣"，原作"遗"，据史记正义改。

甫谧云:"黄帝使应龙杀蚩尤于凶黎之谷。"魃不得复上,所居不雨。旱气在也。叔均言之帝,后置之赤水之北。远徙之也。叔均乃为田祖。主田之官。诗云"田祖有神"。魃时亡之。畏见逐也。 懿行案:亡,谓善逃逸也。所欲逐之者令曰:神北行。向水位也。 懿行案:北行者,令归赤水之北也。先除水道,决通沟渎。言逐之必得雨,故见先除水道,今之逐魃是也。 懿行案:艺文类聚一百卷引神异经云:"南方有人长二三尺,袒身,而目在顶上,走行如风,名曰魃。所见之国大旱,赤地千里。一名狢。遇者得之,投溷中乃死,旱灾消。"是古有逐魃之说也。魏书载:咸平五年,晋阳得死魃,长二尺,面顶各二目。通考言:永隆元年,长安获女魃,长尺有二寸。然则神异经之说盖不诬矣。今山西人旱魃神体有白毛,飞行绝迹,而东齐愚人有"打旱魃"之事。其说怪诞不经,故备书此正之。

有人方食鱼,名曰深目民之国,懿行案:"深目国"已见海外北经。盼姓,食鱼。亦胡类,但眼绝深。黄帝时姓也。 懿行案:盼,府文切,见玉篇。与"滕"、"荀"二字形声俱近。晋语说黄帝之子十二姓,中有滕、荀,疑郭本"盼"作"滕"或"荀",故注云"黄帝时姓也"。

有钟山者。有女子衣青衣,名曰赤水女子献。神女也。 懿行案:穆天子传云:"赤乌之人丌好,献女于天子,曰赤乌氏美人之地也。"似与此经义合。

大荒之中有山,名曰融父山,顺水入焉。懿行案:上文云"有顺山者,顺水出焉",即此。有人名曰犬戎。黄帝生苗龙,苗龙生融吾,融吾生弄一作"卞"。明,弄明生白犬。懿行案:汉书匈奴传注引此经作"弄明",史记周本纪正义引此经作"并明","并"与"卞"疑形声之讹转。匈奴传索隐引此经亦作"并明",又云:"黄帝生苗,苗生龙,龙生融,融生吾,吾生并明,并明生白,白生犬,犬有二牝,是为犬戎。"所引一人俱为两人,所未详闻。白犬有牝牡,言自相配合也。 懿行案:史记周本纪正义、汉书匈奴传注引此经并作"白犬有二牝牡",盖谓所生二人相为牝牡也。

藏经本作"白犬二犬有牝牡",下"犬"字疑衍。**是为犬戎，肉食。有赤兽**，_{懿行案：说文云："赤狄本犬种，从犬亦省声。"}**马状无首，名曰戎宣王尸**。_{犬戎之神名也。}

有山名曰齐州之山、君山、鬵山、_{音"潜"。}**鲜野山、鱼山。**

有人一目，当面中生。_{懿行案：此人即"一目国"也，见海外北经。"当面中生"四字，藏经本作郭注，非。}**一曰是威姓，少昊之子，**_{懿行案：晋语云："青阳与夷鼓皆为己姓。"说者云青阳即少昊，是少昊己姓。此云"威"者，"己"、"威"声相转。}**食黍。**

有继无民。_{懿行案："继无"疑当为"无继"，即上文"无继子"也。}**继无民任姓，无骨子，**_{言有无骨人也。尸子曰："徐偃王有筋无骨。"}**食气、鱼。**_{懿行案："食气鱼"者，此人食气兼食鱼也。大戴礼易本命篇云："食气者神明而寿。"}

西北海外，流沙之东，有国曰中輴，_{懿行案："輴"，玉篇云"符善切"，集韵云"婢善切，音扁"。藏经本"輴"作"轮"。}**颛顼之子，食黍。**

有国名曰赖丘。有犬戎国。_{懿行案："犬戎国"已见海内北经。}**有神，**_{懿行案：犬戎，黄帝之玄孙，已见上文，是犬戎亦人也，"神"字疑讹。史记周本纪集解引此经正作"人"字。}**人面兽身，名曰犬戎。**

西北海外，黑水之北，有人有翼，名曰苗民。_{三苗之民。　懿行案："三苗国"已见海外南经。史记五帝纪正义引神异经云："西荒中有人焉，面目手足皆人形，而胳下有翼，不能飞，为人饕餮，淫逸无理，名曰苗民。"引此经文。}**颛顼生驩头，**_{懿行案："驩头国"亦见海外南经。}**驩头生苗民，苗民釐姓，**_{懿行案："釐"与"僖"同，说已见上。}**食肉。有山，名曰章山。**

大荒之中有衡石山、九阴山、洞野之山，_{懿行案：水经若水注、文选甘泉赋及月赋注、艺文类聚八十九卷引此经，并作"灰野之山"。}**上**

有赤树,青叶赤华,名曰若木。生昆仑西,附西极,其华光赤下照地。　懿行案:"若",说文作"叒",云:"日初出东方汤谷所登榑桑。叒,木也,象形。"今案说文所言是东极若木,此经及海内经所说乃西极若木,不得同也。离骚云"折若木以拂日",王逸注云:"若木在昆仑西极,其华照下地。"淮南墬形训云:"若木在建木西,末有十日,其华照下地。"皆郭注所本也。又文选月赋注引此经,"若木"下有"日之所入处"五字;水经若水注引此经,"若木"下有"生昆仑山西附西极"八字。证以王逸离骚注"若木在昆仑西极",则知水经注所引八字,古本盖在经文,今误入郭注尔。又郭注"其华光赤下照地",王逸离骚注亦有"其华照下地"五字,以此互证,疑此句亦当在经中,今本误入注文也。艺文类聚八十九卷引郭氏赞云:"若木之生,昆山是滨。朱华电照,碧叶玉津。食之灵智,为力为仁。"

有牛黎之国。懿行案:"牛黎",盖即"柔利"也。其人反膝曲足居上,故此经云"无骨"矣。"柔利国"见海外北经。**有人无骨,儋耳之子。**儋耳人生无骨子也。

西北海之外,赤水之北,有章尾山。懿行案:海外北经作"钟山",此作"章尾山","章"、"钟"声近而转也。文选注雪赋引此经文,又注舞鹤赋引十洲记曰:"钟山在北海之中,地仙家数千万,耕田种芝草,课计顷亩也。"即此。**有神,人面蛇身而赤,身长千里。**　懿行案:"身长千里"见海外北经。艺文类聚七十九卷引此四字作经文,"里"字作"尺"。今案四字作经文是也,海外北经可证。**直目正乘,**直目,目从也。正乘,未闻。　懿行案:毕氏云:"'乘'恐'朕'字假音,俗作'朕'也。"**其瞑**懿行案:李善注思玄赋引此经作"眠",俗字也。**乃晦,其视乃明。**言视为昼、眠为夜也。**不食不寝不息,风雨是谒。**言能请致风雨。**是烛九阴,**照九阴之幽隐[一]也。**是谓烛龙。**离骚曰:"日安不到?烛龙何耀?"诗含神雾曰"天不足西北,无有阴阳消息,故有龙衔精以往,照天门中"云。淮南子曰:"蔽于委

〔一〕"隐",原本作"阴",诸本俱作"隐",据改。

羽之山，不见天日也。" 懿行案：楚词天问作"烛龙何照"，郭引"照"作"耀"也。李善注雪赋引诗含神雾云"有龙衔火精以照天门中"，此注所引脱"火"字也。又引淮南子者墬形训，云"烛龙在雁门北，蔽于委羽之山，不见日"，高诱注云"委羽，北方山名。一曰龙衔烛以照太阴，盖长千里"云云。

山海经第十八　晋郭璞传　栖霞郝懿行笺疏

海内经

东海之内，北海之隅，有国名曰朝鲜、朝鲜，今乐浪郡也。懿行案："朝鲜"已见海内北经。**天毒，其人水居，**天毒即天竺国，贵道德，有文书、金银、钱货，浮屠出此国中也。晋大兴四年，天竺胡王献珍宝。懿行案：史记大宛传云有"身毒国"，索隐云："身音乾，毒音笃。孟康云：'即天竺也，所谓浮图胡也。'"案大宛传说身毒云："其人民乘象以战，其国临大水焉。"后汉书西域传云："天竺国一名身毒，其国临大水，修浮图道，不杀伐。"水经注引康泰扶南传曰："天竺土俗，道法流通，金宝委积，山川饶沃，恣所欲。"大意与郭注同也。**偎人爱之。**偎，亦爱也。音隐隈反。　懿行案："爱之"，藏经本作"爱人"，是也。列子云："列姑射山有神人，不偎不爱，仙圣为之臣。"义正与此合。袁宏汉纪云："浮屠，佛也。天竺国有佛道，其教以修善慈心为主，不杀生。"亦此义也。玉篇云"偎，爱也"，本此，又云"北海之隅，有国曰偎人"，以"偎人"为国名，义与此异。

西海之内，流沙之中，有国名曰壑市。音"郝"。　懿行案：水经注禹贡山水泽地云："流沙在西海郡北，又迳浮渚，历壑市之国。"

西海之内，流沙之西，有国名曰氾叶。音如"氾滥"之"氾"。　懿行案：水经注无此国，疑脱。

流沙之西有鸟山者，懿行案：水经注云："流沙历壑市之国，又迳于鸟山之东。"**三水出焉。**三水同出一山也。**爰有黄金、璿瑰、丹**

货、银、铁，皆流于此中。言其中有杂珍奇货也。　懿行案："皆流于此中"，藏经本作"皆出此水"四字。穆天子传云"天子之珤，玉果璿珠，烛银黄金之膏"，即此类。**又有淮山，好水出焉。**

　　流沙之东，黑水之西，有朝云之国、懿行案：水经注云："流沙又迳于鸟山之东，朝云之国。"**司彘之国。黄帝妻雷祖，生昌意。**世本云："黄帝娶于西陵氏之子，谓之嫘祖，产青阳及昌意。"　懿行案：雷，姓也。祖，名也。西陵氏姓方雷，故晋语云："青阳，方雷氏之甥也。""雷"通作"嫘"。郭引世本作"纍祖"，大戴礼帝系篇作"嫘祖"，史记五帝纪同，汉书古今人表作"絫祖"，并通。**昌意降处若水，**懿行案：大戴礼帝系篇与此同。史记索隐云："降，下也，言帝子为诸侯，若水在蜀，即所封国也。"**生韩流。**竹书云："昌意降居若水，产帝乾荒。"乾荒即韩流也，生帝颛顼。　懿行案：竹书"帝乾荒"盖即帝颛顼也。此经又有"韩流生颛顼"，与竹书及大戴礼、史记皆不合，当在阙疑。郭氏欲以此经附合竹书，恐非也。详见大荒东经。**韩流擢首、谨耳、**擢首，长咽。谨耳，未闻。　懿行案：说文云："颛，头颛颛，谨皃；顼，头项项，谨皃。"即"谨耳"之义。然则颛顼命名，岂以头似其父故与？说文又云："擢，引也。"方言云："擢，拔也。"拔引之则长，故郭训擢为长矣。

人面、豕喙、懿行案：韩诗外传姑布子卿说孔子云"污面蒙喙"，"葭"盖与"猳"通，即豕喙也。**麟身、渠股、**渠，车辋，言骈脚也。大传曰："大如车渠。"　懿行案："骈"当为"胼"，依字当为"骈"，见说文。尚书大传"取大贝，大如大车之渠"，郑康成注云："渠，车罔也。"是郭注所本。**豚止，**止，足。　懿行案：止，即趾也。士昏礼云"皆有枕北止"，郑注云："止，足也。古文'趾'作'止'。"又汉书郊祀歌云"获白麟，爰五止"，颜师古注亦训"止"为"足"也。**取淖子曰阿女，生帝颛顼。**世本云："颛顼母，浊山氏之子，名昌仆。"　懿行案：大戴礼帝系篇云："昌意娶于蜀山氏之子，谓之昌仆氏，产颛顼。"郭引世本作"浊山氏"。"浊"、"蜀"古字通。"浊"又通"淖"，是淖子即蜀山子也。"曰阿女"者，初学记九卷引帝王世纪云"颛顼母曰景仆，蜀山氏女,谓之女枢"是也。

流沙之东,黑水之间,有山名不死之山。即员丘也。 懿
行案:水经注云:"流沙又历员丘不死山之西。"郭知不死山即员丘者,员丘山
上有不死树,食之乃寿,见海外南经注。

华山青水之东,有山名曰肇山,有人名曰柏高,柏子高,
仙者也。 懿行案:据郭注,经文当为"柏子高",藏经本正如是,今本脱"子"
字也。庄子天地篇云:"尧治天下,伯成子高立为诸侯,禹时伯成子高辞为诸
侯而耕。"史记封禅书说神仙之属有"羡门子高",未审即一人否。又郭注穆天
子传云"古'伯'字多从木",然则柏高即伯高矣。伯高者,管子地数篇有"黄
帝问于伯高"云云,盖黄帝之臣也。帝乘龙鼎湖,而伯高从焉,故高亦仙者也。

柏高上下于此,至于天。言翱翔云天,往来此山也。

西南黑水之间,有都广之野,懿行案:海内西经云"后稷之葬,
山水环之,在氐国西",其地盖在今日甘肃界也。鲁语云"稷勤百谷而山死",
韦昭注云:"死于黑水之山。"淮南墬形训云"南方曰都广,曰反户",高诱注云:
"都广,国名。山在此国,因复曰都广山。在日之南,皆为北乡户,故反其户
也。"墬形训又云"后稷垅在建木西",又云"建木在都广",高诱注云:"都广,
南方山名。"史记周本纪注引此经作"黑水、青水之间有广都之野",与今本异;
又作大荒经,误。**后稷葬焉。**其城方三百里,盖天下之中,素女所出也。
离骚曰:"绝都广野而直指号。" 懿行案:楚词九叹云"绝都广以直指兮",郭
引此句于"都广"下衍"野"字,又作"直指号","号"即"兮"字之讹也。王逸注
引此经有"其城方三百里,盖天地之中"十一字,是知古本在经文,今脱去之,
而误入郭注也。因知"素女所出也"五字,王逸注虽未引,亦必为经文无疑矣。
"素女"者,徐锴说文系传云:"黄帝使素女鼓五十弦琴,黄帝悲,乃分之为二十
五弦。"今案"黄帝",史记封禅书作"太帝",风俗通亦云"黄帝书:泰帝使素女
鼓瑟而悲,帝禁不止"云云,然则素女盖古之神女,出此野中也。又郭注"天下
之中"当为"天地之中"。**爰有膏菽、膏稻、膏黍、膏稷。**言味好皆滑
如膏。外传曰:"膏粢之子,菽豆粢粟也。" 懿行案:赵岐注孟子云:"膏粱,细
粟如膏者也。"郭注"味好",藏经本作"好米"。又引外传"膏粢之子",晋语作

"膏粱之性"，与此异文，所未详。**百谷自生，**懿行案：刘昭注郡国志引博物记云："扶海洲上有草名蒒，其实食之如大麦，从七月稔熟，民敛穫至冬乃讫，名曰自然谷，或曰禹余粮。"即此之类。杨慎补注云："齐民要术引此作'百榖自生'，云'榖'即'馨'字。"此言非也。"榖"盖"谷"字之讹，古无此字。论衡偶会篇云"禄恶殖不滋之榖"是也，其字从殸从禾，不从木。**冬夏播琴。**播琴犹播殖，方俗言耳。　懿行案：毕氏云："播琴，播种也。水经注云：'楚人谓冢为琴。'冢、种声相近也。"今案毕说是也。又刘昭注郡国志"铜阳"引皇览曰："县有葛陂乡，城东北有楚武王冢，民谓之楚武王岑。"然则楚人盖谓冢为岑，岑、琴声近。疑初本谓之"岑"，形声讹转为"琴"耳。**鸾鸟自歌，凤鸟自儛，灵寿实华，**灵寿，木名也，似竹有枝节。　懿行案：尔雅云"椐，樻"，即灵寿也。诗释文引毛诗草木疏云："节中肿似扶老，即今灵寿是也，今人以为马鞭及杖。弘农共北山皆有之。"汉书孔光传云"赐太师灵寿杖"，颜师古注云："木似竹，有枝节，长不过八九尺，围三四寸，自然有合杖制，不须削治也。"**草木所聚。**在此丛殖也。**爰有百兽，相群爰处。**于此群聚。**此草也，**懿行案："此草"犹言此地之草，古文省耳。**冬夏不死。**

　南海之外，黑水、青水之间，懿行案：水经若水注引此经无"青水"二字。**有木名曰若木，**树赤华青。　懿行案：大荒北经说"若木"云"赤树青叶赤华"，此注"华"盖"叶"字之讹。**若水出焉。**懿行案：地理志云："蜀郡，旄牛：鲜水出徼外，南入若水。若水亦出徼外，南至大莋入绳。"水经云"若水出蜀郡旄牛徼外，东南至故关，为若水"，注云："若水之生非一所也，黑水之间，厥木所植，水出其下，故水受其称焉。"**有禺中之国。有列襄之国。有灵山。有赤蛇在木上，名曰蝹蛇，木食。**言不食禽兽也。音如"夑弱"之"夑"。　懿行案：大荒南经云"宋山有赤蛇，名育蛇"，但此在木上为异。

　　有盐长，懿行案：太平御览七百九十七卷引作"监长"，"有"上有"西海中"三字。藏经本亦作"监长"。北堂书钞一百五十七卷引与今本同。**之**

281

国。有人焉，鸟首，名曰鸟氏。今佛书中有此人，即鸟夷也。　懿行案："鸟氏"，御览引作"鸟民"，今本"氏"字讹也。"鸟夷"者，史记夏本纪及地理志并云"鸟夷皮服"，大戴礼五帝德篇云"东有鸟夷"是也。又秦本纪云"大费生子二人，一曰大廉，实鸟俗氏"，索隐云："以仲衍鸟身人言，故为鸟俗氏。"亦斯类也。

有九丘，懿行案：北堂书钞引"有"上有"地缘"二字，与"鸟民"连文。以水络之，络，犹绕也。　懿行案：文选游天台山赋及景福殿赋注引此注，并云："络，绕也。"名曰陶唐之丘。陶唐，尧号。有叔得之丘、懿行案：书钞引"叔"上有"升"字。孟盈之丘、懿行案：叔得、孟盈盖皆人名号也。"孟盈"或作"盖盈"，古天子号。昆吾之丘，此山出名金也。尸子曰："昆吾之金。"　懿行案："昆吾之山"已见中次二经，此经"昆吾"，古诸侯号也。大戴礼帝系篇云："陆终产六子，其一曰樊，是为昆吾。"淮南墬形训云："昆吾丘，在南方。"黑白之丘、赤望之丘、参卫之丘、武夫之丘、此山出美石。　懿行案：南次二经"会稽之山，其下多砆石"，郭注云"砆，武夫石，似玉"是也。神民之丘。言上有神人。　懿行案：文选游天台山赋注引此经，作"神人之丘"，书钞仍引作"神民"。以郭注推之，似"民"当为"人"。

有木，青叶紫茎，玄华黄实，名曰建木。懿行案：海内南经云"建木在弱水上"，郭注本此经为说。百仞无枝，有九欘，枝回曲也。音如"斤斸"之"斸"。　懿行案：玉篇云"欘，枝上曲"，本此。藏本经文"枝"下有"上"字，今本脱也。下有九枸，根盘错也。淮南子曰："木大则根欋。"音"劬"。　懿行案：见淮南说林训篇。"欋"、"枸"音同。其实如麻，似麻子也。其叶如芒。芒木，似棠梨也。　懿行案：芒木如棠，赤叶，可毒鱼，出萲山，见中次二经。大皞爰过，言庖羲于此经过也。　懿行案：庖羲生于成纪，去此不远，容得经过之。黄帝所为。言治护之也。有窫窳，龙首，是食人。在弱水中。　懿行案："窫窳居弱水中"，已见海内南经。有青兽，人面，懿行案：郭注海内南经云"狌狌状如黄狗"，此经云"青兽，人面"，与郭异。太平御览九百八卷引此经，无"青兽"二字，盖脱。艺文类聚九十五卷引作"有兽"，无"青"字，当是今本"青"字衍也。**名曰猩猩。**能言。　懿行案：吕氏春秋本味篇云"肉之美者，猩猩之唇"，高诱注云："猩猩，兽名也，人面狗躯而长尾。"案"狌狌知人名"见海内南经。"猩猩能言"见曲礼。

西南有巴国。今三巴是。**大皞**懿行案：列子黄帝篇："庖牺氏蛇身人面而有大圣之德。"帝王世纪云："大皞母曰华胥，履大人迹于雷泽，而生庖牺于成纪。"地理志云"天水郡，成纪"。**生咸鸟，咸鸟生乘釐，乘釐生后照，**懿行案：太平御览一百六十八卷引此经"照"作"昭"。**后照是始为巴人。**为之始祖。**有国名曰流黄辛氏，**即酆氏也。　懿行案：海内西经云"流黄酆氏之国"，即此。又南次二经云"柜山，西临流黄"，亦此也。**其域中方三百里，其出是尘土。**言殷盛也。　懿行案：尘坌出是国中，谓人物喧阗也。藏经本"域"字作"城"，"出"字上下无"其"、"是"二字。**有巴遂山，渑水出焉。**懿行案：水经若水注云"绳水出徼外"，引此经，亦作"绳水"。地理志云"蜀郡，旄牛：若水出徼外，南至大莋入绳"，即斯水也。

又有朱卷之国，有黑蛇，青首，食象。即巴蛇也。　懿行案："巴蛇"已见海内南经。

南方有赣巨人，即枭阳也。音"感"。　懿行案："枭阳国"已见海内南经。今南康人说深山中亦有此物也。**人面长臂，**懿行案："臂"当为"唇"字之讹，见海内南经。**黑身有毛，反踵，见人笑亦笑，**懿行案：当依古本作"见人则笑"，说见海内南经。牟廷相曰："'亦'，古'掖'字，言见人则笑而掖持之也。下'笑'字属下句读。"懿行案：此读可通，而于海内南经之文微阂，姑存之以备一解。**唇蔽其面，因即逃也。**懿行案：藏经本"即"作"可"。

又有黑人，虎首鸟足，两手持蛇方啖之。

有赢民，鸟足。音“盈”。有封豕。大猪也。羿射杀之。　　懿
行案：楚词天问云“冯珧利玦，封豨是射”，王逸注云：“封豨，神兽也。言羿猎
射封豨，以其肉膏祭天地。”淮南本经训云：“尧之时，封豨为民害，尧乃使羿禽
封豨于桑林。”是皆郭所本也。然大猪所在皆有，非必即羿所射者。初学记及
艺文类聚引符子曰：“有献燕昭王大豕者，邦人谓之豕仙，死而化为鲁津伯。”
又吴志云：“孙休永安五年，使察战到交址调孔爵、大猪。”斯皆封豕之类也。
类聚九十四卷引郭氏赞云：“有物贪婪，号曰封豕。荐食无餍，肆其残毁。羿
乃饮羽，献帝效技。”有人曰苗民。三苗民也。有神焉，人首蛇身，
长如辕，大如车毂，泽神也。左右有首，岐头。衣紫衣，冠旃冠，
名曰延维。委蛇。人主得而飨食之，伯天下。齐桓公出田于大
泽，见之，遂霸诸侯。亦见庄周，作“朱冠”。　　懿行案：庄子达生篇云：“委蛇，
其大如毂，其长如辕，紫衣而朱冠。其为物也，恶闻雷车之声，则捧其首而立。
见之者殆乎霸也。”有鸾鸟自歌，凤鸟自舞。凤鸟首文曰德，翼
文曰顺，膺文曰仁，背文曰义，见则天下和。言和平也。　　懿行
案：凤状已见南次三经“丹穴之山”，与此小异。又有青兽，如菟，名曰
蒐狗。音如“朝菌”之“菌”。　　懿行案：“蒐”盖古“菌”字，其上从“屮”，即
古文“艸”字也。如“芬”、“熏”之字今皆从草，古从“屮”，作“芬”、“蒿”字，是
其例也。蒐狗者，周书王会篇载伊尹四方令云“正南以菌鹤、短狗为献”，疑即
此物也。有翠鸟。懿行案：尔雅云：“鹬，翠。”王会篇云：“仓吾翡翠。”王逸
注楚词招魂云：“雄曰翡，雌曰翠。”李善注鹪鹩赋引异物志曰：“翡，赤色，大于
翠。”刘逵注蜀都赋云“翡翠常以二月九日群翔兴古千余”，又注吴都赋云“翡
翠巢于树巅生子，夷人稍徙下其巢，子大未飞，便取之”，皆出于交址郁林南。
有孔鸟。孔雀也。　　懿行案：王会篇云：“方人以孔鸟。”刘逵注蜀都赋云：
“孔雀特出永昌南涪县。”又注吴都赋云：“孔雀尾长六七尺，绿色有华彩，朱
崖、交址皆有之，在山草中。”案吴志云：“孙休使察战到交址调孔爵。”

南海之内，有衡山，南岳。　　懿行案：郭注中次十一经“衡山”云
“今衡山在衡阳湘南县，南岳也，俗谓之岣嵝山”，宜移注于此。“衡阳郡，湘

山海经笺疏

南",见晋书地理志。**有菌山,**音"芝菌"之"菌"。　懿行案:"菌"即"芝菌"之字,何须用音? 知郭本经文不作"菌",疑亦当为"崮"字,见上文。**有桂山。**或云衡山有菌桂,桂员似竹,见本草。　懿行案:刘逵注蜀都赋引神农本草经曰:"菌桂出交趾,圆如竹,为众药通使。"**有山名三天子之都。**一本"三天子之鄁山"。　懿行案:注"一本"下当脱"作"字或"云"字。"三天子之鄁山"已见海内南经。藏经本经文直作"三天子之鄁山",无郭注。

南方苍梧懿行案:王会篇作"仓吾"。**之丘,苍梧之渊,**懿行案:李善注思玄赋及李贤注后汉书及艺文类聚引此经,并作"川",盖避唐讳也。**其中有九嶷山,**音"疑"。**舜之所葬,在长沙零陵界中。**山今在零陵营道县南,其山九溪皆相似,故云九疑。古者总名其地为苍梧也。　懿行案:"苍梧之山,帝舜葬于阳",已见海内南经。说文云:"九嶷山,舜所葬,在零陵营道。"楚词、史记并作"九疑",初学记八卷及文选上林赋注引此经亦作"九疑",琴赋注又作"九嶷",盖古字通也。罗含湘中记云:"衡山、九疑皆有舜庙。"又云:"衡山遥望如阵云,沿湘千里,九向九背,乃不复见。"

北海之内,有蛇山者,懿行案:海内北经之首有"蛇巫山",疑非此。**蛇水出焉,东入于海。有五采之鸟,飞蔽一乡,**汉宣帝元康元年,五色鸟以万数,过蜀都,即此鸟也。　懿行案:思玄赋旧注引此经作"飞蔽日",盖古本如此。**名曰翳鸟。**凤属也。离骚曰:"驷玉虬而乘翳。"懿行案:广雅云:"翳鸟,鸾鸟,凤皇属也。"今离骚"翳"作"翳",王逸注云:"凤皇别名也。"史记司马相如传张揖注及文选注、后汉书张衡传注引此经,并作"翳鸟"。上林赋注仍引作"翳鸟"。**又有不距之山,巧倕葬其西。**倕,尧巧工也。音"瑞"。　懿行案:"义均是始为巧倕,始作下民百巧",见下文。郭知为尧臣者,以虞书云"咨,垂,女共工",垂、倕盖一人也。淮南本经训云"周鼎著倕,使衔其指,以明大巧之不可为也",高诱注云:"倕,尧之巧工。"是皆郭注所本。玉篇云:"倕,黄帝时巧人名也。"与郭义异。藏经本"音瑞"作"音垂"。

北海之内,有反缚盗械、懿行案:吴氏引汉纪云"当盗械者皆颂系",注云:"凡以罪著械,皆得称盗械。"**带戈常倍之佐,名曰相顾之尸。**亦贰负臣危之类。

伯夷父生西岳,懿行案:周语云:"昔四岳国,命为侯伯,赐姓曰姜,氏曰有吕。"此经言伯夷父生西岳,盖其父本为四岳,至其子纂修旧勋,故复为西岳也。大荒西经有"南岳",未审是此何人。**西岳生先龙,先龙是始生氐羌,氐羌乞姓。**伯夷父,颛顼师,今氐羌其苗裔也。　懿行案:竹书云:"成汤十九年,氐羌来贡。武丁三十四年,氐羌来宾。"周书王会篇云"氐羌鸾鸟",孔晁注云:"氐地之羌不同,故谓之氐羌。"郭云"伯夷父,颛顼师"者,汉书古今人表云"柏夷亮父,颛顼师",新序杂事五云"颛顼学伯夷父",是郭所本也。"柏"与"伯"通,凡古人名"伯"者,表皆书作"柏"字也。

北海之内有山,名曰幽都之山,懿行案:尔雅释地云:"有幽都之筋角焉。"高诱注淮南墬形训云:"古之幽都在雁门以北。"又案大戴礼五帝德篇云"北至于幽陵",疑"幽陵"即"幽都"。**黑水出焉。其上有玄鸟、玄蛇、**懿行案:上文云"朱卷之国有黑蛇食象",大荒南经云"黑水之南有玄蛇食麈"。**玄豹、**懿行案:中次十一经云:"即谷之山多玄豹。"李善注子虚赋引此经。**玄虎、**黑虎名䖈,见尔雅。**玄狐蓬尾。**蓬,丛也,阻留反。说苑曰:"蓬狐、文豹之皮。"　懿行案:小雅何草不黄篇云"有芃者狐",盖言狐尾蓬蓬然大,依字当为"蓬",诗假借作"芃"耳。郭云"阻留反",于文上无所承,疑有阙脱。太平御览九百九卷引此注,作"蓬蓬其尾也",无"阻留反"三字,非。牟廷相曰:"丛字可读如菆。"则"阻留"当是"丛"字之音也。**有大玄之山。有玄丘之民。**言丘上人物尽黑也。　懿行案:"人物尽黑"疑本在经中,今脱去之。水经温水注云:"林邑国人以黑为美。"所谓"玄国"亦斯类也。**有大幽之国。**即幽民也,穴居无衣。　懿行案:郭注疑本在经中,今脱去。**有赤胫之民。**膝已下正赤色。

有钉灵之国,其民从膝已下有毛,马蹄,善走。诗含神雾曰:"马蹄自鞭其蹄,日行三百里。"　懿行案:"钉灵",说文作"丁零",一作

"丁令"。通考云:"丁令国有二。乌孙长老言:北丁令有马胫国,其人声音似雁鹜,从膝以上身头人也,膝以下生毛,马胫马蹄,不骑马而走疾于马。"案通考所说,见裴松之注三国志引魏略云。

炎帝之孙伯陵,懿行案:周语云:"大姜之侄,伯陵之后,逢公之所冯神。"昭二十年左传云"有逢伯陵因之",杜预注云:"逢伯陵,殷诸侯。"以此经文推之,伯陵非亲炎帝之孙,盖其苗裔也。伯陵同吴权之妻阿女缘妇。同犹通,言淫之也。吴权,人姓名。缘妇孕三年,孕,怀身也。是生鼓、延、殳,始为侯。三子名也。"殳"音"殊"。鼓、延是始为钟,世本云:"毋句作磬,倕作钟。" 懿行案:初学记十六卷引此经,与今本同。说文云"古者毋句氏作磬,垂作钟",与郭引世本同。又初学记引世本"毋"作"无",盖古字通用。又引乐录云:"无句,尧臣也。"为乐风。作乐之曲制。

黄帝生骆明,骆明生白马,白马是为鲧。即禹父也。世本曰:"黄帝生昌意,昌意生颛顼,颛顼生鲧。" 懿行案:郭引世本云"昌意生颛顼,颛顼生鲧",与大戴礼帝系世次相合,而与前文"昌意生韩流,韩流生颛顼"之言却复相背,郭氏盖失检也。大抵此经非出一人之手,其载古帝王世系尤不足据,不必强为之说。帝俊生禹号,禹号生淫梁,淫梁生番禺,懿行案:北堂书钞一百三十七卷引此经,"淫"作"经"。大荒东经言"黄帝生禺猇",即禹号也;"禺猇生禺京",即淫梁也。禺京、淫梁,声相近。然则此经"帝俊"又当为黄帝矣。是始为舟。世本云:"共鼓、货狄作舟。" 懿行案:初学记二十五卷引此经,又引世本云:"共鼓、货狄作舟,黄帝二臣也。"番禺生奚仲,奚仲生吉光,吉光是始以木为车。世本云"奚仲作车",此言吉光,明其父子共创作意,是以互称之。 懿行案:说文云:"车,夏后时奚仲所造。"少暤生般,音"班"。般是始为弓矢。世本云"牟夷作矢,挥作弓。"弓矢一器,作者两人,于义有疑。此言般之作,是。 懿行案:说文云"古者夷牟初作矢",郭引世本作"牟夷",疑文有倒转耳。宋衷云:"夷牟,黄帝

287 山海经第十八 海内经

臣也。"说文又云"挥作弓",与世本同。吴越春秋云"黄帝作弓",荀子解蔽篇又云"倕作弓,浮游作矢",俱与此经异也。**帝俊赐羿彤弓、素矰,**彤弓,朱弓。矰,矢名,以白羽羽之。外传"白羽之矰,望之如荼"也。　懿行案:楚词天问篇云"冯珧利决",王逸注云:"珧,弓名也。决,射鞴也。"是即帝赐羿弓矢之事。太平御览八十二卷引帝王世纪曰"羿,其先帝喾以世掌射,故于是加赐以弓矢,封之于钥,为帝司射",盖本此经为说也。说文云:"矰,隹躲矢也。"郭云"白羽羽之",疑下"羽"字误。所引外传者,吴语文。**以扶下国。**言令羿以射道除患,扶助下国。**羿是始去恤下地之百艰。**言射杀凿齿、封豕之属也。有穷后羿慕羿射,故号此名也。**帝俊生晏龙,**懿行案:"帝俊生晏龙,晏龙生司幽",已见大荒东经。**晏龙是**懿行案:北堂书钞一百九卷引此经"是"下有"始"字。**为琴瑟。**世本云:"伏羲作琴,神农作瑟。"懿行案:说文云:"琴,神农所作;瑟,庖牺所作。"此注盖传写之讹也。初学记十六卷引琴操曰"伏牺作琴",又引世本、说文、桓谭新论,并云"神农作琴",二说不同。据初学记所引,说文是与世本同之证。**帝俊有子八人,是始为歌舞。**懿行案:初学记十五卷、艺文类聚四十三卷、太平御览五百七十二卷引此经,并云"帝俊八子,是始为歌",无"舞"字。**帝俊生三身,三身生义均,**懿行案:"帝俊妻娥皇生三身之国",已见大荒南经。义均者,竹书云"帝舜二十九年,帝命子义钧封于商",楚语云"舜有商均",韦昭注云"均,舜子,封于商"是也。此经又云"三身生义均",与竹书、国语俱不合。**义均是始为巧倕,是始作下民百巧。**懿行案:巧倕葬不距山西,已见上文。**后稷是播百谷。**懿行案:鲁语云:"昔烈山氏之有天下也,其子曰柱,能殖百谷百蔬;夏之兴也,周弃继之,故祀以为稷。"是柱、弃二人相代为后稷。此经所指盖未审何人也。**稷之孙曰叔均,**懿行案:大荒西经云"稷之弟曰台玺,生叔均",是叔均乃后稷之犹子,与此复不同。**是始作牛耕。**始用牛犁。**大比赤阴,**或作"音"。　懿行案:"大比赤阴"四字难晓,推寻文义,当是地名。大荒西经说"叔均始作耕",又云"有赤国妻氏",然则"大比赤阴"

岂谓是与？**是始为国。**得封为国。**禹鲧是始布土，均定九州。**布，犹敷也。书曰："禹敷土，定高山大川。"**炎帝之妻，赤水之子听訞生炎居，炎居生节并，节并生戏器，**懿行案：史记索隐：补三皇本纪云"神农纳奔水氏之女曰听詙为妃，生帝哀。哀生帝克，克生帝榆罔"云云。证以此经，"赤水"作"奔水"，"听訞"作"听詙"，及"炎居"已下文字俱异。司马贞自注云"见帝王世纪〔一〕及古史考"。今案二书盖亦本此经为说，其名字不同，或当别有依据，然古典逸亡，今无可考矣。"訞"与"妖"同。"詙"音"拔"。**戏器生祝融。**祝融，高辛氏火正号。　懿行案："老童生祝融"见大荒西经，与此又异。**祝融降处于江水，生共工，共工生术器。术器首方颠，**头顶平也。　懿行案："颠"字衍，藏经本无之。**是复土穰，以处江水。**复祝融之所也。　懿行案：竹书云"帝颛顼七十八年，术器作乱，辛侯灭之"，即斯人也。然则经言"复土穰以处江水"，盖即其作乱之事。"穰"当为"壤"，或古字通用，藏经本正作"壤"。**共工生后土，**懿行案：韦昭注周语引贾侍中云："共工，诸侯，炎帝之后，姜姓也。颛顼氏衰，共工氏侵陵诸侯，与高辛氏争而王也。或云共工尧时诸侯，为高辛所灭。昭谓高辛所灭，安得为尧诸侯？又尧时共工与此异也。"据韦昭所驳，盖从贾逵前说也。然鲁语云"共工氏之霸九有也，其子曰后土，能平九土"，韦昭注云："共工氏伯者，在戏、农之间。"　懿行案：若在戏、农之间，即不得谓炎帝之后姜姓，是韦昭不从贾逵所说也。高诱注淮南原道训亦云"共工以水行霸于伏羲、神农间"者，非尧时共工也，与韦昭后说同。后土名句龙，见左传。又韦昭注鲁语云："其子共工之裔子句龙也，佐黄帝为土官。使君土官，故曰后土。"管子五行篇云："黄帝得后土而辩于北方。"是韦昭注所本也。**后土生噎鸣，噎鸣生岁十有二。**生十二子，皆以岁名名之，故云然。　懿行案：大荒北经云"后土生信"，大荒西经云"下地是生噎"，疑"噎"即"噎鸣"，或彼有脱文也。**洪水滔天，**滔，漫也。**鲧窃帝之息壤以堙洪水，**息壤者，言

〔一〕"帝王世纪"，司马贞补三皇本纪自注作"帝王代纪"。

土自长息无限，故可以塞洪水也。开筮曰："滔滔洪水，无所止极，伯鲧乃以息石、息壤以填洪水。"汉元帝时，临淮徐县地踊长五六里，高二丈，即息壤之类也。　懿行案：竹书云："周显王五年，地忽长十丈有余，高尺半。"天文志云"水淡地长"，地长即息壤也。淮南墬形训云"禹乃以息土填洪水，以为名山，掘昆仑虚以下地"，高诱注云："地或作池。"据淮南斯语，是鲧用息壤而亡，禹亦用息壤而兴也。史记甘茂传云"王迎甘茂于息壤"，索隐引此经及启筮与今本同。**不待帝命。帝令祝融**懿行案：祝融即高辛氏之火正黎也，死为火官之神，葬于衡山。思玄赋旧注云："楚灵王之世，衡山崩而祝融之墓坏，中有营丘九头图矣。"**杀鲧于羽郊。**羽山之郊。　懿行案："羽山"已见南次二经。晋语云："昔者鲧违帝命，殛之于羽山，化为黄能，以入于羽渊。"水经淮水注引连山易曰"有崇伯鲧伏于羽山之野"是也。**鲧复生禹**。开筮曰："鲧死三岁不腐，剖之以吴刀，化为黄龙也。"　懿行案：初学记二十二卷引归藏云"大副之吴刀，是用出禹"，吕氏春秋行论篇亦云"副之以吴刀"，盖即与郭所引为一事也。楚词天问云："永遏在羽山，夫何三年不施？伯禹腹鲧，夫何以变化？"言鲧死三年不施化，厥后化为黄熊，故天问又云："化而为黄熊，巫何活焉？"郭引开筮作"黄龙"，盖别有据也。"伯禹腹鲧"即谓"鲧复生禹"，言其神变化无方也。玉篇引世本云："颛顼生鮌，鮌生高密，是为禹也。""鮌"即"鲧"字。**帝乃命禹，卒布土以定九州。**鲧绩用不成，故复命禹终其功。　懿行案：楚词天问云："纂就前绪，遂成考功。"又云："鲧何所营？禹何所成？"言禹能纂成先业也。

　懿行案：右大荒、海内经五篇，大凡五千三百三十二字。

山海经图赞一卷

隋、唐书经籍志并云："图赞二卷,郭璞撰。"中兴书目:"山海经十八卷,郭璞传,凡二十三篇,每卷有赞。" 案:今本并无图赞,唯明藏经本有之,兹据补。其文字舛误,今略订正,及臧氏校正并著之,疑则阙焉。

南山经

桂

桂生南裔,枝华岑岭。广莫熙葩,凌霜津颖。气王百药,森然云挺。

迷谷

爰有奇树,产自招摇。厥华流光,上映垂霄。佩之不惑,潜有灵标。

狌狌

狌狌似猴,走立行伏。櫰木挺力,少辛明目。飞廉迅足,岂食斯肉?

水玉

水玉沐浴,潜映洞渊。赤松是服,灵蜕乘烟。吐纳六

291

气,升降九天。

白猿

白猿肆巧,由基抚弓。应晇而号,神有先中。数如循环,其妙无穷。

鹿蜀

鹿蜀之兽,马质虎文。骧首吟鸣,矫足腾群。佩其皮毛,子孙如云。

鲑

鱼号曰鲑,处不在水。厥状如牛,鸟翼蛇尾。随时隐见,倚乎生死。

类

类之为兽,一体兼二。近取诸身,用不假器。窈窕是佩,不知妒忌。

㺊㺔

㺊㺔似羊,眼反在背。视之则奇,推之无怪。若欲不恐,厥皮可佩。

祝荼草_{懿行案:经作"祝余",注云:或作"桂荼"。} 旋龟　鹠鹠鸟

祝荼嘉草,食之不饥。鸟首虺_{懿行案:"虺"当为"虺",即"虺"字。}尾,其名旋龟。鹠鹠六足,三翅并翚。

灌灌鸟　赤鱬

厥声如诃,厥形如鸠。佩之辨惑,出自青丘。赤鱬之状,鱼身人头。

鹐鸟

彗星横天,鲸鱼死浪。鹐鸣于邑,贤士见放。厥理至
微,言之无况。

猾裹

猾裹之兽,见则兴役。膺政而出,匪乱不适。天下有
道,幽形匿迹。

长右 嚣

长右四耳,厥状如猴。实为水祥,见则横流。嚣虎其
身,厥尾如牛。

会稽山

<u>禹</u>徂<u>会稽</u>,爰朝群臣。不虔是讨,乃戮<u>长</u>人。玉<u>赣</u>_{懿行}
案:"赣",<u>艺文类聚</u>作"匮"。表<u>夏</u>,玄石勒<u>秦</u>。

患_{经作"犍"}

有兽无口,其名曰患。害气不入,厥体无间。至理之
尽,出乎自然。

犀

犀头似猪,形兼牛质。角则并三,分身互出。鼓鼻生
风,壮气隘溢。

兕

兕推壮兽,似牛青黑。力无不倾,自焚以革。皮充武
备,角助文德。

象

象实魁梧,体巨貌诡。肉兼十牛,目不逾豕。望头如
尾,动若丘徙。

篡雕　瞿如鸟　虎蛟

篡雕有角，声若儿号。瞿如三手，厥状似鵁。鱼身蛇尾，是谓虎蛟。

凤

凤皇灵鸟，实冠羽群。八象其体，五德其文。羽翼来仪，应我圣君。

育隧谷<small>经作"育遗"。</small>

育隧之谷，爰含凯风。青阳既谢，气应祝融。炎雰是扇，以散郁隆。

鱄鱼　䴅鸟

䴅鸟栖林，鱄鱼处渊。俱为旱征，灾延普天。测之无象，厥数推玄。<small>案：太平御览作"厥类惟玄"。</small>

白䓤

白䓤睾苏，其汁如饴。食之辟谷，味有余滋。逍遥忘劳，穷生尽期。

西山经

羬羊

月氏<small>案：今本作"氏"。</small>之羊，其类甚<small>案：御览作"在"。</small>野。厥高六尺，尾赤<small>案：御览作"亦"。</small>如马。何以审之？事见尔雅。

太华山

华岳灵峻，削成四方。爰有神女，是挹玉浆。其谁由之？龙驾云裳。

山海经笺疏

肥遗蛇

肥遗为物，与灾合契。鼓翼阳山，以表亢厉。桑林既祷，倏忽潜逝。

鸱渠　赤鷩鸟　文茎木　鸥鸟

鸱渠已殃，赤鷩辟火。文茎愈聋，是则嘉果。鸥亦卫灾，厥形惟么。

流赭

沙则潜流，亦有运赭。于以求铁，趀在其下。蠋牛之疠，作采于社。

豪彘

刚鬣之族，号曰豪彘。毛如攒锥，中有激矢。厥体兼资，自为牝牡。

黄藋草　肥遗鸟　嚣兽

浴疾之草，厥子赭赤。肥遗似鹑，其肉已疫。嚣兽长臂，为物好掷。

橐𩄎

有鸟人面，一脚孤立。性与时反，冬出夏蛰。带其羽毛，迅雷不入。

桃枝

嶓冢美竹，厥号桃枝。丛薄幽蔼，从容郁猗。簟以安寝，杖以扶危。

杜衡

狌狌犿人，杜衡走马。理固须因，体亦有假。足骏在感，安事御者。

菁容草经作"菁蓉"。　　边溪兽经作"溪边"。　　栎鸟

有华无实，菁容之树。边溪类狗，皮厌妖蛊。黑文赤翁，鸟愈隐痔。鹦鹉慧鸟，青羽赤喙。臧庸曰："鸟愈隐痔"当作"隐痔可愈"，方有韵。末二句当系下文鹦鹉赞，误衍于此。

磐石

禀气方殊，舛〔一〕错理微。磐石杀鼠，蚕食而肥。物〔二〕性虽反，齐之一归。

猩如

猩如之兽，鹿状四角。马足人手，其尾则白。貌兼三形，攀木缘石。

鹦鹉

鹦鹉慧鸟，栖林喙桑。案："喙桑"误，初学记引作"啄蕊"。四指中分，行则以觜。自贻伊笼，见幽坐趾。案："趾"字误，类聚引作"伎"。

数斯鸟　　犟兽　　鶌鸟

数斯人脚，厥状似鸱。犟兽大眼，有鸟名鶌。案："鶌"，玉篇作"鷉"。两头四足，翔若合飞。

鸾鸟

鸾翔女床，凤出丹穴。拊翼相和，以应圣哲。击石靡咏，韶音其绝。

凫徯鸟　　朱厌兽

凫徯朱厌，见则有兵。类异感同，理不虚行。推之自

〔一〕"舛"，原本作"件"，据汉魏六朝百三家集郭璞集改。
〔二〕"物"字原为方空，据汉魏六朝百三家集郭璞集补。

然，厥数难明。

　　蛮蛮

　　比翼之鸟，似凫青赤。虽云一形，气同体隔。延颈离鸟，翻飞合翮。

　　丹木　玉膏

　　丹木炜炜，沸沸玉膏。黄轩是服，遂攀龙豪。眇然升遐，群下乌号。

　　瑾瑜玉

　　钟山之宝，爰有玉华。符彩流映，气如虹霞。君子是佩，象德闲邪。

　　钟山之子　鼓　钦𬸚

　　钦𬸚及鼓，是杀祖江。帝乃戮之，昆仑之东。二子皆化，矫翼亦同。

　　鰩鱼

　　见则邑穰，厥名曰鰩。经营二海，矫翼闲霄。唯昧之奇，见叹伊庖。

　　神英招

　　槐江之山，英招是主。巡游四海，抚翼云儛。实惟帝圃，有_{案："有"疑"是"字之讹。}谓玄圃。

　　榣木

　　榣惟灵树，爰生若木。重根增驾，流光旁烛。食之灵化，荣名仙录。

　　昆仑丘

　　昆仑月精，水之灵府。惟帝下都，西老_{案："老"当为"姥"，}

类聚作"羌"，又"老"之讹。之宇。**嶻然中峙，号曰天桂。**臧庸曰："桂"乃"柱"之讹，以韵读之可见。天柱山见尔雅注。

神陆吾

肩吾得一，以处昆仑。开明是对，司帝之门。吐纳灵气，熊熊魂魂。

土蝼兽　钦原鸟

土蝼食人，四角似羊。钦原类蜂，大如鸳鸯。触物则毙，其锐难当。

沙棠

安得沙棠，制为龙舟？**泛彼沧海，眇然遐游。**案：郭注铭词小异。聊以逍遥，任彼去留。

鹑鸟　沙棠实　薲草

司帝百服，其鸟名鹑。沙棠之实，惟果是珍。爰有奇菜，厥号曰薲。

神长乘

九德之气，是生长乘。人状豹尾，其神则凝。妙物自潜，世无得称。

西王母

天帝之女，蓬发虎颜。穆王执赘，赋诗交欢。韵外之事，难以具言。

积石

积石之中，实出重河。夏后是导，石门涌波。珍物斯备，比奇昆阿。

白帝少昊

少昊之帝，号曰金天。魂氏之宫，亦在此山。是司日入，其景则员。

狰

章莪之山，奇怪所宅。有兽似豹，厥色惟赤。五尾一角，鸣如击石。

毕方

毕方赤文，离精是炳。旱则高翔，鼓翼阳景。集乃灾流，火不炎正。案："正"字误，匡谬正俗引作"上"，"上"与"炳"、"景"韵是也。

文贝

先民有作，龟贝为货。贝以文彩，贾以小大。简则易从，犯而不过。

天狗

乾麻不长，天狗不大。厥质虽小，攘灾除害。气之相王，在乎食带。

三青鸟

山名三危，青鸟所解。往来昆仑，王母是隶。穆王西征，旋轸斯地。

江疑 猚狪兽 䴔鸟案："䴔"，疑当为"鸥"，下同。

江疑所居，风云是潜。兽有猚狪，毛如披蓑。䴔鸟一头，厥身则兼。

神耆童

颛顼之子，嗣作火正。铿鎗其鸣，声如钟磬。处于騩山，唯灵之盛。

　　帝江

　　质则混沌，神则旁通。自然灵照，听不以聪。强为之名，曰在<small>案："在"疑当作"惟"。</small>帝江。

　　　狙兽<small>案："狙"，经本作"谨"，注或作"原"。</small>　　鸱鸺鸟

　　鸱鸺三头，狙兽三尾。俱御不祥，消凶辟眯。君子服之，不逢不魑。

　　当扈

　　鸟飞以翼，当扈则髯。废多任少，沛然有余。轮运于毂，至用在无。

　　白狼

　　矫矫白狼，有道则游。应符变质，乃衔灵钩。惟德是适，出殷见周。

　　白虎

　　魋麒<small>案："麒"字误，说见笺疏。</small>之虎，仁而有猛。其质载皓，其文载炳。应德而扰，止我交境。

　　驳

　　驳惟马类，实畜之英。腾髦骧首，嘘天雷鸣。气无冯凌，吞虎辟兵。

　　神魅　蛮蛮　髯遗鱼<small>经作"冉遗"。</small>

　　其音如吟，一脚人面。鼠身鳖头，厥号曰蛮。目如马耳，食厌妖变。

　　㯝木

　　㯝之为木，厥形似梿。<small>案："梿"，经文作"棠"。"梿"字见郭注江</small>

赋,云“椈梿”。若能长服,拔树排山。力则有之,寿则宜然。

鸟鼠同穴山

鵌鼵二虫,殊类同归。聚不以方,或走或飞。不然之然,难以理推。

絮魮鱼

形如覆铫,包玉含珠。有而不积,泄以尾闾。暗与道会,可谓奇鱼。

丹木

爰有丹木,生彼有盘。厥实如瓜,其味甘酸。蠲痾辟火,用奇桂兰。

穷奇兽　蠃鱼　孰湖兽

穷奇如牛,猬毛自表。案:郭氏注经诸称“铭曰”,皆即图赞之文,唯此全乖,可疑。蒙水之蠃,匪鱼伊鸟。孰湖之兽,见人则抱。臧庸曰:此乃穷奇、蠃鱼、孰湖三物合赞,故与郭注穷奇铭有乖。

鳋鱼

物以感应,亦有数动。壮士挺剑,气激白虹。鳋鱼潜渊,出则邑悚。

北山经

水马

马实龙精,爰出水类。渥洼之骏,是灵是瑞。昔在夏后,亦有何驷?

倏鱼

涸和损平，莫惨于忧。诗咏萱草，带山则倏。壑焉遗岱，聊以盘游。

耲疏兽　鶹鶔鸟　何罗鱼

厌火之兽，厥名耲疏。有鸟自化，号曰鶹鶔。一头十身，何罗之鱼。

孟槐

孟槐似貆，其豪则赤。列象畏兽，凶邪是辟。气之相胜，莫见其迹。

鳛鳛鱼

鼓翮一挥，十翼翩翻。厥鸣如鹊，鳞在羽端。是谓怪鱼，食之辟燔。

橐驼

驼惟奇畜，肉鞍是被。迅骛流沙，显功绝地。潜识泉源，微乎其智。

耳鼠

跖实以足，排虚以羽。翘尾翻飞，奇哉耳鼠。厥皮惟良，百毒是御。

幽頞

幽頞似猴，俾愚作智。触物则笑，见人佯睡。好用小慧，终是婴系。

寓鸟　孟极　足訾兽

鼠而傅翼，厥声如羊。孟极似豹，或倚无良。案:此语难晓。见人则呼，号曰足訾。臧庸曰:末二句无韵，疑有误。

鸱鸟

毛如雌雉，朋翔群下。飞则笼日，集则蔽野。肉验针石，不劳补写。

诸犍兽　白䴃　竦斯鸟

诸犍善咤，行则衔尾。白䴃竦斯，厥状如雉。见人则跳，头文如绣。

磁石

磁石吸铁，瑇瑁取芥。气有潜感，数亦冥会。物之相投，出乎意外。

旄牛

牛充兵机，兼之者旄。冠于旌鼓，为军之标。匪肉致灾，亦毛之招。

长蛇

长蛇百寻，厥鬣如彘。飞群走类，靡不吞噬。极物之恶，尽毒之厉。

山𤟤

山𤟤之兽，见人欢谑。厥性善投，行如矢激。是惟气精，出则风作。

窳窳　诸怀兽　䲁鱼　肥遗蛇

窳窳诸怀，是则害人。䲁之为状，羊案："羊"字疑误。鳞黑文。肥遗之蛇，一头两身。

鮆鱼

阳鉴动日，土蛇致宵。微哉鮆鱼，食则不骄。物在所感，其用无标。

狍鸮

狍鸮贪惏，其目在腋。食人未尽，还自龈割。图形妙鼎，是谓不若。_{案：赞与郭注铭词异。臧庸曰："割"字非韵。}

狕间　驺马　独狢

有兽如豹，厥文惟缛。间善跃崄，驺马一角。虎状马尾，号曰独狢。

鸞鶋

御暍之鸟，厥名鸞鶋。昏明是互，昼隐夜觌。物贵应用，安事鸾鹄。

居暨兽　嚣鸟　三桑

居暨豚鸣，如汇赤毛。四翼一目，其名曰嚣。三桑无枝，厥树唯高。

驒兽

驒兽四角，马尾有距。涉历归山，腾崄跃岨。厥貌惟奇，如是旋舞。

天马

龙冯云游，腾蛇假雾。未若天马，自然凌骛。有理悬运，天机潜御。

鹠居_{经作"鹠"。}

鹠居如乌，青身黄足。食之不饥，可以辟谷。内_{案："内"疑当为"肉"。}厥惟珍，配彼丹木。

飞鼠

或以尾翔，或以髯凌。飞鼠鼓翰，翛然背腾。用无常所，_{案：藏本此句阙二字。}惟神是冯。

　象蛇
鸟　鮯父鱼

有鸟善惊，名曰鵸鵸。象蛇似雄，自生子孙。鮯父鱼首，厥体如豚。

酸与

景山有鸟，禀形殊类。厥状如蛇，脚二翼四。见则邑恐，食之不醉。

鸰鹍　黄鸟

鸰鹍之鸟，食之不瞧。爰有黄鸟，共鸣自叫。妇人是服，矫情易操。

精卫

炎帝之女，化为精卫。沉所案：类聚作"形"。东海，灵爽西迈。乃衔木石，以堙波海。臧庸曰：类聚作"以填攸害"，"害"与"卫"、"迈"皆脂类也，若作"海"，则为之类矣，必当从类聚。

辣辣　罴九兽　大蛇

辣辣似羊，眼在耳后。窍生尾上，号曰罴九。幽都之山，大蛇牛响。

东山经

鱅鱅鱼　从从兽　蚩鼠经作"从从"，赞作"猕猕"。

鱼号鱅鱅，如牛虎鮫。案："鮫"字讹，御览作"驳"。猕猕之状，似狗六脚。蚩鼠如鸡，见则旱涸。

鯈鏞

鯈鏞蛇状，振翼洒光。凭波腾逝，出入江湘。见则岁旱，是维火祥。

狪狪

蚌则含珠，兽胡不可。狪狪如豚，被褐怀祸。患难无由，招之自我。

堪㺩鱼　犰狳兽

堪㺩犰狳，殊气同占。见则洪水，天下昏垫。岂伊妄降？亦应牒谶。

珠蟞鱼

澧水之鲜，形如浮肺。体兼三才，以货贾害。厥用既多，何以自卫？

犰狳

犰狳之兽，见人佯眠。与灾协气，出则无年。此岂能为？归之于天。

狸力兽　鴸胡鸟

狸力鴸胡，或飞或伏。是惟土祥，出兴功筑。长城之役，同集秦域。

朱獳

朱獳无奇，见则邑骇。通感靡诚，维数所在。因事而作，未始无待。

獙獙　蠪蚔兽　絜钩鸟

獙獙如狐，有翼不飞。九尾虎爪，号曰蠪蚔。絜钩似凫，见则民悲。

彼彼

治在得贤，亡由夫_{陈寿祺曰："夫"当为"失"。}人。彼彼之来，乃致狡宾。归之冥应，谁见其津？

蠵龟

水圆四十，潜源溢沸。灵龟爰处，掉尾养气。庄生是感，挥竿傲贵。

媭胡　精精兽　鲐鲐鱼

媭胡之状，似麋鱼眼。精精如牛，以尾自辨。鲐鲐所潜，厥深无限。

猲狙兽　蚔雀

猲狙狡兽，蚔雀恶鸟。或狼其体，或虎其爪。安用甲兵？扰之以道。

苣木

马维刚骏，涂之苣汁。不劳孙阳，自然闲习。厥术无方，理有潜执。

茈鱼　薄鱼

有鱼十身，藁芜其臭。食之和体，气不下溜。薄之跃渊，是维灾候。

合窳

猪身人面，号曰合窳。厥性食残，物为_{案："为"当作"无"。}不咀。至阴之精，见则水雨。

当康兽　鳛鱼

当康如豚，见则岁穰。鳛鱼鸟翼，飞乃流光。同出殊应，或灾或祥。

蜚

蜚则灾兽，跂踵厉深。会所经涉，竭水槁林。禀气自然，体此殃淫。<small>案：郭注铭词即图赞也，此赞乃全与铭异，可疑。</small>

中山经

桃林

桃林之谷，实惟塞野。武王克商，休牛风马。厄越三涂，作险西夏。

鸣石

金石同类，潜响是韫。击之雷骇，厥声远闻。苟以数通，气无不运。

旋龟　人鱼　修辟

声如破木，号曰旋龟。修辟似鼋，厥鸣如鸥。人鱼类鯑，出于洛伊。

帝台棋

茫茫帝台，维灵之贵。爰有石棋，五彩焕蔚。觞祷百神，以和天气。

若华<small>案：经作"苦辛"。</small>　　乌酸草

疗疟之草，厥实如瓜。乌酸之叶，三成黄华。可以为毒，不畏蚖蛇。

蓇草

蓇草黄华，实如菟丝。君子是佩，人服媚之。帝女所化，其理难思。

山膏兽　黄棘

　　山膏如豚，厥性好骂。黄棘是食，匪子匪化。虽无贞操，理同不嫁。

　　三足龟

　　造物维均，靡偏靡颇。少不为短，长不为多。贲能三足，何异鼋鼍？

　　嘉荣

　　霆维天精，动心骇日。曷以御之？嘉荣是服。所正者神，用口肠腹。

　　天楄　牛伤　文兽_{案："文"，经作"文文"。}　　滕鱼

　　牛伤镇气，天楄弭噎。文兽如蜂，枝尾反舌。滕鱼青斑，处于逵穴。

　　帝休

　　帝休之树，厥枝交对。竦本少室，曾阴云霭。君子服之，匪怒伊爱。

　　泰室

　　嵩维岳宗，华岱恒衡。气通玄漠，神洞幽明。巍然中立，众山之英。

　　栯木

　　爰有嘉树，厥名曰栯。薄言采之，窈窕是服。君子惟欢，家无反目。

　　茼草

　　茼草赤茎，实如蘡薁。食之益智，忽不自觉。殆齐生知，功奇于学。

鹗鸟

鹗之为鸟，同群相为。畸类被侵，虽死不避。毛饰武士，兼厉以义。

鸣蛇　化蛇

鸣化二蛇，同类异状。拂翼俱游，腾波漂浪。见则并灾，或淫或亢。

赤铜

昆吾之山，名铜所在。切玉如泥，火炙有彩。尸子所叹，验之彼宰。

神熏池

泰逢虎尾，武罗人面。熏池之神，厥状不见。爰有美玉，河林如茜。

神武罗

有神武罗，细腰白齿。声如鸣佩，以镶贯耳。司帝密都，是宜女子。

鸐鸟

鸐鸟似凫，翠羽朱目。既丽其形，亦奇其肉。妇女是食，子孙繁育。

310

荀草

荀草赤实，厥状如营。妇人服之，练色易颜。夏姬是艳，厥媚三还。

马腹兽　飞鱼

马腹之物，人面似虎。飞鱼如豚，赤文无羽。食之辟兵，不畏雷鼓。

神泰逢

神号泰逢，好游山阳。濯足九州，出入流光。天气是动，孔甲迷惶。

蓟柏

蓟柏白华，厥子如丹。实肥变气，食之忘寒。物随所染，墨子所叹。

橘櫾

厥苞橘櫾，奇者维甘。朱实金鲜，叶茜翠蓝。灵均是咏，以为美谈。

猨

大騩之山，爰有苹<small>案：“苹”字盖误。</small>草。青华白实，食之无夭。虽不增龄，可以穷老。

鲛鱼

鱼之别属，厥号曰鲛。珠皮毒尾，匪鳞匪毛。可以错角，兼饰剑刀。

鸩鸟

蝮维毒魁，鸩鸟是啖。拂翼鸣林，草瘁木惨。羽行隐戮，厥罚难犯。

椒

椒之灌殖，实繁有伦。拂颖沾霜，朱实芬辛。服之洞见，可以通神。

神鼍围　计蒙　涉蠱

涉蠱三脚，鼍围虎爪。计蒙龙首，独禀异表。升降风雨，茫茫渺渺。

岷山

岷山之精，上络东井。始出一勺，终致森_{案："森"，类聚作"森"。}冥。作纪南夏，天清地静。

夔牛

西南巨牛，出自江岷。体若垂云，肉盈千钧。虽有逸力，难以挥轮。

崃山

邛崃峻崄，其坂九折。王阳逡巡，王尊逞节。殷有三仁，汉称二哲。

狚狼　雍和　猼兽

狚狼之出，兵不外击。雍和作恐，猼乃流疫。同恶殊灾，气各有适。

蜼

寓属之才，莫过于蜼。雨则自悬，塞鼻以尾。厥形虽随，_{案："随"字似误。}列象宗彝。

熊穴

熊山有穴，神人是出。与彼石鼓，象殊应一。祥虽先见，厥事非吉。

跂踵

青耕御疫，跂踵降灾。物之相反，各以气来。见则民咨，实为病媒。_{案：此赞与郭注铭词全异，可疑。}

蛟

匪蛇匪龙，鳞彩炳焕。腾跃波涛，蜿蜒江汉。汉武饮羽，歃飞迭断。

神耕父

清泠之水，在乎山顶。耕父是游，流光洒景。黔首祀祭，以弭灾眚。

九钟

嵫崩泾竭，麟斗日薄。九钟将鸣，凌霜乃落。气之相应，触感而作。

婴勺

支离之山，有鸟似鹊。白身赤眼，厥尾如勺。维彼有斗，不可以酌。

獜

有兽虎爪，厥号曰獜。好自跳扑，鼓甲振奋。若食其肉，不觉风迅。

帝台浆

帝台之水，饮蠲心病。灵府是涤，和神养性。食可逍遥，濯发浴泳。

狙如

狙如微虫，厥体无害。见则师兴，两阵交会。物之所感，焉有小大。

帝女桑

爰有洪桑，生渍案："渍"，类聚作"滨"。沦潭。厥围五丈，枝相交参。园客是采，帝女所蚕。

梁渠　狢即　闻獜兽　駅鵕鸟

梁渠致兵，狢即起灾。駅鵕辟火，物各有能。闻獜之见，大风乃来。

神于儿

于儿如人，蛇头有两。常游江渊，见于洞广。乍潜乍出，神光忽恍。

神二女

神案："神"当作"帝"。之二女，爰宅洞庭。游化五江，惚恍窈冥。号曰夫人，是维湘灵。

飞蛇

腾蛇配龙，因雾而跃。虽欲登天，云罢陆略。仗案："仗"字疑误。非启体，难以云托。

海外南经

自此山来虫为蛇，蛇号为鱼

贱无定贡，贵无常珍。物不自物，自物由人。万事皆然，岂伊蛇鳞？

羽民国

鸟喙长颊，羽生则卵。矫翼而翔，龙飞不远。人维倮属，何状之反？

神人二八

羽民之东，有神司夜。二八连臂，自相羁驾。昼隐宵出，诡时沦化。

讙头国

讙国鸟喙，行则杖羽。潜于海滨，维食杞秬。实维嘉谷，所谓濡黍。

厌火国

有人兽体，厥状怪谲。吐纳炎精，火随气烈。推之无奇，理有不热。

三珠树

三珠所生，赤水之际。翘叶柏竦，美壮_{案："壮"，疑当为}"状"。若彗。濯彩丹波，自相霞映。_{臧庸曰："映"字无韵，盖误。}

羿国

不蚕不丝，不稼不穑。百兽率儛，群鸟拊翼。是号羿民，自然衣食。

贯匈　交胫　支舌国

铄金洪炉，洒成万品。造物无私，各任所禀。归于曲成，是见兆朕。

不死国

有人爰处，员丘之上。_{案："上"读市郢反。}赤泉驻年，神木养命。禀此遐龄，悠悠无竟。

凿齿

凿齿人类，实有杰牙。猛越九婴，害过长蛇。尧乃命羿，毙之寿华。

三首国

虽云一气，呼吸异道。观则俱见，食则皆饱。物形自周，造化非巧。

焦侥国

群籁舛吹，气有万殊。大人三丈，焦侥尺余。混之一归，此亦侨如。

长臂国

双肱三尺,<small>初学记作"三丈"</small>。体如中人。彼曷为者?<u>长臂</u>之民。修脚自负,捕鱼海滨。

狄山,帝尧葬于阳,帝喾葬于阴

圣德广被,物无不怀。爰乃殂落,封墓表哀。异类犹然,矧乃华黎。

视肉

聚肉有眼,而无肠胃。与彼马勃,颇相髣髴。奇在不尽,食人薄味。

南方祝融

祝融火神,云驾龙骖。气御朱明,正阳是含。作配<u>炎帝</u>,列位于南。

海外西经

夏后启

筮御飞龙,果儛九代。云融<small>"融"当作"翮"</small>。是挥,玉璜是佩。对扬帝德,禀天灵诲。<small>张澍曰:"果儛九代","果"宜作"乐"字。</small>

三身国　一臂国

品物流形,以散混沌。增不为多,减不为损。厥变难原,请寻其本。

奇肱国

妙哉工巧,<u>奇肱</u>之人。因风构思,制为飞轮。凌颓遂轨,<u>帝汤</u>是宾。

形天案:"夭"本作"天"。

争神不胜,为帝所戮。遂厥形夭,脐口乳目。仍挥干戚,虽化不服。

女祭　女戚

彼姝者子,谁氏二女? 曷为水间,操鱼持俎? 厥俪安在,离群逸处。

鸞鸟　鶬鸟

有鸟青黄,号曰鶬鸞。与妖会合,所集会至。类则枭鹏,厥状难媚。

丈夫国

阴有偏化,阳无产理。丈夫之国,王孟是始。感灵所通,桑石无子。

女丑尸

十日并燥,女丑以毙。暴于山阿,挥袖自翳。彼美谁子,逢天之厉。

巫咸

群有十巫,巫咸所统。经技是搜,术艺是综。采药灵山,随时登降。

并封

龙过无头,并封连载。物状相乖,如骥分背。数得自通,寻之愈阂。

女子国

简狄有吞,姜嫄有履。女子之国,浴于黄水。乃娠乃字,生男则死。

轩辕国

轩辕之人,承天之祜。冬不袭衣,夏不扇暑。犹气之和,家为彭祖。

乘黄

飞黄奇骏,乘之难老。揣角轻腾,忽若龙矫。实鉴有德,乃集厥皂。

灭蒙鸟　大运山　雄常树

青质赤尾,号曰灭蒙。大运之山,百仞三重。雄常之树,应德而通。

龙鱼

龙鱼一角,似狸处陵。俟时而出,神圣攸乘。飞骛九域,乘龙<small>案:"龙",类聚作"云"。</small>上升。

西方蓐收

蓐收金神,白毛虎爪。珥蛇执钺,专司无道。立号西阿,恭行天讨。

海外北经

无脊国

万物相传,非子则根。无脊因心,构肉生魂。所以能然,尊形者存。

烛龙

天缺西北,龙冲<small>案:"冲",类聚作"衔"。</small>火精。气为寒暑,眼作昏明。身长千里,可谓至神。<small>案:"神",类聚作"灵"。</small>

一目国

苍四不多，此一不少。于〔一〕野冥瞽，洞见无表。形游逆旅，所贵维眇。

柔利国

柔利之人，曲脚反肘。子求之容，方此无丑。所贵者神，形于何有。

共工臣相柳

共工之臣，号曰相柳。禀此奇表，蛇身九首。恃力桀暴，终禽夏后。

深目国

深目类胡，但□绝缩。轩辕道降，款塞归服。穿胸长脚，同会异族。

聂耳国

聂耳之国，海渚是县。雕虎斯使，奇物毕见。形有相须，手不离面。

夸父

神哉夸父，难以理寻。倾河逐日，遁形邓林。触类而化，应无常心。

寻木

渺渺寻木，生于河边。竦枝千里，上干云天。垂阴四极，下盖虞渊。

跂踵国

厥形虽大，斯脚则企。跳步雀踊，踵不阂地。应德而

〔一〕"于"，原本作"子"，据吴氏本改。

臻，款塞归义。

欧丝野

女子鲛人，体近蚕蚌。出珠非甲，吐丝匪蛹。化出无方，物岂有种？

无肠国

无肠之人，厥体维洞。心实灵府，余则外用。得一自全，理无不共。

平丘

两山之间，丘号曰平。爰有遗玉，骏马维青。视肉甘华，奇果所生。

騊駼

騊駼野骏，产自北域。交颈相摩，分背翘陆。虽有孙阳，终不能服。

北方禺强

禺强水神，面色黧黑。乘龙践蛇，凌云附翼。灵一玄冥，立于北极。

海外东经

君子国

东方气仁，国有君子。熏华是食，雕虎是使。雅好礼让，礼委论理。案：末句有误。

天吴

眈眈水伯，号曰谷神。八头十尾，人面虎身。龙据两川,威无不震。

九尾狐

青丘奇兽,九尾之狐。有道翔见,出则衔书。作瑞周文,以标灵符。

竖亥

禹命竖亥,青丘之北。东尽太远,西穷邠国。步履宇宙,以明灵德。

十日

十日并出,草木焦枯。羿乃控弦,仰落阳乌。可谓洞感,天人悬符。

毛民国

牢悲海鸟,西子骇麖。或贵穴俁,或尊裳衣。物我相倾,孰了是非。

黑齿国　雨师妾　玄股国　劳民国

阳谷之山,国号黑齿。雨师之妾,以蛇挂耳。玄股食鸥,劳民黑趾。

东方句芒

有神人面,身鸟素服。衔帝之命,锡龄秦穆。皇天无亲,行善有福。

海内南经

枭阳

髯髯怪兽,被发操竹。获人则笑,唇蔽其目。终亦号咷,反为我贼。

狌狌

狌狌之状,形乍如犬。厥性识往,为物警辩。以酒招灾,自贻缨罥。

夏后启臣孟涂

孟涂司巴,听讼是非。厥理有曲,血乃见衣。所请灵断,鸣呼神微。

建木

爰有建木,黄实紫柯。皮如蛇缨,叶有素罗。绝荫弱水,义人则过。

氐人

炎帝之苗,实生氐人。死则复苏,厥身为鳞。云南_{案:"南"疑当为"雨"}。是托,浮游天津。

巴蛇

象实巨兽,有蛇吞之。越出其骨,三年为期。厥大何如,屈生是疑。

海内西经

贰负臣危

汉击盘石,其中则危。刘生是识,群臣莫知。可谓博物,山海乃奇。

流黄酆氏国

城围三百,连河_{案:"河",疑当作"阿"}。比栋。动是尘昏,烝气雾重。焉得游之？以敖以纵。

大泽方百里

地号积羽，厥方百里。群鸟云集，鼓翅雷起。穆王旋轸，爰荣骍耳。

流沙

天限内外，分以流沙。经带西极，颓唐委蛇。注于黑水，永溺余波。

木禾

昆仑之阳，鸿鹭之阿。爰有嘉谷，号曰木禾。匪植匪艺，自然灵播。

开明<small>案："明"下疑脱"兽"字。</small>

开明天兽，禀兹金精。虎身人面，表此桀形。瞪视昆山，威慑百灵。

文玉玗琪树

文玉玗琪，方以类丛。翠叶猗萋，丹柯玲珑。玉光争焕，彩艳火龙。

不死树

万物暂见，人生如寄。不死之树，寿蔽天地。请药西姥，乌得如羿。

甘水圣木

醴泉璿木，<small>案："璿"当作"睿"。</small>养龄尽性。增气之和，祛神之冥。何必生知，然后为圣？

窫窳

窫窳无罪，见害贰负。帝命群巫，操药夹守。遂沦溺渊,变为龙首。

服常琅玕树

服常琅玕,昆山奇树。丹实珠离,绿叶碧布。三头是伺,递望递顾。

海内北经

吉良

金精朱鬣,龙行骏跱。拾节鸿骜,尘下及起。是谓吉黄,释圣牖里。

蛇巫山鬼神　蜪犬　群帝台　大蜂　朱蛾

蛇巫之山,有人操杯。鬼神蜪犬,主为妖灾。大蜂朱蛾,群帝之台。

阘非　据比尸　袜　戎

人面兽身,是谓阘非。破发折颈,据比之尸。戎三其角,袜竖其眉。

驺虞

怪兽五彩,尾参于身。矫足千里,倏忽若神。是谓驺虞,诗叹其仁。

冰夷

禀华之精,练食八石。乘龙隐沦,往来海若。是谓水仙,号曰河伯。

王子夜尸

子夜之尸,体分成七。离不为疏,合不为密。苟以神御,形归于一。

　　　　宵明　烛光

　　水有佳人,宵明烛光。流耀河湄,禀此奇祥。维舜二
女,别处一方。

　　　　列姑射山　大蟹　陵鱼

　　姑射之山,实西^{"西"当作"有"}神人。大蟹千里,亦有陵
鳞。旷哉溟海,含怪藏珍。

　　　　蓬莱山

　　蓬莱之山,玉碧构林。金台云馆,皜哉兽禽。实维灵
府,玉主甘心。

海内东经

　　　　郁州

　　南极之山,越处东海。不行而至,不动而改。维神所
运,物无常在。

　　　　韩雁　始鸠　雷泽神　琅琊台

　　韩雁始鸠,在海之州。雷泽之神,鼓腹优游。琅琊嶕
峣,邈若云楼。

　　　　竖沙　居繇　埻端　玺映国

　　竖沙居繇,埻端玺映。沙漠之乡,绝地之馆。或羁于
秦,或宾于汉。

　　　　大江北江南江浙江庐淮湘汉蒙温颍汝泾渭白沅
　　　赣泗郁肄潢洛汾沁济潦虖池漳水

川渎交错，涣澜流带。通潜润下，经营华外。殊出同归，混之东会。

大荒东经案：荒经已下图赞，明藏本阙，此从诸书增补，尚多阙略云。

诤人国初学记。
僬侥极么，诤人又小。四体取足，眉目才了。
九尾狐
青丘奇兽，九尾之狐。有道翔案：类聚作"祥"。见，出则衔书。作瑞周文，以标灵符。

大荒南经阙。

大荒西经

弱水艺文类聚。
弱出昆山，鸿毛是沉。北沦流沙，南暎火林。惟水之奇，莫测其深。
炎火山艺文类聚。
木含阳气，精构则然。焚之无尽，是生火山。理见乎微，其传在传。懿行按："其传"当为"其妙"之讹。

326

大荒北经

若木艺文类聚。

若木之生，昆山是滨。朱华电照，碧叶玉津。食之灵智，为力为仁。

　　　　封豕_{艺文类聚}。

有物贪婪，号曰封豕。荐食无餍，肆其残毁。羿乃饮羽，献帝效技。

海内经_阙。

补臧氏校正

玉赣表夏。庸按：广韵"四十八感"曰：韽，方言云："箱类。古禫切。"此"赣"当为韽，玉韽犹言金匮耳。说文："韽，小柉也。"义别。

旋轸斯地。按：顾宁人、段若膺皆以"地"读如沱，古音在歌类。余谓"地"字古音与今同，本在支类。此赞以地韵解，皆支类也。隶，从隶，声在脂类。支脂相通，与歌类则远，亦其一证也。

厥号曰蛮。按：目称"蛮蛮"，经曰"其中多蛮蛮"，此赞又云"厥号曰蛮"者，皆本一字而重言之。古人每有此种文法，犹下目"鸧"字，赞曰"鸧鸧"，经单称"鸧"也。

亦有数动。按：御览九百三十九"有"作"不"，又"白虹"作"江涌"，"邑悚"作"民悚"，皆较今本为胜。

涸和损平。按：御览九百三十七引作"汩和"，此作"涸"，误。又下文"带山则侯"，亦当从御览作"山经则侯"，"山经"对上文"诗"字更善。

鼓翮一挥，十翼翩翻。按：御览三百三十九"一挥"作"一运"，当从之。又"翩翻"作"翾翻"，古字通。

头文如绣。按：上文"尾"与"雄"韵，脂类也。绣字肃声，在幽类，出韵当误。

瑇瑁取芥。 按：艺文类聚六作"琥珀取芥"，未闻其审。

畴类被侵。 按：类聚九十引作"畴类"，此误。

员丘之上。 按："上"疑当为"正"，二字形相近，与前毕方赞互误也。

山海经订讹一卷

栖霞郝懿行撰

南山经

𪊨山临于西海之上。在蜀伏山山南之西头。 "伏"当为"汶"。

有草焉，其状如韭。尔雅云"藿"。 "霍"当为"藿"。

其名曰祝余。或作"桂荼"。 "桂"疑当为"柱"。

堂庭之山多棪木。棪，别名连其。 "连"当为"遬"。

又东三百七十里曰杻阳之山。音"纽"。 经"杻"当为"枏"，注"纽"当为"细"。

又东三百里柢山。"柢"上疑脱"曰"字。

基山有兽，其名曰猼訑。"施"一作"陁"。 "施"当为"訑"。

有鸟名曰鹏𩿿。鹏𩿿急性。"敝""孚"二音。 经文"鹏"当为"鹖"，注文"鹏𩿿"当为"憋愆"，"敝"当为"敝"。

英水，其中多赤鱬。音"懦"。 "懦"字讹，明藏经本作"儒"。

凡𪊨山之首，自招摇之山以至箕尾之山，凡十山，二千九百五十里。今才九山，二千七百里。

其祠之礼毛。周官曰："阳祀用骍牲之毛。" 当为"毛之"。

糈用稌米。稌，稌稻也。 疑注衍一"稌"字。

仆勾之山。"勾"一作"夕"。 "夕"疑当为"多"。

其中多苋蠃。"苋"当为"茈"。

其上多梓枏。尔雅以为枏。　王引之云："枏"疑当作"梅"。

凡南次二经之首，自柜山至于漆吴之山，凡十七山，七千二百里。今七千二百一十里。

稰用秫。稻稰也。　疑"稰"或"粳"之讹。王引之曰："'稰'与'粳'不同，'稰'字非讹。"臧庸曰："疑注当为'秫稻'也。"

祷过之山，其下多犀兕。重三千斤。　"三"字衍。

多怪鸟。广雅曰："鹦鹏、鹔明、爰居、鸥雀，皆怪鸟之属也。"　今广雅作"鹨离、延居、颈雀，怪鸟属也"。

其汗如漆。"汗"当为"汁"。

有穴焉，水出辄入。"出"，当从藏经本作"春"。

凡南次三经之首，自天虞之山以至南禺之山，凡一十四山，六千五百三十里。今才一十三山，五千七百三十里。

　　右南经之山志，大小凡四十山，万六千三百八十里。经当有四十一山，万六千六百八十里，今才三十九山，万五千六百四十里。

西山经

钱来之山，有兽名曰羬羊。"羬"音"针"。　"针"当为"鍼"。

小华之山，鸟多赤鷩。冠金皆黄。　"皆"当为"背"。

其木多棫枏。棫树高三丈许，无枝条，叶大而员枝，生梢头。　"员枝"，"枝"字讹，藏经本作"岐"。

食之已疕。韩子曰："疕人怜主。"　"人"字衍，"主"当为"王"。

大如笄而黑端。笄，簪属。　文选注引此经下有"以毛射物"

四字。

浮山多盼木。音"美目盼兮"之"盼"。　郭既音"盼"，经文不当为
"盼"，未审何字之讹。

嶓冢之山，汉水出焉，而东流注于沔。江即沔水。　郭本
经文当作"注于江"，今本讹为"注于沔"。又郭注"江"上当脱"入"字，"江"下
又脱"汉"字，遂不复可读。

有草名曰菁蓉。尔雅曰："荣而不实谓之菁。"音"骨"。　"菁"上
脱"英"字。

天帝之山，有鸟，黑文而赤翁。翁头下毛。　"头"当为"颈"。

皋涂之山，有兽，名曰獶如。音"猴婴"之"婴"。　经当为
"獿"，注当为"夒"。

黄山，盼水出焉。音"美目盼兮"之"盼"。　经文不当为"盼"，未
审何字之讹。

其鸟多鸓。音"垒"。　"鸓"当为"鸓"，"垒"当为"迭"。见玉篇。

騩山，是錞于西海。錞，犹堤埻也。　"埻"字衍，见玉篇所引。

凡西经之首，自钱来之山至于騩山，凡十九山，二千九
百五十七里。今三千一百一十七里。

泰冒之山，浴水出焉。"浴"当为"洛"。

高山，其下多青碧。今越巂会稽县东山出碧。　"会稽"当为
"会无"。

鹿台之山。今在上郡。　"上郡"中间脱"党"字。

厎阳之山。音"旨"。　"厎"当为"底"字之讹。

其木多樱、柟、豫章。豫章大木，生七年而后复可知也。　注
"复"字衍。

皇人之山，其下多青雄黄。即雌黄也。　"雌"疑当为"雄"。

凡西次二经之首，自钤山至于莱山，凡十七山，四千一

百四十里。今四千六百七十里。

毛采。言用雄色鸡也。　"雄"字讹，藏经本作"杂"。

崇吾之山，有木，员叶而白柎。经当为"拊"，故郭音"府"。其音"符"者，乃当从木旁作"柎"耳，传写讹谬，遂不复可别。经传此类，亟须刊正。

有兽焉，其状如禺，而文臂豹虎。藏庸曰："豹虎"疑"豹尾"之讹。

不周之山，东望泑泽，河水所潜，其源浑浑泡泡。郭注"蒲泽"当为"盐泽"，"三百余里"上当脱"千"字，水经注可证。

黄帝是食是飨。所以得登龙于鼎湖而龙蜕也。　注"龙蜕"二字疑讹，太平御览引作"灵化"。

坚栗精密。礼记曰"填密似栗"，"栗"或作"栗"。　经文"栗"疑当为"栗"，注文"栗栗"亦当为"栗栗"，"作栗"当为"作栗"，并形近而讹。王引之说。

浊泽有而光。"有而"当为"而有"。

五色发作。言符彩互映色。　郭注"色"，藏经本作"也"。

其阴多榣木之有若。国语曰："榣木不生花也。"　"花"当为"危"。

爰有淫水，其清洛洛。水留下之貌也。　"淫"音"遥"也。　案"留"当为"溜"，或为"流"。陈寿祺曰："淫无遥音，经'淫'字疑讹。"

名曰沙棠，可以御水，食之使人不溺。刻以为舟。　"刻"当为"制"。

桃水，其中多鳠鱼。音"滑"。　"鳠"当为"鳛"，"滑"当为"渭"。

玉山，有兽，其名曰狡，其音如吠犬，见则其国大穰。状如豹文。　"豹文"上脱"狗"字。

其音如录。音录。义未详。　经文作"录"，郭复音"录"，必有误。

积石之山，其下有石门，河水冒以西流。今在金城河门关。

"门"字衍。

其音如击石，其名如狰。京氏易义曰："音如石相击。"音"静"也。　经文"如狰"之"如"当为"曰"字之讹。注文"音静"之上当脱"狰"字。

三危之山，有兽，名曰傲彻。"傲""噎"两音。　"傲"当为"葵"，"彻"当为"狠"。

有鸟，其状如鹩，其名曰䴔。扶狩则短。　当为"扶兽则死"。今诸本并作"死"。一本作"短"，讹。

有神焉，其状如黄囊。"焉"当为"鸟"。

泑山，神蓐收居之。亦金神也，人面虎爪白尾。　"尾"当为"毛"。

其音如棄百声。"棄"当为"敻"。

凡西次三经之首，崇吾之山至于翼望之山，凡二十三山，六千七百四十四里。今才二十二山，六千二百四十里，加流沙四百里才六千六百四十里。

罢父之山。"父"当为"谷"，见玉篇、广韵。

孟山，其兽多白狼、白虎。白虎，虎名麒麟。　注有脱误，当为"白虎名麒，黑虎名麟"。

其名自号也。或作"设"，设亦呼耳。　"设"当为"詨"。

凡西次四经，自阴山以下至于崦嵫之山，凡十九山，三千六百八十里。今才三千五百八十五里。

右西经之山，"山"下脱"志"字。凡七十七山，一万七千五百一十七里。经当有七十八山，一万七千五百二十一里，今则一万八千一十二里。

北山经

漨水，其中多芘石。"芘"当为"茈"。

彭水，其中多鯈鱼，其状如鸡而赤毛，三尾六足四首。"鯈"当为"鰷"，"首"当为"目"。

边春之山，有兽，名曰幽𪃑。"𪃑"音"遏"。 "𪃑"当为"頞"。

单张之山，有兽，名曰诸犍。音如"犍牛"之"犍"。 郭既音"犍"，经文不当为"犍"，疑"楗"字之讹，而玉篇仍作"犍"字，又似不讹。

凡北山经之首，自单狐之山至于堤山，凡二十五山，五千四百九十里。今五千六百八十里。

管涔之山，汾水出焉，而西流注于河。至汾阳县北西入河。 "汾阳"当为"汾阴"。

敦头之山，旄水东流注于印泽。下文"北嚣山"作"邛泽"，说文作"邙泽"。

梁渠之山，其兽多居暨，其状如彙而赤毛。彙似鼠，赤毛如刺猬。 郭注"赤"字"猬"字并衍。

湖灌之水，其中多魢。亦鳝鱼字。 文选注四子讲德论引郭氏此注曰："鳝鱼似蛇，时阐切。"疑即今本注下脱文也。

凡北次二经之首，自管涔之山至于敦题之山，凡十七山，五千六百九十里。今才一十六山，六千一百四十里。

太行之山，有兽，其名曰䮝，善还。还，旋旋儛也。 "还"当音"旋"，注"旋"上脱"音"字。

王屋之山。今在河东东垣县北。 "东垣"，"东"字衍。

景山，南望盐贩之泽。即盐池也。 "盐池"上当脱"解县"二字。

谒戾之山，沁水出焉，南流注于河。或出谷述县羊头山。 "述"当为"远"。

神囷之山。音如"仓囷"之"囷"。 "囷"即"仓囷"之"囷"，郭氏复音如之，知经文必不作"囷"。广韵引作"箘"，疑是也。

少山，清漳之水出焉，东流于浊漳之水。清漳出少山大绳谷，至武安县南暴宫邑入于浊漳。或曰东北至邑城入于大河也。 "大绳"当为"大䃌"，"暴宫"当为"黍窨"，"邑城"当为"阜成"。

绣山，洧水出焉，其中有鳝黾。鼋黾似虾蟆。 "鼋黾"疑当为"耿黾"。马瑞辰曰："'鼋'，疑'䴢'之或体也。"

敦与之山，溹水出于其阳，而东流注于泰陆之水。今巨鹿北广平泽。 "平"当为"阿"。

泜水出于其阴，而东流注于彭水。今泜水出中丘县西穷泉谷。 "中丘"上当脱"常山"二字。

秦戏之山，虖沱之水出焉。今虖池水出雁门卤成县南武夫山。 "成"当为"城"。

其川在尾上。川，窍也。 王引之曰："'川'似当为'州'，字形相近而误。"

又北水行五百里，至于雁门之山。此经不言有水出焉，当有脱文。

西望幽都之山，浴水出焉。浴即黑水也。 郭注"浴"下当脱"水"字。

凡北次三经之首，自太行之山以至于无逢之山，凡四十六山，万二千三百五十里。今四十七山，一万二千四百四十里。

右北经之山志，凡八十七山，二万三千二百三十里。经当有二万三千五百三十里，今则八十八山，二万四千二百六十里。

东山经

番条之山，减水出焉。音同"减损"之"减"。 郭既音"减"，经文不当为"减",未审何字之讹。

高氏之山，其下多箴石。 可以为砥针。 "砥"当为"砭"。

又南三百里曰泰山。 从山下至顶四十八里。 史记正义引此作"百四十八里"。

有兽名曰狪狪。 音如"吟恫"之"恫"。 "吟"当为"呻"。

东流注于江。 一作"海"。 据水经注当作"汶"，竹山亦同。

竹山，激水出焉，其中多茈蠃。 "蠃"当为"蠃"。

凡东山经之首，自樕𧏾之山以至于竹山，凡十二山，三千六百里。 今才三千五百里。

祈聃用鱼。 公羊传云："盖叩其鼻以聃神。" "公羊传"当为"穀梁传"，"聃"疑当为"䶂"。

澧水，其中多珠蟞鱼，其状如肺而有目。 "有"当为"四"。

余峩之山，有兽，名曰犰狳。 "仇""余"二音。 "犰"当为"犰"，"仇"当为"几"。

㑶丽之山，有兽，名曰䗐侄。 "龙""蛭"二音。 经当为"蛭"，注当为"侄"。

又南五百里曰碇山。 音一真反。 注"一""反"二字疑衍。中次十一经"婴碇之山"，"碇"音"真"，可证。

孟子之山，其草多菌蒲。 未详。音"晲晲"之"晲"。 "晲"当为"睧"。

鮯鮯之鱼，其名自叫。 "名"，藏经本作"鸣"。

东望榑木。 "扶""桑"二音。 臧庸曰："经多古文，此必作'东望榑叒'，故郭云'扶桑二音'。说文'叒'即'桑'字也。唐音而灼切，非。"

凡东次三经之首，自尸胡之山至于无皋之山，凡九山，六千九百里。 今才六千四百里。

336

山海经笺疏

北号之山，有兽，名曰猲狙。"葛""且"二音。　经当为"獩狙"，注当为"葛旦"。

凡东次四经之首，自北号之山至于太山，凡八山，一千七百二十里。此经不言神状及祠物所宜，疑有阙脱。

右东经之山志，凡四十六山，万八千八百六十里。

今才万八千二百六十里。

中山经

金星之山，多天婴，其状如龙骨，可以已痤。痈，痤也。当为"痤，痈也"。

阴山，其中多彫棠。"彫"疑当为"彤"。

凡薄山之首，自甘枣之山至于鼓镫之山，凡十五山，六千六百七十里。今才九百三十七里。

辉诸之山，其鸟多鹖。似雉而大，青色有毛。　"有毛"当为"有毛角"。

又西三百里曰阳山。"三百"当为"三十"。

昆吾之山，其上多赤铜。尸子所谓"昆吾之剑"。　"剑"当为"金"。郭又云"铜剑一枝"，"枝"当为"枚"。

有兽，名曰蠪蚳。上已有此兽，疑同名。　"蚳"，疑当为"蛭"。

凡济山经之首，自辉诸之山至于蔓渠之山，凡九山，一千六百七十里。今一千七百七十里。

南望墠渚。郭云："墠"音"填"。　水经注引此经"墠"作"禅"，又引郭注云"禅，一音暖"，今本疑有讹脱。

实惟河之九都。九水所潜，故曰九都。　郭注"潜"字误，藏经本作"聚"。张澍曰："作'聚'亦误。按'潜'宜作'渚'。渚,聚也,都亦聚也。"

凡萯山之首,自敖岸之山至于和山,凡五山,四百四十里。 今才八十里。

甘水,其中多泠石。 泠石未闻。"泠"或作"涂"。 经"泠"当为"泠",注"涂"当为"淦"。

厘山,有兽焉,名曰獺。 音"苍颉"之"颉"。 "獺"字诸书所无,文选注引作"獭",然"獭"无"颉"音,未详。

牡山,其下多竹箭、竹籀。 "籀"上"竹"字疑衍。

成侯之山,其草多芃。 "芃"当为"芃"。

凡薄山之首,自苟林之山至于阳虚之山,凡十六山,二千九百八十里。 今才十五山。

实惟蜂蜜之庐。 蜜,赤蜂名。 "赤"当为"亦"。

橐山,多楠木。 穗成,如有盐粉着状,可以酢羹。 "酢"当为"作"。

凡缟羝山之首,自平逢之山至于阳华之山,凡十四山,七百九十里。 今八百二里。

其实如菟丘。 菟丘,兔丝也,见尔雅。 "尔雅"当为"广雅"。

有草焉,其状叶如榆。 "状叶"当为"叶状"。

有草焉,其名曰嘉荣,服之者不霆。 音"廷搏"之"廷"。 当为"脡脯"之"脡"。

其叶状如荻。 荻亦蒿也,音"狄"。 "荻"当为"萩","狄"当为"秋"。

又东三十里曰大騩之山。 今荥阳密县有大騩山,騩固沟水所出。 "固沟"当为"山溁"。

有草名葰。 音"狼庚"。 "葰"当为"蒗","狼"当为"狠"。

服之不夭。言尽寿也。 "尽"当为"益"。

凡苦山之首，自休与之山至于大騩之山，凡十有九山，千一百八十四里。今才一千五十六里。

东南流注于江。今雎水出新城魏昌县东南发阿山。 "魏昌"，晋书地理志作"昌魏"。

东北百里曰荆山。今在新城沐乡县南。 "沐"当为"沶"。

漳水，其中多鲛鱼。鲛，鲋鱼类也。 "鲋"当为"鳛"。

其兽多闾、麋。似鹿而大也。 "麋"当为"麈"。

女几之山，多闾、麋、麝、麂。麂似麈而大，偯毛豹脚。 "偯"当为"玀"，"豹"当为"狗"。

光山，其下多木。"木"疑当为"水"。

石山，其上多邽石。未详。 疑当为"封石"。

谨山，多邽石。疑当为"封石"。

凡荆山之首，自景山至琴鼓之山，凡二十三山，二千八百九十里。今三千一十里。

东北流注于海。至广阳县入海。 "广阳县"当为"广陵郡"。

其兽多夔牛。此牛出上庸，郡人弩射杀。 "射杀"下当脱"之"字。

蛇山，有兽名狑狼。音"巴"。 "巴"当为"已"。

勾㭠之山。音"络椐"之"椐"。 "椐"当为"梶"。

騩山，其木多桃枝荆芭。"芭"当为"苩"，"苩"又"杞"之假借字。

葛山，其下多瑊石。瑊石，劲石似玉也。 郭注"瑊石"，"石"字衍，"劲"当为"玜"。

凡岷山之首，自女几山至于贾超之山，凡十六山，三千五百里。今三千六百五十里。

339

熊山，席也。席者，神之所冯止也。 "席"当为"帝"，字形相近而讹。

凡首阳山之首，自首山至于丙山，凡九山，二百六十七里。今三百一十里。

騩山，帝也，其祠羞酒太牢其。"牢"下之"其"疑当为"具"。

翼望之山，湍水出焉。鹿挍反。 疑注有讹文。

东流注于济。今湍水迳南阳穰县而入清水。 经文"济"、注文"清"并当为"渚"，"南阳"当为"义阳"。

贶水出焉。音"况"。 "贶"当为"脱"，见玉篇。

神耕父处之，常游清泠之渊。清泠水在西号郊县山上。 "西号郊"当为"西鄂"字之误衍。

有九钟焉，是知霜鸣。霜降则钟鸣，故言知也。 经注"知"并当为"和"，见北堂书钞所引。

支离之山，济水出焉，南流注于汉。今济水出郦县西北山中。 经文"济"及注文"济"并当为"渚"。

袟篝之山，其上多松柏机柏。柏叶似柳。 经、注"柏"并当为"桓"。

即谷之山，多玄豹。即今荆州山中出黑虎也。 "出"当为"之"。

高前之山，其上有水甚寒而清，帝台之浆也。今河东解县南檀首山上有水。 "檀首"当为"檀道"。

鲜山，有兽，其状如膜大。"大"当为"犬"，见广韵。

又东三十里曰章山。或作"童山"。 经"章山"当为"皋山"，注"童山"当为"章山"。

其中多脆石。鱼脆反。 "脆"，藏经本作"跪"。

大支之山，无草木。"木"字衍，藏经本无。

历石之山。或作"磨"。"磨"疑当为"磿"。

名曰䰠鵌。音如"枳柑"之"枳"。"柑"当为"椇"，见曲礼注。

几山，有兽，名曰闻獜，见则天下大风。"獜"一作"𤟤"。"𤟤"疑当为"𤡔"。

凡荆山之首，自翼望之山至于几山，凡四十八山，三千七百三十二里。今四千二百二十里。

堵山、玉山，冢也。堵山见中次十经，玉山见中次九经，此经都无此二山，未审何山字之讹。

凡洞庭山之首，自篇遇之山至于荣余之山，凡十五山，二千八百里。今才一千八百四十九里。

右中经之山志，大凡百九十七山，二万一千三百七十一里。今二万九千五百九十八里。

右五臧山经五篇，大凡一万五千五百三字。今二万一千二百六十五字。

海外南经

其为人小颊赤肩。当脾上正赤也。"脾"当为"髀"。

生火出其口中。艺文类聚引此经无"生"字，疑是。

羿射杀之，在昆仑虚东。凿齿亦人也。经文"之"下衍"在"字，注"人"下脱"貌"字，见北堂书钞所引。

焦侥国，在三首东。外传云："焦侥民长三尺。""民"当为"氏"。又引诗含神雾曰："从中州以东西。""西"字衍。

狄山，帝尧葬于阳。今阳城县西。"阳城"当为"城阳"。

爰有熊、罴、文虎。尸子曰："中黄伯余。""伯"下脱"曰"字。

视肉。有两目，食之无尽，寻复更生如故。　"无"字衍，北堂书钞引作"有眼食之尽"。

海外西经

奇肱之国。后十年西风至。　据博物志，"西"当为"东"。

轩辕之国，在此穷山之际。"此"字衍。

此诸夭之野。"夭"音"妖"。　"此"字亦衍，"妖"当为"沃"。

龙鱼陵居在其北，状如狸。或曰：龙鱼似狸，一角。　经、注"狸"并当为"鲤"。鲤，龙类也。

一曰鳖鱼。鳖音"恶横"也。　鳖无"横"音，疑注讹。王引之曰："横当为憼，憼训恶也。"

有树名曰雄常，先入伐帝，于此取之。其俗无衣服，中国有圣帝代立者，则此木生皮可衣也。　经文"伐"当为"代"，幸有郭注可证，然经句义尚未足，恐更当有脱文。

长股之国，在雄常北，被发。长臂人身如中人，而臂长二丈。　"二"当为"三"，见海外南经。

海外北经

无𦙶之国，为人无𦙶。𦙶，肥肠也。　"肥"当为"腓"。

烛龙居钟山下。淮南子曰："龙身一足。"　"一"当为"无"。

禹厥之，三仞三沮。掘塞之而土三沮滔。　"滔"当为"陷"。

平丘爰有甘柤。其树枝干皆赤，黄华白叶黑实。吕氏春秋曰："其山之东有甘柤焉。"音如"柤梨"之"柤"。　郭注"黄华白叶"当为"黄叶白

华"。据<u>郭</u>音"甘柤"如"柤梨"之"柤"，证知经文不当作"柤"。<u>淮南</u><u>墜形训</u>作
"樝"，即"柤"本字。<u>说文</u>作"栌"，疑经当为"栌"也。

甘华。亦赤枝干黄华。　"黄华"亦当为"黄叶"。

海外东经

君子国，使二大虎在旁。"大虎"当为"文虎"，<u>后汉书东夷传</u>注
引此经云。

青丘国，其狐四足九尾。<u>汲郡竹书</u>曰："<u>柏杼子</u>征于<u>东海</u>，及<u>王</u>
<u>寿</u>。"　"王"当为"三"。

黑齿国在其北。<u>东夷传</u>曰："倭国东四十余里。"　"十"当为"千"。

为人黑，食稻啖蛇。"黑"下当脱"齿"字。

为人黑首。"首"当为"齿"，古文形近。

九日居下枝，一日居上枝。若搜之常情，则无理矣。　"搜"，
疑当为"揆"。

为人身生毛。为人短小而体尽有毛。　"而"当为"面"。

海内南经

三天子鄣山，在<u>闽</u>西海北。"海"字疑衍。

桂林八树，在番隅东。八树而成林，信其大也。　"信"当为"言"。

郁水，出<u>湘陵</u>南海。<u>郁水</u>见<u>海内东经</u>，与此有异，疑经有讹文。

见人笑亦笑。古本作"见人则笑"，今本疑非是。

左手操管。<u>尔雅</u>云"髳髳"。　当为"狒狒"。

狌狌知人名，其为兽如豕而人面。头如雄鸡，食之不眯。

此八字误衍，当删。郭又云"今交州封溪"，"州"当为"趾"。

犀牛，其状如牛而黑。犀牛似水牛，猪头庳脚三角。　注文当如是，今本误分离其文，遂不复可读。

丹山，在丹阳南，丹阳居属也。此十一字乃郭注误入经文。"居"又"巴"字之讹。

海内西经

系之山上木。物禀异气，出于不然。　"不"当为"自"。

后稷之葬，山水环之。在广都之野。　当为"都广"。

面有九井。淮南墬形训作"旁有九井"，初学记引此经作"上有九井"，疑"面"字讹。

一曰挺木牙交。淮南作"璇树"。璇，玉类也。　"璇"当为"琁"，"琁"与"挺"形近。"树"，古文为"叙"，传写者破坏之，因为"木牙交"。臧庸曰："'挺木牙交'为'曼兑'之异文。曼，长也。兑读为锐。言圣木之树长而叶锐也。'挺'当为'梃'，梃，长皃。牙交，言枝柯之交互也。"

伺琅玕树。庄周曰："有人三头，递卧递起，以伺琅玕与玗琪子。""与玗琪子"四字衍。

海内北经

344

大蟹，其状如螽。"螽"疑当为"螽"，古文"蟹"字。

蟜，其为人虎文，胫有胼。言脚有胼胝也。　"胼"当为"腨"。

骒吾，乘之日行千里。周书曰："夹林酋耳。"　"夹"，周书作"央"。

冰夷，人面，乘两龙。画四面，各乘灵车，驾二龙。　"灵"当为"云"。

海内东经

都州，在海中，一曰郁州。世传此山自苍梧从南徙来。 "从南"二字疑衍。

始鸠，在海中辕厉南。"辕厉"疑当为"韩雁"，字形相近。

浙江出三天子都，在其东。"其"字疑讹。据太平寰宇记作"蛮"，与地理志及说文合。

淮水出余山，余山在朝阳东。朝阳县今属新野。 "新野"当为"义阳"，见晋书地理志。

入海淮浦北。至广陵县入海。 据水经，"广陵"下当脱"淮浦"二字。

湘水出舜葬东南陬，西环之。今湘水出零陵营道县阳湖山。"湖"当为"海"或"朔"字之讹。

一曰东南西泽。疑文有脱误。

汉水出鲋鱼之山。此经汉水所出既误，又不见所入处，盖脱。北堂书钞引"汉水"作"濮水"，似得之。

温水出崆峒山，在临汾南。"汾"当为"泾"。又郭注云："今温水在京兆阴盘县。""京兆"当为"安定"也。

入江州城下。此言白水入江也。"城下"二字疑误衍。

沅水山出象郡镡城西。"山"字衍。

入东注江。"入"字疑衍，或"又"字之讹。

肆水出临晋西南。音如"肆习"之"肆"。 若经文作"肆"，何复音"肆"？疑当从水经注作"肆"。"临晋"当为"临武"。

济水绝巨鹿泽。巨鹿今在高平。 "鹿"当为"野"。

入齐琅槐东北。今碣石也。　当为"今河竭也"，见水经注所引。

潦水出卫皋东。有潦山，小潦水所出，西河注大潦。　"西河"当为"西南"。

入越章武北。章武，郡名。　"越"字疑衍，"郡"当为"县"。

入章武南。新城汴阴县亦有漳水。　"汴阴"当为"泝乡"。

大荒东经

东海之外大壑。"大壑"上当脱"有"字。

有大人之国。长者不过十丈。　"十丈"当为"十之"，见鲁语。郭注又云"佻人国长三十丈"，"佻"当为"洮"，"十"字衍。

中容人食兽、木实。此国中有赤木、玄木，其华实美。　"华"当为"叶"，见吕氏春秋。

司幽生思士不妻，思女不夫。白鹄相视，眸子不运而感风化。　"鹄"当为"鸤"，"感"字衍。

有山名曰鞠陵于天、东极、离瞀。三山名也。音"谷瞀"。"谷瞀"二字疑俱讹。

名曰折丹。神人。　"名曰折丹"上疑脱"有神"二字，北堂书钞引作"有人"。

东方曰折。单吁之。　"吁"当为"呼"。臧庸曰："吁、呼通。经文'折'，疑'吁'字涉上文'折丹'而误。"

有困民国，勾姓，而食。"勾姓"下"而食"上当有阙脱。

不得复上。应龙遂住地下。　"住"当为"在"。

大荒南经

舜与叔均之所葬也。 基今在九疑之中。　"基"当为"墓"。

有玄蛇食麈。 今南山蚺蛇吞鹿。　"山"当为"方"。

有山名曰去痓。 音如"风痓"之"痓"。　此即"风痓"之字，郭又音如之，疑有讹文。

枫木，蚩尤所弃其桎梏。 已摘弃其械。　"摘"当为"擿"。

羲和者，帝俊之妻，生十日。 言生十子，各以日名名之，故言生十日，数十也。　郭注"生十日"下疑脱"日"字。

有小人名曰菌人。 音如"朝菌"之"菌"。　此即"朝菌"之"菌"，郭又音如之，疑有讹文，或经当为"菌狗"之"菌"。

大荒西经

有白氏之国。 "氏"当为"民"。

有先民之国。 "先"当为"天"，古字形近。

西有王母之山。 "西有"当为"有西"。

璇瑰瑶碧。 璇瑰亦玉名，"枚""回"二音。　经当为"璿瑰"，注当为"旋回"。

爰有百乐歌儛之风。 爰有百种伎乐歌儛风曲。　注"爰"，明藏本作"言"，是也。

有神人面无臂，两足反属于头山。 "山"当为"上"。

下地是生噎。 "后土生噎鸣"，见海内经，此经疑有阙脱。

有赤犬，名曰天犬，其所下者有兵。 周书云。　"周"当为"汉"。

山海经订讹 一卷

347

名曰**西王母**。西王母虽以**昆仑**之宫。 "以"当为"居",古字相近。

女祭、**女薎**。或持觯。 "薎"当为"蔑","觯"当为"鳝"。

有寿麻之国。吕氏春秋曰:"南服寿麻。" "南"当为"西"。

有树赤皮支干青叶,名曰朱木。"青叶"当为"青华",见<u>大荒南经</u>。

颛顼死即复苏。淮南子曰:"后稷龙在建木西,其人死复苏,其中为鱼。" "龙"当为"垅","中"当为"半",见<u>淮南坠形训</u>。

大荒北经

皆出卫于山丘。古本当"卫""丘"连文,而以"皆出于山"四字相属,今本误倒耳。

有三桑无枝。皆高百仞。 <u>郭</u>注四字当在经中,误入注文耳,见<u>艺文类聚</u>所引。

有人衣青衣,名曰黄帝女魃。音如"旱妭"之"魃"。 据<u>后汉书</u>注所引,经文当为"妭",注文当为"魃"。

有神人面兽身,名曰犬戎。"神"当为"人",见<u>史记周本纪集解</u>所引。

名曰若木。生<u>昆仑</u>西,附西极。 <u>郭</u>注七字当入经文。

有神人面蛇身而赤。身长千里。 <u>郭</u>注四字当在经文,误入注中耳,见<u>艺文类聚</u>所引。

是谓烛龙。有龙衔精以往照天门中云。 "精"上脱"火"字。

海内经

有人名曰柏高。<u>柏子高</u>,仙者也。 据<u>郭</u>注,经文"柏""高"之间当脱"子"字。

有都广之野，后稷葬焉。其城方三百里，盖天下之中，素女所出也。　郭注一十六字当入经文，又引离骚曰"绝都广野而直指号"，"号"当为"兮"。

有木名曰若木。树赤华青。　"华"当为"叶"。

名曰鸟氏。"氏"当为"民"。

神民之丘。"民"当为"人"。

有青兽人面。"青"字疑衍。

南方有赣巨人，人面长臂。"臂"当为"唇"。

有菌山。音"芝菌"之"菌"。　经文"菌"疑亦当为"崮"。

有山名三天子之都。一本"三天子之鄣山"。　"一本"下当脱"作"字或"云"字。

玄狐蓬尾。蓬，丛也，阻留反。　"阻留反"三字文无所指，当有脱误。牟廷相云："'丛'字可读如'蕺'，则'阻留'当是'丛'字之音也。"

般是始为弓矢。世本曰："牟夷作矢。"　当为"夷牟"。

帝俊赐羿彤弓素矰。以白羽羽之。　下"羽"字疑讹。

晏龙是为琴瑟。世本云："伏羲作琴，神农作瑟。"　当云"伏羲作瑟，神农作琴"。

是复土穰，以处江水。"穰"当为"壤"。

经内逸文

北次三经空桑之山。上已有此山，疑同名也。　今上文无此山。

海外东经劳民国，其为人黑。食果草实也，有一鸟两头。

大荒南经有兽，左右有首，名曰跊踢。出狄民国，"黜""惕"

两音。

有卵民之国，其民皆生卵。即卵生也。

大荒西经有人反臂，名曰天虞。即尸虞也。

海内经有大幽之国。即幽民也，穴居无衣。

以上见本经，以下见各书。

论衡通别篇云："董仲舒睹重常之鸟，刘子政晓贰负之尸，皆见山海经。"案："重常"，玉篇作"鸊鷉"。

论衡订鬼篇引此经云："沧海之中，有度朔之山，上有大桃木，其屈蟠三千里，其枝间东北曰鬼门，万鬼所出入也。上有二神人，一曰神荼，一曰郁垒，主阅领万鬼。恶害之鬼，执以苇索而以食虎。于是黄帝乃作礼，以时驱之，立大桃人，门户画神荼、郁垒与虎，悬苇索以御凶魅。"案：所引与后汉礼仪志注文字小异，故录之。

应劭汉地理志"泫氏"注云："山海经：泫水所出者也。"

玉篇"鲎"字注引此经云："形如车文，青黑色，十二足，长五六尺，似蟹。雌常负雄，渔者取之，必得其双。子如麻子，南人为酱。"案："车"当为"惠"，刘逵注吴都赋正作"惠文冠"。"尺"作"寸"。"似蟹"句下有"足悉在腹下"五字，而无"子如麻子"二句。其余则同，而不云出山海经。唯广韵引作"郭璞注山海经"云云，其文同玉篇，证知二书所引乃郭注逸文也。李善注江赋引广志曰："鲎鱼似便面，雌常负雄而行，失雄则不能独活。出交趾南海中。"

广韵"九鱼"渠纽下云："貗猲，兽名，食猛兽，出山海经。"案：太平御览九百十三卷引同，唯"貗"作"獡"，无"名"字。

广韵"四十七寝"沈纽下云："橝，木名。山海经云：煮其汁，味甘，可为酒。"

广韵"一屋"卜纽下云："獛铅，南极之夷，尾长数寸，巢居山林，出山海经。"

广韵"二十八盍"歃纽下云："魶歃，鱼名，出山海经。"案："二十七合"纳纽下云："魶，鱼名，似鳖无甲，有尾，口在腹下。"

文选西京赋注引此经云："阆风之上，或上倍之，是谓玄圃；或上倍之，是谓大帝之居。"案：此淮南墬形训文，疑李善误引。

文选海赋及左思招隐诗、江淹杂体诗注并引此经郭注云："横，塞也。"

文选郭氏游仙诗注引此经郭注云："遁者，退也。"

北堂书钞一百五十二卷引此经云："东南荒山有铜头铁额兵，日饮天酒三斗。酒，甘露也。"

艺文类聚二卷引此经云："列缺，电名。"

类聚八十六卷引此经云："箕山之东有甘櫨。洞庭之上，其木多櫨。甘櫨列于昆仑。"

初学记二十八卷引此经云："云山之上，其实干腊。"郭注云："腊，干梅也。"今案：中次十二经有云山，无此文。

初学记三十卷引此经云："鳀鱼赤目赤鬣者，食之杀人。"案：北山经首敦薨之水"其中多赤鲑"，郭注云："今名鲥鲐，为鲑鱼，音圭。"此郭据时验而言也。今所见鲥鲐鱼，背青腹白，目解开阖，都无赤色者，与经云赤鲑不合。而初学记引经"鳀鱼赤目赤鬣者，食之杀人"，鳀即鲇也。鳀与鲑声相近，经之赤鲑，疑此是也，将初学记所引本在郭注，今脱去之邪？

李肇国史补引此经云："水兽，好为害，禹锁之，名巫支祈。"案：辍耕录云："山海经水兽好为云雨，禹锁于军山之下，名无支祈。"

韩鄂岁华纪丽引此经云："狼山多毒草，盛夏，鸟过之不能去。"

李珣海药本草引此经云："木香生东海昆仑山。"

太平御览九卷引此经云："大极山东有温水，汤不可过也。"

御览十二卷引此经云："仙丘降甘露，人常饮之。"_{案：吴淑事类赋引"人"上有"仙"字。}

御览三十五卷引此经云："离鱼见，天下大穰。"_{案：西次二经泰器山"鳐鱼"与此同。}

御览三十八卷引此经云："蓬莱山，海中之神山，非有道者不至。"_{案：海内北经有蓬莱山。}

御览四十二卷引此经云："陆浑山，伊水出焉，今亦号方山。"_{案：杨慎外集："陆浑山，山海经作'贲浑'。按：古'陆'字作'奋'，'贲浑'当是'奋浑'之误。"}

御览四十三卷引此经云："祭水源伏流三百余里。"_{云云。}

御览四十五卷引此经云："汤山，汤水出焉。"_{此汤能愈疾，为天下最。}

御览四十五卷引此经云："大翩山、小翩山，有神庙神宇。"_{云云。}

御览一百六十六卷引此经云："甘松岭，亦谓之松桑岭，江水发源于此。"

御览三百六十七卷引此经云："反舌国，其人反舌。一曰交。"_{案："交"当为"支"，即海外南经岐舌国。}

御览九百十卷引此经云："果然兽，似猕猴，以名自呼，为苍黑。群行，老者在前，少者在后。得果食辄与老者，似有义焉。交址诸山有之。獠人射之，以其毛为裘褥，甚温暖。"

郭注引水经

南山经首青丘之山。水经云："即上林赋云'秋田于青丘'。"

西次三经积石之山。水经引山海经云："积石山在邓林山东，河所入也。"

北次三经碣石之山。水经曰："碣石山，今在辽西临渝县南水中。"

中次七经末山，末水出焉，北流注于役。水经作"沫"。

海内东经汉水，出鲋鱼之山。案：水经："汉水出武都沮县东狼谷，经汉中魏兴至南乡东，经襄阳至江夏安陆县入江，别为沔水，又为沧浪之水。"

合洞庭中。水经曰："沅水出牂牁且兰县，又东北至镡城县，为沅水。又东过临沅县南，又东至长沙下隽县。"

洛水出洛西山，东北注河，入成皋之西。案：水经："汉水今出上洛冢岭山，东北经弘农至河南巩县入河。"

入齐琅槐东北。诸水所出，又与水经违错。

以上见本经，以下出各书。

陶弘景刀剑录云："水经云：'伊水有一物，如人膝头，有爪。人浴，辄没不复出。'"案：郦注水经沔水云："沔水又南与疏水合。水中有物，如三四岁小儿，鳞甲如鲮鲤，射之不可入。七八月中，好在碛上自暴。膝头似虎掌爪，常没水中，出膝头，小儿不知，欲取弄戏，便杀人。或曰：人有生得者，摘其皋，厌可小，小使名为水虎者也。"即与刀剑录所引为一物。

初学记三十卷引水经曰："海鳅_{且由反}。鱼长数千里，穴居海底，入穴则海水为潮，出穴则水潮退，出入有节，故潮水有期。"案：此条或又引作山海经，所未详。

补

婴以百珪百璧。婴谓陈之以环祭也。或曰"婴"即古"罂"字，谓盂也。徐州云。　吴其濬曰：一切经音义卷二十一引汉书"婴城固守"，音义曰："以城自绕也。"华严经音义卷下引汉书集注："婴，绕也，加也。"正与"环之以祭"义合。解作"罂"字似远。

句余之山至会稽之山。严可均谓懿行曰："经内道里计算不同，有直行者，有旁通者，有曲绕者，故里数参差互异。即如南次二经之句余、会稽中间，岂容一千五百里？恐皆从经首之柜山起算也。若推是而言，诸山里数或多有合，但须按全经一一计之。"懿行尝谓：山海经古图不可见，世有好古而工画者，本严氏之说，绘诸尺幅，百里之迥，一览可尽，诚希古之绝业。其绘图之法，南山经至中山经本二十六篇，为二十六图；海外经以下八篇，大荒经以下五篇，又为若干图；鸟兽神怪之属别为若干图。

冉遗之鱼。钱侗曰：经文"冉"字疑"毋"字传写之讹。郭氏图赞作"髯遗"，后人误加"髟"也。

名曰肥遗。侗案：西山经太华之山有肥蟥，"六足四翼，见则天下大旱"。郭云"复有肥遗蛇，疑是同名"，即谓此经之肥遗也。经云"一首两身"，即管子所称一头两身之蝎。"蝎"字缓言之则为"肥遗"，其为同物无疑。"涸水"、"嚣水"亦一声之转。

发鸠之山。侗案：淮南子"发包山"当是"发勾"之讹，即此发鸠山也。说文："勾，聚也。"读若"鸠"。二字本通用，传写者误为"包"耳。

是多仆累蒲卢。侗案：夏小正、广雅之"蒲卢"，国语之"蒲蠃"，皆蠯蛤之属，与仆累同类同声，实非同物，故经文并著之。郭注以蒲卢为螟蛉固误，笺疏谓"蒲卢"声转为"仆累"亦未安。

有山名曰常阳之山。侗案：吕氏春秋谕大篇："地大则有常祥、不庭、歧母、群抵、天翟、不周。"高注惟以不周为山名，笺疏驳之良是。今检不庭、颜甀、不周皆见于大荒东、西两经。此文云大荒之中"有山名曰常阳，日月所入"，当即是常祥山也。"祥"、"阳"同声，后文又有"常羊之山"，古字"吉祥"通作"吉羊"，以此。又大荒东经有"皮母之山"，即吕览"歧母"，字形相近。然则"常祥"以下六山，吕览即据大荒诸经为说，皆为山名无疑。惜天翟未得其证耳。

南山经杻阳之山，其中多玄龟，可以为底。底，躕也。为，犹治也。　洪颐煊案：底无躕训。"底"是"胝"字之借，"躕"是"茧"字之讹。战国策"百舍重茧"，高诱注："重茧，累胝也。"后人"茧（繭）"加足旁，故讹作"躕"。臧庸案：战国策"足重茧而不休息"，鲍彪注："足伤皮皱如蚕茧也。"文选难蜀父老"躬腠胝无胈"，唐刘良注曰："胝，茧也。胈，股上小毛也。言艰苦至使皮肤紫茧而不生毛。"只作"茧"字，与战国策文合。检明刻六家注、胡刻李善注引三苍解诂，皆曰"胝，躕也。竹施切"，惟毛本误为"躕"耳。

单张之山，有鸟焉，可以已瘑。瘑，痴病也。　颐煊案：说文："瘑，小儿瘑疭病也。"又云："引纵曰瘑。"玉篇："瘑，痴也，小儿瘑疭病也。瘑，同上。"疑此注及玉篇"痴"字皆"疭"字之讹。

京山，其阴有玄礵。黑石砥也。尸子曰："加玄黄砥。"明色非一也。　颐煊案：太平御览七百六十七卷引尸子曰："磨之以砻，加之以黄砥。"注盖本作"加之黄砥"，今本后人误改也。

燕山，多婴石。言石似玉，有符彩婴带，所谓燕石者。　颐煊案：玉篇引坤苍云："璎琅，石似玉也。西山经瀚次之山多婴垣之玉。"盖即此经所谓婴石，郭注非。

中山经峽山有草，多鬲、韭，多约、空夺。即蛇皮脱也。颐煊案：蛇皮脱非草。升山、熊山其草多寇脱。空夺即寇脱也，形声皆相近。

大荒东经有女和月母之国，有人名曰鹓，北方曰鹓，来

之风曰狄。言亦有两名也。　颐烜案:上文"来风曰俊",注未详来风所在也。此来风亦地名,"之"字衍。大荒西经"有人名曰石夷,来风曰韦",大荒南经有兽名曰跊踢,注"出狄名国"。今本无此国。集韵引有国曰"狄氏","名"即"氏"之讹。

西山经槐江之山,爰有淫水,其清洛洛。郭注"淫"音"遥"也。陈梅修云:"淫"无"遥"音。经"淫"字疑讹。　张澍按:汉书岑彭传更始遣将军徭伟镇淮阳,东观记作"淫伟",是"淫"与"徭"通也。

黄帝是食是飨。郭注:所以登龙于鼎湖而龙蜕也。　澍按:"龙蜕"宜作"灵蜕",御览作"灵化"亦非。

积石之山。郭注:今在金城河门关。订讹云:"门"字衍。　澍按:"门"字不衍,宜移"今在"字上,原释经文"石门"字也。

北山经伦山兽川在尾上。笺疏:王伯申以"川"当为"州"。澍续黔书内有辨川字一条,附于此:黔之人呼牛马之窍为春。余莫知其解,思之,知当为"穿"为"川",乃信土俗方言果符训诂之旨也。按山海经伦山有兽,"状如麋,其川在尾上",郭注:"川,窍也。"而姚旅露书引"川"作"穿",盖"川"可训"穿",故释名云:"川,穿也。"颜师古汉书李寻传注云:"川者,水贯穿而通流也。"裴氏广州记云:"南海龙川县,本博罗县之东海,有龙穿地而出,即穴流东泉,因以为号。"是川之训穿,传记多有之。又伯乐相马经"有马白州",亦当是"川"字。毕中丞山海经校本疑"川"当为"州",盖据尔雅"白州驠",不知郭氏彼注亦以为窍,则"州"为后人讹写无疑也。

东山经子桐之山。笺疏:司马相如梓桐山赋即斯山。　澍按:长卿蜀人,所赋者宜是梓橦山,"桐"、"橦"字通。此经地域似不在蜀。

中山经实惟河之九都。郭注:"九水所潜,故曰九都。"订云:郭注"潜"字误。　澍按:"潜"宜作"渚"。渚,聚也;都亦聚也。藏经本作"聚",误。

半石山,嘉荣。笺疏:本草经蘘荷与巴蕉同类。　澍按:宗懔亦以蘘荷为周礼之嘉草,可除蛊毒也。王逸大招注:"苴蓴一名蘘荷。"史记相如游

山海经笺疏

猎赋注阚骃云："猼且，襄荷也。"与逸注同。"猼且"，汉书作"巴且"。杨用修引急就章注云"襄荷即今甘露"，盖误以巴蕉为襄荷也。司马赋既有诸蔗、猼且，又有此姜、襄荷，猼且非襄荷明矣。详见澍续黔书毒蛊篇。

海外北经禺强。

笺疏：禺京、禺强、玄冥实一人。　澍按：禺强即禺京是也，前人已言之。若谓玄冥即京、强，则未能信。考禺京为禺䝞之子，禺䝞为黄帝之子，则梁简文所云"禺京为黄帝孙"者合矣。而玄冥乃少昊之子也，不得合为一人。

大荒南经有女子名羲和。

笺疏：常仪、羲和通为一人。　澍按：世本、吕氏春秋并云"羲和占日，常仪占月"，显系两人，不得云羲和即常仪矣。

海外西经图赞夏后启果儛九代。

澍按："果"宜作"乐"字。

订讹崇吾之山，有木员叶白柎。

订云："柎"当为"拊"。　澍按："柎"即诗之"鄂不"也，与"跗"通，花足也。经文宜作"柎"，不宜作"拊"。

附　录

清史稿儒林传三郝懿行传

　　郝懿行,字恂九,栖霞人。嘉庆四年进士,授户部主事。二十五年,补江南司主事。道光三年卒,年六十九。懿行为人谦退,讷若不出口,然自守廉介,不轻与人晋接。遇非素知者,相对竟日无一语,迨谈论经义,则喋喋忘倦。所居四壁萧然,庭院蓬蒿常满,僮仆不备,懿行处之晏如。浮沉郎署,视官之荣悴若无与于己者,而一肆力于著述,漏下四鼓者四十年。所著有尔雅义疏十九卷,春秋说略十二卷,春秋比一卷,山海经笺疏十八卷,易说十二卷,书说二卷。懿行尝曰:"邵晋涵尔雅正义搜辑较广,然声音训诂之原尚多雍阏,故鲜发明。今余作义疏,于字借声转处词繁不杀,殆欲明其所以然。"又曰:"余田居多载,遇草木虫鱼有弗知者,必询其名,详察其形,考之古书,以征其然否。今兹疏中其异于旧说者,皆经目验,非凭胸臆,此余书所以别乎邵氏也。"懿行之于尔雅用力最久,藁凡数易,垂殁而后成。于古训同异,名物疑似,必详加辨论,疏通证明,故所造较晋涵为深。高邮王念孙为之点阅,寄仪征阮元刊行。元总裁会试时,从经义中识拔懿行者也。其笺疏山海经,援引各籍,正名辨物,事刊疏谬,辞取雅驯。阮元谓吴氏广注征引虽博,失之芜杂,毕沅校本订正文字尚多疏略,惟懿行精而不凿,博而不滥。

懿行妻王照圆,字瑞玉。博涉经史,当时著书家有"高邮王父子,栖霞郝夫妇"之目。著有诗说一卷,列女传补注八卷,附女录一卷,女校一卷。又与懿行以诗答问,懿行录之为诗问七卷,其尔雅义疏亦间取照圆说。他著有诗经拾遗一卷,汲冢周书辑要一卷,竹书纪年校正十四卷,荀子补注一卷,晋宋书故一卷,补晋书刑法志一卷,食货志一卷,文集十二卷。照圆又有列仙传校正二卷。

四库全书总目提要

山海经十八卷,晋郭璞注。首有刘秀校上,奏称为伯益所作。案山海经之名始见史记大宛传,司马迁但云"禹本记、山海经所有怪物,余不敢言",而未言为何人所作。列子称"大禹行而见之,伯益知而名之,夷坚闻而志之",似乎即指此书,而不言其名山海经。王充论衡别通篇曰:"禹主行水,益主记异物,海外山表,无所不至,以所见闻作山海经。"赵煜吴越春秋所说亦同。惟隋书经籍志云:"萧何得秦图书,后又得山海经,相传夏禹所记。"其文稍异,然似皆因列子之说推而衍之。观书中载夏后启、周文王及秦汉长沙、象郡、余暨、下巂诸地名,断不作于三代以上,殆周秦间人所述,而后来好异者又附益之欤?观楚词天问多与相符,使古无是言,屈原何由杜撰？朱子楚词辨证谓其反因天问而作,似乎不然。至王应麟王会补传引朱子之言,谓"山海经记诸异物飞走之类,多云'东向',或曰'东首',疑本因图画而述之。古有此学,如九歌、天问皆其类"云云,则得其实矣。

郭璞注是书,见于晋书本传。隋、唐二志皆云二十三卷,今本乃少五卷,疑后人并其卷帙以就刘秀奏中一十八篇之数,非阙佚也。隋、唐志又有郭璞山海经图赞二卷,今其赞犹载璞集中,其图则宋志已不著录,知久佚矣。旧本所载刘秀奏中称其书凡十八篇,与汉志称十三篇者不合,七略即秀所定,不应自相抵牾,疑其赝托,然璞序已引其文,相传既久,今仍并录焉。书中序述山水,多参以神怪,故道藏收入太玄部竞字号中,究其本旨,实非黄老之言。然道里山川,率难考据,案以耳目所及,百不一真,诸家并以为地理书之冠,亦为未允。核实定名,实则小说之最古者尔。

光绪七年游百川奏折

顺天府府尹臣游百川跪奏,为代进前户部主事解经之书恭折仰祈圣鉴事。窃维为学莫先于研经,而著书尤贵乎析义。臣籍隶山东,稔知同乡前户部主事郝懿行所著春秋说略十二卷、春秋比二卷、尔雅义疏十九卷、山海经笺疏十八卷并附图赞一卷、订讹一卷,积数十年之精力而成其书,颇为赅洽。伏念春秋有褒讥之义,说经之门户宜分;尔雅为训诂之宗,名物之异同必辨。郝懿行穷源竟委,曲引旁征,曾博极乎群书,求折衷于一是。至如山海经一书,刘歆骇其神奇,郭璞称其灵化。又欲事刊疏缪,辞取雅驯,既富掇罗,复精辨核,可谓殚心典籍,无愧通方。该主事系山东栖霞县廪膳生,乾隆丙午优贡,戊申举人,嘉庆己未进士,户部江南司主事。髫龄励志,皓首穷经,迹其成书,有裨实学。今其孙现任顺天府东路同知郝联薇,收存原稿,校缮成编。臣谨代进呈,以备采纳。伏察康熙年间胡渭进禹贡锥指,乾隆年间顾栋高进春秋大事表,均蒙圣祖仁皇帝、高宗纯皇帝锡以嘉予,掇入四库。今郝懿行所著等编,倘蒙皇上典学之余俯赐乙览,则儒生稽古之荣,当与胡渭、顾栋高并传于艺苑矣。谨将装成书三函计十六本,恭折随同上进。伏乞皇太后、皇上圣鉴。谨奏。

采自光绪七年郝氏丛书本山海经笺疏

光绪七年上谕

光绪七年十二月二十四日,内阁奉上谕:

前据顺天府府尹游百川呈进已故户部主事郝懿行所著书四种,当交南书房翰林阅看。据称郝懿行学问渊博,经术湛深,嘉庆年间,海内推重。所著春秋比、春秋说略、尔雅义疏、山海经笺疏各书,精博邃密,足资考证。所进之书,即着留览。钦此。

校刊山海经笺疏序

　　吾友李君澹平以所刊山海经笺疏告藏，携本视余，属弁数言。余睼且谢。则誶诼至再，且曰：请但述我校刻是编之意足矣。辱承知爱，不敢复以不文辞，乃为泚笔书之曰：凡人足迹之所未到，耳目之所未经，则阙疑而不敢信。伊古舆地家言，多详域内而略域外，故皆右禹贡而左山海经，甚者目为荒诞，等诸齐谐郢说。余以为是昔人之固陋，非山海经之荒诞也。今国家怀柔远人，通道重译，穷发赤裸、燋齿枭瞯之族，相与梯山航海，不远千万里而至。而轺车四发，复仿周官大行人之职，分赴诸国。足迹所到，耳目所经，援古证今，往往吻合，不止如曼倩之辨异鸟、刘向之识石室人而已。然则山海一经，不诚宜与禹贡并行哉？惟考是编初著录于汉代，继注赞于景纯，自时厥后，读家稀绝，途径榛芜。我朝稽古右文，吴氏、毕氏先后有广注、校本之作。嘉庆间，栖霞郝氏笺疏成，得仪征相国审定刊行，然后斐然粲然，读者益收演员赏奇析疑之助。惜其原版已不可得，李君憾焉，爰取箧藏初印本精梓而详校之，将以饷遗同志。余维君劬学嗜古，曩刊书数种，类足备邺架珍函。今是编之刻，亦岂徒作郝氏功臣？行见闭户搜奇之士，皇华秉节之流，莫不囊隋珠而笥荆璧，若是，君之用意固深且远也。余方以笔墨丛累，枯坐斗室，检览一过，如身乘博望之槎，遍揽十洲三岛草木鸟兽之状，又如身与涂山之会，周旋于贯胸交颈、三首长臂之间，爽目怡心，为之称快不置，而因余之快，又以知读是编者之同快无疑已。是为序。

光绪第一丙戌五月下浣海上蔡尔康。

重刻山海经笺疏后序

栖霞郝兰皋先生笺疏山海经十八卷，并附图赞一卷，订讹一卷，已于嘉庆间刊行。越七十余年，无锡李君澹平重刊于上海，既成，以示标，命为后叙，以标于此书曾经勘读者也。乃作叙曰：

夫汉魏以降，注疏迭兴；自宋迄明，诂训渐失。主义理者，责破碎夫文字；尚剽取者，笑考订之纷杂。虽澧自谓得三代之遗，文自谓学周秦以上，然衡以钩稽，求诸指例，恒无当焉。先生以东海之名儒，值圣清之盛治，拾遗补艺，历千百劫而不磨；博采旁证，集十八人之所益。有李崇贤综缉之备，无郦善长怪诞之言。卷福不多，考证无失。索群书之异字，犹仍旧文；求古本之分篇，不存成见。正字俗字，惟塙守乎许书；转声近声，则旁通乎苍雅。洵足为禹书之附翼，郭氏之诤友矣。综其大纲，厥善有六，寻绎微旨，可得言焉。

夫颜成汉注，未正东方之名；唐引说文，犹杂吕忱之语。繫古来之完帙，尚笑误于后生。先生则采周秦之遗书,语知统要;宝唐人之类集,条析支离。何氏解诂,但求墨守;郑君笺注,不改经文。其善者一也。

拾遗文于东观,印信四羊;笑写本于江南,歌传六虎。陋尚书之分典,叹尉律之云亡。先生则正写椠之纷纭,不涓银镵;辨形声之通假,详考金根。所以例陆德明之释文,兼存两本;为颜少监之匡谬,维正异文。其善者二也。

水经补注,以经传之久涓;建武省郡,亦章怀之未解。书策落次,谁证绵襫?图画久亡,孰详络脉?先生则考其山里,既积算于经由;条其河渠,定发源于昆渤。郭记室惟知畏兽,逊其精详;王伯厚考证艺文,同兹研核。其善者三也。

汉魏遗书,尚广钞于类典;仓颉训诂,竟有借于沙门。自来文字之散亡,半待后人之辑佚。先生则仿神仙之别藏,犹识遗文;求欧李之官书,尚存古本。集狐千腋,窥豹一斑。其善者四也。

欧氏之诗经本义,专务新奇;向家之庄子遗篇,仅题象注。虽迹同于巧取,亦多惑乎将来。先生则博采通人,既说辞之毕载;顾召幽仄,冀翼赞乎旧书。所以叔重说文,兼称师说;康成经注,多引群言。其善者五也。

赵明诚之金石,录借易安;班孟坚之天文,续从弱妹。先生则一编脱稿,亦助勘于金闺;三月疑团,必解围于新妇。陋鸥波之小技,傲唐韵于仙家。其善六也。

由兹六善,订厥一编。秘六奇以括囊,集群书而订误。盖出入于庄列尔雅之间,补苴乎诂训地舆之失。所谓援据六艺,汉学非讹;曲稟宏规,家瀍自守。则是书也,虽吴志伊之广收博采,尚失谨严;毕尚书之以古证今,犹疑臆决者也。今者中秘留藏,宸章褒美。草玄卷在,不为覆瓿之书;通德人亡,尚念郑乡之学。惟是签分蠹轴,半蚀羽陵;写定礼堂,已成烬简。吾友李君,证古之学,墉本召陵;博通之才,所师荀勖。痛编韦之稀绝,爰镂版以方滋。继余家勤有之堂,甄综善本;祖南宋书棚之学,采拾遗文。夫岂同好妄下其雌黄,致讥颜氏;扃秘藏于宛委,靳付人间也哉!标谬承斠读,用述源流。憙重译于四夷,证墉闻乎古训;求秘函于百宋,思校正夫今文。自恨小文,有惭理董;先生维学,盍正抵牾。此又可补乾嘉诸老之未有之闻,校勘诸家之未竟之志也。爰撝体要,以俟将来。

光绪十三年丁亥正月元和江标。

采自还读楼本山海经笺疏

校刊山海经笺疏序

大章、竖亥步四极,纪道里,当时必有专书而今不传,传者十洲记、神异经之俦,则病于诬。其不诬者,穆天子传最近。若邹衍九州之外有大九州,以今纬度推之,何莫不然? 然说在要渺间。古籍之最远而详者,莫山海经若矣。夫人皇九首,两戒八紘,奇言瑰词,于世充栋,杂以草木鸟兽、殊名异形,博识之士至累世不能穷其源,毕生不足究其变。故汉魏以来，笺注家欲畅厥敷佐，至取中国之书注之不足，则增以金石文字；又不足，则益以诸子百家；又不足，则证以殊方异域佛经道藏者流。一字关涉，钞撮弗遗，宜得大凡。然扶舆启辟，闻见益恢，昔无而今则有之，安知今所未见者非即昔人日用常觏之品乎？夏后骖二龙，一驯扰物耳，而今为神化不测之事。庖牺牛首，女娲蛇身，著在典籍，讵尽诞词，而岂可觏乎？间尝以谓古人与神近，后世人神道殊，重黎绝天地通已来，仅仅留此一经为不食之硕果。试取庄骚征引于是编外者，求通其说，而后恍然于四五千年来，历时久而书亡，历时又久而群书愈亡，独遗此人不经见之说，与布帛菽并存。譬如泰西光电气化之书，举群不知而傲其俦，则必震骇眩瞀，以为绝无。理亦犹是耳，而究不得谓为必无矣。郝注行于嘉庆间，岁久湮漫。李君澹平出善本重刊行世，意甚盛也。然鄙则以谓古书之不足妄疑，视之虽奇，案之仍轨于正。天下气化变迁之妙，何所不至？吾人恃耳食之近，泥古者失之拘，疑古者亦未尝不失之放。有志之士，虚心以观古今之变，平心以察庶汇之繁焉，斯为善读古书者已。光绪十三年孟春月遵义宦懋庸。

采自还读楼本山海经笺疏

中华国学文库 第一辑 （精装）

四书章句集注
〔宋〕朱 熹 撰

诗集传
〔宋〕朱 熹 注 赵长征 点校

史 记（全四册）
〔汉〕司马迁 撰 〔宋〕裴 骃 集解 〔唐〕司马贞 索隐 〔唐〕张守节 正义

三国志（上下册）
〔晋〕陈 寿 撰 〔宋〕裴松之 注

老子道德经注
〔魏〕王 弼 注 楼宇烈 校释

庄子注疏
〔晋〕郭 象 注 〔唐〕成玄英 疏 曹础基 黄兰发 整理

世说新语笺疏
〔南朝宋〕刘义庆 著 〔南朝梁〕刘孝标 注 余嘉锡 笺疏

陶渊明集笺注
袁行霈 撰

李太白全集（上下册）
〔清〕王 琦 注

饮水词笺校
〔清〕纳兰性德 撰 赵秀亭 冯统一 笺校

中华国学文库　第二辑　（精装）

周易注校释
〔魏〕王　弼　撰　楼宇烈　校释

汉　书（全四册）
〔汉〕班　固　撰　〔唐〕颜师古　注

后汉书（全四册）
〔宋〕范　晔　撰　〔唐〕李　贤　等注

十一家注孙子
〔春秋〕孙　武　撰　〔三国〕曹　操　等注　杨丙安　校理

荀子集解
〔清〕王先谦　撰　沈啸寰　王星贤　整理

列子集释
杨伯峻　撰

坛经校释
〔唐〕慧　能　著　郭　朋　校释

曹操集
〔三国〕曹　操　著　中华书局编辑部　编

诸葛亮集
〔三国〕诸葛亮　著　段熙仲　闻旭初　编校

增订文心雕龙校注
〔南朝梁〕刘　勰　著　黄叔琳　注　李　详　补注　杨明照　校注拾遗

中华国学文库　第三辑　（精装）

论语集释（上下册）
程树德 撰　程俊英 蒋见元 点校

水经注校证
〔北魏〕郦道元 著　陈桥驿 校证

洛阳伽蓝记校释
〔北魏〕杨衒之 撰　周祖谟 校释

读通鉴论
〔清〕王夫之 著　舒士彦 点校

廿二史劄记校证
〔清〕赵　翼 著　王树民 校证

庄子集释
〔清〕郭庆藩 撰　王孝鱼 点校

韩非子集解
〔清〕王先慎 撰　钟　哲 点校

杜牧集系年校注
〔唐〕杜　牧 撰　吴在庆 校注

伊川击壤集
〔宋〕邵　雍 著　郭　彧 整理

姜白石词笺注
〔宋〕姜　夔 著　陈书良 笺注

中华国学文库　第四辑　（精装）

资治通鉴（全十二册）
〔宋〕司马光　撰　〔元〕胡三省　音注

文史通义校注（上下册）
〔清〕章学诚　撰　叶　瑛　校注

颜氏家训集解
王利器　撰

容斋随笔
〔宋〕洪　迈　撰　孔凡礼　点校

楚辞补注
〔宋〕洪兴祖　撰　白化文等　点校

阮籍集校注
〔三国魏〕阮　籍　撰　陈伯君　校注

嵇康集校注
〔三国魏〕嵇　康　撰　戴明扬　校注

杜诗详注（全三册）
〔唐〕杜　甫　撰　〔清〕仇兆鳌　注

南唐二主词笺注
〔南唐〕李　璟　李　煜　撰　王仲闻　校订　陈书良　刘　娟　笺注

人间词话疏证
王国维　撰　彭玉平　疏证

中华国学文库 第五辑 （精装）

周易程氏传

〔宋〕程 颐 撰 王孝鱼 点校

礼记译解

王文锦 译解

孝经郑注疏

〔清〕皮锡瑞 撰 吴仰湘 点校

经学通论

〔清〕皮锡瑞 撰 吴仰湘 点校

十七史商榷

〔清〕王鸣盛 撰 闻旭初 点校

吕氏春秋集释

许维遹 撰 梁运华 整理

梦溪笔谈

〔宋〕沈 括 撰 金良年 点校

大乘起信论校释

〔梁〕真 谛 译 高振农 校释

花间集校注

〔后蜀〕赵崇祚 编 杨景龙 校注

王阳明集（上下册）

〔明〕王守仁 著 王晓昕 赵平略 点校

中华国学文库　第八辑　（精装）

春秋繁露义证
苏　舆 撰　钟　哲 点校

尔雅义疏
〔清〕郝懿行 撰　王其和　吴庆峰　张金霞 点校

国语集解
〔三国吴〕韦　昭 注　徐元诰 集解　王树民　沈长云 点校

读史方舆纪要
〔清〕顾祖禹 撰　贺次君　施和金 点校

日知录集释
〔清〕顾炎武 撰　〔清〕黄汝成 集释　栾保群 校点

近思录集解
〔南宋〕叶　采 集解　程水龙 校注

乐府诗集
〔宋〕郭茂倩 编

王维集校注
〔唐〕王　维 撰　陈铁民 校注

韩愈诗集编年笺注
〔清〕方世举 撰　郝润华　丁俊丽 整理

龚自珍己亥杂诗
〔清〕龚自珍 撰　刘逸生 注

中华国学文库　第九辑　（精装）

两汉纪
〔东汉〕荀　悦〔东晋〕袁　宏 撰　张　烈 点校

史通笺注
〔唐〕刘知几 撰　张振珮 校注

朱子语类
〔宋〕黎靖德 编　王星贤 点校

陆九渊集
〔宋〕陆九渊 著　锺　哲 点校

管子校注
黎翔凤 撰　梁运华 整理

神仙传校释
〔晋〕葛　洪 撰　胡守为 校释

搜神记　搜神后记
〔晋〕干　宝〔晋〕陶　潜 撰　李剑国 辑校

古诗十九首集释
隋树森 集释

白居易全集
〔唐〕白居易 著　谢思炜 点校

辛弃疾词编年笺注
〔宋〕辛弃疾 著　辛更儒 笺注